Lucjan Korngold
Arquiteto

Anat Falbel

Ensaios fotográficos
Nelson Kon
Alberto Ricci

Romano Guerra Editora — São Paulo 2023, 1ª edição

Edifício São Vicente, perspectiva do espaço comum no térreo, estudo preliminar, São Paulo, 1947-1952

Anat Falbel

Ensaios fotográficos
Nelson Kon
Alberto Ricci

lucjan Korngold arquiteto

8 Prefácio

12 Introdução
Arquitetos imigrantes no Brasil

**Parte 1
A formação de Lucjan Korngold**

34 Capítulo 1
Maturação de um arquiteto judeu na Polônia do entreguerras

52 Capítulo 2
Um projeto em Tel Aviv

62 Capítulo 3
Imigrantes e imigração judaica

Sumário

Parte 2
Projetos no Brasil de Lucjan Korngold

86 Ensaio fotográfico
    Edifício São Vicente
    1947-1952

94 **Capítulo 4**
    Lucjan Korngold e seus comitentes

118 **Projetos em São Paulo**

120 Edifício Central atual Edifício Conde Luiz Eduardo Matarazzo
    1942-1943

122 Edifício Santa Amália
    1943

124 Edifício do Banco Continental atual Edifício Vista Alegre
    1944-1947

128 Edifício Thomas Edison
    1944-1948

130 Edifício Higienópolis
    1946-1949

132 Edifício Senlis
    1950

134 Edifício Intercap SP
    1951-1955

136 Edifício Barão de Jaguará
    1951-1955

138 Condomínio Três Barões
    1952-1957

142 Edifício Flamengo
    1955

144 Edifício Bolsa de Cereais
    1955-1960

148 Edifício sede da Companhia de Seguros Gerais Piratininga atual Edifício da Reitoria da Unesp
    1955-1961

150 Garagem Cogeral
    1957-1960

152 Edifício Chopin
    1958-1964

154 Edifício Wilson Mendes Caldeira
    1958-1968

156 Edifício Gerbur
    1958-1969

158 Edifício Fabíola
    1960-1963

160 **Capítulo 5**
    Edifício CBI Esplanada

188 Ensaio fotográfico
    Edifício CBI Esplanada
    1946-1951

198 **Capítulo 6**
    Edifício Palácio do Comércio

210 Ensaio fotográfico
    Edifício Palácio do Comércio
    1956-1959

216 **Capítulo 7**
    Lucjan Korngold e Abelardo Gomes de Abreu Arquitetos Associados

232 Ensaio fotográfico Centro Comercial do Bom Retiro
    1957-1961

242 **Conclusão**
    Lucjan Korngold e o olhar sobre a arquitetura brasileira

248 Lista de obras

254 Bibliografia

Lucjan Korngold (Varsóvia, 1897 – São Paulo, 1963), com maquete do edifício Palácio do Comércio ao fundo, escritório do arquiteto, São Paulo

Prefácio

As minorias são aquelas que realmente ditam a história porque o respeito às minorias define as democracias enquanto as maiorias dominam a história, mas muitas vezes de forma negativa.
Giovanni Levi[1]

A objetividade dos estudos históricos, com seu caráter científico, não permite, porém, que os fatos sejam obliterados, nem que as personalidades que neles figuram sejam apagadas ou diminuídas, pela antipatia que despertam no espírito dos historiadores.
Austregésilo de Athayde[2]

A temática dos profissionais imigrantes me foi despertada em uma passagem por Tel Aviv em 1995, momento no qual o *milieu* profissional e acadêmico israelense estava envolvido com a redescoberta dos profissionais da arquitetura e urbanismo formados junto aos mestres das vanguardas europeias, que haviam atuado no país e particularmente na Cidade Branca desde a sua fundação, em 1909, e ao longo da década de 1930. A sensibilidade do professor Paulo Bruna associou-se imediatamente aos meus questionamentos de orientanda, apresentando como tema de pesquisa de doutorado a obra de um arquiteto imigrante no Brasil, o polonês Lucjan Korngold, cujo nome havia sido recentemente associado à autoria de um edifício reconhecido por sua excepcionalidade entre dezenas de outros projetos modernos na cidade de Tel Aviv.

Efetivamente, a produção de Lucjan Korngold em diferentes geografias, especificamente entre culturas arquitetônicas consideradas pelos primeiros historiadores do movimento moderno como periféricas aos grandes centros de irradiação da arquitetura moderna, reivindicava uma investigação de caráter transnacional e transdisciplinar. Nesse sentido, a pesquisa se desenrolou sob a ampla perspectiva da geografia cultural.[3] E, se ao final do século 20, o arquiteto foi definido como agente modernizador, na segunda década do século 21 ele pode ser caracterizado como agente de interferências, conforme sugeriram Jean-Louis Cohen e Hartmut Frank, a partir da reelaboração das inúmeras e disputadas especulações desde o século 19 até a contemporaneidade sobre os diálogos entre culturas, desde as noções de influência e recepção, até a transferência cultural e intertextualidade.[4]

O doutorado, defendido em 2003, escrutinou a trajetória do arquiteto a partir de perspectivas distintas. A primeira observou sua obra frente às manifestações do modernismo em contextos nacionais distintos, nos quais o tema da identidade nacional na arquitetura e nas artes estava na ordem do dia. A segunda perspectiva, operando o conceito de espaço como mobilidade e encontro, identificou outros temas intrínsecos à temática dos deslocamentos espaciais e a condição de exilado de Korngold. Entre estes, o mapeamento da história intelectual e cultural não somente do nosso protagonista, mas de uma leva imigratória particular de refugiados, originários da Europa Central e Oriental, em especial da Polônia, que desembarcou nas costas brasileiras entre o período do entreguerras e o pós-guerra.[5] Foi no interior dessa leva que o arquiteto atuou a partir de uma extensa rede de relações pessoais, compreendendo elementos estrangeiros e nacionais. Nesse aspecto, estendendo a experiência individual de Korngold para dezenas de outros profissionais imigrantes, o estudo identificou as dinâmicas observadas pela escola de Manchester na década de 1970, bem como no interior do círculo dos historiadores italianos que exerceram a micro-história.

A identificação dessas redes e seu *modus operandi* também permitiu um olhar sobre as dinâmicas da produção do espaço urbano e as relações forjadas em um extenso espaço cultural, compreendendo desde as relações com o poder e a política aos cruzamentos de movimentos e ideias, que se alimentaram e se difundiram a partir dessas cadeias de associações alcançando outros continentes.[6]

Nos vinte anos que se passaram desde então, ampliaram-se as chaves interpretativas. Nesse aspecto, os conceitos de diálogos e transferências culturais vêm dando o tom de grande parte das pesquisas e discussões no campo da história da arquitetura e do urbanismo no país. Hibridismo, multiculturalismo e diversidade constituem palavras de ordem. Instituições culturais públicas e privadas buscam participação na recuperação do "outro esquecido ou marginalizado pela história", mesmo que, por vezes, a partir de um discurso superficial e populista. Conscientemente ou apenas seguindo o fluxo, o *milieu* acadêmico já reconheceu a desconstrução da narrativa historiográfica da arquitetura moderna no Brasil e a presença inevitável do outro estrangeiro, pois que, como expressou Julia Kristeva ainda no século passado:

Estranhamente, o estrangeiro nos habita: ele é a face oculta de nossa identidade [...]. Ao reconhecê-lo em nós, evitamos odiá-lo em si mesmo. Sintoma que torna justamente o *nós* problemático, talvez impossível, o estrangeiro começa quando surge a consciência da minha diferença e termina quando todos nos reconhecemos como estrangeiros [...]. A questão, ainda e talvez sempre utópica, volta a colocar-se hoje face à integração econômica e política à escala planetária: conseguiremos intimamente, subjetivamente, viver com os outros, viver os *outros*, sem ostracismo, mas também sem nivelamento? A mudança da condição de estrangeiro que atualmente se impõe nos leva a refletir sobre nossa capacidade de aceitar novos modos de alteridade. Nenhum "Código da nacionalidade" poderia ser praticável sem o lento amadurecimento desta questão em cada um e para cada um.[7]

---

[1] "Sono le minoranze quelle che di fatto dettano la storia perché il rispetto delle minoranze definisce le democrazie mentre le maggioranze dominano la storia ma spesso in senso negativo." LANARO, Paola. Intervista a Giovanni Levi, p. 170. Esta e demais traduções são da autora, com exceção das atribuídas a tradutores específicos.

[2] ATHAYDE, Austregésilo de. Prefácio, p. 10.

[3] KAUFMANN, Thomas Dacosta. *Toward a Geography of Art*, p. 1-13.

[4] COHEN, Jean-Louis; FRANK, Hartmut. Interférences: l'architecture en partage. Ver também PILLET, Fabien. Que reste-t-il de l'École de Constance?; ESPAGNE, Michel, *Les transferts culturels franco-allemands*; KRISTEVA, Julia. *Introdução à semanálise*.

[5] TOBIN, Robert. Todd Samuel Presner. Mobile Modernity: Germans, Jews, Trains.

[6] RUSPIO, Federica. Network analysis e microstoria: il caso della nazione portoghese; PISELLI, Fortunata. Il network sociale nell'analisi del potere e dei processi politici; LEVI, Giovanni. On Microhistory; CALABI, Donatella. *The Market and the City: Square, Street and Architecture in Early Modern Europe*; CALABI, Donatella; CHRISTENSEN, Stephen Turk (Org.). *Cities and Cultural Exchanges in Europe, 1400-1700*.

[7] KRISTEVA, Julia. Étrangers à nous-mêmes, p. 9-10.

Vista panorâmica do Vale do Anhangabaú, São Paulo, foto Werner Haberkorn

Introdução

Arquitetos imigrantes no Brasil

Elementos para uma discussão historiográfica

A influência dos deslocamentos, exílios, migrações em massa de homens e mulheres de todos os extratos e profissões – particularmente artistas, arquitetos, filósofos e escritores – nos processos culturais e nos desenvolvimentos das formas, tanto nas artes como na arquitetura, certamente não é um tema novo. Ao contrário, esta foi reconhecida ainda nos tempos antigos por Vitrúvio, cujas referências teóricas, construtivas e formais remontavam aos povos e às geografias incorporados pelo Império Romano numa perspectiva que poderia ser identificada em nossos dias como transnacional e transdisciplinar.[1]

Do mesmo modo, atento aos deslocamentos, Henri Focillon analisou a difusão da arquitetura românica a partir da expansão das ordens religiosas durante a "sedentária e nômade, local e europeia"[2] idade média, temática ampliada por Richard Krautheimer, que apontou a difusão de um modelo particular da arquitetura religiosa cristã do Oriente para o Ocidente.[3] Mesmo o ecletismo do século 19, com a sua apropriação de vocabulários de tempos e geografias distantes, pode ser entendido como produto de um período de grandes deslocamentos e avanço dos meios de comunicação, desde a fotografia até o telégrafo, que promoveram os diálogos entre culturas.[4]

Participantes do Congresso Internacional Extraordinário de Críticos de Arte visitam a praça dos Três Poderes, com os palácios em construção, Brasília, 1959

Em 1920, Marcel Mauss elaborou o conceito de *fenômeno social*, que poderia transpor os limites de uma única sociedade.[5] Apesar de produzida a partir do *corpus* de estudos etnográficos e antropológicos que se desenvolvia desde a segunda metade do século 19, responsável por formulações como a teoria da degeneração e a noção de "gênio da raça", a elaboração de Mauss dizia respeito aos efeitos dos deslocamentos, transferências e migrações nos processos culturais.[6] Ele propunha a ideia de *fenômeno de civilização*, que se estendia e ultrapassava a geografia política das sociedades ou das nações, enraizado na história de povos que existiam como uma família de sociedades conectadas por traços históricos, geográficos, arqueológicos, antropológicos e linguísticos.[7] Para o sociólogo, os fenômenos de civilização eram essencialmente internacionais ou extraterritoriais, enquanto o caráter de uma sociedade "se destaca acima do alicerce dos fenômenos internacionais".[8] Essa análise sensível e original destacava a "permeabilidade das nações modernas"[9] e a importância dos agentes responsáveis pelos processos de trocas e transferências que formariam as "comunidades transnacionais".

Em 1971, aparentemente retomando a elaboração de Mauss, George Steiner nominou a falta de morada linguística e as características erráticas da modernidade como "extraterritorialidade",[10] entendida como o exílio permanente. Essa elaboração substancia a metáfora do navio transatlântico que atravessa oceanos realizando os dois grandes temas da modernidade: a contraditória conjunção de arte, arquitetura e máquina; e o exílio. Sugerida na segunda metade do século 19 por Horatio Greenough,[11] a mesma metáfora foi ratificada décadas depois por Le Corbusier, para quem o transatlântico era "a primeira etapa na realização de um mundo organizado segundo o novo espírito".[12] Operada por dezenas de fotógrafos nos portos americanos, a mesma iconografia também representou o exílio e as promessas do Novo Mundo na grande obra produzida por Lasar Segall durante a Segunda Grande Guerra, *Navio de emigrantes*.[13]

O reconhecimento da extraterritorialidade da linguagem moderna e da especificidade na atuação de artistas, intelectuais e arquitetos exilados ou imigrantes, entendidos como agentes da modernidade, foi observada em diferentes escritos críticos, como no ensaio de Anna Maria Mazzucchelli sobre Richard Neutra. Em texto de 1935 publicado na revista *Casabella*, a jornalista italiana descreveu a agitada trajetória do austríaco na América como emblemática da geração de arquitetos modernos, e suas realizações como "clara evidência da universalidade do gosto europeu, exemplo de coerência estilística".[14] Em 1936, ao comentar a primeira exposição de László Moholy-Nagy em Brno, Sigfried Giedion utilizou as elaborações de Georg Simmel[15] para uma análise da obra dos pioneiros da nova visão originários "da periferia da civilização", países agrícolas como a Rússia e Hungria, sugerindo que "ao contrário dos círculos artísticos de Berlim [...] ainda presos ao expressionismo [...] alcançaram uma expressão muito mais precisa e coerente à consciência de nossa época".[16] Semelhante intuição se identifica em Le Corbusier, cujos textos do período reconhecem as levas de deslocamentos contemporâneas provocadas pelas ideologias e perseguições políticas como pontos de inflexão para experiências urbanas e arquitetônicas originais em uma nova sociedade mecanizada.[17]

Encontro no Sítio Santo Antônio da Bica durante a última viagem de Le Corbusier ao Brasil, Rio de Janeiro, dez. 1962. Em pé, Carmem Portinho (parte do rosto), Ary Garcia Roza (paletó branco), Olavo Redig de Campos (cabelo branco, semiencoberto), Ernani Vasconcelos (com cachimbo), Haroldo Barroso (camiseta branca) e Rubem Breitman (mais alto); sentados, Roberto Burle Marx, Lúcio Costa, Le Corbusier e Affonso Eduardo Reidy

Arquitetura moderna no Brasil: contexto e narrativa

Ao contrário das proposições de Mauss e do espírito universalista das vanguardas europeias, que aspiravam romper fronteiras nacionais durante os anos 1930, os intelectuais brasileiros moldaram a perspectiva cultural do Estado Novo como uma "etnicidade fictícia".[18] O conceito elaborado por Étienne Balibar permite analisar os discursos articulados pelo binômio nacionalismo e modernidade a partir das ideias de raça e língua como as manifestações mais importantes do caráter nacional. Membro do grupo de intelectuais que gravitavam ao redor de Getúlio Vargas, Lúcio Costa cedo compreendeu a importância do jogo entre tradição e modernidade na construção de uma narrativa nacional e seu compromisso nessa elaboração. Em um dos seus últimos escritos, ao explicar o papel dos principais construtores de Brasília, Costa reservou para si o papel de guardião do passado: "Oscar Ribeiro de Almeida Niemeyer Soares, arquiteto artista: domínio da plástica, dos espaços e dos voos estruturais, sem esquecer o gesto singelo – o criador. João da Gama Filgueiras Lima, o arquiteto onde arte e tecnologia se encontram e se entrosam, – o construtor. E eu, Lúcio Marçal Ferreira Ribeiro de Lima e Costa – tendo um pouco de uma coisa e de outra, sinto-me bem no convívio de ambos, de modo que formamos, cada qual para o seu lado, uma boa trinca: é que sou, apesar de tudo, o vínculo com o nosso passado, o lastro – a tradição".[19]

A formação profissional e intelectual de Lúcio Costa, graduado pela Escola de Belas Artes do Rio de Janeiro em 1921,[20] foi influenciada pela teoria romântica do século 19 que entendeu a linguagem arquitetônica como a cristalização da história interna e da cosmovisão de um povo, ou nação,[21] por seu *Volksgeist*. Conforme escreveu ainda em 1929, Costa buscou revelar, a partir do vocabulário da arquitetura e das artes, "o verdadeiro espírito da nossa gente. O espírito que formou essa espécie de nacionalidade".[22] Daí derivava sua construção historiográfica, que explicava o modernismo arquitetônico brasileiro como resultante do "gênio nacional", o espírito implícito na continuidade unidirecional do período colonial à modernidade, articulada na relação figural[23] tecida entre a arquitetura colonial brasileira e a arquitetura moderna brasileira. Ou ainda, entre Aleijadinho, o construtor de igrejas do período colonial, e o arquiteto Oscar Niemeyer: "nosso próprio gênio nacional que se expressou através da personalidade eleita desse artista [Oscar Niemeyer], da mesma forma como já se expressara no século 18, em circunstâncias, aliás, muito semelhantes, através da personalidade de Antônio Francisco Lisboa, o Aleijadinho".[24]

Igreja da Pampulha, Belo Horizonte, 1943, arquiteto Oscar Niemeyer

Casa das Canoas, Rio de Janeiro, 1951, arquiteto Oscar Niemeyer

Igreja de São Francisco de Assis, Ouro Preto, Antônio Francisco Lisboa, o Aleijadinho, foto c.1940

No espaço fechado do seu constructo, Lúcio Costa operou o tema da raça, considerando o povo brasileiro como uma unidade independente: "nossa maneira peculiar, inconfundível – *brasileira* – de ser".[25] Alinhado aos intelectuais nacionalistas brasileiros,[26] Costa identificou a cultura arquitetônica portuguesa – particularmente o vocabulário vernacular e suas variações regionais – como a primeira e única fonte da arquitetura brasileira, e legitimando como nacional a obra dos primeiros colonizadores portugueses do período colonial com argumento de que: "são obras tão legítimas quanto as de lá, porquanto o colono, para *droit de conquête*, estava, *em casa*, e o que fazia aqui, de semelhante ou já diferenciado, era o que lhe apetecia fazer – assim ao falar português não estava a imitar ninguém, senão a falar, com sotaque ou não, a própria língua".[27] Não surpreende que Costa identificou em Minas Gerais, onde surgiu o primeiro movimento de resistência ao poder colonial,[28] a primeira manifestação do caráter nacional.

Ao nacionalizar, ou etnicizar, a formação original da sociedade brasileira a partir dos elementos português, africano e indígena, Costa configurou uma comunidade natural[29] que perdurou no tempo, apesar das levas imigratórias europeia e oriental posteriores. Nesse aspecto, a sua elaboração pressupunha um mononacionalismo, conforme expressão de Marjorie Perloff,[30] e como consequência um monolinguismo, que eliminava das "expressões autênticas da arte brasileira" as dissonâncias e os diálogos com outras fontes culturais no intervalo entre o período colonial e a contemporaneidade. Nesse espaço fechado, a única exceção era Le Corbusier, que influenciou diretamente o jovem Oscar Niemeyer, dando-lhe primazia frente à "obra pioneira de Gregório [Warchavchik] e a personalidade singular do Flávio [de Carvalho]".[31]

Mesmo ambíguo, o constructo utilizado por Costa foi continuamente reiterado, informando a narrativa da exposição *Brazil Builds: Architecture New and Old, 1652-1942* – ocorrida em 1942 no The Museum of Modern Art – MoMA de Nova York, sob a curadoria de Philip L. Goodwin, com fotos de G. E. Kidder Smith[32] – e as iniciativas articuladas no interior da Secretaria do Patrimônio Histórico e Artístico Nacional – Sphan direcionadas particularmente à preservação dos edifícios coloniais.

Pavilhão do Brasil na Feira Mundial de Nova York, 1939, arquitetos Lúcio Costa, Oscar Niemeyer e Paul Lester Wiener

Conjunto Residencial de Pedregulho, Rio de Janeiro, 1947, arquiteto Affonso Eduardo Reidy

Nos anos 1960, o historiador norte-americano George Kubler afirmou que os pressupostos do argumento historiográfico, utilizados pelos intelectuais nacionalistas brasileiros, prejudicaram a compreensão dos complexos processos históricos de transferências, trocas e desenvolvimento das formas da arte no período colonial. Kubler observou que tanto a Península como a América Latina "eram comumente representadas como uma configuração imperial, devido menos ao resto da Europa do que a um poder nativo e autônomo de autorrealização, por vezes designado como *invariância* ou alma latina", que, por sua vez, "pressupunha uma configuração cultural imutável [...] que inibe qualquer análise histórica exata das derivações dessas formas".[33]

Como herdeiro de Henri Focillon, George Kubler reivindicou a urgente tarefa de restaurar os impérios ao seu devido status como partes da história europeia e a arquitetura latino-americana em particular, que apesar de bem catalogada e classificada, era omissa ou incompleta em relação às suas dívidas com o resto da Europa.[34] O historiador norte-americano destacou os intensos movimentos culturais transatlânticos que caracterizaram o período colonial estendendo-se para além da Península Ibérica,[35] incluindo as invasões estrangeiras e a destruição dos povos e nações nativas no continente americano.[36] Assim, mesmo sem apontar diretamente o elemento ideológico por trás do viés historiográfico, a argumentação geográfica de Kubler foi sensível aos argumentos e ferramentas teóricas manejadas pelas primeiras gerações dos historiadores da arquitetura brasileira reunidas em torno do Sphan, e particularmente Lúcio Costa, que raramente reconheceu outras fontes para além da Península Ibérica.

Ministério da Educação e Saúde, atual Palácio Capanema, Rio de Janeiro, foto Kurt Klagsbrunn

Mantendo com Kubler diversas simetrias – norte-americano, historiador, próximo aos pioneiros do Sphan – seu contemporâneo Robert Chester Smith propôs uma perspectiva historiográfica de geografia mais ampla daquela operada pelos historiadores brasileiros para os estudos da arquitetura e das artes no período colonial.[37] Em artigo de 1936 dedicado a João Frederico Ludovice – ou Johann Friederich Ludwig, alemão formado na Itália, responsável pela construção do convento e palácio de Mafra em Portugal –, Smith reconhece no arquiteto não somente o "estilo híbrido", mas as intensas trocas culturais ocorridas no período: "ele não pertence inteiramente a nenhuma escola. Seu trabalho mostra a influência dos ambientes que se modificaram por três vezes. Se tivesse permanecido na Itália, provavelmente teria se tornado igual a Vanvitelli, Salvi e Fuga. Assim, como se desenrolou a sua obra é um fenômeno no século 18".[38]

Os estudos latino-americanos de Robert Chester Smith e Kubler podem ser entendidos a partir de três conjunturas: a "política da boa vizinhança" durante a Segunda Guerra Mundial[39] e a emergência de um novo panamericanismo entre as décadas 1920 e 1930;[40] a leva imigratória intensa e diversificada do início do século 20,[41] que confronta a metáfora do *melting pot* com a ideia de pluralismo cultural sugerido por Horace Kallen;[42] e a presença dos intelectuais europeus que desembarcaram nas costas americanas durante o entreguerras.[43] Essa última representa a longa linhagem da história de arte alemã em interlocução com historiadores e filósofos, que tomaram a obra de arte como uma entidade relacional, isto é, a biografia do criador e suas intenções estéticas, o lugar cultural da obra e as interferências na intenção criativa, assim como a sua posição em uma determinada tradição, fazem parte da própria obra e, portanto, constituem ferramentas historiográficas.[44]

Diferente do pluralismo cultural gestado no ambiente intelectual progressista da América do Norte, assumiu-se nas esferas políticas e culturais brasileiras a narrativa idealizada pela convicção nacionalista de um corpo de homens pertencentes a uma mesma geração ou a uma geração imediatamente precedente. No entanto, assim como o casarão colonial, a metáfora espacial utilizada por Michel Foucault[45] como representação da heterotopia, o modelo historiográfico se manteve. Mesmo após o período militar (1964-1985), ele permaneceu nos círculos progressistas e no interior das instituições de pesquisa alimentadas pelos discursos pós-colonialistas no continente, empobrecendo o espectro da historiografia brasileira em relação à contribuição de outros nacionais, assim como à arquitetura produzida no país ao longo do século 19 até a virada do século 20.

No último quartel do século 20, a incredulidade em relação às metanarrativas que alcançou o Brasil junto às discussões francesas sobre a pós-modernidade,[46] particularmente através das disciplinas das ciências sociais e humanas,[47] abriu o espaço historiográfico brasileiro para outras leituras, notadamente para a revalorização da "dialética dos confrontos com o estrangeiro"[48] e os diálogos entre civilizações não apenas no que diz respeito à "era dos refugiados",[49] mas também aos períodos colonial e imperial.[50]

A reavaliação dos diálogos entre o estrangeiro e o nacional e os processos de transferências culturais na historiografia da arquitetura brasileira

No meio cultural norte-americano, em especial nos círculos mais progressistas, foi precoce o reconhecimento do papel desempenhado por intelectuais e profissionais refugiados dos fascismos europeus no período do entreguerras.[51] No campo da arquitetura, esse reconhecimento pode ser identificado já nas décadas de 1930 e 1940, tanto na imprensa especializada[52] como na direção curatorial do próprio MoMA nas décadas de 1930 e 1940.

As análises de Sigfried Giedion sobre a especificidade da produção do emigrante na década de 1950 e seu impacto no modernismo norte-americano,[53] acompanhando o mesmo movimento que se produziu nas ciências sociais e humanas,[54] reverberaram nos escritos de gerações posteriores, caso de William Jordy, que na década de 1960 publicou os primeiros artigos sobre a questão.[55] Do outro lado do Atlântico, novos estudos discutiram a incidência da arquitetura norte-americana na construção das vanguardas europeias e soviéticas, conforme observou pioneiramente Anatole Kopp,[56] seguido por seu aluno Jean-Louis Cohen.[57] Na década de 1980, a circulação de pessoas e ideias entre os continentes e o diálogo entre culturas foi candente, com intelectuais do porte de Julia Kristeva,[58] Michel Espagne[59] e Michel Werner sugerindo instrumentos interpretativos e desdobramentos nos campos da literatura e ciências sociais,[60] das artes,[61] assim como na arquitetura e no urbanismo.

Neste último campo, as novas pesquisas buscam compreender o deslocamento de profissionais em um amplo espectro geográfico, reafirmando o trânsito de profissionais formados junto às vanguardas europeias entre a América do Norte, América Latina, Oriente Médio, África do Sul, Ásia e até Oceania,[62] como o movimento de ideias e formas a partir de diferentes suportes e mídias.[63]

Na América Latina, no Brasil em particular, as investigações mais recentes vêm revelando a importância dos arquitetos, fotógrafos, designers, artistas e intelectuais estrangeiros nutridos nos círculos europeus cosmopolitas modernos e cuja produção no espaço da cidade e iniciativas no campo da cultura e do ensino incidiram sobre a formação de ao menos duas gerações que, junto a eles, iniciaram suas carreiras profissionais durante as décadas de 1940 e 1960.

As vicissitudes de Lucjan Korngold e outros profissionais estrangeiros no país e o diálogo forjado entre estes e o elemento nacional, nas décadas de 1930 a 1960, podem ser explorados a partir de uma abordagem dupla. A primeira tem como fundamentação teórica as especulações de Georg Simmel sobre o espaço e a "objetividade" do estrangeiro, enquanto a segunda busca identificar as cadeias de associações e articulações na dinâmica dos processos de transferência cultural entre a Europa e a América.

Zygmunt Turkow, diretor, e Nelson Rodrigues, dramaturgo, ensaio da peça *A mulher sem pecado*, Teatro Fênix, Rio de Janeiro, 1946, foto Carlos Moskovics

Abaixo, Lasar Segall, montagem de sala do artista na 1ª Bienal de São Paulo, São Paulo, 1951, foto Peter Scheier

Berta Zemel e Nydia Licia, encenando a peça *A raposa e as uvas*, 1956

Roberto Burle Marx com sua pintura *Natureza Morta com Ex-voto*. foto de Kurt Klagsbrunn

Ballet da Juventude, foto Kurt Klagsbrunn publicada no jornal carioca *Correio da Manhã*, 28 abr. 1949

O imigrante e a percepção da alteridade

No artigo seminal "O estrangeiro" (1908),[64] o filósofo Georg Simmel assinalou a posição peculiar ocupada pelo estrangeiro, cuja "objetividade" permitiria liberdade tanto para "importar qualidades" para o espaço como compreender seu entorno com uma visão mais ampla, com menos preconceitos.[65]

Tal formulação encontrou continuidade na obra do filólogo alemão de origem judaica Erich Auerbach, exilado na Turquia,[66] onde escreveu a sua grande obra *Mimesis*, e posteriormente, imigrante nos Estados Unidos. Em sua "Philologie der Weltliteratur", ele evoca a *Weltliteratur* de Goethe e suas categorias para reafirmar sua posição humanista frente ao exílio, considerando que, se a maior parte dos homens são cônscios de uma única cultura, cenário ou país, o exílio permite uma visão original, pois conhecedor de pelo menos duas culturas, o exilado poderia mais facilmente conciliar o universal e o particular.[67]

No Brasil, sob a ditadura getulista, a complexa identidade judaica de Lucjan Korngold, marcada pelo antissemitismo polonês, não será apaziguada. A alteridade se manifesta em algumas de suas formulações em "Quo vadis architecture?", texto que o arquiteto cidadão do mundo deixou manuscrito em inglês, outra das suas línguas, mas que também não era sua. Ao discorrer sobre a conversão das comunidades judaicas no Império Romano, Korngold parece evocar Simmel ao afirmar que "os últimos 1800 anos de história forneceram exemplos suficientes de povos derrotados, que sem poder lutar abertamente foram um solo fértil para a disseminação de novas ideias".[68]

Do mesmo modo, a alteridade infiltrada entre homens cujas vidas foram marcadas pelos deslocamentos entre culturas foi expressa pelo arquiteto originário de Odessa, imigrante na Argentina desde 1931, Wladimiro Acosta, como "o encontro com outras culturas [...] a intensificação de todas as diferenças [...] e um acentuado sentido de evolução".[69]

O contraponto à elaboração de Simmel sobre a "objetividade" do estrangeiro foi sinalizada por Theodor W. Adorno ao tratar da vida "prejudicada" do intelectual exilado, conforme sua experiência americana.[70] Em diálogo com a obra do filósofo, e a partir de suas próprias vivências como refugiado do fascismo italiano nos Estados Unidos durante a Segunda Guerra Mundial, ainda em 1957, Bruno Zevi inscreve a questão do estranhamento na produção do arquiteto moderno exilado, utilizando como exemplo a obra brasileira de Lucjan Korngold, segundo ele "emblemática do imigrante".[71] O argumento seria retomado pelo historiador no livro sobre Erich Mendelsohn[72] e no texto em homenagem à amiga de longa data, Lina Bo, que havia experimentado "a imersão tenaz e aflitiva no enigmático mundo brasileiro".[73]

O espaço "enigmático" ocupado pelo profissional imigrante, conforme escreveu Zevi, seria o mesmo espaço *in-between* ou "intermédio", a metáfora espacial sugerida por Martin Buber como representação do diálogo e do encontro.[74] E, portanto, o sismógrafo dos diálogos possíveis entre o estrangeiro e o nacional nas diferentes esferas da vida social e cultural, incluindo o espaço historiográfico.

Gregori Warchavchik, arquiteto e fotógrafo, autorretrato

Hans Gunter Flieg limpando a câmera Linhof, São Paulo, 1953

Kurt Klagsbrunn fotografando a paisagem carioca, Rio de Janeiro

Peter Scheier, autorretrato, Palácio da Alvorada, Brasília, c.1960

O espaço historiográfico como espaço intermédio

A fortuna crítica de Warchavchik se mostra exemplar do espaço intermédio ocupado pelo profissional imigrante. Sob a atmosfera nacionalista do período do entreguerras e pós-guerra, o responsável pelo manifesto fundacional da arquitetura moderna no Brasil[75] sofreu as críticas dos representantes do academicismo[76] e dos promotores da expressão neocolonial.[77] Entre os modernos, seu papel pioneiro foi questionado por Lúcio Costa[78] e, posteriormente, pelo arquiteto militante João Vilanova Artigas, que reafirmou o argumento de Costa,[79] qualificando os primeiros trabalhos de Warchavchik como formalistas, pressuposto que identificou o lugar do arquiteto na historiografia da arquitetura moderna brasileira por mais de duas décadas.[80]

Portanto, se ao final da década de 1950, Banham proclamava a urgência do olhar retrospectivo sobre as "zonas de silêncio",[81] no Brasil, ao final do século 20, essa necessidade se fez sobre as "outras" arquiteturas e os "outros" arquitetos que se encontravam nos espaços intermédios, alijados das narrativas construídas no interior dos círculos profissionais da arquitetura exemplar da modernidade nacional.[82]

Mesmo ausentes do espaço historiográfico, os profissionais imigrantes, compreendendo não somente arquitetos, mas fotógrafos como Leon Liberman, Carlos Moskovics, Hans Günter Flieg, Peter Scheier, Werner Haberkorn, Kurt Klagsbrunn, e outros nomes que vêm ressurgindo do silêncio, estão presentes nas mostras e publicações internacionais que, desde a exposição Brazil Builds, ao longo das décadas de 1940 e 1950, divulgaram a arquitetura moderna brasileira.[83] E apesar da continuidade da narrativa historiográfica que guiou a mostra de 1942,[84] observa-se a progressiva presença dos profissionais refugiados dos fascismos, permitindo assim aprender e avaliar os espaços profissionais que foram ocupando, assim como as relações urdidas entre críticos, correspondentes, editores, curadores e até mesmo profissionais imigrantes ou refugiados já estabelecidos nos Estados Unidos e na Europa, exemplificadas na amizade criada entre o editor da L'Architecture d'Aujourd'hui, André Bloc, e Rino Levi.

Do mesmo modo, a diversidade das origens do time de consultores da seção brasileira da exposição do MoMA, Latin American Architecture since 1945 em 1955, formado por Claude Vincent, Lota de Macedo Soares, Henrique Mindlin e Francisco Matarazzo Sobrinho, poderia justificar a sensível mudança em relação à construção historiográfica orientadora de Brazil Builds. No penetrante texto introdutório que preparou para o catálogo, o curador Henry-Russell Hitchcock apontou a continuidade da herança autóctone e colonial como elemento ativo na ideologia de alguns arquitetos modernos no continente latino-americano. Ao mesmo tempo, reconheceu as influências da escola de Beaux Arts, a incidência contemporânea da arquitetura americana e a presença dos imigrantes europeus de origens "não ibéricas" desde o período colonial. Hitchcock sugeriu que: "na cidade de São Paulo, por exemplo, entre os dois principais arquitetos, um é italiano e outro de descendência alemã, enquanto que dois daqueles de maior sucesso são respectivamente polonês e francês de primeira geração".[85]

Em seu livro Modern Architecture in Brazil,[86] publicado em 1956 e introduzido por Siegfried Giedion, Mindlin continuou destacando a produção dos brasileiros, mas acompanhou a abertura sugerida por Hitchcock, ampliando as referências que fundamentaram a modernidade brasileira (Semana de 1922; manifestos de Warchavchik e Levi) aos arquitetos imigrantes já reconhecidos na América e Europa por sua obra brasileira.[87] Ele ainda incluiu uma segunda geração de profissionais já formados no Brasil como Roberto Aflalo, David Libeskind, Wit Olaf Prochnik, Jacob Ruchti, Jorge Wilheim. De forma sensível, Mindlin apontou o "elo entre os arquitetos e os artistas" na produção dos espaços modernos, destacando o milieu intelectual no qual conviviam arquitetos, paisagistas, designers e artistas de origem imigrante como Bruno Giorgi, Alfredo Ceschiatti, Augusto Zaimoski, Fajga Ostrower, Elisabeth Nobiling, Margaret Spencer, Joaquim Tenreiro, Roberto Coelho Cardozo e Susana Osborn.[88]

Maria Laura Osser em frente do Grande Hotel, Ouro Preto, arquiteto Oscar Niemeyer

Residências em São Paulo, projetos de Bernard Rudofsky e Gregori Warchavchik, catálogo da exposição *Brazil Builds: Architecture New and Old, 1652-1942*, curadoria Philip Goodwin, MoMA de Nova York, 1942

Nos cantos extremos, Edifícios CBI Esplanada, de Lucjan Korngold, e Três Leões, de Henrique Mindlin, São Paulo, catálogo da exposição *Latin American Architecture since 1945*, curadoria Henry-Russell Hitchcock, MoMA de Nova York, 1945

Particularmente a partir do número especial de *The Architectural Forum* de 1947,[89] a obra de Lucjan Korngold foi incorporada às publicações internacionais dedicadas à produção arquitetônica brasileira ao lado dos representantes da arquitetura moderna produzida em São Paulo, muitos deles de formação estrangeira. Exceção feita aos dois números da revista *L'Architecture d'Aujourd'hui* publicados no ano de 1947, sob a direção de Alexandre Persitz e contribuição da correspondente brasileira da revista, a arquiteta Maria Laura Osser.[90] O número de setembro, inteiramente dedicado à arquitetura moderna brasileira,[91] é ainda alicerçado na narrativa historiográfica sugerida por Lúcio Costa, priorizando a produção do grupo carioca.[92] Em seu texto introdutório, Niemeyer identificava Costa como fundador e líder do movimento modernista no Brasil, "o mestre probo e desinteressado de nossa geração",[93] e Le Corbusier como a grande personalidade da arquitetura contemporânea. Também dirigido por Persitz, a publicação de dezembro era dedicada às habitações coletivas e, mais uma vez, a arquitetura brasileira foi representada fundamentalmente pela arquitetura carioca.[94] Em ambos os números da revista francesa não havia espaço para imigrantes no Brasil. Contudo, essa situação mudaria em números subsequentes, provavelmente por conta das relações pessoais forjadas no interior do grupo de origens da correspondente Maria Laura Osser, que era polonesa.

Durante o entreguerras, alguns projetos de Lucjan Korngold e seu associado Piotr M. Lubinski, então correspondente polonês da revista, haviam sido publicados na *L'Architecture d'Aujourd'hui*[95] sob a direção editorial de Pierre Vago. No pós-guerra seu nome reapareceu na edição de junho de 1948, dedicada a residências.[96] Comentando sobre as casas brasileiras, Persitz sugeriu que a vida familiar tradicional, retraída em torno de pátios e jardins internos, havia definido a tipologia pouco permeável ao espaço

Edifício Thomas Edison, São Paulo, 1944-1948, arquitetos Francisco Beck e Lucjan Korngold, fotos Chico Albuquerque

Praça da República, São Paulo; ao fundo, edifício Mendes Caldeira, São Paulo, 1945, arquitetos Francisco Beck e Lucjan Korngold, foto Leon Liberman

Edifício CBI Esplanada, maquete, São Paulo, 1946-1951

Imagens publicadas na revista francesa *L'Architecture d'Aujourd'hui* n. 21, nov./dez. 1948

externo, de modo que em seu conjunto as residências brasileiras não teriam ainda alcançado a mesma liberdade de concepção dos edifícios públicos do país,[97] observação que seria retomada por Zevi em sua análise da obra de Korngold, conforme sugerido acima.[98]

Korngold não demorou a voltar às páginas da revista francesa. Na edição de novembro de 1948, dedicada aos programas da arquitetura contemporânea, foram publicados os edifícios comerciais Thomas Edison, em parceria com Francisco Beck, e CBI Esplanada. Ainda em construção, os aspectos tecnológicos e funcionais deste último foram bastante destacados.[99]

A partir de fevereiro de 1950, a correspondente brasileira seria a arquiteta Giuseppina Pirro. Novamente, a ênfase da participação brasileira voltaria à produção carioca, sob a perspectiva historiográfica delineada por Lúcio Costa, elogiada e confirmada pelo editor da revista[100] André Bloc e o próprio Giedion.[101] Em 1952, a revista publicou um novo número com presença maciça dos arquitetos cariocas e alguns poucos paulistas. Lucjan Korngold com o edifício CBI Esplanada,[102] já concluído, era o único imigrante.

O projeto do Palácio do Comércio, no centro de São Paulo, foi a última obra de Korngold a ser publicada na revista em 1960.[103] Poder-se-ia sugerir que a presença de Korngold no espaço da revista francesa provocou na sua Polônia natal um novo interesse por sua obra e destino.

Em 1954, Lucjan Korngold mereceu uma menção na *Encyclopédie de l'architecture nouvelle* de Alberto Sartoris, que identificou o edifício CBI Esplanada, junto ao Ministério da Educação e Saúde de Lúcio Costa e equipe, o edifício MMM Roberto dos irmãos Roberto e a unidade de habitação de Marselha, de Le Corbusier, como monumentos de seu tempo.[104] Em contraponto, Sartoris desvalorizava os arranha-céus norte-americanos que, apesar das possibilidades

Anúncio da empresa Elevadores Atlas, com o Palácio do Comércio como edifício propaganda, publicada na revista paulista *Habitat* n. 49, jul./ago. 1958

Projeto de Korngold em Varsóvia, publicado na revista polonesa *Arkady* n. 2, fev. 1938

técnicas, eram concebidos a partir da multiplicação de formas elementares, segundo projetos urbanos reguladores preestabelecidos[105] e desarticulados em relação à escala humana.[106]

No Brasil, a presença constante dos projetos de Korngold na imprensa profissional e especialmente nas revistas *Acrópole* e *Habitat*, desde 1942, se justifica tanto pelas afinidades do arquiteto com os editores das revistas – o austríaco Max Gruenwald e os italianos Pietro Maria e Lina Bo Bardi – como pela necessidade editorial dos anúncios pagos pelas empresas envolvidas nos empreendimentos construtivos. Korngold era familiarizado com o expediente desde a Polônia, onde suas obras foram publicadas junto aos anúncios ou menções aos diferentes fornecedores de materiais e serviços.

No entanto, até o seu falecimento, a presença de Lucjan Korngold no espaço historiográfico, assim como as referências à participação dos imigrantes na cidade, foi marginal. Entre as raras exceções menciona-se os testemunhos do historiador Yan de Almeida Prado sobre os arquitetos estrangeiros que atuaram entre a segunda metade do século 19 e o início do 20,[107] e as pesquisas de Anita Salmoni e Emma Debenedetti sobre os arquitetos italianos na cidade, investigação que se estendeu aos profissionais desembarcados no período do entreguerras.[108] Efetivamente olhares intolerantes, ou portadores de agendas próprias, podem ser encontrados como no artigo "Arquitetura Paulista" (1959) de Luís Saia que afirmava que, embora atentas às questões da arquitetura moderna, nas firmas montadas a partir dos anos de 1940 "novos arquitetos estrangeiros" eram "chamados para satisfazer o velho vezo da sobrevivente estrutura agrária. Entre estes releva a atividade de Lucian [sic] Korngold (arquiteto da C.B.I. [sic], organização que estourou com grande escândalo),

Heep (Escritório de Otto Meimberg [sic]), e Francisco Beek [sic]",[109] asserção que efetivamente desconhecia não somente a formação real da parcela mais importante dos comitentes de Korngold, como as relações do arquiteto com a empresa CBI.

Por outro lado, na contramão da historiografia, por conta de sua própria biografia e sensibilidade cultural, desde a década de 1970 Pietro Maria Bardi apontava para a contribuição do estrangeiro no campo das artes e da arquitetura no país.[110] Em 1987, no espírito das mudanças promovidas pelo pós-modernismo e da falência das metanarrativas,[111] ele publicou na *Folha de S.Paulo* "A influência estrangeira na arquitetura paulistana",[112] artigo que faz um rápido apanhado da arquitetura a partir do ecletismo trazido pela missão francesa. Bardi problematizou os diálogos promovidos pelos profissionais estrangeiros a partir da década de 1930, citando Bernard Rudofsky, colaborador de Gio Ponti na *Domus*,[113] e uma série de profissionais imigrantes – como Lucjan Korngold, Daniele Calabi, Franz Heep, Giancarlo Gasperini e Jacob Ruchti – que, vindos do exterior, formaram "as grandes construtoras que irão operar em todo o Brasil nos setores de obras industriais e públicas".[114]

Em 1979, em seu livro *Arquitetura brasileira*,[115] Carlos Lemos propôs uma reflexão sobre as mudanças ocorridas na arquitetura paulista após a criação dos cursos de arquitetura no Mackenzie e na USP nos anos 1940 e a chegada dos arquitetos estrangeiros, "na grande maioria refugiados de guerra, mas também outros vindos logo após o armistício por razões várias, dotados de real valor profissional".[116] Lemos reconheceu Lucjan Korngold como "autor de vários prédios importantes de São Paulo, talvez os maiores de então, já dentro dos padrões racionalistas, causando impacto na paisagem do centro comercial de São Paulo, como o edifício CBI projetado para o empresário Mendes Caldeira por volta de 1947/1948".[117] No entanto, observa-se que no extenso levantamento da arquitetura moderna pelo país, publicada pela editora Pini em 1983, os organizadores Lemos, Alberto Xavier e Eduardo Corona privilegiam uma nova geração de arquitetos, sendo o CBI Esplanada o único edifício de Korngold selecionado.[118]

Pietro Maria Bardi e Lina Bo Bardi, desembarque no aeroporto de Congonhas, São Paulo, 26 fev. 1947

Arquitetos Miguel Forte e Jacob Ruchti, exposição *Estudos fotográficos*, de Thomaz Farkas, Museu de Arte Moderna, 1949

Se silêncios, entrelinhas e ausências marcaram o espaço intermédio ocupado por Korngold na historiografia da arquitetura brasileira até a década de 1990, as alteridades do arquiteto alcançaram seu limite na inclusão do arquiteto entre outros profissionais de origem judaica na brochura de Hugo Schlesinger, *Presença e integração*.[119] Schlesinger, interessado na contribuição da comunidade judaica na sociedade brasileira, menciona "o edifício CBI, na rua Formosa, e diversas residências" de autoria do Korngold. De fato, o arquiteto participou de dois concursos privados promovidos pela comunidade judaica de São Paulo, o primeiro para o centro comunitário e sinagoga da Congregação Israelita Paulista – CIP (1954), vencido por Henrique Mindlin e Giancarlo Palanti,[120] e o outro para o hospital Albert Einstein, vencido por Rino Levi (1958). Contudo, a identidade judaica sempre foi um tema ambíguo e traumático para o arquiteto, que encontrou sua última morada no cemitério católico do Araçá.[121]

O multilinguismo cosmopolita dos profissionais imigrantes

Algumas décadas antes da explosão dos estudos sobre os diálogos culturais, e a presença de "outros nacionais" nos países periféricos, Gregori Warchavchik declarou: "Cheguei ao Brasil vindo da Itália em 1923. No mesmo ano meu amigo Richard Neutra chegou aos EUA vindo da Áustria [...]. Nossa afinidade se devia ao fato de termos descoberto a América ao mesmo tempo, levando a lugares diferentes a vontade de trabalhar com um novo espírito".[122] O arquiteto confirmava o seu papel de intermediário do "novo espírito" na paisagem sul-americana, permitindo assim relacionar as estratégias utilizadas em suas primeiras iniciativas no país com as táticas das vanguardas europeias, desde a publicação em 1925 de seu manifesto sobre a arquitetura moderna,[123] às exposições que inauguraram os seus primeiros espaços modernos replicando a experiência da Weissenhof de Stutgart, ou a sua participação no Congresso Internacional da Arquitetura Moderna – Ciam como primeiro representante brasileiro.[124]

Como Warchavchik, outros tantos, para além de uma nova linguagem e novas tecnologias, foram partícipes da ampliação dos espaços de produção, divulgação e consumo da cultura moderna no país, propondo os primeiros diálogos com a paisagem local. Desde personagens de atuação mais restrita como Alexandre Altberg, o jovem arquiteto editor da revista *Base*, que por sua vez emulava o projeto editorial da revista *Das Neue Frankfurt*,[125] até a figura sempre inquieta e estimulante de Bardi, que a partir do Masp promoveu inúmeras frentes culturais estimulando algumas gerações de jovens nos espaços da arte, da fotografia e do design na cidade de São Paulo, atuando ainda na articulação entre os círculos modernos americanos e europeus.[126]

Encontro de arquitetos e outros profissionais de língua alemã: em pé, Gregorio Zolko e Paul Martin Liberman; sentados, Victor Reif, Lucjan Korngold, Francisco Beck, Alfredo Becker, Henrique Bresslau e Franz Bastian (engenheiro), Ludwig Mies van der Rohe, Manfredo Gruenwald (editor), Philip Lohbauer, Franz Heep e Herbert Duschenes, viagem de Mies van der Rohe ao Brasil, São Paulo, 1957

Nesse contexto, o multilinguismo implícito no cosmopolitismo, presente na definição de "estrangeiro" de Simmel, foi um elemento determinante na dinâmica das transferências entre culturas e nas associações construídas a partir das afinidades linguísticas entre estrangeiros, imigrantes e nacionais. As mesmas afinidades contidas na noção de *Landsmannschaft*[127] usada por Louis Wirth em *The Ghetto*, de 1928[128] para apontar a importância das estruturas sociais na vida dos novos imigrantes na América. O reconhecimento do papel dos indivíduos e dos grupos no espaço cultural, com seus conflitos e contradições, a partir da morfologia das relações sociais assim como proposta pelos estudos da escola de Manchester na década de 1970 e a seguir pela micro-história[129] – metaforicamente representadas nas cadernetas de endereços dos escritórios de arquitetura liderados pelos profissionais imigrantes – permitiram a análise das dinâmicas que ultrapassaram os círculos dos imigrantes e mesmo as fronteiras nacionais.

Parafraseando Jacques Derrida, se o polonês natal e o alemão materno não eram as línguas de morada do arquiteto, ainda assim eram as suas línguas.[130] O multilinguismo de Korngold – que ainda incluía o inglês e francês, comuns nos ambientes cosmopolitas nos quais maturou – facilitou a sua inserção profissional em momentos críticos, como durante a estadia na Romênia (1939-1940) junto ao arquiteto Duiliu Marcu, nos círculos de exilados poloneses no Brasil, e nas articulações com um grupo estável de investidores e profissionais imigrantes entre o Rio de Janeiro e São Paulo. A fluência em alemão do casal Lucjan Korngold e Eugênia Gliksman propiciou a amizade com os casais arquiteto Henrique Alexander e sua esposa Doris, refugiados, e Mina e Gregori Warchavchik, e os diálogos com o arquiteto Richard Neutra e sua esposa Dione, que ele conheceu na primeira visita do arquiteto austríaco ao Brasil, em 1945.

Em 1952, o casal Neutra hospedou Korngold em sua casa em Los Angeles, e a amizade se estreitou ao longo dos anos na troca de cartas e nas visitas do austríaco ao Brasil entre 1957 e 1959, data do Congresso Internacional Extraordinário dos Críticos de Arte em Brasília, quando se encontraram pela última vez. A troca epistolar revela o cotidiano dos dois arquitetos, os amigos comuns como Warchavchik e Mindlin, as encomendas em andamento e as articulações em uma extensa rede de compatriotas residentes nos Estados Unidos e no Brasil,[131] que se desdobraram em favores pessoais e profissionais. Assim, enquanto Korngold indica os serviços de Neutra ao casal formado por Irena Monique Baruch, amiga de infância e artista plástica, e John Cooper Wiley, embaixador norte-americano do Panamá, Dione Neutra recorre a Korngold para localizar o paradeiro do material enviado à 2ª Bienal, em 1953.[132]

O multilinguismo de Korngold está presente não só nas atividades projetuais internas ao escritório, com um número representativo de profissionais de origem imigrante, mas também nas colaborações complementares, caso das perspectivas de Anatol Ascher, do paisagismo dos norte-americanos Roberto Coelho Cardozo e Suzana Osborne Coelho, do design de interiores de Joaquim Tenreiro, John Graz, Regina Gomide e posteriormente Jorge (Jerzy) Zalszupin, e das fotografias produzidas por Leon Liberman, Werner Haberkorn e Peter Scheier. Neste aspecto, é representativo dos encontros engendrados no cenário do multilinguismo o registro do grupo de arquitetos reunidos na visita de Mies van der Rohe ao Brasil em 1957.[133]

Na busca por inclusão no *milieu* profissional brasileiro, Korngold operou as mesmas estratégias utilizadas na Europa. Mesmo antes de ter seu diploma validado, ele aproximou-se da imprensa profissional e dos órgãos de classe, participou de concursos de grande visibilidade, caso do Ministério das Relações Exteriores (1942), e encontros profissionais nacionais e internacionais, como o 6° Congresso Pan-Americano de Arquitetos (1947),[134] em Lima, no Peru, ao lado do arquiteto Wladimir Alves de Souza, personalidade influente no Rio de Janeiro e um dos primeiros nacionais a lhe abrir o espaço do diálogo no sentido buberiano.

Almoço pela criação da FAU USP, Hotel Excelsior, São Paulo, 13 dez. 1947. Ao fundo, Lucjan Korngold e outros imigrantes

Lucjan Korngold em palestra no Masp, anos 1940

Henrique Alexander, pessoa desconhecida, Doris Alexander e Lucjan Korngold

À direita, Juscelino Kubitschek com Richard Neutra em encontro com participantes do Congresso Internacional Extraordinário de Críticos de Arte, Brasília, 1959

Notas

1
VITRUVIUS. *The Ten Books on Architecture.*
2
FOCILLON, Henri. *The Art of the West in the Middle Ages: Romanesque Art*, p. 61-65.
3
KRAUTHEIMER, Richard. Introduction to an "Iconography of Mediaeval Architecture".
4
ÉPRON, Jean-Pierre. *Comprendre l'éclectisme.*
5
MAUSS, Marcel. Les civilisations: éléments et forms.
6
TYLOR, Edward B. *Primitive Culture Research into the Development of Mythology, Philosophy, Religion, Art, and Custom*, p. 31; BALDUS, Herbert. Adolf Bastian.
7
MAUSS, Marcel. Les civilisations: éléments et forms (op. cit.), p. 8.
8
Idem, ibidem, p. 9.
9
MAUSS, Marcel. *La nation*, p. 125.
10
STEINER, George. Extraterritorial.
11
GREENOUGH, Horatio. *Form and Function: Remarks on Art, Design and Architecture*, p. 60-61.
12
LE CORBUSIER. *Por uma arquitetura*, p. 57-68.
13
D'HORTA, Vera (Org.). *Lasar Segall (1891-1957): corpo presente: a convicção figurativa na obra de Lasar Segall*, p. 102; D'HORTA, Vera; CAMARGO, Pierina; ESTEVES, Rosa (Org.). *Navio de emigrantes*, p. 28-29.
14
MAZZUCCHELLI, Anna-Maria. Richard Neutra, p. 18-19.
15
Ver SIMMEL, Georg. The Stranger.
16
GIEDION, Sigfried. *L. Moholy-Nagy*, s/p.
17
LE CORBUSIER. Quelles sont les formes d'agrégation d'une nouvelle société machiniste?, p. 2.
18
BALIBAR, Étienne. La forme nation: histoire et idéologie, p. 130.
19
COSTA, Lúcio. J.F.L. – Lelé, p. 434.
20
Lúcio Costa ingressou na Enba em 1917, graduou-se em 1921, sendo a formatura em 1922. Ver COSTA, Lúcio. À guisa de sumário.
21
STEINER, George. Op. cit., p. 3. Ver também ANDRIEUX, Jean-Yves; CHEVALLIER, Fabienne; NEVANLINNA, Anja Kervanto (Org.). *Idée nationale et architecture en Europe, 1860-1919: Finlande, Hongrie, Roumanie, Catalogne.*
22
COSTA, Lúcio. O Aleijadinho e a arquitetura tradicional, p. 15.
23
Conceito de figura conforme AUERBACH, Erich. *Figura.*
24
COSTA, Lúcio. Depoimento, p. 199. O mesmo texto foi publicado anteriormente em *Sobre arquitetura*, coletânea de textos de Lúcio Costa. O organizador Alberto Xavier deu o título "Carta-depoimento", além de incluir o texto de Geraldo Ferraz, que iniciou a polêmica.
25
COSTA, Lúcio. Opção, recomendações e recado, p. 382.
26
OLIVEIRA VIANA, José Francisco. *Populações meridionais do Brasil: história, organização, psicologia*; FREYRE, Gilberto. *Casa-grande e senzala*; HOLANDA, Sérgio Buarque de. *Raízes do Brasil*. Anterior a esses escritos dos anos 1920 e 1930, Silvio Romero já destacava o elemento português na formação da brasilidade. Ver SCHNEIDER, Alberto Luiz. *Silvio Romero: hermeneuta do Brasil.*
27
COSTA, Lúcio. Tradição local, p. 454.
28
Ver FALBEL, Anat. Questions on Space and Intersections in the Historiography of Modern Brazilian Architecture. A relação entre arquiteturas colonial e moderna no Brasil foi feita anteriormente em COSTA, Lúcio. Depoimento (op. cit.).
29
BALIBAR, Étienne. La forme nation: histoire et idéologie (op. cit.).
30
PERLOFF, Marjorie. "Living in the Same Place": The Old Mononationalism and the New Comparative Literature, p. 249-255. Ver ainda BHABHA, Homi K. Dissemi-Nação. O tempo, a narrativa e as margens da nação moderna, p. 198-238.
31
COSTA, Lúcio. Depoimento, p. 198.
32
GOODWIN, Philip L. *Brazil Builds: Architecture New and Old, 1652-1942.*
33
KUBLER, George. Non-Iberian European Contributions to Latin American Colonial Architecture, p. 81. Ver também REESE, Thomas F. Editor's Introduction; KAUFMANN, Thomas DaCosta. Op. cit. Anterior a esses autores, nos anos 1930 Focillon já informava que a fonte da diversidade entre os homens não era função da raça, ambiente ou tempo, mas compreendia afinidades e acordos mais sutis. FOCILLON, Henri. *The Life of Forms in Art*, p. 62-63.
34
KUBLER, George. Non-Iberian European Contributions to Latin American Colonial Architecture (op. cit.), p. 82.
35
As pesquisas das últimas décadas explicitaram a circulação de ideias entre regiões. REIS, Nestor Goulart. *Imagens de vilas e cidades do Brasil colonial*; REIS, Nestor Goulart. *As minas de ouro e a formação das Capitanias do Sul*; OLIVEIRA, Myriam Andrade Ribeiro de. *O rococó religioso no Brasil e seus antecedentes europeus*; BAILEY, Gauvin Alexander. Asia in the Arts of Colonial Latin America.
36
BAILEY, Gauvin Alexander. *Art on the Jesuit Missions in Asia and Latin America 1542-1773.*
37
REESE, Thomas F. Op. cit.; CAMPBELL, Malcom. Robert Chester Smith e a Universidade de Pennsylvania, p. 138; REIS FILHO, Nestor Goulart. Os tempos de Robert Smith.
38
SMITH, Robert Chester. João Frederico Ludovice an Eighteenth Century Architect in Portugal, p. 370.
39
REESE, Thomas F. Op. cit., p. xx.
40
RUSSELL-WOOD, Anthony John R. Robert Chester Smith: investigador e historiador, p. 43. Sobre os estudos latino-americanos nos Estados Unidos, ver KUBLER, George. Architectural Historians before the Fact.
41
DUBLIN, Thomas (Org.). *Immigrant Voices: New Lives in America 1773-1986*, p. 3.
42
Ver RATNER, Sidney. Horace M. Kallen and Cultural Pluralism; KONVITZ, Milton Rivas. Horace Meyer Kallen (1882-1974). In Praise of Hyphenation and Orchestration, p. 30; KALLEN, Horace Meyer. *Culture and Democracy in the United States*; HARRINGTON, Mona. Loyalties: Dual and Divided. Os escritos de Mumford reforçam a precedência norte-americana no reconhecimento da diversidade de influxos que conformam a cultura no novo continente. MUMFORD, Lewis. *The South in Architecture*, p. 31. As discussões sobre o tema estiveram presentes nos círculos ao redor da Escola de Chicago e seus expoentes, como Robert Ezra Park e Louis Wirth. Ver PARK, Robert Ezra. *The Immigrant Press and Its Control*; WIRTH, Louis. *The Ghetto.*
43
Ver MICHELS, Karen. Transfer and Transformation: the German Period in American Art History; PARKER, Kevin. Art History and Exile: Richard Krautheimer and Erwin Panofsky.
44
LEVI, Albert William. Kunstgeschichte als Geistesgeschichte: the Lesson of Panofsky", p. 70-83.
45
FOUCAULT, Michel. Of Other Spaces: Utopias and Heterotopias, p. 425; FALBEL, Anat. Questions on Space and Intersections in the Historiography of Modern Brazilian Architecture (op. cit.).
46
LYOTARD, Jean-François. *The Postmodern Condition: a Report on Knowledge*, p. xxiv.

47
Menciona-se dois trabalhos pioneiros no campo da literatura: o primeiro buscando identificar os exilados alemães no Brasil, o segundo discutindo a produção do escritor "outro" no contexto cultural brasileiro: KESTLER, Izabela Maria Furtado. *Exílio e literatura: escritores de fala alemã durante a época do nazismo*; WALDMAN, Berta. *Entre passos e rastros: presença judaica na literatura brasileira contemporânea*.
48
BALIBAR, Étienne. At the Borders of Europe, p. 1.
49
STEINER, George. Op. cit., p. 11.
50
Michel Foucault ilustra a busca dos intelectuais brasileiros por uma identidade nacional durante a década de 1930 com a descrição do espaço interno da casa grande colonial: "A porta da frente não conduz para a parte principal da casa onde vive a família, assim qualquer viajante tem o direito de abrir a porta, [...] entrar no quarto, e ali passar a noite. Agora os quartos são arranjados de tal forma que seja quem fosse nunca poderia alcançar o centro da família: mais do que nunca um visitante de passagem, jamais um verdadeiro convidado". FOUCAULT, Michel. Op. cit., p. 425.
51
Ver STEINER, Edward A. *On the Trail of the Immigrant*.
52
As revistas *Shelter* (1932-1933; 1938-1939) e *USA Tomorrow* (1953), ambas editadas por Maxwell Levinson, não somente defendiam e promoviam a arquitetura moderna, mas também incluíam o trabalho e os escritos de arquitetos norte-americanos, europeus e imigrantes que haviam abraçado os ideais e a linguagem moderna.

53
Ver GIEDION, Sigfried. *Space, Time and Architecture: the Growth of a New Tradition*; BOESIGER, Willy. *Richard Neutra: Buildings and Projects*, p. 9.
54
FLEMING, Donald, BAILYN, Bernard (Org.). *The Intellectual Migration: Europe and America, 1930-1960*.
55
JORDY, William H. The Formal Image: USA; JORDY, William H. The Symbolic Essence of Modern European Architecture of the Twenties and Its Continuing Influence.
56
KOPP, Anatole. *Ville et révolution: architecture et urbanisme soviétiques des années vingt*; KOPP, Anatole. *Architecture et mode de vie: textes des années vingt en URSS*.
57
COHEN, Jean-Louis; DAMISCH, Hubert (Org.). *Américanisme et modernité: l'idéal américain dans l'architecture*; COHEN, Jean Louis. *Scenes of the World to Come: European Architecture and the American Challenge 1893-1960*.
58
KRISTEVA, Julia. *Étrangers à nous-mêmes* (op. cit,); KRISTEVA, Julia. *Introdução à semanálise* (op. cit).
59
ESPAGNE, Michel. Op. cit.
60
COSER, Lewis A. *Refugee Scholars in America: Their Impact and Their Experiences*.

61
BARRON, Stephanie; ECKMANN, Sabine (Org.). *Exiles+Emigrés: the Flight of European Artists from Hitler*.
62
AKCAN, Esra. *Architecture in Translation: Germany, Turkey, and the Modern House*; BORRIES-KNOPP, Mechthild (Org.). *Building Paradise: Exile Architecture in California*; BOZDOGAN, Sibel. *Modernism and Nation Building: Turkish Architectural Culture in the Early Republic*; COLLINS, Christiane Crasemann. *Werner Hegemann and the Search for Universal Urbanism*; GAITE, Arnoldo. *Wladimiro Acosta*; GARRIDO, Henri Vicente (Org.). *Arquitecturas desplazadas: arquitecturas del exilio español*; HEINZE-MÜHLEIB, Ita. *Erich Mendelsohn: Bauten und Projekte in Palästina, 1934-1941*; METZGER-SZMUK, Nitza. *Dwelling on the Dunes: Tel Aviv, Modern Movement and Bauhaus Ideals*; NICOLAI, Bernd (Org) *Architektur und Exil: Kulturtransfer und architektonische Emigration 1930 bis 1950*; NICOLAI, Bernd. *Moderne und Exil: deutschsprachige Architekten in der Türkei, 1925-1955*.
63
BANHAM, Reyner. *A Concrete Atlantis: U.S. Industrial Building and European Modern Architecture 1900-1925*. Em seu texto, Banham aponta particularmente a incidência da representação dos edifícios industriais americanos no modernismo europeu.

64
Ver SIMMEL, Georg. The Stranger (op. cit.). O texto original de 1908, "Exkurs über den Fremden", é parte do capítulo: "Der Raum und die räumlichen Ordnungen der Gesellschaft" do livro SIMMEL, Georg. *Soziologie. Untersuchungen über die Formen der Vergesellschaftung*, p. 509-512. Foi publicado em inglês em 1921 com o título "The Sociological Significance of the *Stranger*", junto a outros estudos produzidos pela escola de sociologia de Chicago e encartados no livro: PARK, Robert E.; BURGESS, Ernst W. (Org.). *Introduction to the Science of Sociology*, p. 322-327. O mesmo texto, com outra tradução e o título "The Stranger", está na coletânea organizada por Kurt H. Wolff: SIMMEL, Georg. *The Sociology of Georg Simmel*, p. 402-408.
65
As elaborações pioneiras de Simmel sobre o espaço e a "objetividade" fundamentam um instrumento teórico referente ao estranhamento ou à alteridade do sujeito em sua condição de outro que nas últimas décadas foi ampliado para os temas de gênero e etnicidade. Cf. MCLEOD, Mary. Everyday and "Other" Spaces.
66
KONUK, Kader. *East West Mimesis: Auerbach in Turkey*; AUERBACH, Erich. *Mimesis*.
67
AUERBACH, Erich. Philologie der Weltliteratur. Em inglês: AUERBACH, Erich. Philology and Weltliteratur.
68
KORNGOLD, Lucjan. Quo vadis architecture?, p. 97. As elaborações de Korngold neste documento manuscrito e não publicado têm como referências fundamentais os textos de historiadores clássicos, como: GIBBON, Edward. *Declínio e queda do império romano*.

69
FALBEL, Anat. Cartas da América: arquitetura e modernidade, p. 120-135; FALBEL, Anat. Sobre utopia e exílios na América Latina, p. 107-140; FALBEL, Anat. El Ciam y la ciudad funcional en América Latina entre 1930 y 1946, p. 135-146.
70
ADORNO, Theodor W. *Minima moralia: meditazioni della vita offesa*, p. 34-35. Texto escrito entre 1944 e 1949, publicado em 1951.
71
ZEVI, Bruno. Brasile incerto ed eclettico, architetto Lucjan Korngold.
72
ZEVI, Bruno. *Erich Mendelsohn. Opera completa: architetture e immagini architettoniche*.
73
ZEVI, Bruno. A fábrica dos sonhos, p. 106. Artigo originalmente publicado no *L'Expresso*, em maio 1987. Ver FALBEL, Anat. Bruno et Lina: entre discussions et disputes... comme de veritables amis. Sobre Lina Bo Bardi, ver ainda: LIMA, Zeuler. *Lina Bo Bardi: o que eu queria era ter história – biografia*.
74
BUBER, Martin. *Between Man and Man*, p. 22-38; VIDLER, Anthony. Agoraphobia: Spatial Estrangement in Georg Simmel and Siegfried Kracauer, p. 31-45.
75
WARCHAVCHIK, Gregori. Acerca da arquitetura moderna.
76
Ver NEVES, Christiano Stockler das. O bluff arquitetônico.

77
Ver MARIANNO FILHO, José. À margem do problema arquitetônico nacional, p. 32.
78
COSTA, Lúcio. Depoimento (op. cit.).
79
ARTIGAS, Vilanova. A semana de 22 e a arquitetura, p. 272.
80
Ver BUZZAR, Miguel Antonio. *João Batista Vilanova Artigas: elementos para a compreensão de um caminho da arquitetura brasileira, 1938-1967*, p. 283; FARIAS, Agnaldo. *A arquitetura eclipsada: notas sobre história e arquitetura a propósito da obra de Gregori Warchavchik, introdutor da arquitetura moderna no Brasil*.
81
BANHAM, Reyner. History under Revision; BANHAM, Reyner. *Teoria e projeto na primeira era da máquina*.
82
FALBEL, Anat. A presença do outro nas primeiras décadas do século 20 no Rio de Janeiro: a formação de uma perspectiva historiográfica.
83
GOODWIN, Philip L. *Brazil Builds: Architecture New and Old, 1652-1942* (op. cit.).
84
A mostra ocorreu efetivamente entre 13 jan. e 28 fev. 1943.
85
HITCHCOCK, Henry-Russell, *Latin American Architecture since 1945*, Nova York, p. 27. O "italiano" é uma referência a Rino Levi, o "alemão" provavelmente Oswaldo Bratke e os outros dois, "polonês" e "francês", certamente são Korngold e Pilon.
86
MINDLIN, Henrique E. *Modern Architecture in Brazil*. Nos anos subsequentes, o livro é publicado em francês e alemão, mas a edição em português ocorre apenas em 1999.

87
MINDLIN, Henrique E. *Arquitetura moderna no Brasil*, p. 23-36. Korngold comparece com o CBI, o conjunto residencial da rua São Vicente de Paula e a Fábrica Fontoura Wyeth S.A.
88
Idem, ibidem, p. 35.
89
The Architectural Forum, v. 87, n. 5 (Brazil). Korngold apresenta o edifício Santa Amália, projetado para o Escritório Francisco Matarazzo Neto (1943) e fotografado por Leon Liberman.
90
Nascida em Varsóvia em 1922, Maria Laura Osser trabalha no escritório de Lucjan Korngold entre 1942 e 1943, antes de ingressar no curso de engenharia do Mackenzie, em São Paulo. Em 1947, contratada pelo escritório de Mindlin, Osser inicia a sua participação como correspondente brasileira da revista *L'Architecture d'Aujourd'hui* até o ano de 1949.
91
L'Architecture d'Aujourd'hui, n. 13-14 (Brésil).
92
Com exceção de Rino Levi, com três projetos (Instituto Sedes Sapientiae, Banco Paulista de Comércio e a Companhia Jardim de Café Fino), e Eduardo Kneese de Mello, com um (edifício Leônidas Moreira).
93
NIEMEYER, Oscar. Ce qui manque a notre architecture, p. 12.
94
L'Architecture d'Aujourd'hui, n. 16, (L'habitation collective).

95
LUBINSKI, Piotr Maria. L'habitation a bon marché em Pologne, *L'Architecture d'Aujourd'hui*, n. 7, jul.1935, p. 59.
96
Korngold apresentava dois projetos residenciais, ambos em parceria com Francisco Beck, um em São Paulo e outro no Rio de Janeiro. BECK, Francisco; KORNGOLD, Lucjan. Résidence a Rio de Janeiro, p. 82. BECK, Francisco; KORNGOLD, Lucjan. Résidence a Sao Paulo, p. 81.
97
PERSITZ, Alexandre. Habitations individuelles au Brésil, n. 18-19, jun. 1948, p. 72.
98
ZEVI, Bruno. Brasile incerto ed eclettico, architetto Lucjan Korngold (op. cit.).
99
BECK, Francisco; KORNGOLD, Lucjan. Immeuble commercial a Sao Paulo - Building Thomas Edison, p. 73-74; KORNGOLD, Lucjan. Immeuble CBI-Esplanada a Sao Paulo, p. 75-82.
100
L'Architecture d'Aujourd'hui, n. 33 (Urbanisme en Amérique Latine), dez. 50/jan. 51. REIDY, Affonso Eduardo; et al. Unite d'Habitation au Pedregulho, Rio deJaneiro, p. 56-66. REIDY, Affonso Eduardo. Projet d'urbanisation de la butte Santo Antonio, Rio de Janeiro, p. 67-70.
101
GIEDION, Sigfried. Brésil et l'architecture contemporaine, p. 3.
102
L'Architecture d'Aujourd'hui, n. 42-43 (Brésil), ago. 1952. KORNGOLD, Lucjan. Immeuble CBI Esplanada a Sao Paulo, p. 35-37.

103
L'Architecture d'Aujourd'hui, n. 90 (Brésil Brasilia Actualités), jun./jul. 1960. KORNGOLD, Lucjan. Palais du commerce à São Paulo, p. 50-51.
104
SARTORIS, Alberto. *Encyclopédie de l'architecture nouvelle: ordre et climat américains*, p. 17.
105
Sartoris faz referência às proposições da *Cité radieuse* de Le Corbusier, à *city-block* de Wladimiro Acosta, ou ao urbanismo progressivo de Ludwig Hilberseimer para Chicago.
106
Do ponto de vista plástico, Sartoris considera "interpretações honestas e inteligentes do aço e do vidro", o Chicago Tribune (1922) de Walter Gropius e Adolf Meyer; o banco Philadelphia Saving Fund Society (1932) de George Howe e William Lescaze; a Lever House do escritório SOM (1950); e os dois edifícios de Mies van der Rohe em Lake Shore Drive (1949-1951), Chicago.
107
PRADO, Yan de Almeida. Apontamentos para uma história da arquitetura em São Paulo. Ver também CAMPOS, Eudes. O historiador Yan de Almeida Prado (1898-1987) e a antiga arquitetura de São Paulo.
108
SALMONI, Anita; DEBENEDETTI, Emma. *Arquitetura italiana em São Paulo*.
109
SAIA, Luís. Arquitetura paulista, p. 106.

110
BARDI, Pietro Maria. *História da arte brasileira: pintura, escultura, arquitetura, outras artes*. Na revista *Habitat* e posteriormente nas "Crônicas de arte, de história, de costume, de cultura da vida", publicadas no *Diário de Notícias*, de Salvador (1958), Lina menciona críticas sofridas pelo casal devido a condição estrangeira. Ver *Habitat*, n. 2, jan./mar. 1951.
111
LYOTARD, Jean-François. *La condición postmoderna: informe sobre el saber*, p. 15. LYOTARD, Jean-François. *The Postmodern Condition: a Report on Knowledge* (op. cit.), p. xxiv.
112
BARDI, Pietro Maria. A influência estrangeira na arquitetura paulistana, p. A-14.
113
FALBEL, Anat. Gio Ponti and the Prediction about Italian Architecture in Brazil. A menção à breve presença de Rudofsky no Brasil (1938-1941) se deve à parceria do arquiteto austríaco com Gio Ponti, amigo de empreitadas editoriais de Bardi.
114
BARDI, Pietro Maria. A influência estrangeira na arquitetura paulistana (op. cit.).
115
LEMOS, Carlos A. C. *Arquitetura brasileira*, p. 146; 156-157.
116
Idem, ibidem, p. 153.
117
Idem, ibidem, p. 156-1957.
118
XAVIER, Alberto; LEMOS, Carlos A. C.; CORONA, Eduardo. *Arquitetura moderna paulistana*, ficha 14.

119
SCHLESINGER, Hugo. *Presença e integração*, p. 141-149. O livro foi patrocinado pela família Mehler, um dos clientes de Korngold. Além dos poloneses Korngold, Jorge Zalszupin, Stefan Landsberger e Alfred Duntuch, fundadores da Luzar, também foram mencionados Warchavchik, Wit Olaf Prochnik, Jorge Wilhem e aqueles nascidos no Brasil como Rino Levi, Jaime Lerner, Henrique Mindlin, Elias Kaufman, Saul Raiz, Rachel Esther Prochnik, Rubem Breitman, Irineu Breitman, Silvio Oppenheim, Gregório Zolko, Rosa Grena Kliass, Abrahão Sanovicz, Bernardo Klopfer, Luiz Laurent Bloch, David Bondar, Arnaldo Knijnik, Maurício Kogan, Samuel Szpigel, David Libeskind, e Luciano Wertheim.
120
FALBEL, Anat. São Paulo: dois momentos na arquitetura sinagogal.
121
Em seu já mencionado "Quo vadis architecture?", texto manuscrito e não publicado, Korngold parece justificar a conversão ou a assimilação como estratégia de sobrevivência individual: "os judeus, aceitando o cristianismo, encontraram-se em uma situação psicológica totalmente diferente da anterior. Como nação, eles ainda eram impotentes, mas cada indivíduo por si mesmo, entrando na nova comunhão secreta, tornou-se um inimigo inspirador de Roma. Fortalecendo assim as fileiras dos novos cristãos, eles encontraram, nas profundezas de sua humilhação, uma válvula de escape para seu ódio a Roma". Ver KORNGOLD, Lucjan. Quo vadis Architecture? (op. cit.), p. 97.

122
WARCHAVCHIK, Gregori. Conferência no Instituto dos Arquitetos do Rio de Janeiro (documento manuscrito).

123
WARCHAVCHIK, Gregori. Acerca da arquitetura moderna (op. cit.).

124
Ver FALBEL, Anat. A House of One's Own as the Space of the In-Between: Gregori Warchavchik in Brazil; FALBEL, Anat. El Ciam y la ciudad funcional en América Latina entre 1930 y 1946 (op. cit.).

125
ALTBERG, Alexandre. *Memórias* (documento manuscrito não publicado); MOREIRA, Pedro. Alexandre Altberg e a arquitetura nova no Rio de Janeiro.

126
Ver RUSCONI, Paolo. Pietro Maria Bardi's First Journey to South America: a Narrative of Travel, Politics and Architectural Utopia; RUSCONI, Paolo. Rua Brera n. 16: a galeria de Pietro Maria Bardi; RUSCONI, Paolo. Invenção de um personagem: iconografia e sina de Pietro Maria Bardi nos primeiros anos 1930; TENTORI, Francesco. *P. M. Bardi*; MARIANI, Riccardo. *Razionalismo e architettura moderna: storia di una polemica*; ARAÚJO, Emanoel (Org.). *Um certo ponto de vista: Pietro Maria Bardi, 100 anos*.

127
A noção de *Landsmannschaft* implica os agrupamentos ou as associações de indivíduos que partilham origens comuns seja a nível nacional, regional ou continental. No Brasil, voltados para diálogos entre nacionais e imigrantes no mercado e na produção da arte, e inseridos na mesma perspectiva metodológica, menciona-se os seguintes trabalhos: MICELI, Sergio. *Nacional estrangeiro*; DURAND, José Carlos. *Arte, privilégio e distinção: artes, arquitetura e classe dirigente no Brasil, 1855/1985*.

128
Ver WIRTH, Louis. *The Ghetto* (op. cit.).

129
RUSPIO, Federica. Network analysis e microstoria: il caso della nazione porthoghese (op. cit.); LEVI, Giovanni. On Microhistory (op. cit.).

130
DERRIDA, Jacques. O monolinguismo do outro ou a prótese de origem, p. 13.

131
Correspondência Korngold-Neutra, 26 ago. 1953.

132
Neutra havia encaminhado os projetos erroneamente ao Masp e Dione pede a Korngold, caso "não ganhasse nenhum prêmio", intermediasse a devolução do material ao final da exposição. Ver CRITELLI, Fernanda. *Richard Neutra e o Brasil*, p. 160-161.

133
FALBEL, Anat. Immigrant Architects in Brazil: a Historiographical Issue, p. 60.

134
REDAÇÃO. VI Congresso Pan-Americano de Arquitetos, p. 9-10.

Navio Conte Grande,
5 mai. 1938

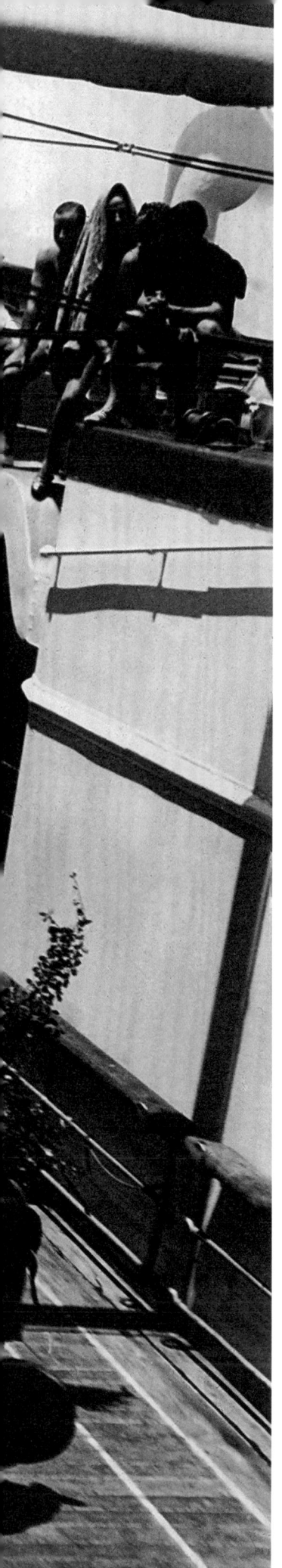

Parte 1

A formação de Lucjan Korngold

1 Maturação de um arquiteto judeu na Polônia do entreguerras

Judeus na Polônia: uma presença secular

Quando os alemães cruzaram a fronteira polonesa em 1 de setembro de 1939, viviam no país mais de 3.250.000 judeus, algo em torno de 10% da população. A Polônia abrigava a segunda maior comunidade judaica do mundo, somente atrás dos Estados Unidos, com 4,5 milhões de judeus. Os judeus poloneses possuíam 1.500 comunidades organizadas, distribuídas por 17 mil pequenas localidades espalhadas pela Polônia.

A presença judaica na Polônia pode ser traçada desde o século 10, a partir da chegada de mercadores de cultura ashkenazi[1] vindos especialmente do Império Germânico e posteriormente da região de Kiev.[2] Já entre o final do século 16 e os inícios do século 17, a Polônia e a Lituânia haviam se tornado grandes centros da cultura ashkenazi, sendo que a partir do fim do século 18, o isolamento da vida judaica começou a ser discutido no contexto da Ilustração Judaica.[3] No entanto, a atmosfera nacionalista e o forte catolicismo aliados a interesses econômicos levaram à criação, em 1809, do bairro judeu de Varsóvia, capital do reino da Polônia.

As restrições residenciais e os impostos específicos para a comunidade seriam abolidos em 1862, com a emancipação dos judeus, manobra que visava a introdução tanto do operariado como do empresariado judeu na economia.[4] O crescimento comercial e industrial dos grandes centros urbanos poloneses atraiu a população judaica que, por volta de 1870, constituía 43% da população urbana da Polônia. Ao final do século 19, observa-se, junto ao crescimento de uma classe média, o surgimento de uma alta burguesia judaica, constituída por banqueiros, comerciantes, grandes proprietários e industriais, com papel destacado na urbanização e industrialização do país. Conforme descrito por Isaac Bashevis Singer no romance *A Família Moskat* (1950),[5] se a primeira geração desses empresários apreendeu as primeiras letras no *heder*, a escola religiosa, ao longo da vida tornaram-se ilustrados, alcançando uma educação universal,[6] a segunda geração já apresentava uma nova postura social e cultural tendendo para a integração através do assimilacionismo que lhes abriria as portas da sociedade.[7] A mesma dinâmica que Hannah Arendt entendeu como ambígua considerando "o fato de serem judeus, mas presumivelmente não iguais aos (outros) judeus".[8]

Foi no interior dessa segunda geração, criada em centros urbanos como Varsóvia e Lodz e maturada nas capitais da Europa, que se formou uma *intelligentsia* judaica assimilada, antinacionalista e patriota da língua e cultura polonesa, que se manteve polonizada mesmo frente à intensificação do antissemitismo que acompanhou o crescimento do nacionalismo polonês desde o final do século 19 e alcançou seu auge no entreguerras.[9] Efetivamente o antissemitismo de Estado, nos governos de Wladyslaw Grabski e Josef Pilsuski, se impôs inicialmente com restrições e taxações específicas sobre os negócios pertencentes aos judeus, para a seguir atingir outras frentes intervindo nas instituições sociais, educacionais e culturais, proibindo a participação de judeus no setor público e instituindo o boicote econômico a partir de uma estrutura altamente estatizada, visando e provocando, em última instancia, a emigração judaica.[10]

Entre os representantes mais ilustres dessa intelectualidade estava o poeta Julian Tuwim que frequentava os mesmos círculos de Korngold em Varsóvia. Dois de seus poemas no exílio merecem menção. O primeiro deles, *Flores Polonesas*, uma ode ao Rio de Janeiro e sua paisagem, foi escrito quando refugiado no Brasil, enquanto o segundo, *Nós, os judeus polacos* (1944) registrado ao final da guerra nos Estados Unidos, já informado sobre o holocausto europeu, tornar-se-ia o grito da geração que, tendo assumido sua condição de "poloneses de fé judaica", foram dolorosamente marcados "por motivos de sangue" com uma nova identidade: aquela do judeu *doloris causa*, "a fervorosa irmandade no sangue e martírio com os judeus".[11]

Residência Tadeusz Lepkowski, rua Francuska 2, Varsóvia, 1935, arquitetos Lucjan Korngold e Piotr Maria Lubinski

Acima, Julian Tuwim (1894-1953), 1933; Lucjan Korngold (1897-1963), 1926; Eugênia Gliksman Korngold (1901-1985), c.1936

Abaixo, requerimento de Lucjan Korngold ao reitor da Politécnica de Varsóvia solicitando inscrição no curso de Arquitetura, 1916, e diploma de arquiteto de Lucjan Korngold, Politécnica de Varsóvia, 1922

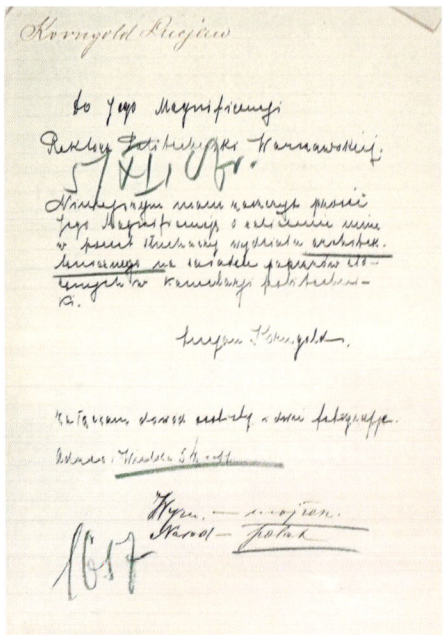

A conjuntura cultural assobrada pelo antissemitismo determinou a primeira e mais longa estação da vida de Lucjan Korngold, sua juventude, seus estudos sob a vigência dos *numerus clausus*, e a experiência e maturação como arquiteto face às restrições impostas pelo Estado aos profissionais de origem judaica.

Observa-se que, com exceção de algumas participações em concursos ao final da década de 1920, a maior parte dos contratantes de Korngold na Polônia, assim como o próprio arquiteto e seus associados, faziam parte de uma elite judaica aculturada, polonizada e cosmopolita, formada por empresários e profissionais liberais como Stanislaw Margulies e Oskar Robinson. Frente à atmosfera política reinante, alguns deles buscaram a imigração, mesmo que dificultada pelas cotas impostas pelos países do continente americano. Outros exploraram a expansão e transferência de seus negócios para além das fronteiras polonesas, ou então aproximaram-se dos movimentos sionistas, assim como Oskar Robinson, que na segunda metade da década de 1930, intentou associações empresariais no setor de alimentos nos Estados Unidos e na Palestina. Sob a mesma premência, Herman Pikielny, natural de Lodz, representando a importante indústria têxtil da família, buscou a oportunidades no Brasil, acabando por estabelecer-se no país em 1939.[12] Para ele, Lucjan Korngold projetaria uma de suas primeiras residências em São Paulo, à rua Itatiara, no Pacaembu.[13]

Os primeiros passos do arquiteto

Lucjan Korngold nasceu no seio de uma família da elite judaica aculturada, filho do joalheiro Jakob Korngold (1857-1924), natural de Varsóvia, com a berlinense Felicja Faiga Lubelska Korngold (1870-?) e irmão de Aniela Korngold.[14] Com uma formação semelhante, sua esposa Eugênia Gliksman (1901-1985) nasceu em Lodz, seus pais Henryk e Felicja Gliksman atuando no setor da indústria têxtil.[15]

Desde pequeno, ele já manifestava seu gosto pelo desenho que exercitaria ao longo de toda vida tanto na sua profissão como entre os amigos. Mesmo durante os anos de guerra, entre 1915-1916, quando se encontrava junto a familiares em Berlim, sem poder retornar a Polônia,[16] ele fez um curso de artes nessa cidade.

A condição econômica privilegiada da família permitiu ao jovem cursar o secundário na Escola Comercial Artur Jezewski em Varsóvia, instituição reconhecida pelo alto nível de ensino e frequentada pelos filhos das famílias polonesas mais influentes. A mesma condição permitiu que, formado em 1914, ele pudesse postular e ser recebido na Faculdade de Arquitetura da Politécnica de Varsóvia, mesmo na vigência dos *numerus clausus*.[17]

Por conta da guerra, ele iniciou seus estudos em 1917. Os sucessivos conflitos militares[18] provocaram a suspensão das aulas e o alistamento de muitos alunos, entre eles Korngold que, em 1918, ingressou nas fileiras do Polska Organizacja Wojskowa – POW, a organização militar polonesa criada para expulsar os alemães, tomando parte no seu desarmamento em Varsóvia. Em janeiro de 1919, ele ingressou no exército

Lucjan Korngold, oficial do exército polonês, e colega, 1918

No centro, Jerzy Gelbard (1894-1944)

À direita, Roman Sigalin (1901-1940)

Henryk Blum (1897-1943)

Grzegorz Sigalin (1902-1942)

polonês, nomeado oficial cabo pelo então general Edward Smigly-Ridz, e em setembro de 1919, já chefe de pelotão, foi readmitido na Faculdade.[19] Apesar desses obstáculos, Korngold completou o curso previsto para quatro anos e meio em apenas cinco anos, graduando-se em 1922 na segunda turma de formandos da faculdade de arquitetura.[20]

Lucjan Korngold foi contemporâneo de Szymon e Helena Syrkus, Bohdan Lachert, Jósef Szanajca e o casal Stanislaw e Barbara Brukalski, membros fundadores da vanguarda polonesa representada pelo grupo Praesens (1926) e da atuante delegação polonesa nos Congressos Internacionais de Arquitetura Moderna – Ciam. Korngold foi partícipe das grandes iniciativas do grupo sem, no entanto, identificar-se com a intelectualidade progressista sob a liderança do casal Syrkus, que associou o desenvolvimento da arte e da arquitetura com a democratização e abertura do sistema sociopolítico polonês.

Durante sua formação, Korngold conheceu e forjou laços com seus futuros associados a maioria de origem judaica. Nos principais concursos em que tomou parte no início de sua atuação profissional, o arquiteto formaria parcerias com os colegas Jerzy Gelbard e os irmãos Roman e Grzegorz Sigalin.[21]

Na década de 1930, os parceiros mais constantes seriam os colegas Henryk Blum e Piotr Michal Maria Lubinski. As parcerias com Lubinski seriam particularmente divulgadas visto que o arquiteto ainda estudante já atuava como correspondente e articulista das principais revistas polonesas da área como *Architektura i Budownictwo* e *Arkady*, além de europeias como a *L'Architecture d'Aujourd'hui*.[22]

A faculdade de arquitetura foi criada em novembro de 1915, durante a ocupação, o que garantia às autoridades alemãs o controle e a nomeação de seu reitor. Em outubro de 1917, os alemães transferiram a direção a um conselho de regência que outorgou novos estatutos regulando a vida acadêmica, além da criação da Associação de Estudantes de Arquitetura – ZSA, que na segunda metade dos anos 1930 exerceria um papel trágico junto às demais associações estudantis na Polônia incitando a expulsão dos estudantes judeus das faculdades.[23]

Os primeiros anos foram tumultuados por conta dos conflitos fronteiriços. O ensino seria normalizado no ano acadêmico de 1921/1922, quando o total de estudantes da faculdade de arquitetura, que em suas origens era aproximadamente 70 alunos, chegou a 408 alunos (347 homens e 61 mulheres), estabelecendo-se a partir de então um limite de 600 estudantes.[24]

O programa da nova escola foi elaborado por um grupo de profissionais presidido pelo conhecido arquiteto e antigo professor da Escola Politécnica russa, Mikolaj Tolwinski. A maior parte de seus membros era formada pelas academias e escolas russas, além de graduados das grandes escolas do Império Austro-Húngaro entre Viena, Karlsruhe, Dresden e Darmstadt, representando as expressões mais importantes da época, desde o ecletismo, passando pela *nova arte*, a secessão vienense, até o modernismo. O historiador A. K. Olszewski classificou essa multiplicidade de expressões como o protomodernismo polonês,[25] salientando a sua especificidade na atmosfera nacionalista da Polônia fragmentada pela dominação estrangeira por mais de 120 anos. Nesse contexto, a criação da escola de nível superior com idioma e corpo docente polonês fazia parte de um movimento mais amplo em direção ao ideal de independência e reunificação do país, que necessitava reafirmar sua integridade cultural também no campo da arquitetura.[26]

Em conformidade às elaborações teóricas contemporâneas, o programa da escola almejava um profissional preparado para enfrentar os desdobramentos da arquitetura moderna, privilegiando a unidade da arquitetura com as outras artes (pintura, escultura e a arte decorativa) aliada a um sólido embasamento técnico, que seria traduzido pela criação de um centro de estudos com laboratórios para a pesquisa de materiais, métodos de cálculo e sistemas construtivos pelo calculista Stefan Bryla.[27]

Como parte do discurso que visava a asserção da nacionalidade, o programa de história da arte e história da arquitetura dedicava particular atenção à tradição arquitetônica polonesa e ao vernáculo[28] às quais foi consagrado o Instituto da Arquitetura Polonesa (1923), dirigido pelo professor Oskar Sosnowski. Entre os primeiros projetos do Instituto, estava o levantamento das sinagogas polonesas em madeira, inventário posteriormente ampliado para um estudo sobre a arte judaica, dirigido por Sosnowski e o historiador da arte e fotógrafo, Szymon Zajczyk.[29] Efetivamente, na busca por uma linguagem nacional, as construções em madeira, como o chamado estilo *zakopane* e o estilo da *dworki*, a residência da nobreza rural polonesa com seus pórticos e loggias sustentadas por colunas[30] foram particularmente exploradas por arquitetos de diferentes orientações, e modernos como Korngold.

O curso de projeto introduzido pelo arquiteto e urbanista Tadeusz Tolwinski, pioneiro na utilização do conceito de cidade funcional na Polônia, iniciava com espaços rurais compreendendo residências e centros urbanos menores abarcando, nos últimos anos, os edifícios urbanos residenciais, públicos e interiores, além do planejamento urbano com a análise das cidades e das questões contemporâneas.

Por sua vez, o curso de desenho à mão livre, sob a responsabilidade do professor Zygmunt Kaminski, tratando de design e projetos gráficos, foi incidente na formação da geração de Korngold e seus associados Blum e Lubinski que, por dominarem a técnica, puderam fazer uso do mesmo vocabulário tanto para a composição de um cartaz, uma cadeira ou um projeto arquitetônico.[31]

Prefeitura de Sulmierzyce, Polônia, século 19

Casa de férias da Cooperativa de Crédito Józef Mianowski, Mlódz, Polônia, c.1936, arquiteto Jan Koszczyc Witkiewicz (1881-1958)

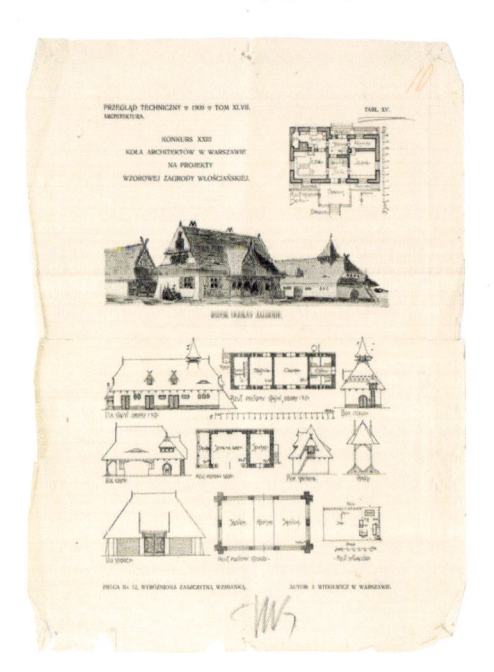

Fazenda camponesa modelo, Polônia, 1908, arquiteto Jan Koszczyc Witkiewicz

Residência Mieczyslawa Guranowski, rua Zakopianska 11, Varsóvia, 1938, arquiteto Lucjan Korngold

À esquerda, residência unifamiliar, fachadas frontal e posterior, rua Wachocka 6, Varsóvia, 1936, arquiteto Lucjan Korngold

Ao meio, residência Lucjan Korngold, fachada e frente e verso do cartão de registro da obra como monumento arquitetônico do Centro de Documentação de Monumentos em Varsóvia (1979-1982), rua Królowej Aldony 3, Varsóvia, 1938, arquiteto Lucjan Korngold

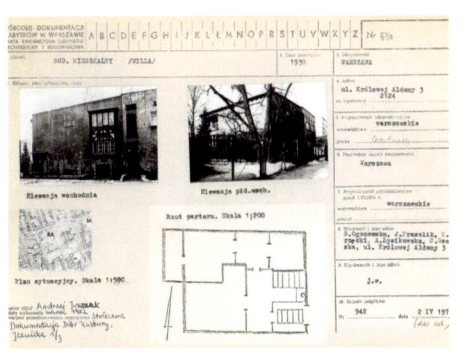

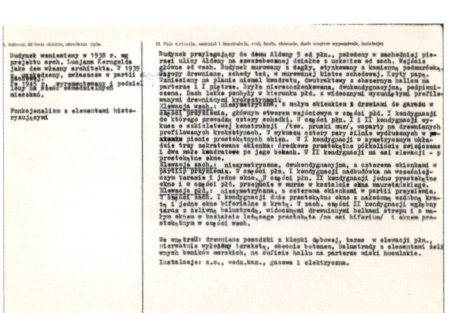

A obra de Korngold no contexto da cultura arquitetônica polonesa

Se as vivências profissionais de Korngold durante o entreguerras na Polônia foram fundamentais para sua atuação no espaço brasileiro, tanto sob o ponto de vista da diversidade de programas quanto da linguagem formal e implantação no tecido urbano, a formação integral apreendida na Politécnica de Varsóvia proporcionou um instrumental teórico e prático que lhe permitiu enfrentar os desafios da integração entre projeto e técnicas construtivas inovadoras, a partir de um escritório de porte pequeno.

Do mesmo modo, se a orientação da escola de Varsóvia no sentido da valorização das arquiteturas e das formas tradicionais e vernaculares se refletiram na obra polonesa do arquiteto, a sensibilidade e capacidade do arquiteto de transcender as formas regionais e alcançar uma linguagem universal[32] manteve-se aguçada no espaço brasileiro em meio às discussões acerca de uma arquitetura moderna e nacional.[33]

Particularmente são os projetos residenciais do arquiteto que permitem identificar referências mais explícitas à arquitetura tradicional polonesa, operadas sobre planimetrias baseadas em módulos quadrados ou retangulares correspondendo a volumes compactos. Como exemplos, menciona-se a residência à rua Wachocka 6 (1936), que sugere afinidades à obra projetual do arquiteto Jan Koszczyc Witkiewicz e às fontes do tradicionalismo que incidiu na arquitetura polonesa no período;[34] e as residências Mieczyslawa Guranowski à rua Zakopianska 11 (1938), Wladyslaw Rotstein (cuja construção parou durante a guerra), à rua Krynicza 6 e Rykwert em Otwok-Soplicowo (1936).

No entanto, considerando o espaço da domesticidade como a expressão da cultura, da especificidade e da diferença do indivíduo,[35] o exemplo mais representativo é a residência do próprio arquiteto, projetada em 1938 à rua Królowej Aldony 3, no bairro de Saska Kepa. Em sua casa, ele explorou em chave modernista elementos do art nouveau, do regionalismo polonês e da tradicional arquitetura polonesa. No forro do térreo, Korngold introduziu uma combinação inesperada de baciões de cerâmica da região montanhesa de Huculy, artesanato característico do Leste europeu, além de prateleiras de alabastro para a biblioteca e cavalos marinhos de ferro como sustentáculos do corrimão da escada. Nas fachadas que envolvem o volume compacto e discreto da edificação, foram inseridos elementos originais que referenciam o vocabulário românico, como a janela bipartida na fachada Sul e as pequenas envasaduras da fachada frontal, onde se destaca o muro prussiano de madeira e tijolos.

Além da sensibilidade do arquiteto para com as formas regionais, o entendimento do projeto da domesticidade do arquiteto, levantado na atmosfera virulentamente antissemita do final da década de 1930 na Polônia, sugere o manifesto do judeu, o eterno estrangeiro, mesmo que polonizado, nutrido e maturado na cultura polonesa, assim como declarou Tuwim, buscando à beira do inenarrável a impossível inclusão.

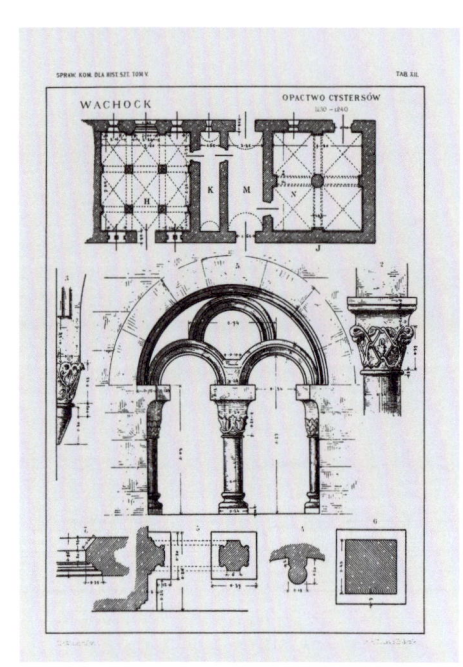

Já no Brasil, em projetos desenvolvidos para compatriotas como Herman Pikielny ou Zimon Leirner, Korngold parece retomar, mesmo que em chave moderna, elementos compositivos da tradição construtiva polonesa. No entanto, se na Polônia esses elementos foram operados buscando a integração do outro em sua terra natal, no Brasil, ao contrário, o seu uso como representação da domesticidade do imigrante refugiado revelava a complexa alteridade do próprio arquiteto.

Efetivamente, no primeiro projeto residencial no Brasil (1941), a casa Pikielny, o arquiteto introduziu alguns elementos conhecidos da tradicional arquitetura polonesa com os quais já havia trabalhado, como o pórtico da entrada principal e a varanda sobreposta à fachada lateral, remetendo definitivamente à sua própria casa em Varsóvia. Outros elementos, como o revestimento em pedra entremeando placas verticais e de topo ou a simetria da fachada principal, eram característicos das duas principais expressões arquitetônicas que operou entre as décadas de 1920 e 1930.

A primeira delas era a simplificação das formas do neoclassicismo ou estilo senhorial polonês, segundo os ensinamentos de seu professor e responsável por sua tese de diploma, Rudolf Swierczynski,[36] vocabulário praticado especialmente em edifícios abrigando instituições bancárias, igrejas e instituições escolares.[37]

Mosteiro, desenhos e foto da fachada posterior, Wachock, Polônia, século 12

Ministério das Obras Públicas e Banco de Desenvolvimento Polonês, foto atual do edifício construído em 1931, perspectiva e planta do projeto vencedor, apresentado no concurso, em 1927, arquiteto Rudolf Swiercynski, rua Jerozolimskie 7, Varsóvia

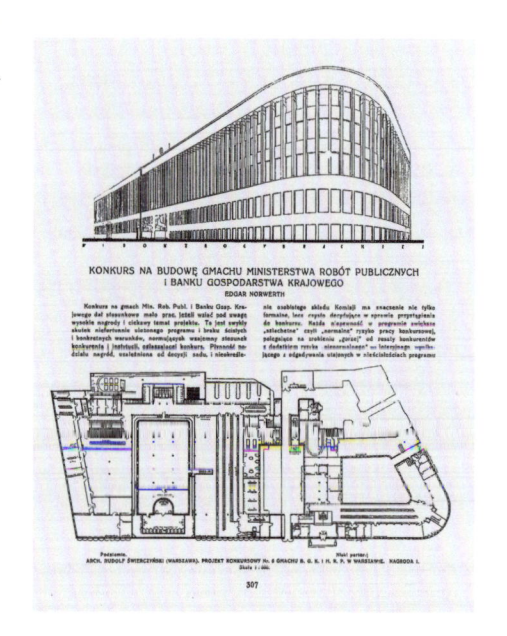

Um dos edifícios exemplares dessa orientação é o que abrigaria o Ministério das Obras Públicas e Banco de Desenvolvimento Polonês, em Varsóvia, projeto vencedor de Swierczynski para o concurso realizado em 1927. O professor submetia a forma modernista à disciplina clássica, mantendo as relações de proporções e recobrindo o esqueleto das estruturas com revestimentos de pedra segundo ritmos decorativos, enquanto os revestimentos internos contemplavam diversos tipos de metais e madeira.[38] A escolha dos materiais era feita em função de sua capacidade de criar contrastes superficiais. Nesse sentido, apesar das formas essencialmente modernas, os efeitos produzidos pelos revestimentos sugeriam a negação dos princípios ideais e estéticos do racionalismo e, portanto, o predomínio da superfície sobre a forma.[39] Lucjan Korngold participou também do concurso, em equipe formada com Jerzy Gelbard e Roman Sigalin.

A formação de Korngold junto a Swierczynski se apresenta particularmente nos programas das residências unifamiliares e multifamiliares desenvolvidos em Varsóvia, podendo ser reconhecida nos primeiros projetos brasileiros, desde o Edifício Central em São Paulo (1940-1942) até o projeto para o concurso do Edifício-sede do Ministério das Relações Exteriores, no Rio de Janeiro (1942). Da mesma forma, o domínio da relação das proporções caracterizou todos os edifícios altos projetados no Brasil, conforme atesta o mais conhecido deles, o Edifício CBI Esplanada (1947).[40]

Conforme a literatura, a segunda das expressões operadas por Korngold na Polônia, o funcionalismo, também teve como agente em sua introdução o professor Rudolf Swierczynski, responsável pela divulgação dos livros de Le Corbusier na Faculdade de Arquitetura de Varsóvia.[41]

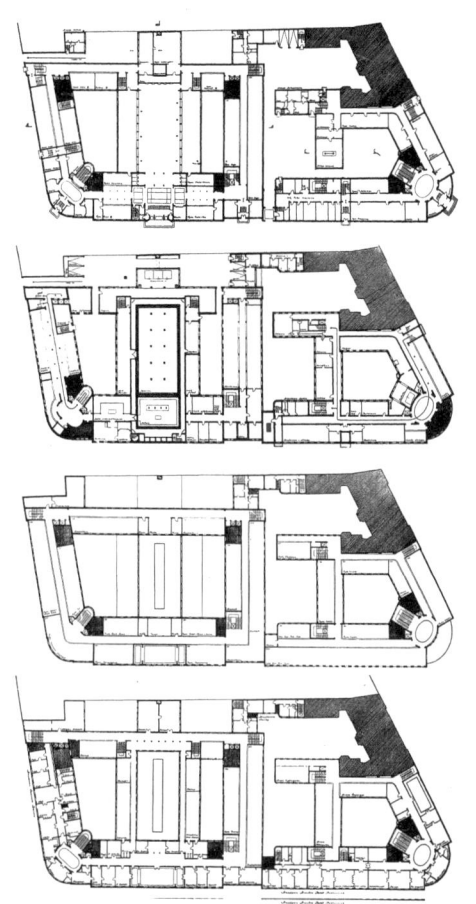

Edifício do Ministério das Obras Públicas e Banco de Desenvolvimento Polonês, perspectiva, plantas, elevação e corte, projeto participante de concurso, Varsóvia, 1927, arquitetos Jerzy Gelbard, Lucjan Korngold e Roman Sigalin. Desenhos publicados na revista polonesa *Architektura i Budownictwo* n. 10, out. 1927

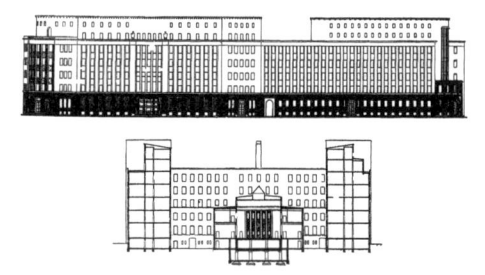

Lucjan Korngold e a vanguarda polonesa

Apesar da existência de uma vanguarda polonesa anterior à Primeira Guerra Mundial, os primeiros projetos vanguardistas no campo da arquitetura surgem a partir de 1925 no interior de grupos como o Blok (1924) e o Praesens (1926) que mantinham diálogos e parcerias junto aos círculos mais amplos da vanguarda europeia e russa atestando assim a mobilidade cultural dessa vanguarda. Entre seus membros, distinguia-se a figura de Szymon Syrkus[42] cujas vivências entre Varsóvia, Viena, Berlim e Paris, passando por Moscou, maturaram o olhar sobre a importância da divulgação através da palavra e da imagem impressa das novas ideias e formas elaboradas tanto no interior como além das fronteiras do país, assim como da participação da vanguarda polonesa nas iniciativas internacionais. Nessa conjuntura, observa-se o surgimento tanto dos periódicos homônimos do Blok (1924) e Praesens (1926), que podiam contar com contribuições preciosas de Le Corbusier, Gropius, Mies van Doesburg e J. J. P. Oud, como da revista profissional *Architektura i Budownictwo* (1925) dirigida a um público maior. Sob o mesmo espírito, se deram os diálogos com as vanguardas internacionais. Em 1926, Syrkus esteve à frente da primeira Exposição Internacional de Arquitetura Moderna que apresentou os arquitetos poloneses ao lado dos profissionais mais representativos da vanguarda europeia.[43] Em 1927, enquanto Kazimir Malevich se apresentava em Varsóvia, os arquitetos poloneses participavam da *Weissenhofsiedlung* de Sttugart, da exposição *Machine Age* de Nova York, assim como dos concursos para o Palácio da Liga das Nações em Genebra (1929) e do Palácio dos Soviets (1931), em Moscou, e ainda dos Ciam desde os primeiros encontros da organização (1928).[44]

5ª Trienal de Milão, diploma de participação de Lucjan Korngold

Estudo e marca oficial, selos e medalhas da 5ª Trienal de Milão, designer Mario Sironi

Efetivamente, a geração dos primeiros arquitetos modernos na Polônia, da qual Korngold fez parte, destacou-se no cenário internacional, alcançando alguns prêmios. Em 1933, ele participou junto com seu associado Henryk Blum da delegação que, formada em sua maioria pelos membros do Praesens, apresentou-se na 5ª Trienal de Milão, onde os dois arquitetos receberam um diploma honorário por seu projeto de residência unifamiliar em Varsóvia.[45]

Korngold também estaria presente entre os cinquenta artistas participantes do Pavilhão Polonês na Exposição Internacional de Arte e Tecnologia de Paris, em 1937. Sob a curadoria do seu professor Rudolf Swierczynski, o pavilhão idealizado como um conjunto de edificações reunidas por pórticos e vastas galerias nos jardins do Trocadero, buscava evidenciar as diferentes correntes presentes na arquitetura polonesa.[46]

O interesse e reconhecimento da imprensa europeia contemporânea pela vanguarda polonesa também alcançou a produção de Korngold. Em 1935, a francesa *L'Architecture d'Aujourd'hui*, cujo correspondente polonês era o próprio Piotr Maria Lubinski, publicou a casa projetada pelos dois arquitetos à rua Francuska 2 e, meses depois, as experiências da dupla com moradias de baixo custo.[47] Em 1937, a revista italiana *Architettura*, dirigida por Marcello Piacentini, publicou o artigo intitulado *La Nuova Architettura Polacca*, que incluía os experimentos em moradia social produzidos pelos membros do *Praesens* e o já mencionado projeto da parceria Korngold e Lubinski.[48]

Efetivamente, as investigações práticas e teóricas sobre o tema da habitação social que tiveram lugar na Alemanha, Holanda e Rússia, assim como na França com Le Corbusier, foram parte integrante das discussões do modernismo radical da vanguarda ou o funcionalismo – conforme este veio a ser conhecido na Polônia ao final da década de 1920 e início da década de 1930 – adotado pelos progressistas do Blok e a seguir pelo Praesens atentos à responsabilidade social e didática da arquitetura.[49]

Nesse sentido, as experiências de Korngold e de seus contemporâneos, no que diz respeito tanto ao programa de moradias de baixo custo quanto aos edifícios para a classe média – exemplificadas no conjunto de edifícios implantados em torno de um grande pátio projetados em parceria com Lubinski para a família Lepkowski em 1936, entre as ruas Salezego, Potockiego e Wybrzeze Kosciuskowski – foram referências para os projetos brasileiros voltados à mesma classe.

Entre eles, menciona-se o conjunto de três blocos em forma de U na rua São Vicente de Paulo 501 (1947) para um grupo de empreendedores poloneses formado por Szymon Raskin e Roman Landau. Os edifícios projetados ao redor de um pátio, com galerias de circulação internas, como o Edifício São Francisco à rua Carneiro Leão (1950), no Brás, para Francisco Bergamo Sobrinho, e a Garagem Cogeral, um edifício à rua Álvaro de Carvalho 172 e 184 para o empreendedor Elijass Gliksmanis.[50]

Pavilhão da Polônia na Exposição Internacional de Arte e Tecnologia, Paris, publicado na revista francesa *L'Architecture d'Aujourd'hui* n. 8, ago. 1937

Duas vistas do conjunto residencial entre as ruas Salezego, Potockiego e Wybrzeze Kosciuskowski, Varsóvia, 1936, arquitetos Lucjan Korngold e Piotr Maria Lubinski

Ao lado, edifício residencial, rua Bartoszewicza 1A, Varsóvia, 1936-1937, empreendimento de M. Weiss, Zygmunt Rosenwein e Seweryn Rosenwein

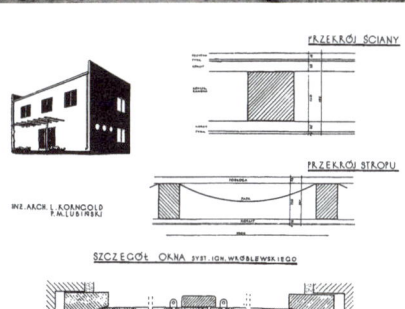

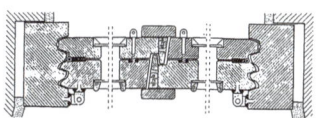

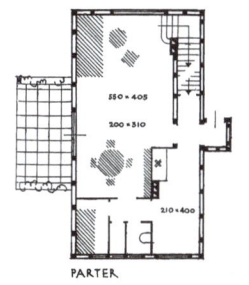

Residência projetada para exposição *Moradia de baixo custo*, rua Zórawia 35, Varsóvia, 1932, arquitetos Lucjan Korngold e Piotr Maria Lubinski

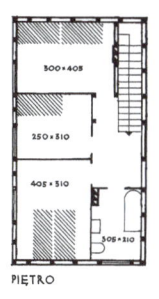

Foto publicada na revista francesa *L'Architecture d'Aujourd'hui* n. 7, jul. 1935 e desenhos publicados na revista polonesa *Dom, Osiedle, Mieszkanie* n. 7-8, jul./ago. 1932

Edifícios multifamiliares para as classes média e alta

Durante a estação polonesa, Korngold também atuou em empreendimentos imobiliários dirigidos às classes média e alta conforme estes proliferaram nos principais centros urbanos da Polônia. As restrições impostas aos profissionais judeus levaram a colaborações entre engenheiros, arquitetos, construtores e empresários no interior das comunidades de origem,[51] assim como exemplificado por um dos mais constantes parceiros de empreitadas de Korngold, a empresa Escritório de Engenharia e Construção dos engenheiros W. Filanowicz e B. Suchowolski, de Varsóvia.

Esses edifícios residenciais incorporavam os últimos desenvolvimentos técnico-construtivos, estruturas metálicas ou de concreto armado, elevadores, sistemas de aquecimento geral ou distribuição de gás, além de revestimos térmicos e acústicos, revestimentos externos e internos em pedra, a par dos espaços internos amplos e flexíveis, as varandas e *loggias*, características da arquitetura funcional europeia. Os programas residenciais de Korngold, desenvolvidos na Polônia, forneceram as referências para os edifícios de luxo dos primeiros anos do arquiteto no Brasil, tanto do ponto de vista da distribuição dos espaços na planta tipo como na horizontalidade e no tratamento das superfícies das fachadas. Exemplos são, de novo, o Edifício Santa Amália (1941), de tendência classicizante, os projetos para a incorporadora Cincopa do Rio de Janeiro, assim como o Edifício Palácio Champs Elysées (1957) ou ainda o Edifício Intercap (1951) com sua fachada revestida em pedra, varandas introvertidas e jardins de inverno. Esses dispositivos, típicos da arquitetura polonesa e europeia da segunda metade de 1930, também podem ser encontrados em projetos de outros arquitetos no Brasil na década de 1940.[52]

Entre os projetos poloneses voltados à alta burguesia, destaca-se, em função da monumentalidade propiciada pela implantação voltada à escarpa construída na década de 1930, o edifício localizado à atual Bartoszewicza 1A. Com oito andares e dois apartamentos por andar, o empreendimento promovido por M. Weiss e os irmãos Zygmunt e Seweryn Rosenwein e construído entre 1936 e 1937 pela empresa Robots Engenharia e Construção, do engenheiro W. Hanna, exemplifica a dinâmica das associações no corpo da comunidade de origem.[53]

À esquerda, acima, edifício residencial, rua Marszalkowska 18, Varsóvia, 1935-1936, arquiteto Lucjan Korngold

À direita, acima, edifício residencial, rua Koszykowa 10, Varsóvia, 1936-1937, arquiteto Lucjan Korngold

À esquerda, abaixo, edifício residencial, rua Wiejska 16, Varsóvia, 1936-1937, arquiteto Lucjan Korngold

O mesmo programa identifica outros três projetos produzidos para o industrial Oskar Robinson e construídos pelo Escritório de Engenharia e Construção dos engenheiros W. Filanowicz e B. Suchowolski. O primeiro, realizado entre 1935 e 1936, à rua Marszalkowska 18, que serviu de moradia para a família Korngold por alguns anos. Foi implantado a partir de três blocos dispostos em torno de um pátio interno, com seis andares e seis apartamentos tipo por andar. Os dois outros edifícios foram levantados entre 1936 e 1937, o primeiro com sete pavimentos à rua Wiejska 12, com um apartamento de aproximadamente 450 metros quadrados por andar, e o segundo com sete andares à rua Koszykowa 10. Nos três edifícios, o arquiteto destacou a horizontalidade das fachadas operando a continuidade das aberturas, janelas e varandas recuadas e utilizando a pedra em uma ampla gama de texturas e cores de modo a sugerir contrastes de luzes e sombras.

A revista *Arkady*, criada em 1935, a partir do modelo das revistas profissionais europeias e americanas, testemunha a amplitude e consistência da produção de Korngold na Polônia. Foi esta produção que permitiu ao arquiteto, já no Brasil, enfrentar projetos e canteiros de obra desafiadores não somente sob o ponto de vista tecnológico, mas no que diz respeito ao gerenciamento de equipes diversificadas, destacando em especial os projetos do Edifício CBI Esplanada e Palácio do Comércio em São Paulo.

Residência Stefan Zeranski, rua Obrońców 1A, Varsóvia, anos 1930, arquitetos Lucjan Korngold e Piotr Maria Lubinski

Residência Stanislaw Margulies, fotos das fachadas frontal e posterior, plantas e elevações, rua Chocimska 8-10, Varsóvia, 1932, arquitetos Lucjan Korngold e Henryk Blum

Residência Maria Rachela Arenstein, rua Cieszynska 5, Otwock-Sródborów, Polônia, 1934-1935, arquitetos Lucjan Korngold e Henryk Blum

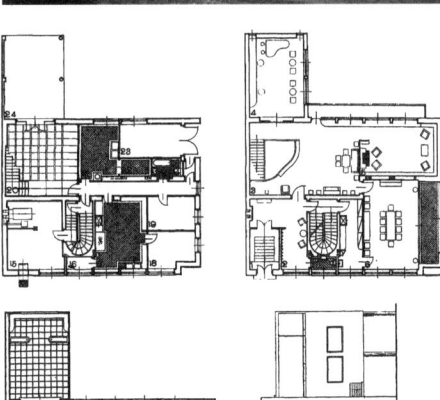

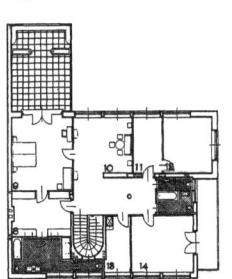

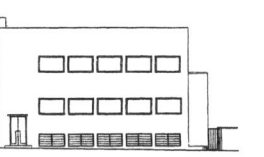

Residência Wladyslaw Szatensztejn (Villa Allora), Konstancin-Jeziorna, rua Uzdrowiskowa 7, Skolimów, 1933-1934, arquitetos Lucjan Korngold e Henryk Blum

As residências unifamiliares e outros programas

Com o fim da crise econômica, entre 1929 e a segunda metade da década de 1930, abriram-se novas áreas residenciais em Varsóvia (Saska Kepa)[54] e seus subúrbios (Skolimow, Otwock, Konstancin e Krolewska Góra) visando a burguesia em ascensão, profissionais liberais, artistas e intelectuais.

Junto aos associados Lubinski e Blum, Korngold participou desse movimento com pelo menos doze projetos residenciais, nos quais operou as duas principais orientações da arquitetura polonesa no período: o funcionalismo e o assim chamado modernismo moderado herdeiro dos ensinamentos de Swierczynski.[55]

Da parceria com Henryk Blum, mencionamos dois projetos: o primeiro em Skolimów, um volume simples de fachadas ritmadas pelos recortes das janelas e uma elegante varanda lateral criada com a substituição das paredes por vidro. O segundo projeto, em Varsóvia, construído no período da crise econômica entre 1930 e 1932, foi residência de um dos mais importantes contratantes de Korngold, Stanislaw Margulies e a seguir do industrial Andrezj Rotwand. A implantação dos volumes é assimétrica, decorrente do próprio conceito de funcionalidade, como numa composição cubista. Exceção entre as obras da dupla de arquitetos, as amplas janelas, varandas e pergolado permitem a integração do espaço interno e externo.

Residência Tadeusz Lepkowski, vistas posterior e frontal, plantas 1º e 2º andares, rua Francuska 2, Varsóvia, Polônia, 1935, arquitetos Lucjan Korngold e Piotr Maria Lubinski

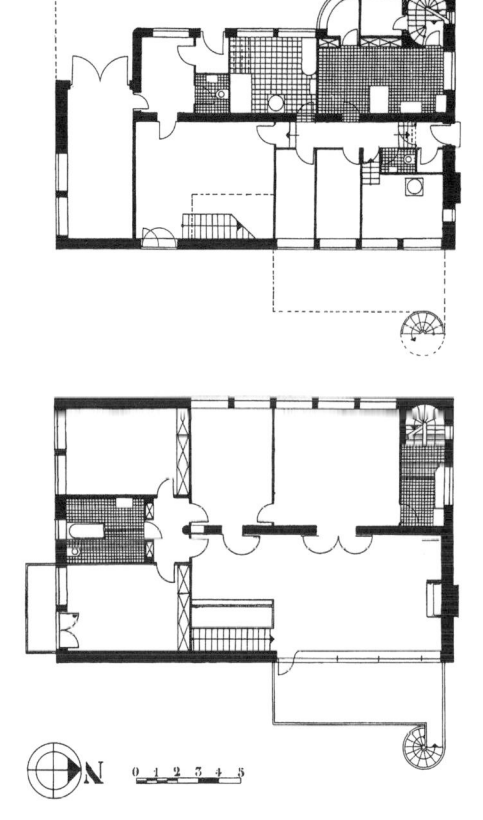

A parceria com Lubinski resultou no projeto mais divulgado do arquiteto,[56] a residência na rua Francuska 2 no bairro de Saska Kepa construída entre 1933 e 1934 para o casal Josef e Marji Lepkowski. As imagens da casa, de autoria do fotógrafo Edward Koch, destacando a volumetria compacta do edifício em confronto com o tratamento escultórico das escadas externas, espalharam-se pelos círculos arquitetônicos europeus como a representação da modernidade polonesa. O próprio Lubinski foi responsável pelo texto que apresentava a residência para os leitores da *L'Architecture d'Aujourd'hui* (1935) no qual sugeria incidências francesas, que a crítica posterior iria atribuir a Le Corbusier considerando o projeto como uma das mais elegantes sínteses entre a produção funcionalista polonesa.[57] Mesmo sem a mesma divulgação internacional, os interiores da residência Lepkowski compreendendo os móveis de madeira entalhada, as cerâmicas e os trabalhos em ferro, remetendo à tradição polonesa, também foram projetados pelos arquitetos.

Efetivamente, a produção de Korngold e seus associados ao longo da década de 1930 examinou as questões da forma e da função dos interiores e objetos, operando sob diferentes orientações, sempre em busca de soluções ricas de contrastes através da diversidade de superfícies. Neste aspecto, o arquiteto afastava-se da simples analogia entre a arquitetura e a máquina, contemplando tanto o produto artesanal, personalizado e elitista, quanto o modelo dirigido para a produção industrial, acessível a todos.[58] Se para Korngold o objeto foi parte integrante da obra arquitetônica, ele também possuía um valor singular; percepção que justificaria, já no Brasil, a paixão com a qual o arquiteto procederia à recuperação e transformação de móveis e peças antigas, principalmente do barroco brasileiro.

Móveis em nogueira, carpintaria W. Gonciarz, arquitetos Piotr Maria Lubinski e Lucjan Korngold

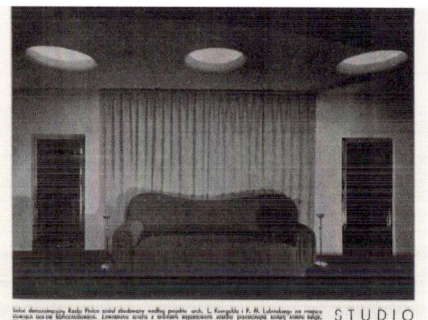

Showroom do Studio Philco em Varsóvia, arquitetos Lucjan Korngold e Piotr Maria Lubinski, publicado na revista polonesa *Arkady* n. 1, mai. 1935

O programa de plantas industriais também foi operado por Korngold ainda na Polônia no projeto desenvolvido para a Associação Nacional Telefunken, o braço polonês da Telefunken alemã, fabricante de rádios. Korngold foi responsável pelas novas instalações da indústria compreendendo 3.200 metros quadrados em uma área ao longo da rua Owsiana 14, anexo à antiga fábrica.[59]

Apesar das crises políticas e econômicas que afetaram o campo da construção durante a década de 1920 até o início de 1930, a mobilidade cultural da segunda geração de arquitetos formados principalmente em Varsóvia permitiu a inserção do modernismo polonês e seus atores no interior do movimento europeu, beneficiando-se ainda dos desenvolvimentos técnico-construtivos alcançados nos Estados Unidos. Nesse aspecto, é importante sublinhar a posição única de Korngold, tanto pela sua formação, como pelas suas iniciativas e presença no campo profissional. A estação polonesa do arquiteto e a lida com mais de sessenta projetos e programas distintos em menos de dez anos, permitiu o amadurecimento tanto no que diz respeito ao projeto como a sua realização técnica e o empreendimento como um todo.

Lucjan Korngold foi sobrevivente de uma geração de engenheiros, arquitetos, artistas, intelectuais e empreendedores poloneses que o historiador tenta resgatar apesar dos relativismos históricos do nosso tempo, esse tempo sobre o qual Elias Cannetti escreveu "se pudéssemos resumir de forma muito breve a nossa época, poderíamos defini-la como a época em que é possível assombrar-se simultaneamente das coisas mais opostas".[60]

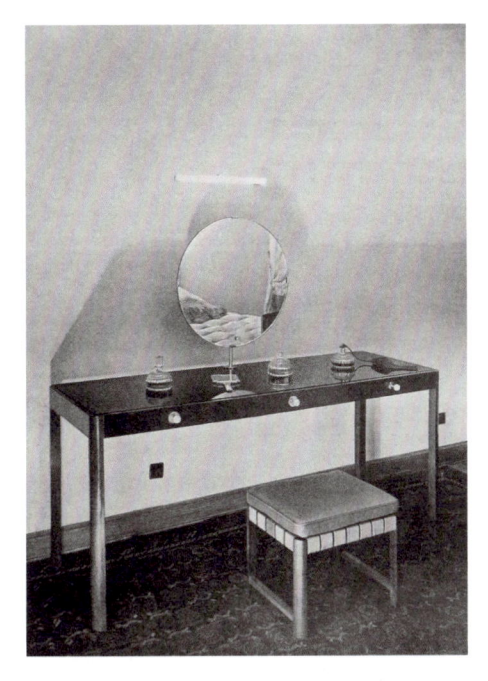

Penteadeira e quarto, design de Lucjan Korngold e Piotr Maria Lubinski, publicados na revista polonesa *Arkady* n. 2, jun. 1935

Joalheria Jubilart, rua Krédytowa 18 e rua Marszalkowska 152, Varsóvia, Polônia, design de Lucjan Korngold, publicada na revista polonesa *Arkady* n. 9, set. 1936

Fábrica Nacional Telefunken, rua Owsiana 14, Varsóvia, 1937, arquiteto Lucjan Korngold

Notas

1
A cultura ashkenazi refere-se ao judaísmo da Europa Oriental e Central.

2
HUNDERT, Gershon. Recent Studies related to the History of the History of the Jews in Poland from Earliest Times to the Partition Period, p. 84-89; FRIEDMAN, Philip. Polish Jewish Historiography between the Two Wars (1918-1939), p. 373-408.

3
STONE, Daniel. Jews and the Urban Question in Late Eighteenth Century Poland, p. 531-541.

4
ETTINGER, Elzbieta. *Rosa Luxemburgo*, p. 34.

5
SINGER, Isaac Bashevis. *A família Moskat*.

6
LESTSCHINSKY, Jacob. *Oifn Rand Fun Opgrunt*, p. 221.

7
A ideia da assimilação alcançou os estratos mais abastados e a elite intelectual judaica, com figuras como Rosa Luxemburgo e Leo Jogiches. Ver ETTINGER, Shmuel. The Modern Period. Integration into the Non-Jewish World in the Nineteenth Century. In BEN-SASSON, H. H. (Org.). *A History of the Jewish People*, p. 825-833; SCHAMA, Simon. *Paisagem e memória*, p. 33-85; ETTINGER, Elzbieta. Op. cit., p. 31-38.

8
ARENDT, Hannah. *As origens do totalitarismo*, p. 78.

9
KRZYWIEC, Grzegorz. The Polish Intelligentsia in the Face of the Jewish Question, p. 129-165.

10
LEWISOHN, Ludwig. Letters from Abroad. The Poles and their Republic, p. 382-388; *Encyclopaedia Judaica*, p. 738-750; MENDELSOHN, Ezra. *The Jews of East Central Europe between the World Wars*. No campo da educação, o Estado polonês invalidou os diplomas fornecidos pelas escolas judaicas, ampliando a política dos *numerus clausus* para as escolas secundárias. Na Escola Politécnica de Varsóvia, observa-se que o controle estatístico das minorias religiosas e nacionais que frequentavam o instituto de ensino iniciou-se no ano letivo de 1919/1920. Ver STANIEWICZ, Leon. *Politechnika Warszawska 1915-1925: Ksiega Pamiatkowa*, p. 510-512.

11
LEVINE, Madeline G.; TUWIM, Julian. We the Polish Jews..., p. 82-89.

12
Em 1929 a indústria têxtil da sociedade formada pelas famílias Pikielny e Eitingon em Lodz empregava 1.028 operários. Com a invasão alemã de 1939 a empresa foi confiscada. Em 1941 Herman Pikielny junto com Naum Eitington funda no Brasil a Companhia Algodoeira Ouro Branco. Ver LESTSCHINSKY, Jacob. Op. cit., p. 225; Processo Ministério da Justiça e Negócios Interiores 19075, 15 dez. 1947.

13
A casa de Herman Pikielny foi publicada na revista *Acrópole* n. 53, set. 1942. Nesse livro, ver a obra na p. 109.

14
Com a invasão alemã em Varsóvia, Felicja Lubelska, com problemas de saúde, tirou a própria vida para não se tornar um estorvo na fuga de sua filha e genro, que, mesmo assim, acabaram presos e fuzilados.

15
Felicja Szajn Gliksman sobreviveu à guerra na Europa, junto com seu filho, o engenheiro arquiteto Stanislaw Ryszard Gliksman, que desembarcou no Brasil em junho de 1946. Ao contrário de sua filha e genro, foi enterrada no Cemitério Judaico da Vila Mariana.

16
Logo após a formatura em 1914, Korngold encontrava-se na Silésia sob domínio prussiano quando estourou a guerra. Como outros nacionais poloneses, então sob o domínio russo, foi detido pelos alemães inicialmente na estação de esqui e colônia de artistas de Schreiberhau, a seguir em Hermsdorf e finalmente em Sagan donde pode seguir para Berlim, no verão de 1915. Em janeiro de 1916 pode voltar para Varsóvia já com um visto alemão. RYTEL, Grzegorz. *Lucjan Korngold. Warszawa-São Paulo 1897-1963*, p. 136.

17
Sobre a instituição dos *numerus clausus* e os *numerus nulus* que acompanharam o recrudecimento das manifestações antissemitas nas universidades polonesas na década de 1930, ver RABINOWICZ, Harry. The Battle of the Ghetto Benches, p. 151-159; RUDNICKI, Szymon. Jews in Poland Between the Two World Wars, p. 20.

18
Presença alemã em Varsóvia durante a primeira grande guerra, a guerra entre a Polônia e a Ucrânia (1918-1919) e entre a Rússia Soviética e a Polônia (1920).

19
O general Smiglu-Ritz, futuro marechal e comandante do exército polonês até 1939, estudou filosofia e artes entre Viena e Munique, o que poderia ter forjado alguma afinidade com o jovem estudante. A documentação indica que, no início de setembro de 1919, já como oficial, chefe de pelotão, Korngold solicitou a sua readmissão no curso de arquitetura apresentando o certificado das autoridades militares polonesas. Cf. RYTEL, Grzegorz. Op. cit., p. 20-21.

20
STANIEWICZ, Leon. Op. cit., p. 505-506.

21
A imprensa contemporânea indica que ainda estudante Korngold participou junto com Henryk Oderfeld de um concurso para habitações operárias (1920); junto a Gelbard e os Sigalin ele tomou parte do concurso organizado pela Associação dos Arquitetos Poloneses para o Edifício do Banco Nacional de Desenvolvimento (Bank Gospodarstwa Krajowego – BGK, 1927), e ainda para o Edifício do Departamento de Psiquiatria em Gostynin (1928). Individualmente, registra-se a sua participação em concursos para uma residência (1928-1929), e uma escola e um posto policial com alojamentos (1930). Ver NORWERTH, Edgar. Konkurs na Budowe Gmachu Ministerstwa Robót Publicznych i Banku Gospodarstwa Krajowego, p. 307-323; PANKOWSKI, Jerzy. Gmach Banku Gospodarstwa Krajowego W Warszawie, p. 301-320; *Architectura i Budowinictwo*, n. 7, p. 236; *Architectura i Budowinictwo*, n. 8, p. 317.

22
Tanto Blum como Lubinski não sobreviveram à ocupação nazista de Varsóvia. O primeiro foi assassinado em 1943 e o segundo no levante da Varsóvia de 1944.

23
Sobre a situação dos judeus nas instituições de ensino superior polonesas na década de 1930, ver CAIN, Larissa. *Ghettos en révolte, Pologne, 1943*.

24
SOSNOWSKI, Oskar. *Album mlodej architektury* [Álbum da nova arquitetura], p. 508-512

25
In MASIELLO, Emanuele. Il Padiglione della Polonia all'Exposition Internationale des Arts Décoratifs et Industriels Modernes di Parigi del 1925, p. 41-57.

26
Warszawska Szkola Architektury. 1915-1965. 50-lecie Wydzialu Architektury Politechniki Warszawskiej. Varsóvia: Panstwowe Wydawnictwo Naukowe, 1967, p. 28.

27
Ver *50-lecie Wydzialu Architektury Politechniki Warszawskiej*. Varsóvia, Panstwowe Wydawnictwo Naukowe, 1967, p. 56. Sobre a atuação de Stefan Bryla ver FARYNA-PASZKIEWICZ, Hanna. *Geometria wyobrazni. Szkice o architekturze dwudziestolecia miedzywojennego*. Gdansk, wydawnictwo slowo/obraz terytoria, 2003, p. 214, 221, 244-247.

28
O mesmo movimento pela valorização das arquiteturas e formas tradicionais podia ser observado tanto na Europa como nas Américas no contexto dos nacionalismos do pós-Primeira Guerra Mundial. Sobre a questão na América Latina ver ATIQUE, Fernando. Congresso pan-americano de arquitetos: ethos continental e herança europeia na formulação do campo do planejamento (1920-1960), p. 14-32.

29
Com o assassinato de Sosnowski e Zajczyk durante a guerra, seu estudo foi publicado pela primeira vez em 1957, pelo próprio Instituto sob a direção do casal Maria e Kazimierz Pietchotka. Ver PIECHOTKOWIE, Maria; PIECHOTKOWIE, Kazimierz (Org.). *Bóznice Drewniane* [Sinagoga de madeira].
30
SOSNOWSKI, Oskar. Op. cit., p. 11-39.
31
Conforme OLSZEWSKI, Andrzej K. Progetti Marginali, p. 30; FARYNA-PASZKIEWICZ, Hanna. *Geometria wyobrazni. Szkice o architekturze dwudziestolecia miedzywojennego*, p. 280.
32
MUMFORD, Lewis. *The South in Architecture*, p. 30-31.
33
Para as elaborações de Korngold a respeito das escalas da cidade do Rio de Janeiro, ver KORNGOLD, Lucjan. Paris, Hausmann, Rio de Janeiro e o concurso do Itamarati, p. 445-454.
34
Sobre a obra do arquiteto Witkiewicz, ver LESNIAKOWSKA, Marta. *Jan Koszczyc Witkiewicz (1881-1958)*.
35
FRIDMAN, Alice. The Way You Do the Things You Do, p. 406-413.
36
Documento de diploma do arquiteto. Arquivo da Politécnica de Varsóvia. Assinado por Rudolf Swiercznski (5 dez. 1922) e pelo diretor S. Noakowski (29 nov. 1922).

37
CZERNER, Olgierd. Formal Directions in Polish Architecture. In LESNIKOWSKI, Wojciech (Org.). *East European Modernism*, p. 181-199. Vale notar que Korngold e Blum utilizaram o mesmo vocabulário na renovação da sede polonesa da companhia internacional de seguros a Assicurazioni Generali (1930-1931), projeto original do arquiteto Julian Ankiewicz (1864-1866). O edifício restaurado mereceu uma publicação assinada por Lubinski. Ver LUBINSKI, Piotr Maria. Przebudowa Gmachu T-Wa Ubezpieczen, Polonia, w Warszawie, p. 198-199.
38
MILOBEDZKI, Adan. Zarys dziejów architektury w Polsce, p. 311-312. Apud OLSZEWSKI, Andrzej K. Op. cit., p. 31.
39
OLSZEWSKI, Andrzej K. Op. cit., p. 31.
40
Três projetos citados podem ser vistos nesse livro: Edifício Central (p. 120-121); Edifício-sede do Ministério das Relações Exteriores (p. 171); Edifício CBI Esplanada (cap. 5, p. 160-198).
41
Sobre Swierczynski ver FARYNA-PASZKIEWICZ, Hanna. *Saska Kepa*, p. 9; WAGNER, Anna Agata. Works of Karol Jankowski (1868-1928), Czeslaw Przybylski (1880-1936) and Rudolf Swierczynski (1883-1943) as the background for the changes in architectural design teaching at the Faculty of Architecture of Warsaw University of Technology in the 1920s *IOP Conference Series: Materials Science and Engineering*, 2019.

42
Sobre Szymon Syrkus, ver LESNIKOWSKI, Wojciech. Functionalism in Polish Architecture; WENDERSKI, Michal. *Cultural Mobility in the interwar avant-garde art network: Poland, Belgium and the Netherlands*.
43
Entre os arquitetos estrangeiros, encontravam-se August e Gustave Perret, Le Corbusier, Robert Mallet-Stevens, Gerrit Rietveld, Gabriel Guévrékian, Andre Lurçat, J. J. P. Oud, Cornelis van Eesteren, Leendert van der Vlugt, Henry van der Velde, Victor Bourgeois, Erich Mendelsohn, Konstantin Melnikov, e Kazimir Malevitch.
44
MUMFORD, Eric. *The Ciam discourse on Urbanism, 1928-1960*.
45
V Triennale di Milano. Catalogo ufficiale, p. 145-149.
46
Ver Le Pavillon de la Pologne, p. 26-27.
47
LUBINSKI, Piotr Maria. Villa a Varsovie, p. 42-43; LUBINSKI, Piotr Maria. L' habitation a bom marché em Pologne, p. 59 (número especial dedicado a habitação de baixo custo, dirigido por Jules Posener e G.H. Pingusson). Lubinski apresentava os experimentos de moradias sociais utilizando madeira conforme propostos pela dupla de arquitetos para a Sociedade para a reforma da moradia, com financiamento do Banco da Economia Nacional, na localidade de Bielany (1932)

48
MURATORI, Saverio. La Nuova Architettura Polacca, p. 145-151. O autor identificou como referências para a arquitetura polonesa moderna a arquitetura holandesa e os influxos alemães. Muratori destacava o esforço dos jovens arquitetos poloneses, entre os quais Korngold, em desenvolver uma arquitetura na forma e na técnica, interpretando o temperamento e a alma nacional.
49
Sobre os desenvolvimentos projetuais poloneses no campo da habitação no entreguerras, ver HEYMAN, Lukaz. *Nowy Zoliborz, 1918-1939*.
50
Três projetos citados nessas duas páginas podem ser vistos nesse livro: São Vicente (86- 94; 110-111); Garagem Cogeral (150-151); Santa Amália (122-123).
51
STEFÁNSKI, Krzysztof. *Henryk Hirszenberg (1885-1955) i srodowisko zydowskich architektów Lodzi*, p. 131-133.
52
Ver Edifício Trussardi (1941), projeto de Rino Levi na avenida São João, ou então o Edifício Mississipi (1941) na rua Aires Saldanha no Rio de Janeiro, do arquiteto F. F. Saldanha.
53
Przeglad Budowlany, 1936, n. 7, National Digital Archives.
54
Sobre Saska Kepa, onde Korngold projetou algumas residências além de sua própria residência ver FARYNA-PASZKIEWICZ, Hanna. *Saska Kepa* (op. cit.).
55
ROGUSKA, Jadwiga. Il moderno in Polonia: movimenti, temi, progett. In *Rassegna. Architettura e avanguardia in Polonia (1918-1939)*, p. 14-25.

56
KORNGOLD, Lucjan; LUBINSKI, Piotr; BLUM, Henryk. Dom jednorodzinny – Villa [2 casas unifamiliares]; *Architektura i Budownictwo*, ano 8, n. 4-5, 1937, p. 204; DZIEWULSKA, Zofia. Gród Mieszkalny (O jardim de estar). Arkady, ano 1, n. 3, Varsóvia, jul. 1935, p. 136; Estúdio Filco em Varsóvia. *Arkady*, ano 1, n. 1, Varsóvia, mar. 1935, p. 1; KORNGOLD, Lucjan; LUBINSKI, Piotr Maria. Zmieszkan Warszawskich (Viver em Varsóvia). Arkady, ano 3, n. 1, Varsóvia, mar. 1937, p. 41; *Arkady*, ano 3, n. 3, Varsóvia, mar. 1937, p. 8; *Swiat*, 30, 1935, 29, p. 15. A revista *Arkady*, trazia imagens do interior da casa.
57
LUBINSKI, Piotr Maria. Vila a Varsovie, p. 42-44.
58
OLSZEWSKI, Andrzej K. Progetti Marginali (op. cit.), p. 32.
59
DABROWSKI, Jacek. Telefunken factory in Kamionek in Warsaw, p. I; KRASUCKI, Michal. *Warszawskie dziedzictwo postindustrialne*, p. 102-103. O diretor da indústria entre 1933 e 1939 foi o empresário de origem judaica Rene Kuhn-Bubna para quem Korngold já havia projetado também em Varsóvia o edifício à rua Nabielaska 11 (1936).
60
CANETTI, Elias. Hermann Broch, p. 17.

Fundação de Tel Aviv, sorteio dos lotes nas dunas de areia próximas do mar mediterrâneo, 1 ago. 1908

A Tel Aviv eclética, vistas da rua Herzl, 1911

2   Um projeto em Tel Aviv

Em fins de maio de 2003, a Organização das Nações Unidas para a Educação, a Ciência e a Cultura – Unesco designou a cidade branca de Tel Aviv, fundada nas costas do Mediterrâneo, como patrimônio da humanidade. Com o gesto, a organização reconheceu que, diferentemente de outros centros urbanos modernos, em geral locados nas periferias dos núcleos tradicionais, o centro da metrópole israelense apresentava, com homogeneidade e completude, a maior extensão e concentração de edifícios representativos das primeiras expressões do assim chamado estilo internacional. A cidade simboliza o encontro de diferentes orientações surgidas no movimento moderno, cujos arquitetos e construtores se formaram em meio às múltiplas vanguardas europeias. O resultado foi um rico encontro entre a cultura arquitetônica ocidental e a cultura local.

O primeiro núcleo de Tel Aviv foi criado em 1909 a partir da formação do bairro judeu Ahuzat Bait, inspirado nas concepções de bairro jardim de Ebenezer Howard. Efetivamente, as elaborações de Howard sobre a cidade-jardim inspiraram a novela utópica do pai do sionismo político Theodor Herzl, *Altneuland* (1902).[1] Em 1910, o núcleo recebeu o nome de Tel Aviv, tradução hebraica do trabalho de Herzl, e em 1921, já no período do Mandato Britânico da Palestina (1920-1948), foi nomeado cidade independente. Após a Primeira Guerra Mundial face à grande leva imigratória que provocou o aumento da demanda de habitações e o crescimento descontrolado, a cidade foi submetida a dois grandes projetos de urbanização.

Praça Zina Dizengoff, Tel Aviv, 1934-1938, arquiteta Genia Abverbuch

Edifício de uso misto, rua Dizengoff, Tel Aviv, 1937, arquiteto Ben-Ami Shulman

Tel Aviv, rua Herzl, anos 1930

O primeiro foi concebido pelo arquiteto de origem alemã, aluno de Theodor Fischer, Richard Kauffmann (1921), fundado no movimento norte-americano City Beautiful e no movimento cidade jardim. O segundo, datado de 1925, foi proposto pelo urbanista escocês Patrick Geddes, responsável pelo primeiro desenho da Universidade Hebraica de Jerusalém (1919) e que neste período estava atuando na Índia. O projeto de Geddes considerava a integração regional do núcleo e sua posição geográfica intermediária entre o antigo porto de Jaffa, a estrada de ferro e o caminho para Jerusalém, retomando o eixo de circulação Norte-Sul já estabelecido por Kauffmann. Ao mesmo tempo, definiu uma matriz de circulação assentada entre as *mainways* [vias principais] de grande circulação e as *homeways* [vias residenciais] de baixa densidade, criando extensos blocos urbanos residenciais.[2]

No que diz respeito à arquitetura, no entanto, as formas importadas por arquitetos na tradição Beaux-Arts suscitaram críticas acerca da continuidade dos espaços e da mentalidade da vida do gueto, no qual viviam encerradas as comunidades judaicas da diáspora. Todavia, a partir de 1933, com a leva imigratória de refugiados da Europa e particularmente da Alemanha nazista, chegaram ao país arquitetos que rejeitavam o ecletismo e o *Jugendstil*.

Formados nas escolas alemãs, eles encontraram no repertório da Neues Bauen a linguagem ideal para atender à grande demanda habitacional. A eles juntaram-se os profissionais de origem russa e polonesa, que constituíram o maior número de arquitetos no país entre 1919 e 1948. Grande parte desse contingente havia se formado em universidades fora de seu país de origem.[3]

A facilidade do uso do concreto armado, que dispensava tecnologias construtivas sofisticadas ou mão de obra treinada, favoreceu a influência de arquitetos como Le Corbusier[4] e outros que operavam no modo objetivo, ou *sachlich*, as formas puras, lajes planas e revestimentos de massa branca. Em sua reportagem para a revista francesa *L'Architecture d'Aujourd'hui*, quando de sua passagem pelo país em 1935, o arquiteto alemão Julius Posener e seu colega Sam Barkai[5] descreveram, no espírito dos anos 1930,[6] as diferenças geográficas e o mosaico de povos e culturas com suas distintas expressões arquitetônicas presentes na então Palestina. Para os autores, o novo repertório originado no ocidente poderia atender às expectativas programáticas da utopia social de uma das correntes do nacionalismo judaico, em sintonia com aquelas mesmas que inspiraram as vanguardas modernas.[7]

As afinidades entre a arquitetura mediterrânea e a arquitetura moderna destacadas no epíteto cidade branca já haviam sido observadas nas primeiras décadas do século 20 como sugere a denominação da cidade portuária de Casablanca,[8] e as elaborações de uma série de arquitetos e teóricos como Erich Mendelsohn e Lewis Mumford, ao discutir uma linguagem arquitetônica judaica. Até mesmo a propaganda nazista utilizou a mesma relação para desqualificar o vocabulário moderno identificando a Weissenhof como Araberdorf.[9]

Apesar das diferentes interpretações no que tange ao diálogo com o local,[10] para além do vocabulário formal, os arquitetos modernos na Palestina operaram a linguagem como um discurso universalista, desafiando as estruturas sociais diaspóricas, ao lado de outros profissionais e artistas do seu tempo que acreditavam se colocar no sentido da história.

Edifício Engel, primeiro prédio da cidade a ser construído sobre pilotis, Rotschild 84, Tel Aviv, 1933, arquiteto Zeev Rechter

Edifício Shami, rua Frug 5, Tel Aviv, 1936, arquiteto Yehuda Lulka

As edificações da Cidade Branca foram projetadas por profissionais, homens e mulheres, formados no espírito das vanguardas modernas, como os dezenove arquitetos que frequentaram a Bauhaus[11] ou os arquitetos israelenses formados tanto na Itália, França ou Alemanha junto a mestres como Le Corbusier e Erich Mendelsohn, ou ainda no Technion de Haifa. Entre essas construções, uma em particular mereceu as atenções dos principais críticos e historiadores do país: o Edifício Rubinsky. Situado na rua Schenkin 65, esquina com a rua HaGuilboa, em 1993 recebeu o prêmio do projeto mais representativo da Tel Aviv Branca. Aba Elhanani, o arquiteto e urbanista nascido em Varsóvia, que assistiu Oscar Niemeyer em seus projetos em Israel, fez referência a Lucjan Korngold como autor desse projeto. Elhanani destacou a riqueza das formas e as composições surpreendentes que pareciam ir ao encontro das tendências mais puristas do construtivismo das vanguardas modernas: "Da análise da edificação apreendem-se conjuntos fascinantes de ideias criativas diversas. O fundamento morfológico deriva do construtivismo no estilo Lissitzky e de seus companheiros, que ficou conhecido como elementarismo [...] [o arquiteto] organiza os corpos do edifício com paredes que não se conjugam, como se pendessem independentemente, no estilo Rietveld. Nesse prédio, paredes e vigas se estendem para além do corpo do edifício. A maior parte das vigas se confunde com a linha do horizonte".[12]

Edifício Gabrielovitch, Menachim Begin, Tel Aviv, 1936, arquiteto Ben-Ami Shulman

Ao lado, acima, edifício na esquina das ruas Pines 31 e Yehuda Halevi 1, Tel Aviv

Ao lado, abaixo, Edifício Gottgold, rua Allenby 51, Tel Aviv, 1935, arquiteto Yehuda Magidovitch

Edifício Rubinsky, vistas diversas, rua Schenkin 65, Tel Aviv, 1937, arquitetos Abraham Markusfeld e Lazar Karnovsky

Retomando as críticas de Mendelsohn aos seus colegas arquitetos de Tel Aviv, Elhanani sugeriu que Korngold estaria mais inteirado dos desenvolvimentos da arquitetura moderna do que esses últimos, que ainda viviam suas primeiras experiências com o vocabulário moderno.

No entanto, a documentação encontrada nos arquivos da prefeitura de Tel Aviv[13] é controversa em relação à autoria do projeto. O proprietário do terreno, o empresário de origem lituana Eliezer Rubinsky,[14] contratou em 1935 o arquiteto Carl Rubin, antigo assistente de Mendelsohn em Berlim, para o projeto de um bloco de apartamentos. Porém, após uma troca de correspondência entre o arquiteto e a municipalidade relativa ao recuo na fachada lateral, foram contratados o arquiteto Abraham Markusfeld e o engenheiro civil e arquiteto Lazar Karnovsky para o projeto e a construção do edifício.

Os dois profissionais eram originários da alta classe média judaica de Lodz, na Polônia. Markusfeld, filho do empresário construtor Wolff Markusfeld,[15] graduou-se na Escola Politécnica de Varsóvia em 1930. Karnovsky, filho do industrial têxtil e sionista convicto Fiszel Karnovsky, não conseguiu romper o sistema dos *numerus clausus* na Polônia e, junto a seus irmãos, formou-se no Institut National Polytechnique de Grenoble.[16] Fiszel Karnovsky imigrou para a Palestina com sua esposa em 1932. Seu filho Lazar chegou em 1934, depois de se formar na Bélgica, enquanto Abraham Markusfeld alcança o país em 1935. A educação judaica e a formação sionista de Markusfeld e Karnovsky se revelam no domínio do hebraico utilizado por ambos nas comunicações com a municipalidade.

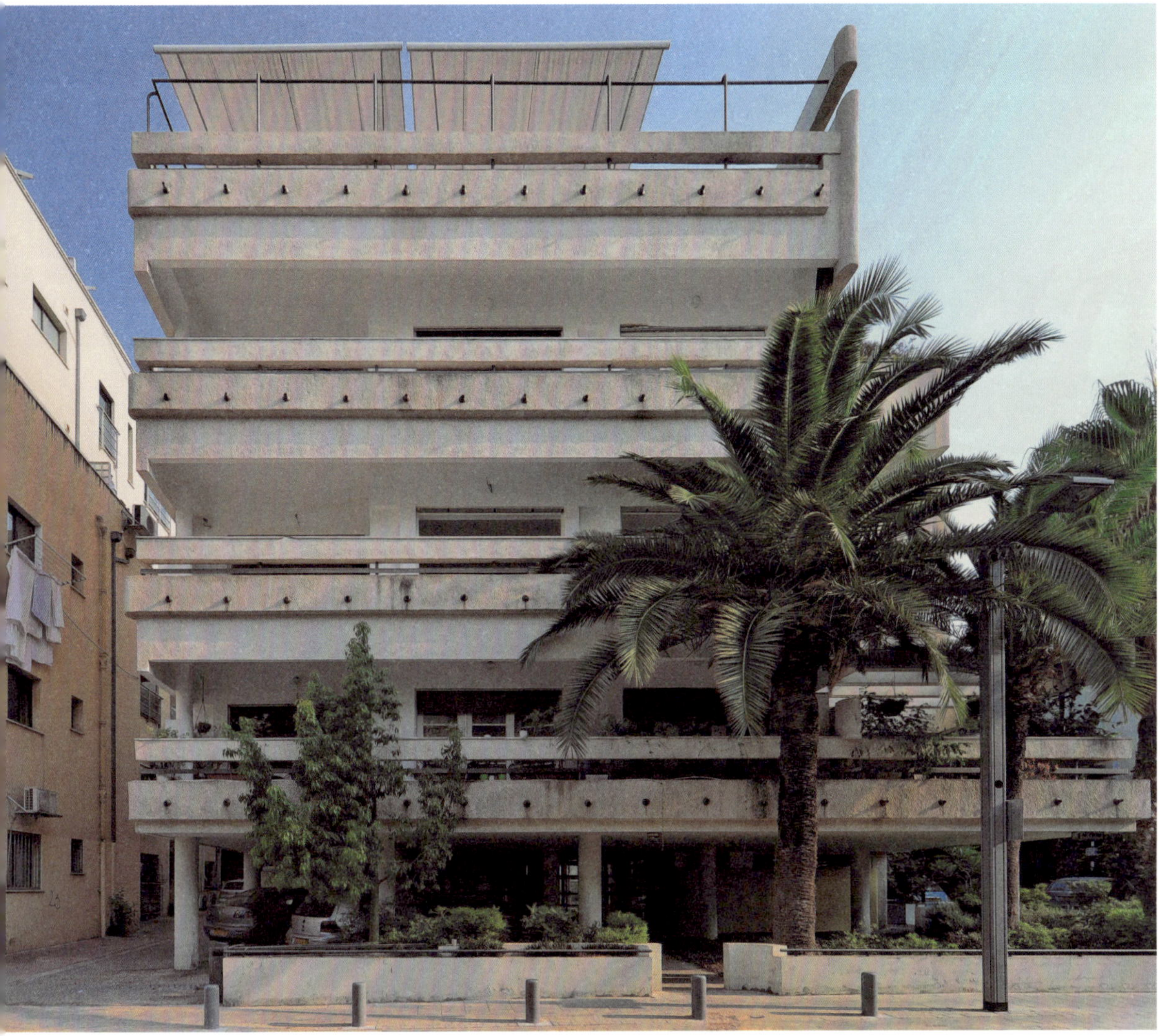

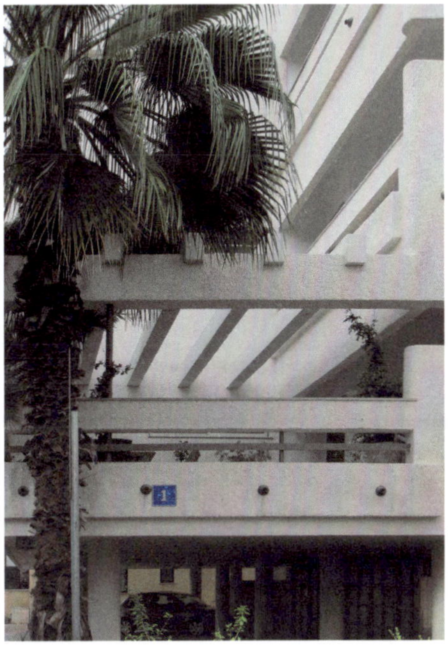
1

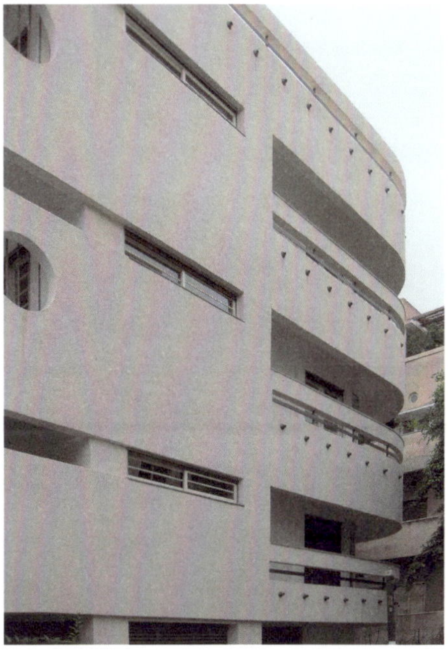

O novo projeto deu entrada para aprovação na prefeitura em 5 de julho de 1935, sob a responsabilidade técnica de Karnovsky e Markusfeld, mas o alvará para a construção só foi emitido em 17 de abril de 1936. O canteiro prolongou-se por mais de dois anos, com incidentes que levaram à substituição de projetos e uma série de exigências técnicas da prefeitura. O alvará de conclusão foi emitido em 20 de agosto de 1937.

Mesmo que a documentação do edifício aponte Karnovski e Markusfeld como responsáveis pelo projeto, a questão da autoria permaneceu irresolúvel, visto que o nome de Korngold tornou-se quase um *factum* desde a publicação do texto da arquiteta Nitza Metzger-Szmuk, *Batim MeHachol*.[17] A primeira referência a Lucjan Korngold como autor do edifício e partícipe do movimento arquitetônico no país durante o período do mandato, comparece no número especial da revista do Sindicato dos Engenheiros e Arquitetos de Israel *Handassa ve'Hadrichalut*, de 1962, dedicado à produção arquitetônica no país.[18] A mesma menção foi corroborada no depoimento do arquiteto Ariel Sharon, que morava em frente ao prédio, levando os arquitetos historiadores Metzger-Szmuk e Aba Elhanani a sugerir que Korngold teria permanecido no país entre os anos de 1933 e 1936, tendo projetado ainda outros edifícios em Tel Aviv.[19]

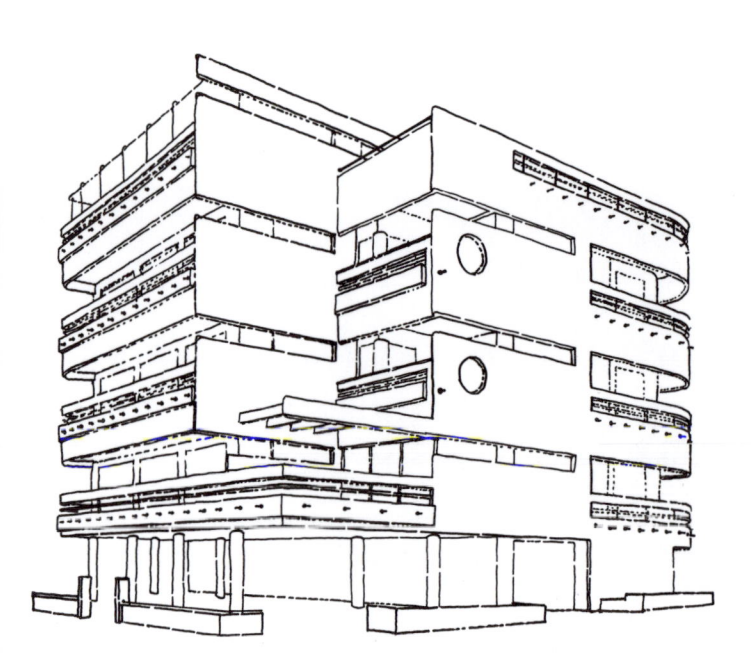

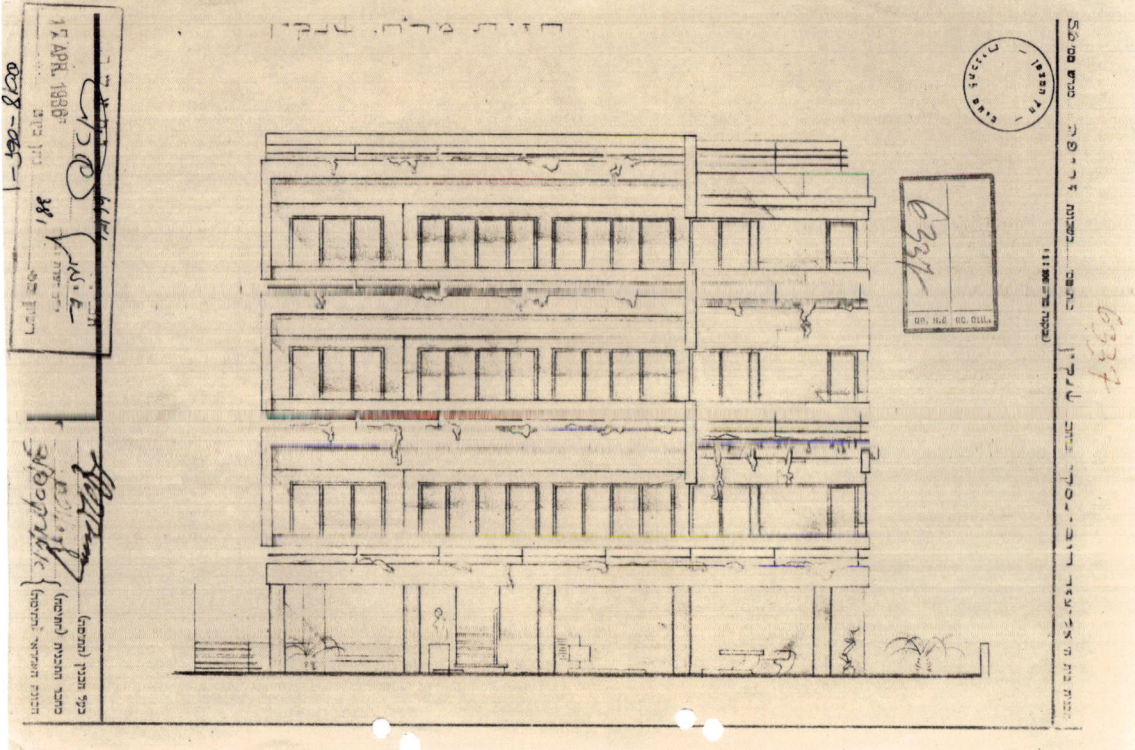

Edifício Rubinsky, rua Schenkin 65, Tel Aviv, 1937, arquitetos Abraham Markusfeld e Lazar Karnovsk, croqui de autoria do arquiteto de origem brasileira Sergio Lerman, da prefeitura de Tel Aviv

Porém, dificilmente um arquiteto já reconhecido e com um número respeitável de encargos durante aquele período, mesmo com a crise econômica na Polônia, teria permanecido por um tempo maior em Tel Aviv. A possibilidade de o projeto ter sido encomendado e desenvolvido pelo arquiteto em Varsóvia também parece remota, considerando que o proprietário era lituano e residia em Tel Aviv desde 1933.

Do mesmo modo, a análise do edifício sugere operações projetuais bastante distintas da produção polonesa de Korngold da segunda metade da década de 1930, e mais ainda da sua produção brasileira. O predomínio dos cheios sobre os vazios e a permanência da composição clássica em sua obra polonesa diferenciam-se da concepção assimétrica do projeto. O edifício, formado por dois blocos unificados pela caixa de escadas, é marcado pela extrema fluidez entre os espaços internos e externos, resultado do tratamento das varandas nas duas fachadas e do térreo liberado pelos pilotis, que cria espaços intermédios entre o edifício e seu entorno, rompendo os limites entre público e privado. Tal fluidez é quase inexistente nos compactos volumes dos projetos poloneses, com exceção de algumas varandas em edifícios residenciais, como na residência de veraneio Allora, do advogado Wladyslaw Szatensztejn, projeto de Korngold e Henryk Blum realizado entre 1933 e 1934 na cidade de Skolimow-Konstancin (atual Konstancin-Jeziorna).

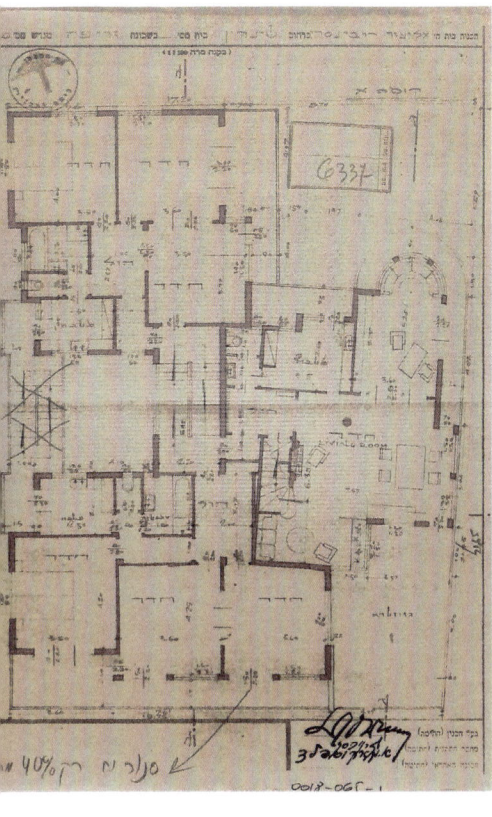

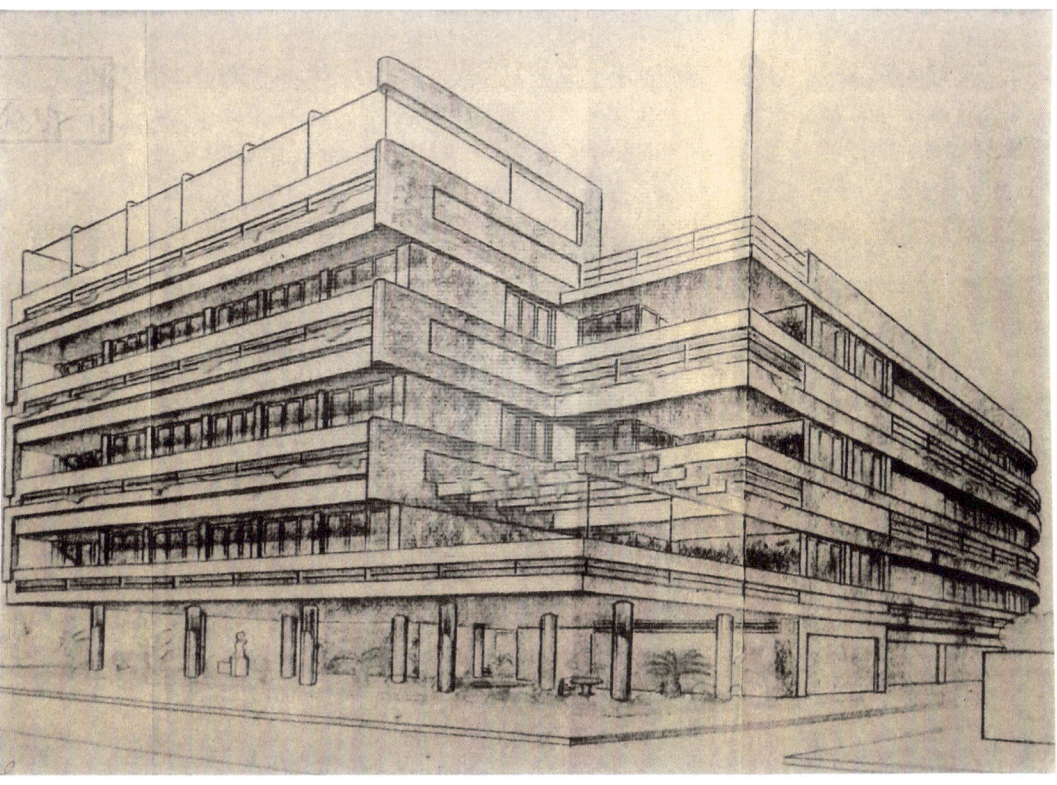

Edifício Rubinsky, elevação, planta e perspectiva, rua Schenkin 65, Tel Aviv, 1937, arquitetos Abraham Markusfeld e Lazar Karnovsky

Nesse sentido, a autoria do projeto do Edifício Rubinsky em Tel Aviv seria de fato de Karnovsky e Markusfeld, como consta do processo original. Como alunos das Politécnicas de Grenoble e Varsóvia respectivamente, entre os anos de 1923 e 1930, os dois arquitetos tiveram sem dúvida acesso à produção da vanguarda europeia e do próprio Le Corbusier. O desenho da fachada do pequeno edifício mostra jardineiras nas sacadas e esculturas no jardim, muito próprio da visão da escola de Varsóvia.

As claras referências à obra de Le Corbusier, a começar pelas citações náuticas, foram explicitadas na longa correspondência mantida entre Karnovsky e Markusfeld e a Prefeitura, que não queria permitir o uso dos pilotis. Os arquitetos argumentaram que a postura municipal deveria ser paritária em relação a outros projetos de edifícios sobre pilotis já aprovados na cidade,[20] considerando ainda que: "o princípio da elevação do edifício sobre pilotis, em parte ou em sua totalidade, com um jardim distribuído entre eles, constituía um dos fundamentos do conhecido arquiteto e teórico Le Corbusier".[21]

Algumas das referências formais do projeto do Edifício Rubinsky podem ser reconhecidas na paisagem da Tel Aviv dos anos 1930. As paredes laterais suspensas à la Rietveld, operadas como membranas torcidas em delicadas curvaturas, ou então os blocos justapostos em composições cubistas, como no Edifício Victor N., projeto do arquiteto Ben Ami Shulman de 1937, à rua Mapu 3; assim como o ritmo imposto pela marcação dos buzinotes, conforme utilizado por Dov Karmi, no Edifício Jarasky House à rua Gordon 9, datado de 1935-1936.

Efetivamente, o refinamento do desenho de Markusfeld pode ser reconhecido no projeto assumido logo após a sua volta à Polônia. O edifício à rua Chocimska 14, em Varsóvia,[22] apresenta-se como uma síntese sensível do vocabulário da nova arquitetura na criação de uma linguagem nacional polonesa, lembrando a obra polonesa de Korngold.

Nesse sentido, se a dúvida da autoria permanece, resta o edifício como metáfora e testemunho. Metáfora da relação entre a diáspora e a utopia nacional, o sonho da volta a Sion ou a Jerusalém, que a ética religiosa judaica associou à cidade ideal ou a própria realização da utopia. Em dois mil anos de exílio, esse sonho acompanhou cada ser judeu em sua essência mais íntima e profunda: "se eu me esquecer de ti, Jerusalém, esqueça-se a minha mão direita da sua destreza, apegue-se-me a língua ao céu da boca, se eu não me lembrar de ti".[23]

A mesma esperança tomou conta ora de um judeu polonês aculturado, que na década de 1920 utilizou a expressão hebraica *artzi* ou "minha terra" para referir-se à sua casa em um afastado subúrbio de Varsóvia, ora de outro, como Eliezer Rubinsky, que não chegou a aprender as letras das escrituras sagradas, mas acreditou que, ao investir na construção da "Terra de Israel", alimentando o sonho dos pioneiros que se desprenderam da Diáspora para recuperar a soberania política erguendo aldeias e cidades no deserto oriental, manteria vivo o elo com seus antepassados. Metáfora e testemunho, o edifício da rua Scheinkin 65 evoca a imagem do navio, verdadeira alusão do judeu que carrega a utopia em sua alma diaspórica e sonha em zarpar, alcançando a Terra Santa, ao mesmo tempo que testemunha o inenarrável, nos deixando o mistério de sua autoria, de forma que nos lembremos de todos.

Notas

Cena urbana, rua Allenby, Tel Aviv, c.1940-1950

Edifício Victor N., rua Mapu 3, Tel Aviv, 1937, arquiteto Ben-Ami Shulman

1
A tradução da palavra alemã *Altneuland* para Tel Aviv [colina da primavera] é atribuída ao escritor e jornalista Nahum Sokolov, responsável pela tradução da novela de Herzl para o hebraico. HERZL, Theodor. *Altneuland: Old-New Land*.
2
ELIAKIM, Tzadik. Planification Urbaine de Tel Aviv jusqu'à 1948, p.17-23; GOLDMAN, Pe'era. Tel Aviv: Transformation of a Suburb into a City 1906-1935, p. 16-25; WELTER, Volker M. The 1925 Master Plan for Tel-Aviv by Patrick Geddes, p. 94-119; MELLER, Helen, *Patrick Geddes. Social Evolutionist and City Planner*, p. 279-282.
3
HERBERT, Gilbert; HEINZE-GREENBERG, Ita. The Anatomy of a Profession: Architects in Palestine during the British Mandate, p. 149-162.
4
LEVIN, Michael. *White City: International Style Architecture in Israel, a Portrait of an Era*, p. 23.
5
POSENER, Julius; BARKAI, Sam. Architecture en Palestine, p. 2-34.
6
CROWLEY, David. National Modernisms, p. 347.
7
BENTON, Tim. Building Utopia, p. 149-223.
8
COHEN, Jean-Louis; ELEB, Monique. The Whiteness of the Surf: Casablanca, p. 16-19.

9
FALBEL, Anat. Lewis Mumford and the Quest for a Jewish Architecture, p. 67-80.
10
HEINZE-GREENBERG, Ita. Immigration and Culture Shock: on the Question of Architectural Identity in Altneuland, p. 36-39; NITZAN-SHIFTAN, Alona. Contested Zionism – Alternative Modernism: Erich Mendelsohn and the Tel Aviv Chug in Mandate Palestine, p. 147-180.
11
Dentre os estudantes formados pela Bauhaus (1919-1933) encontravam-se dezenove profissionais que atuariam na Palestina durante o período do Mandato Britânico e após a independência do Estado de Israel. Ver SHARON, Arieh. *Kibbutz + Bauhaus: an Architect's Way in a New Land*, p. 29; INGERSOLL, Richard. *Munio Gitai Wenraub: Bauhaus Architect in Eretz Israel*; WARHAFTIG, Myra. *Deutsche jüdische Architekten vor und nach 1933: Das Lexikon*.
12
ELHANANI, Aba. *HaMaavak LaHatzmaut shel HaAdrichalut HaIsraelit ba Mea Ha'20*, p. 40.

13
O Processo foi levantado originalmente em METZGER-SZMUK, Nitza (Org.). *Batim MeHachol, Hadrichalut Hasignon HaBenleumi be Tel-Aviv, 1931-1948, 1931-1948*, p. 213-217, bem como para a exposição organizada por Winfried Nerdinger e Irmel Kamp-Bandau: KAMP-BANDAU, Irmel; NERDINGER, Winfried; GOLDMAN, Pe'era. Op. cit, p. 168-171.
14
Aparentemente Eliezer Rubinsky (1912-?) fez *aliá*, ou imigrou para a Palestina, por volta de 1933, e era originário da cidade de Liubas, condado de Marijampole, na província de Suwalki.
15
STEFANSKY, Krzysztof. Henryk Hirszenberg, 1885-1955: I srodowisko zydowskich architektów Lodzi, p. 158-159.
16
KLOSIEWICZ, Lech (Org.). *Warszawska Szkola Architektury 1915-1965: 50-lecie Wydzialu Architektury Politechniki Warszawskiej*, p. 285; 301.
17
METZGER-SZMUK, Nitza (Org.). *Batim MeHachol, Hadrichalut Hasignon HaBenleumi be Tel-Aviv, 1931-1948* (op. cit.).
18
Handassa ve'Hadrichalut, n. 10, set./out. 1962.
19
ELHANANI, Aba. Op. cit., p. 40, 45. Nos últimos anos, foram ainda atribuídos à Korngold a responsabilidade por dois outros projetos, um deles à rua Balfour 1, e outro à rua Balfour 39.

20
O primeiro edifício sobre pilotis em Tel Aviv, Beit Engel, foi projetado pelo arquiteto Zeev Rechter em 1933, à alameda Rotschild 84.
21
METZGER-SZMUK, Nitza (Org.). *Batim MeHachol, Hadrichalut Hasignon HaBenleumi be Tel-Aviv, 1931-1948* (op. cit.), p. 217.
22
STEFANSKI, Krzysztof. *Henryk Hirszenberg, 1885-1955: I srodowisko zydowskich architektów Lodzi* (op. cit.), p. 159.
23
Salmos 137:5-6. In Sefaria: A Living Library of Torah Texts Online. Tradução da autora a partir do inglês e do hebraico.

Acima, *Mercado de escravos no Recife*, Zacharias Wagener, c.1637-1644. Pintura reproduz cena cotidiana na rua dos Judeus.

Abaixo, rua dos Judeus, Recife, c.1855

Ao lado, ruas de São Paulo, c.1902, fotos de Guilherme Gaensly

Acima, rua 15 de Novembro

Abaixo, à esquerda, rua Direita

Abaixo, à direita, rua São Bento

3 Imigrantes e imigração judaica

Imigrantes e imigração

Podemos traçar a presença judaica no Brasil desde o início da colonização com o estabelecimento dos primeiros cristãos-novos no Brasil. Se as primeiras comunidades judaicas no nordeste do país datam do período do domínio holandês (1624-1654), sua presença também foi incidente na expansão do território nacional e particularmente no século 18 na região das Minas Gerais, onde constituíram núcleos populacionais e atuaram como intermediários em âmbito nacional e internacional no comércio de produtos agropecuários e minerais mesmo sob as ameaças do Tribunal da Inquisição atuando especialmente nos focos urbanos.[1]

Com o Decreto da Abertura dos Portos às Nações Amigas de janeiro de 1808, no Brasil, e o fim da Inquisição em Portugal em 1821, seguida da Constituição de 1824 que permitiu o culto não católico, observa-se a presença de um número não especificado de judeus de origem europeia e alguns marroquinos atuando nos grandes centros do país. Contudo, serão as levas imigratórias que desembarcaram a partir da segunda metade do século 19 que mais nos interessam, tanto pela sua atuação incisiva sobre o espaço urbano, como pelos profícuos cruzamentos e paralelismos que ocorreram com a corrente imigratória do período do entreguerras.

Efetivamente os deslocamentos populacionais que alcançaram o Brasil entre 1848 e 1889 a partir da Europa Ocidental e Central foram instigados pelas revoluções de 1848 e da guerra franco-prussiana de 1870-1871. Após a anexação da Alsácia-Lorena pela Alemanha, a assim denominada imigração alsaciana seguiu em direção às Américas e outras colônias francesas, particularmente a Argélia. Caracterizada por uma cultura eminentemente urbana e cosmopolita, essa leva imigratória se fez notar rapidamente na paisagem dos principais centros urbanos do sudeste do país. Recém-chegados, os imigrantes alsacianos criaram firmas de importação de maquinários e bens de consumo, dedicando-se ao comércio, com destaque para os ramos de bijuteria, ourivesaria e fazendas, não somente nas capitais, mas também em cidades interioranas de São Paulo e do Rio de Janeiro.

Conforme as representações produzidas por fotógrafos como Guilherme Gaensly na São Paulo da virada do século 19 para o século 20,[2] o comércio dirigido pelos alsacianos localizava-se no antigo centro da cidade.[3] A presença marcante dessa imigração, seus negócios no triângulo composto pelas ruas Direita, 15 de Novembro e São Bento, e sua integração tanto nos círculos franceses como na sociedade paulista também foi registrada nas memórias de uma geração da elite paulistana que frequentava o cotidiano do antigo centro da cidade.[4]

Louis Moreau Gottschalk, pianista e compositor, foto 1855-1865

Aos alsacianos juntaram-se também judeus de outros países, vindos como representantes de casas de exportação inglesas e alemãs. Além da experiência empresarial, a cultura cosmopolita dessa imigração introduz um número de artistas e professores de arte e música de formação europeia que irão se destacar na sociedade das duas capitais. Entre estes, podemos citar os nomes do pianista e compositor Louis Moreau Gottschalk, o músico Alexandre Levy, cujo pai, Henrique Luís Levy, também músico, possuía uma loja de instrumentos musicais em São Paulo, e a pintora Anna Clémence Berthe Abraham Worms e seu filho Gaston.[5]

Entre aqueles imigrantes que se ligaram diretamente às atividades urbanizadoras temos as famílias Burchard, Nothmann e Meyer em São Paulo, Arthur Haas, um dos pioneiros da construção de Belo Horizonte e um dos fundadores da Siderúrgica Belgo-Mineira, Luiz Matheus Maylasky, o Visconde de Sapucaí, que iniciou a construção da estrada de ferro Sorocabana, além de outros nomes envolvidos em iniciativas de menor porte e curta duração.[6]

O período Republicano, entre as últimas décadas do século 19 e a primeira do século 20, se caracterizou pela imigração ashkenazi, originária da Europa Oriental, que cresceu rapidamente tornando-se maioria e assumindo um papel determinante na vida comunitária. Mesmo sem as características urbanas e cosmopolitas da imigração alsaciana, merece destaque pela importância e amplitude dos projetos de colonização que a envolveram nos primórdios da República. Entre eles está aquele encetado pelo Deutscher Central Komitée fuer die Russischen Juden, associação formada com a participação dos membros da comunidade judaica de Berlim que visava coordenar o apoio aos refugiados judeus da Rússia czarista que estavam abandonando o território devido às expulsões, discriminações e a impossibilidade de sobrevivência.

Também merece destaque o projeto de colonização empreendido pela Jewish Colonization Association – JCA[7] no Rio Grande do Sul, iniciado em 1904 nos mesmos moldes da colonização agrária já iniciada na Argentina aproximadamente dez anos antes. Porém, ao contrário do apoio e proteção do governo argentino aos imigrantes, no Brasil a JCA acabou arcando com a responsabilidade pelo projeto, além de todas as despesas referentes à sua administração e serviços públicos, incluindo a educação dos filhos dos colonos.

A última tentativa de colonização agrícola no país, feita pela JCA, ocorreu em 1936 em Rezende, no Rio de Janeiro, com o objetivo de assentar imigrantes judeus refugiados da Alemanha nazista. A tentativa redundou em fracasso devido principalmente à então política imigratória brasileira sob forte influência germanófila.

O intervalo entre os anos 1914 e 1933 compreendeu a grande corrente imigratória da Europa Oriental e a formação de instituições comunitárias religiosas, beneficentes, sociais e culturais. No entanto, em fins da década 1920, a crise da Bolsa de Nova York, o declínio da economia cafeeira paulista e os preços do café caindo pela metade, colocou frente a frente na campanha presidencial Júlio Prestes, sucessor de Washington Luís e representante dos grandes fazendeiros paulistas, e Getúlio Vargas, do Rio Grande do Sul, candidato da Aliança Liberal que por sua vez representava diversos grupos e orientações nem sempre compatíveis.[8] Na eleição de 1 de março de 1930, Prestes é declarado vencedor, mas Vargas declara a votação fraudulenta, iniciando-se a revolta a partir do Rio Grande do Sul e Minas Gerais, sendo que em 4 de novembro Getúlio Vargas assume, aclamado pelos generais, como presidente do governo provisório.

Recordas-te?, óleo sobre tela, 1906, pintura de Bertha Worms

A partir daí, a política brasileira com relação à imigração, especificamente em relação à imigração semita mas também à imigração japonesa, torna-se retrato da atmosfera de nacionalismo e nativismo que rondava a classe média urbana "pequena, mas crescente [...] que aspirava a uma mobilidade econômica e social sem competição por parte dos imigrantes",[9] e os projetos de formação étnico-raciais concebidos pela alta burocracia em conformidade com os setores dominantes das elites sociais e seu ideário de "melhorar a composição racial" do povo brasileiro.[10]

Na segunda metade da década de 1930, começaram a chegar os refugiados da perseguição nazista, judeus da Alemanha e Europa Central, que exerciam atividades na indústria e no comércio, bem como profissões liberais, arquitetos e engenheiros, empresários e artistas. Possuíam *know-how* e uma cultura técnica e geral que lhes permitiu ultrapassar facilmente as dificuldades com a língua, adaptando-se aos costumes da sociedade local. Ao mesmo tempo, o sucesso econômico facilitou a integração profissional e social no corpo da emergente sociedade industrial.[11] A essa leva imigratória, compreendida particularmente no intervalo entre os anos de 1937 e 1941, pertence o personagem principal deste livro, o arquiteto Lucjan Korngold, cujo destino, assim como de outros refugiados poloneses, seria marcado pela política imigratória brasileira no período Vargas, entrecruzando-se tanto em São Paulo como no Rio de Janeiro.

No final da década de 1940, Saul Steinberg começou a desenvolver uma das suas mais importantes temáticas, o passaporte. Conforme sugeriu John Hollander, para um "cosmopolita desenraizado" como Steinberg, judeu romeno, arquiteto educado na Itália e convertido em artista na América, o passaporte representava uma simulação daquilo que autenticava a própria identidade, como uma persona pública.[12] Ao mesmo tempo, assim como outros refugiados dos fascismos no esforço desesperado de deixar a Europa em chamas, mais que uma identidade, Steinberg logo compreendeu que, àquelas alturas, um passaporte com um visto carimbado representava a diferença entre a vida e a morte.

Conforme Fábio Koifman, foi nesse período que a política do Estado brasileiro fechou as suas fronteiras para os racialmente apontados como judeus.[13] Após outubro de 1941, pouco depois do início dos assassinatos em massa que acompanharam a ruptura do tratado Molotov-Ribbentrop e a invasão alemã da Rússia, e alguns meses antes da Conferência de Wannsee (Berlim, janeiro de 1942) que confirmou a política da chamada Solução Final para o extermínio do povo judeu, os pedidos por vistos cessaram por completo.

Em 1930, a comunidade judaica no Brasil contava com pouco mais de 40 mil pessoas, a maior parte vinda na década 1920. Foi então que o Estado passou a contar com o sistema das "cartas de chamada"[14] e, apesar da "intensa campanha antissemita instigada pelos integralistas na imprensa e na literatura e da atitude negativa dos cônsules que serviam na Polônia ou Romênia",[15] os judeus ainda conseguiam alcançar os portos brasileiros. No final da década 1940, a estimativa era de 55 mil judeus.

Para Koifman, as elites brasileiras buscaram no exterior o discurso em voga para compor seu fundamento ideológico, assimilando as ideias "modernas" de certos setores pseudocientíficos da sociedade europeia, que se propunham a explicar o desenvolvimento e o atraso do homem a partir das qualidades raciais inerentes à sua formação étnica e social. O discurso antissemita moderno foi assim oferecido sob uma roupagem científica para que pudesse ser utilizado e defendido por membros do governo, pensadores e intelectuais, com uma aparência de culto e racional. Francisco José de Oliveira Vianna, consultor jurídico do Ministério do Trabalho, Indústria e Comércio, ministro do Tribunal de Contas, e um dos idealizadores do Conselho de Imigração e Colonização – CIC criado em 1938,[16] considerado um dos mais importantes intelectuais da época, foi o grande defensor da intensa arianização da composição étnica brasileira, exercendo influência sobre Francisco Campos, ministro da Justiça, bem como sobre o próprio Getúlio Vargas. Entre os intelectuais, Afonso Arinos de Mello Franco, deputado, senador e ministro das relações exteriores no governo de Jânio Quadros (1962), escreveu, em 1934, o livro *Preparação ao nacionalismo: carta aos que têm vinte anos*,[17] uma apologia ao nacionalismo na qual, sob a influência de Oswald Spengler entre outros pensadores europeus, o antinacionalismo era identificado como uma doutrina judaica, e o marxismo, entendido como a manifestação do "internacionalismo doutrinário político", era definido como um traço psicológico judaico. No mesmo ano, Afonso Arinos apresentava como nações exemplares a Itália de Mussolini, a Alemanha de Hitler, a Rússia e a Turquia. Décadas mais tarde o político tentaria se redimir com o artigo 5, inciso XLII da Constituição (1988), que considera a prática do racismo como crime.

Entre os movimentos surgidos nos intensos debates ideológicos do período, o integralismo, que se identificava como uma doutrina nacionalista de conteúdo cultural, não era declaradamente antijudaico. Conforme sugeriu Cêça Guimarães, o integralismo fez parte das contradições que definiram os usos da cultura no início do governo Vargas e que levaram à gestação e criação do Instituto do Patrimônio Histórico e Artístico Nacional – Iphan.[18] O próprio Gustavo Barroso – um dos principais líderes do movimento durante a década de 1930, figurando entre os fundadores do Museu Histórico Nacional (1922), diretor da delegacia de Monumentos Nacionais e responsável pela formação dos cursos de Conservadores de Museus – foi um grande divulgador da literatura antissemita entre diferentes camadas da sociedade brasileira.[19] Mesmo Gustavo Capanema, ministro da Educação e Saúde entre os anos 1933 e 1945, apresentou por diversas ocasiões posicionamentos ambíguos, como no episódio de intolerância ocorrido no Colégio Pedro II, então dirigido pelo professor Raja Gabaglia.[20]

Oliveira Vianna, consultor médico do Ministério do Trabalho, foto publicada no jornal carioca *Correio da Manhã*, 14 jan. 1938

Presidente Getúlio Vargas agradece homenagem das crianças brasileiras, em 1 set. 1942, foto publicada no dia seguinte na primeira página do jornal carioca *Correio da Manhã*

Francisco Campos, ministro da Justiça do governo Vargas, assina documento de posse de Ernâni do Amaral Peixoto como interventor do Estado do Rio de Janeiro, em 11 nov. 1937, foto publicada na primeira página do jornal carioca *Correio da Manhã* no dia seguinte

Gustavo Capanema, ministro da Educação e Saúde Pública do governo Getúlio Vargas

As mesmas convicções se faziam manifestas nos escritos do antigo diretor da escola de Belas Artes do Rio de Janeiro e ex-professor da Universidade do Distrito Federal, José Marianno Filho, como na publicação virulentamente antissemita À *margem do problema arquitetônico nacional*,[21] publicada em 1943. O autor, que acreditava na "profunda diferença de substrato psíquico dos elementos étnicos que compõem o povo brasileiro", insurgiu-se contra os arquitetos judeus, "estrangeiros sem pátria, que não possuindo tradição ou sentimento de pátria, não podem compreender os delicados sentimentos de nacionalidade que envolvem o problema arquitetônico e ainda assim impõem aos seus clientes a casa moderna".[22] Seu desprezo por Gregori Warchavchik (nome cuja grafia não conseguia acertar), a quem fazia referência como "o russo", sugerindo uma filiação com o comunismo, alcançou tanto Le Corbusier, identificado com o estereótipo do judeu errante,[23] como Anísio Teixeira e suas escolas modernas, descritas como projetadas no estilo "pão-duro".[24] Ao "cadete" Lúcio Costa, que lhe havia tomado o cargo de diretor da Escola Nacional de Belas Artes, ainda seria atribuída a responsabilidade pela introdução da "arquitetura judaica como tema obrigatório dos estudantes".[25]

Mesmo entre os acadêmicos e defensores do ecletismo, como o arquiteto Christiano Stockler das Neves, a apologia da beleza – subetendida como ornamentação, ordem e proporção – frente à nova arquitetura vinha acompanhada pelo preconceito, conforme se desprende de seu artigo publicado na revista *Architectura e Construções*, "O bluff arquitetônico", em 1931, impregnado pelas formulações da história da arte do século 19: "O futurismo é apenas utilitário. É uma indústria, uma coisa efêmera como a moda. É praticado pelos povos menos dados à arte: russos, alemães, holandeses e judeus. Proscreve a beleza. É matéria".[26] Durante sua curta gestão à frente da Prefeitura de São Paulo, Stockler das Neves também foi responsável pela interrupção do processo de aprovação do Edifício CBI e seu encaminhamento à Comissão Revisora, um procedimento sem dúvida ambíguo frente ao andamento do processo na municipalidade.

O discurso antissemita e anticomunista de José Marianno Filho e Stockler das Neves em relação aos profissionais imigrantes que se introduziam no mercado de trabalho, atraiu adeptos nos grandes centros urbanos, permeando as resoluções tomadas no interior dos órgãos de classe e a política dos registros desses profissionais. Como consequência, muitos deles acabaram por contratar profissionais nacionais como responsáveis técnicos de seus escritórios.[27]

Christiano Stockler das Neves e Álvaro Boccalini durante solenidade

José Marianno Carneiro da Cunha Filho, pintura de Rodolpho Chambelland, anos 1920, publicado na revista *Ilustração Brasileira* n. 35, set. 1923

Entre os acadêmicos conservadores, a obra de artistas judeus foi questionada como estrangeira e modernista, ou, conforme sugeriu Daniel Rincon Caires, "a parte visível no terreno da estética de um complô comunista",[28] assim como exemplificado pela fortuna da grande exposição de Lasar Segall promovida pelo Museu Nacional de Belas Artes do Rio de Janeiro, em 1943. Especialmente articulada pelo jornal *A Notícia*, de orientação fascista, a crítica não somente insistiu em referir-se ao pintor injuriosamente como "russo naturalizado brasileiro",[29] mas classificou seu trabalho como arte degenerada, fazendo uso dos mesmos conceitos que nortearam a exposição Arte Degenerada realizada em Munique em 1937.[30]

Paradoxalmente, mesmo nas fileiras dos modernos, o nacionalismo e o preconceito produziram argumentos similares àqueles dos acadêmicos, conforme sugere uma das correspondências trocadas entre Mário de Andrade e Manuel Bandeira, na qual Mário comentava sobre os seus dois retratos pintados respectivamente por Segall e Portinari, descrevendo o primeiro retratista como o judeu estrangeiro incapaz de uma verdadeira amizade alicerçada na ausência de interesses:[31]

> Não creio que o Segall, russo como é, judeuíssimo como é, seja capaz de ter amigos. Pelo menos no meu conceito de amizade, uma gratuidade de eleição, iluminada, sem sequer pedir correspondência. Éramos ótimos camaradas e apenas. Como bom russo complexo e bom judeu místico, ele pegou o que havia de perverso em mim, de pervertido, de mau, de feiamente sensual. A parte do Diabo. Ao passo que o Portinari só conheceu a parte do Anjo. Às vezes chego a imaginar que, no caso, o Segall tem mais valor, porque atingiu mais longe, o mais sorrateiro dos meus eus. Mas também penso que pra fazer o meu retrato pelo Portinari, é preciso uma pureza de alma [...] O Segall fez papel de tira. O Portinari não, certo ou errado, contou aos homens que os homens são melhores do que são.[32]

Manuel Bandeira no bairro da Lapa, Rio de Janeiro, foto ilustrando reportagem "Lapa, vida, paixão e morte", de Walmir Ayala, publicada no jornal *Correio da Manhã*, 25 set. 1965

Cândido Portinari em Araxá, 1952, foto publicada na coluna Itinerário das Artes Plásticas do jornal *Correio da Manhã*, 14 fev. 1962

No entanto, na contramão da crítica de Mário de Andrade, a pintora Tarsila do Amaral escreveu a crônica "Lasar Segall", publicada pelo *Diário de São Paulo* em 24 de novembro de 1936, salientando a importância e a profundida da obra do pintor: "um corajoso: sempre fez arte de elite, sem nenhuma concessão, mesmo nas piores circunstâncias econômicas de sua vida. [...] É ele mesmo quem diz que o bonito na pintura, aquilo que se traduz pela superficialidade de cores e formas agradáveis à vista, constitui uma mentira. A verdade é outra, o artista tem que a encontrar em si mesmo".[33] A postura frente ao imigrante estrangeiro assumida por Tarsila, eventualmente por conta de sua própria experiência como estrangeira na Europa, também alcança Warchavchik. Em 6 de dezembro de 1936, ela publicou uma bela crônica lembrando sua atuação como professor catedrático na Escola de Belas Artes, incluindo o arquiteto entre os responsáveis pela importância alcançada pela arquitetura brasileira em sua "nova etapa".[34]

Conforme Koifman, a ideologia nazista operava um eficiente programa de propaganda e divulgação no Brasil,[35] o que pode ser confirmando ao longo da década 1930 pelos artigos apologéticos à Alemanha nazista, ou ao Reich, encontrados em algumas das revistas profissionais no campo da engenharia e construção. Entre essas está o texto de Francisco J. Buecken, "Feira de Leipzig e as autoestradas do Reich", publicado na *Revista Municipal de Engenharia do Rio de Janeiro* em julho de 1937, que ao final convida o leitor a visitar a Alemanha,[36] ou, ainda versando sobre o mesmo tema, "As autoestradas do Reich", de autoria do engenheiro Francisco Baptista de Oliveira e

Tarsila do Amaral com a pintura *Os operários* ao fundo, 1952, foto ilustrando reportagem "Tarsila, pau-brasil, antropofagia e pintura social", de Jayme Maurício, publicada no jornal *Correio da Manhã*, 10 abr. 1969

Lasar Segall com Lucy Citti Ferreira, sua principal modelo, c.1940

Mário de Andrade, anos 1930, foto Kazys Vosylius

publicada na revista *Urbanismo e Viação*, em julho de 1940.[37] Da mesma forma, a revista *Arquitetura e Urbanismo* publica entre julho e dezembro de 1936, em três partes, a matéria intitulada "Fotografias e comentários de viagens – Berlim",[38] de autoria do arquiteto A. Monteiro de Carvalho, cuja aparente isenção crítica ao comentar sobre os projetos, obras e arquitetos da República de Weimar, confrontados com as novas diretrizes impostas para a arquitetura e o urbanismo pelo Terceiro Reich a partir de 1933, torna-se insustentável. Como poderiam esses articulistas manterem seu distanciamento crítico em 1936 e, pior ainda, em 1940 enquanto caminhavam pela Berlim nazista e repressiva?

A instauração do Estado Novo em 1937 veio acompanhada de uma campanha de brasilidade ufanista, antiliberal e anticomunista, em grande parte xenófoba, que traduziu a concepção da elite política sobre a formação da identidade nacional condicionada à eliminação das diferenças étnicas, culturais, políticas e ideológicas existentes. A homogenia foi alcançada com a extinção dos partidos políticos, a imposição da censura e as restrições impostas à imprensa em geral e à imprensa dos núcleos imigrantes,[39] além de uma campanha de nacionalização do ensino que pretendia, através de Decretos-Leis, deter e interferir na autonomia educacional usufruída pelos núcleos estrangeiros, especialmente nas zonas de colonização do Sul. Essa política envolvia várias instâncias governamentais, como os Ministérios da Educação, da Justiça e do Interior e as Secretarias de Segurança Pública, Departamento Nacional de Povoamento, Conselho de Imigração e Colonização, Exército e Ministério da Guerra,[40] promovendo uma série de discussões e textos a respeito da questão da colonização e imigração no país.[41]

A batalha do regime Vargas contra o que se chamou de "enquistamento" dos diversos núcleos étnicos compreendia, no exterior, outra frente representada pelos "indesejáveis", os judeus perseguidos na Europa fascista. A atmosfera antissemita da segunda metade dos anos 1930, assim como o aumento do número de refugiados judeus que se dirigiam ao Brasil, gerou reações por parte do Departamento Nacional de Povoamento e do Ministério das Relações Exteriores – MRE. Diferentemente das ações adotadas contra os núcleos estrangeiros nos estados sulinos, a imigração judaica foi tratada de modo sistemático e controlada pelo MRE, sob a suposição de que o elemento judeu, ao contrário das demais etnias, não era capaz de assimilação no corpo da cultura brasileira. Nesse sentido, para além da promulgação de uma nova legislação imigratória, regulamentada pelos Decretos-Leis n. 406 de 4 de maio de 1938 e n. 3.010 de 20 de agosto de 1938, que estabeleciam as normas e os parâmetros para a entrada dos estrangeiros em território nacional, foram distribuídas, entre o MRE e representações brasileiras no exterior, um número de circulares secretas, memorandos e ofícios visando impedir a entrada dos refugiados judeus, conforme registraram as pesquisas fundamentais de Avraham Milgram e Koifman. Efetivamente, os relatórios do MRE referentes a entrada de indivíduos "provavelmente semitas" indicam uma diminuição drástica entre os anos de 1937 (9.263) e 1939 (2.289).[42]

Claude Lévi-Strauss, autorretrato, viagem ao interior do Brasil, 1938

Na página ao lado
Passaporte de Lucjan Korngold, emitido em Bucareste, 25 set. 1939

Certidão de batismo de Lucjan Korngold emitida pela Paróquia Católica de Santa Ana, Lvov, 7 ago. 1932

Avenida Victoria, rua principal de Bucareste, Palácio dos Correios à direita (atual Museu de História Nacional), Romênia, anos 1940

Vale lembrar que as restrições acima descritas foram questionadas pelo já mencionado Artur Hehl Neiva em parecer para o CIC, submetido em 1939 e publicado somente em 1945, considerando que a imigração judaica poderia impulsionar as atividades econômicas e a industrialização no país, conforme havia ocorrido em outros países, como na Turquia de Ataturk e na Inglaterra.[43]

As dificuldades enfrentadas pelos refugiados nas representações diplomáticas brasileiras na Europa estão presentes nas memórias da atriz e diretora teatral Nydia Licia, nascida em Trieste, cuja família aporta no Brasil em 1938 fugindo às leis raciais promulgadas pelo Estado Fascista em 1937. Licia relembra a urgência do pai, médico de renome internacional, na busca por vistos para a família:

> Durante meses [meu pai] percorreu consulados e embaixadas em Roma, à procura de um país que fornecesse vistos de emigração [...] ora parecia que iríamos para o Quênia, ora para a Austrália ou Argentina. Finalmente, o cônsul brasileiro em Trieste declarou que poderia conceder vistos "temporários", mas somente a judeus que demonstrassem ser cientistas [...] Na mesma tarde [...] avisou meu pai que ao Brasil só interessavam cientistas de fama internacional e perguntou se ele se enquadraria nessa exigência. Imediatamente, meu pai dirigiu-se ao consulado, carregando todos os tratados internacionais de que dispunha no momento e que tivessem publicado – ou, ao menos citado – algum trabalho seu [...] para enviá-los ao Itamarati.[44]

Cenário semelhante, e a premência em deixar a França ocupada, foi descrito por Claude Lévi-Strauss em *Tristes Trópicos* referindo-se ao plano da Fundação Rockefeller para o resgate de cientistas e intelectuais ameaçados pela ocupação alemã. O antropólogo relatou o momento dramático quando o embaixador Luiz Martins Souza Dantas, à sua frente, foi impedido por um conselheiro da embaixada de conceder-lhe o visto de entrada, enquanto era informado que, por determinação do MRE, acabara de perder seu cargo de embaixador. Na mesma obra, Lévi-Strauss descreveria as vicissitudes de sua saída da Europa e a odisseia entre portos atlânticos que o levaria para as Américas junto a outros intelectuais como André Breton e Victor Serge.[45]

As rotas de escape incertas, as adversidades ao longo do caminho desde a Europa em guerra até as Américas, em particular às costas brasileiras, e o desembarque nos portos do Rio de Janeiro ou Santos marcaram definitivamente o restante das vidas dos imigrantes refugiados no país.

Entre as muitas "histórias de imigrantes", conforme a expressão de Pietro Maria Bardi,[46] e particularmente entre aqueles de origem polonesa do círculo de Lucjan Korngold e seus comitentes, merece destaque o itinerário percorrido pelo engenheiro eletricista Inácio (Ignacy ou ainda Izaak) Szporn,[47] até alcançar o Brasil. Fundador da Spig e sua subsidiária Conspig que, entre 1948 e 1984, foram atuantes na área de projetos e implantação de sistemas de distribuição de energia elétrica em edifícios e indústrias, além da fabricação de equipamentos eletromecânicos e construções industriais. Szporn ainda teve um papel destacado não somente no ensino e na normatização, como nas organizações da classe dos engenheiros eletricistas no país e no exterior.

Nascido na Polônia em 1913 e com formação dupla no Institut Polytechnique da Universidade de Grenoble (1934), e na École Supérieure d'Électricité da Société Française des Électriciens de Paris (1935), com a invasão da Polônia, Szporn juntou-se ao exército polonês na França. Após a rendição, logrou obter um visto assinado pelo embaixador Luís Martins Souza Dantas,[48] com o qual deixou Marselha no vapor francês Alsina junto a centenas de refugiados judeus, assim como um número de exilados do ditador espanhol Francisco Franco, cuja epopeia foi descrita por um desses ilustres desterrados, o presidente deposto, Niceto Alcalá-Zamora.[49] Conforme descrito por Zamora, em Dakar, o navio foi cercado pela frota inglesa, impedido de seguir viagem por seis meses. Liberado em junho de 1941, foi novamente barrado em Casablanca e seus passageiros encaminhados para campos de prisioneiros. Szporn salvou-se após fugir alcançando o porto de Cadiz, onde embarcou a bordo do vapor *Cabo da Buena Esperanza*, que atracou no Brasil em 10 de julho de 1941. Outros companheiros do Alsina não tiveram a mesma fortuna de Szporn pois com os vistos vencidos após a longa viagem, foram impedidos de desembarcar pelas autoridades portuárias brasileiras e obrigados a retornar à Europa em chamas.[50]

A família Korngold e a busca por um visto americano

As dramáticas experiências vividas pela família Korngold enquanto buscava escapar da Polônia ocupada são do mesmo modo exemplares da urgência e da inevitabilidade do visto para a sobrevivência e destino dos indivíduos.

Antigo oficial do exército, em 30 de agosto de 1939, Korngold recebeu uma carta de chamada do exército. Em 1 de setembro, quando os alemães invadiram a Polônia, sua esposa Eugênia e o filho Jan Jakob deixaram Varsóvia em direção a Roma com passaportes emitidos em Viena ainda em 1937, e vistos para Honduras. Muito provavelmente por não possuir um passaporte com visto de trânsito válido, o arquiteto deixou Varsóvia de carro em direção à Romênia, para onde também seguiria o governo polonês representado pelo marechal Rydz-Smigly. Em 25 de setembro de 1939, ele recebeu seu passaporte, com validade até 31 de outubro de 1940, na embaixada polonesa de Bucareste. Para facilitar o seu deslocamento pela Europa e a obtenção dos vistos para fora do continente, ele levava consigo uma certidão de batismo emitida na Paróquia Católica de Santa Ana, de Lvov, datada de 7 de agosto de 1932, assinada e carimbada pelo pároco, atestando seu nascimento em Varsóvia em 1 de julho de 1897.

A sobrevivência da família Korngold, junto de outros pouco mais de novecentos judeus que escaparam do nazismo, deveu-se à iniciativa única do Vaticano e de entidades católicas alemãs que buscaram salvar seus protegidos, "católicos não-arianos", da Alemanha, um capítulo ainda pouco conhecido do período do Estado Novo, que mereceu um exaustivo estudo de Avraham Milgram.[51]

A iniciativa foi idealizada por duas personalidades influentes do catolicismo alemão, o arcebispo de Munique, cardeal Michael von Faulhaber, e o bispo de Osnabruck, Wilhelm Berning, que em 1939 se dirigiram ao recém-eleito papa Pio XII a fim de que intercedesse junto ao governo brasileiro em favor da concessão de três mil vistos para católicos não-arianos.

Conforme Milgram, a orientação de Oswaldo Aranha, então ministro das Relações Exteriores, era no sentido de aceitar os três mil refugiados para neutralizar as implicações político-morais do país por ter abdicado da vice-presidência do Comitê Intergovernamental, iniciativa humanitária que tratava da questão dos "refugiados políticos" da Alemanha e Áustria, logo após a Conferência de Evian.[52] No entanto, apesar da postura de Aranha, as instâncias jurídicas e governamentais do Estado Novo criaram empecilhos de toda ordem, traduzidos pela cobrança de valores exorbitantes a serem depositados no Banco do Brasil, imposições relativas à data de emissão das certidões de batismo, até a exigência de famílias com no mínimo três membros cujas profissões deveriam ser dedicadas à indústria ou agricultura. Mesmo após definidas as prescrições nos inícios de 1940, o destino dos refugiados católicos não-arianos ficou na dependência da boa vontade dos embaixadores, cônsules e demais funcionários do Itamarati na Europa, de modo que, enquanto em Roma o embaixador Hildebrando Pinto Accioli reconhecia certificados de batismo nem sempre originais e assinava todos os vistos humanitários requeridos, em Berlim e Hamburgo os embaixadores Ciro de Freitas Vale e Joaquim A. de Souza Ribeiro, responsáveis pela análise de dois mil vistos, não aprovaram sequer um pedido.

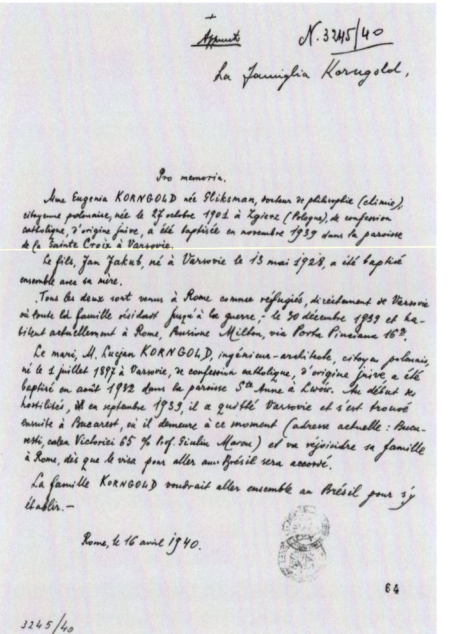

Carta de Eugênia Korngold ao Vaticano solicitando a emissão de visto para a entrada no Brasil, Roma, 16 abr. 1940

A família Korngold está inscrita na "Relação de vistos autorizados pela embaixada do Brasil na Santa Sé a israelitas católicos".[53] No entanto, foi a persistência da esposa que se encontrava em Roma que permitiu que sua condição de "católica não-ariana" fosse reconhecida pelo próprio Vaticano através da Santa Congregazioni degli Affari Ecclesiastice Straordinari, conforme o processo número 3245/40, aberto em 16 de abril de 1940 a partir de uma comunicação da própria representação polonesa no Vaticano.[54]

Com o deferimento do Vaticano, após quase nove meses de espera em Bucareste, Korngold teve seu visto atestado na representação brasileira daquela cidade em 9 de maio de 1940, juntando-se a seguir à família em Roma, onde se encontrava um grande grupo de refugiados poloneses. Durante o longo período na Romênia, Korngold trabalhou no escritório de Duilio Marcu, o arquiteto mais requisitado pelo governo romeno na década de 1930, graduado pela École des Beaux-Arts de Paris.[55]

Aos 43 anos, Lucjan Korngold desembarcou com a família no porto de Santos com o navio Conte Grande, procedente de Genova, em 7 de junho de 1940. No mesmo navio, encontravam-se Henryk Zylberman, futuro incorporador do Edifício Palácio do Comércio e do Edifício Fabíola, sua esposa Barbara Isabella e filha Elzbieta, cujos vistos da mesma forma haviam sido intermediados pelo próprio Vaticano; o casal Neuding, pais de Stefan Marek Neuding, um dos mais importantes incorporadores de Korngold, que havia conseguido alcançar o Brasil poucos meses antes; e ainda, na primeira classe, o arquiteto Wladimir Alves de Souza, professor e mais tarde diretor da Escola Nacional de Belas Artes – Enba, com quem Korngold manteria laços de amizade desde os seus primeiros anos no Brasil, e com quem iria projetar o Edifício Central, seu primeiro edifício alto em São Paulo.[56]

Hildebrando Accioli, ministro interino das Relações Exteriores, em entrevista na Sala do Índio, Palácio Itamaraty, Rio de Janeiro, 27 out. 1948

Oswaldo Aranha, presidente da Assembleia Extraordinária, abre a segunda sessão da Assembleia Geral das Nações Unidas composta pelos 55 países membros, Flushing Meadows, Nova York, 16 set. 1947

No Conte Grande viajavam ainda Henry Spitzman Jordan e família, que haviam embarcado em Lisboa, onde o futuro empreendedor do Edifício CBI Esplanada havia encontrado refúgio por alguns meses, e seu futuro sócio na Companhia de Importações Industrial e Construtora - CIIC, Roman Przeworski. Dois meses depois, em 4 de agosto de 1940, atracaria no Rio de Janeiro o navio Angola, trazendo consigo mais uma leva de refugiados poloneses, entre eles um grupo da elite polonesa com vistos diplomáticos, assim como Tadeusz Skowronski, que seria o representante diplomático da Polônia no Brasil, e ainda nobres nacionalistas fugindo do exército nazista.[57] Entre estes últimos, estava o príncipe polonês Roman Wladyslaw Sanguszko, futuro marido de Germaine Burchard, seu filho Piotr Antoni Samuel Sanguszko e o príncipe Olgierd Czartoryski (que seria hospedado na casa da Princesa Orleans e Bragança em Petrópolis). No mesmo navio vinham as famílias de Roman Landau e Henryk Landsberg, futuros contratantes de Korngold, assim como o poeta de origem judaica Julian Tuwim e sua esposa. Em 1942, Tuwim seguiria para os Estados Unidos, regressando à Polônia Soviética em 1946.[58] As relações formadas entre os "irmãos de navios" dos dois vapores permaneceram ao longo das décadas, resultando em empreitadas importantes no espaço urbano tanto do Rio de Janeiro como de São Paulo.

Após a chegada, a família Korngold se dirigiu para a Tudor House, um pequeno hotel construído em estilo inglês na rua Eugênio de Lima em São Paulo. Aberto em 1931, era administrado pela inglesa Emilia Baker. Foi ali que se iniciou uma nova etapa na vida da família. Entretanto assinala-se que, assim como outros refugiados, a exemplo de Inácio Szporn, que ao chegar ao Brasil procurou oportunidades para se estabelecer nos Estados Unidos,[59] ou mesmo Spitzman Jordan,[60] inicialmente Korngold chegou a considerar a possibilidade de se estabelecer em Buenos Aires, onde possuía um primo com o qual se correspondia. Porém, ele lhe sugeriu que permanecesse no Brasil, onde o futuro profissional de um arquiteto parecia mais garantido.[61]

Imigrantes e a rede de associações profissionais no espaço da cidade

Recém-chegados, os imigrantes procuravam formar associações e articulações que facilitassem a introdução na sociedade local e permitissem identificar oportunidades profissionais, inicialmente em um círculo mais restrito de conterrâneos. No caso do grupo de refugiados poloneses, os irmãos de navio constituíram núcleos a partir dos quais atuaram no espaço. Em seu texto fundamental, *The Ghetto* (1928), o sociólogo americano Louis Wirth se referiu à tradicional instituição europeia do *Landsmannschaft* para demonstrar a importância das estruturas sociais que apoiavam os novos imigrantes na América nos mais diversos aspectos de vida e morte, a partir de organizações de ajuda mútua, religiosas, educativas etc.[62] Mesmo sem a presença de estruturas institucionais constituídas, poder-se-ia propor um paralelo ao conceito, indicando o agrupamento de indivíduos que compartilham as mesmas origens e espaços linguísticos, seja a nível nacional ou continental, para descrever a diversidade das inter-relações que envolveram não somente os arquitetos, engenheiros e paisagistas, mas também os investidores e suas distintas associações, os fotógrafos que registraram as mudanças vitais da paisagem urbana, além dos designers, gravuristas, pintores e escultores, cuja produção completou os espaços modernos criados por profissionais estrangeiros, com ecos para além dos círculos de imigrantes.

Navio Conte Grande, porto de Gênova, 1929

Navio Conte Grande, 5 mai. 1938

Navio Conte Grande, listagem de passageiros refugiados na terceira classe, 5 jul. 1940. Os nomes de Lucjan Korngold, sua esposa Eugênia (Eugienja) e seu filho Jan Jakob constam das linhas 15, 16 e 17

Nesse contexto, as articulações no interno das comunidades de origem se faziam nos bailes da Cruz Vermelha, promovidos pelos consulados dos países beligerantes "no Harmonia, no Paulistano, ou no Club Inglês [...] até no ginásio do Pacaembu" conforme descritos por Nydia Licia,[63] e no Clube 44 em São Paulo fundado em 1947, que reuniu refugiados de origem judaica como Stefan Marek Neuding e sua esposa Verônica Wielikowska Neuding e a elite polonesa no exílio, anticomunista e apoiadora do governo polonês de Londres, liderada na cidade pelo príncipe Roman Sanguszko.

Por outro lado, a participação ativa em instituições culturais já existentes, como a Sociedade Cultura Artística ou outras que estavam sendo fundadas na década de 1940, como o Museu de Arte de São Paulo – Masp (1947) e o Museu de Arte Moderna do Rio de Janeiro – MAM (1948), promovia a permeabilidade dos imigrantes cosmopolitas no corpo da sociedade local. Amigo de Assis Chateaubriand, Spitzman Jordan participou da aquisição de alguns importantes quadros da coleção do museu,[64] assim como o próprio Korngold, que doou a pintura *Paisagem Marinha* (1927), do artista imigrante de origem polonesa no Brasil, Bruno Lechowski.[65]

Se as iniciativas sociais de Spitzman Jordan no Rio de Janeiro junto à elite econômica e política da cidade, promovendo recepções que reuniam artistas, intelectuais, diplomatas, empresários e políticos, abriram as portas para empreendimentos em diferentes setores da economia,[66] em São Paulo, nos círculos modernos frequentados por uma elite intelectual de imigrantes e nacionais, Korngold encontrou e compartilhou afinidades com Marjorie Gage da Silva Prado, judia americana e cidadã do mundo, formada no inovador Sarah Lawrence College e casada no Brasil com Jorge da Silva Prado. Entre outros empreendimentos, o casal foi proprietário dos Cristais Prado, empresa para a qual o fotógrafo de origem alemã Hans G. Flieg fez alguns ensaios originais (1947),[67] tendo ainda trazido para o Brasil o designer franco americano Raymond Loewy, com o qual trabalharam em algumas frentes. Os Prado possuíam uma grande gleba na praia de Pernambuco, no Guarujá, cujo projeto de loteamento foi feito pelo arquiteto Henrique Mindlin (1946). Até a construção do Hotel Jequitimar em 1962, a residência dos Prado foi um ponto de encontro importante dessa elite multilinguística.

Henrique Rattner sugeriu que a particular condição de simbiose estabelecida entre os imigrantes judeus e a sociedade brasileira tenha sido resultado do próprio dinamismo desta sociedade que, a partir de 1940, experimentou um acelerado processo de industrialização e consequente urbanização, com profundas transformações em suas estruturas econômicas e sociais.[68] Nesse sentido, podemos entender os níveis de permeabilidade alcançados rapidamente por essa particular leva imigratória, suas associações profissionais com empresários locais e participação no universo cultural da cidade, ampliando a irradiação no campo das artes e da cultura do núcleo formado pela família Klabin-Lafer.[69]

Lucjan Korngold ladeado por incorporadores do Edifício Bolsa de Cereais, São Paulo, anos 1950

Lucjan Korngold e o casal Marjorie Gage da Silva Prado e Jorge da Silva Prado, Guarujá, anos 1950

Lucjan Korngold com grupo de intelectuais e artistas, dentre eles Flávio de Carvalho, Lasar e Jenny Segall, Paul Arbusse Bastide e Roger Bastide, c.1950

Imigrantes e a regularização da atuação profissional

Para os profissionais engenheiros e arquitetos imigrantes, mais difícil que a própria inserção no mercado de trabalho era exercer sua profissão legalmente. O Decreto Federal número 23.569, de 11 de dezembro de 1933, criou o Conselho Federal de Engenharia e Arquitetura e seus Conselhos Regionais. No entanto, o artigo 1, alíneas (c) e (d), e o artigo 4 impedia o exercício aos profissionais estrangeiros que não tivessem seu diploma revalidado ou registrado até aquela data. A constituição de 10 de novembro de 1937 restringiu ainda mais as possibilidades de atuação dos estrangeiros ao definir, conforme o artigo 150, que "Só poderão exercer profissões liberais os brasileiros natos e os naturalizados que tenham prestado serviço militar no Brasil, excetuados os casos de exercício legítimo na data da Constituição e os de reciprocidade internacional admitidos em lei. *Somente aos brasileiros natos será permitida a revalidação de diplomas profissionais expedidos por institutos estrangeiros de ensino*".[70]

As condições de absorção do profissional estrangeiro foram abrandadas no imediato pós-guerra com o Decreto-Lei 8.620 de 10 de janeiro de 1946 que permitiu, através do artigo 18, a contratação por escritórios ou empresas de técnicos estrangeiros de nível superior especializados em arquitetura ou engenharia, permitindo ainda que fossem registrados nos órgãos de classe regionais durante o período de seu contrato de trabalho. Como contrapartida essas empresas deveriam manter técnicos brasileiros de mesmo nível. Ao mesmo tempo, o artigo 13 concedia a qualquer brasileiro diplomado no estrangeiro o direito de exercer a sua profissão sem a necessidade de prova de revalidação do diploma. A constituição promulgada em 18 de setembro de 1946 apresentava mais um passo em direção às liberdades e direitos individuais declarando em seu artigo 141, parágrafo 14, o livre exercício de qualquer profissão, observadas as condições de capacidade que a lei estabelecesse. O artigo 161, versando sobre o exercício das profissões liberais e a revalidação de diploma expedido por estabelecimento estrangeiro de ensino, já indicava a disposição de tratar da questão dos profissionais estrangeiros. No entanto, a postura discriminatória permanecia ao distinguir a validade incontestável do diploma obtido por um brasileiro no estrangeiro e aquele obtido por um estrangeiro em sua terra de origem, que, ao contrário, deveria ser revalidado e, portanto, foi criticada pela imprensa.[71]

Conforme o cotidiano de dezenas de escritórios de projetos e construção, a problemática estava longe de ser solucionada, restando aos profissionais imigrantes atuarem como prestadores de serviços anônimos nos escritórios já existentes enquanto aguardavam o processo de revalidação do diploma, ou então o demorado processo de naturalização, para em seguida enfrentar o mesmo processo de revalidação do diploma.

Entre os arquitetos imigrantes que passaram pelos obscuros corredores da burocracia getulista na tentativa de conseguir legalizar seu exercício profissional estava Giancarlo Palanti, que trabalhou junto ao escritório Segre e Racz utilizando um modelo de contrato de Locação de Serviços no qual estava explicitado que seus serviços eram prestados em colaboração com um engenheiro-arquiteto. As restrições impostas por tal contrato levaram o arquiteto, em abril de 1948, a procurar a empresa A Informação Universitária especializada na revalidação de diplomas estrangeiros e nacionais com sede no Rio de Janeiro. A pouca seriedade que envolvia os kafkianos meandros burocráticos comparece na extensa correspondência entre o arquiteto e o dono da empresa. Efetivamente, o processo de revalidação do diploma do antigo redator e editor de revistas como *Domus*, *Casabella* e *Casabella Costruzioni*, professor do Politécnico de Milão e partícipe de algumas Trienais, cuja duração não passaria de noventa dias, levou mais de dois anos para ser completado.[72]

Giancarlo Palanti, arquiteto italiano imigrante

Adolf Franz Heep, arquiteto alemão imigrante

Quando se tratava de refugiados, como foi o caso de Lucjan Korngold e muitos de seu círculo, o processo de revalidação do diploma ainda apresentava outro complicador. A maioria dos profissionais havia deixado seus lares em fuga, não possuindo a documentação exigida, sendo que em seus países de origem, entre edifícios e arquivos destruídos, pouca informação poderia ser recuperada em curto prazo. A possibilidade da naturalização constituía uma alternativa, mas esbarrava na exigência legal do requerente estar há dez anos seguidos residindo no país, bem como possuir bens imóveis em seu nome, demonstrando ser capaz de se autossustentar. Os processos de naturalização sugerem que esse prazo poderia ser reduzido no caso do postulante demonstrar que as exigências acima haviam sido atendidas e que sua inserção econômica e social fora plenamente realizada. A naturalização de Lucjan Korngold, assinada em 18 de janeiro de 1949 pelo Presidente Eurico Dutra, nove anos após sua chegada, mas somente um ano após iniciado o processo, confirma a possibilidade. O procedimento iniciou-se em 1948 com a apresentação dos documentos: a certidão da Escola Politécnica de Varsóvia de 17 de março de 1947, confirmando que Lucjan Korngold havia terminado o curso da Faculdade de Arquitetura com o grau de engenheiro-arquiteto em 21 de dezembro de 1922 e informando ainda que o certificado havia sido expedido a pedido de Korngold por "terem sido destruídos os documentos durante a guerra"; uma carta atestando que era sócio titular do Instituto dos Arquitetos do Brasil, datada de 19 de julho de 1944 e assinada pelo primeiro-secretário Hermínio de Andrade e Silva; a relação oficial dos delegados brasileiros participantes do 6° Congresso Panamericano de Arquitetos, realizado em Lima-Peru, em outubro de 1947, assinada pelo secretário Paulo Candiota e o presidente Nestor E. de Figueiredo, na qual constava o nome de Lucjan Korngold; e ainda uma declaração na qual constava que "absolutamente identificado no Brasil, não só com seus costumes, mas também dentro de suas atividades profissionais, deliberando radicar-se neste país, adquiriu em 11 de agosto de 1945 por oitocentos e trinta e dois mil cruzeiros – Cr$832.000,00 – o prédio situado à rua Quirino de Andrade 219, nesta capital".[73]

Além desses documentos, Korngold cumpria a exigência da lei apresentando duas testemunhas, os advogados Luiz Adolpho Nardy, que afirmava conhecer o arquiteto havia mais de quatro anos, e Roberto de Mesquita Sampaio, diretor do Banco Continental, projeto de Krongold e Beck (1944-1948), e investidor no empreendimento do Edifício Sabará (1946-1948).

Provavelmente a propriedade do terreno da rua Quirino de Andrade, comprado em sociedade com Stefan Neuding, foi influente na antecipação do prazo legal da naturalização, conforme observa-se no parecer emitido por Maria Luiza Carvalho de 9 de novembro de 1948: "O naturalizado não tem dez anos de residência no Brasil, entretanto, como possui imóvel no valor superior a Cr$ 50.000,00, penso que poderá ser beneficiado pelo item V do artigo 11 do Decreto-Lei 389 de 1938".[74] Na página seguinte, A. Junqueira Ayres observou, em 13 de novembro de 1948: "aguarda-se o decurso do prazo legal caso não queira o requerente pedir a redução do mesmo, visto tratar-se de elemento útil ao país".[75] Mas o requerente sim pretendeu a redução do prazo, de modo que em 1 de dezembro de 1948 solicitou ao Presidente da República que fossem extensivos em seu processo de naturalização os favores do Decreto 1.350 de 15 de junho de 1939, "visto que do mesmo constam provas de poder merecer esses favores por se considerar elemento útil ao paiz [sic]".[76]

Clarice Lispector, escritora, nascida Chaya Pinkhasovna Lispector (1920-1977), 8 fev. 1973

Os obstáculos impostos pela burocracia do período Vargas alcançaram também os imigrantes que, mesmo tendo chegado jovens, frequentado escolas e universidades brasileiras, e ainda concluído toda a grade curricular, não podiam receber seus diplomas de graduação sem o deferimento do processo de naturalização. Notório exemplo foi o caso da escritora Clarice Lispector que, nascida em Tchetchelnik, na Ucrânia, chegou ao Brasil com apenas dois meses de idade em 1921. Mesmo com o pai já naturalizado, Clarice só poderia receber a naturalização após a maioridade. Entre junho e outubro de 1942 ela escreve duas cartas endereçadas a Getúlio Vargas:

> Rio de Janeiro, 3 de junho de 1942
> Senhor Presidente Getúlio Vargas:
>
> Quem lhe escreve é uma jornalista, ex-redatora da Agência Nacional (Departamento de Imprensa e Propaganda), atualmente n'A Noite, acadêmica da Faculdade Nacional de Direito e, casualmente, russa também. Uma russa de 21 anos de idade que está no Brasil há 21 anos menos alguns meses. Que não conhece uma só palavra de russo mas que pensa, fala, escreve e age em português, fazendo disso a sua profissão e nisso pousando todos os projetos do seu futuro, próximo ou longínquo [...] requisito [...] a dispensa de um ano de prazo, necessário a minha naturalização [...] Demonstrei minha ligação com esta terra e meu desejo de servi-la, cooperando com o DIP, por meio de reportagens e artigos, distribuídos aos jornais do Rio e dos estados, na divulgação e propaganda do governo de V. Exa. E, de um modo geral, trabalhando na imprensa diária, o grande elemento de aproximação entre governo e povo [...] Poderei trabalhar, formar-me, fazer os indispensáveis projetos para o futuro.[77]

Entre os profissionais imigrantes e refugiados recém-chegados observa-se inicialmente a tendência às associações entre conterrâneos ou profissionais de mesma comunidade linguística, como as conhecidas trajetórias do alemão Adolf Franz Heep, que, depois de estudar e trabalhar em Paris por mais de dez anos, encontrou um espaço de trabalho no escritório do francês Jacques Pilon;[78] e do milanês Giancarlo Palanti, cujos primeiros projetos e associações no Brasil ocorreram no interior do círculo italiano, nos trabalhos conjuntos com o casal Bardi e com Daniele Calabi.[79] O multilinguismo de grande parte desses profissionais, originários particularmente da Europa Central e do Leste, ampliava as possibilidades de comunicação tanto com os arquitetos nacionais como com os estrangeiros já estabelecidos no país. Foi o caso do arquiteto húngaro Francisco (Ferenc) Beck, graduado em 1929 na Real Universidade Técnica Jozsef, em Budapeste, que poucos meses depois de aportar no Brasil em 1930, escreveu uma carta em francês para Gregori Warchavchik oferecendo seus serviços, esclarecendo que "está informado sobre a arquitetura moderna assim como daquelas dos estilos históricos, cálculos de concreto armado".[80] As afinidades linguísticas também aproximariam anos mais tarde Beck e Korngold, com o primeiro já naturalizado (1939) e com registro no Conselho Regional de Arquitetura e Engenharia – Crea desde 1935.

Documento da substituição do engenheiro Joaquim Procópio de Araújo, responsável técnico desde 20 fev. 1946, pelo engenheiro Laércio Ramos, em 26 jul. 1951

Henrique Alexander, arquiteto de origem alemã formado na Bauhaus, radicado no Brasil a partir de 1938

O Escritório Técnico Lucjan Korngold Engenharia e Construções absorveria da mesma forma profissionais imigrantes da Europa do Leste, entre eles pelo menos dois arquitetos poloneses de talento. O primeiro deles, Jorge Zalszupin, passou a guerra em Bucareste, na Romênia, onde se formou, desembarcando no Rio de Janeiro em 1949. O encontro entre Korngold e Zalszupin é exemplar da atmosfera do período, quando o acaso definia a fortuna do indivíduo. Terminada a guerra, já na França, Zalszupin encontrou trabalho na reconstrução de Dunquerque. Com a divulgação da arquitetura brasileira pela francesa *L'Architecture d'Aujourd'hui*, o Brasil lhe pareceu uma boa oportunidade profissional. Assim, apresentando-se como arquiteto, Zalszupin conseguiu seu visto de entrada apesar das dificuldades que ainda persistiam em relação a imigração judaica. Foi durante a travessia no navio inglês Alcântara que ele reencontrou uma amiga de infância, Wanda Wahrer, que lhe entregou um cartão de recomendação ao tio Lucjan Korngold. Ao desembarcar no Rio, depois de percorrer sem sucesso os escritórios de arquitetura de Henrique E. Mindlin, dos irmãos Roberto e outros, ele escreveu para Korngold, que o encontrou em uma de suas idas ao Rio a trabalho. Questionado sobre algum desenho que pudesse mostrar, Zalszupin lembrou de seu projeto de finalização do curso de arquitetura em Bucareste, pendurado na porta do quarto da pensão onde se hospedara para abafar os incômodos de um vizinho barulhento. Os dois arquitetos dirigiram-se à pensão, onde Korngold, depois de observar atentamente o desenho "de cima para baixo, com o nariz levantado, como costumava fazer", voltou-se em direção ao jovem arquiteto dizendo: "faz a mala e vem comigo". Conforme o relato de Zalszupin, na manhã seguinte, Korngold estava à sua espera no aeroporto de Congonhas, com seu Buick verde-escuro. Durante todo o percurso até o escritório na rua Barão de Itapetininga 275, os dois arquitetos permaneceram calados. Chegando ao escritório, o jovem arquiteto dirigiu-se à prancheta e começou a desenhar até o final do expediente, às seis horas da tarde, quando Korngold aproximou-se dizendo: "chega de desenhar!". Ele o levou para a casa de uma família na avenida Rebouças, onde já havia alugado um quarto para o recém-contratado, e também acertado onde faria as suas refeições.[81]

Korngold ainda receberia em seu escritório o arquiteto polonês, sobrevivente dos campos de trabalho forçado nazistas, Victor Reif, que da mesma forma alcançou o Brasil no pós-guerra, em 1950. Ele trabalhou no escritório até 1951, quando foi admitido na Arquitetura e Construções Luz-Ar, dos poloneses Duntuch e Landsberger, onde permaneceu entre 1951 e 1953. Reif transferiu-se, a seguir, para a empresa Três Leões, do seu também conterrâneo, o engenheiro civil Martin Rothstein, onde permaneceu até obter sua naturalização e inscrição junto ao Crea e abrir o próprio escritório. Por sua vez, Rothstein, ao chegar da Polônia no imediato pós-guerra (1947), havia sido contratado pela Construtora Mindlin de Romeu Leonildo Mindlin, onde trabalhou durante cinco anos antes de fundar a Construtora Três Leões juntamente com os irmãos Kasinsky.[82]

O multilinguismo do arquiteto Henrique Mindlin, formado no Brasil, mas filho de imigrantes, também permitiu-lhe acolher profissionais refugiados, entre eles o arquiteto de origem alemã, estudante da Bauhaus, Henrique Alexander, que alcançou o Brasil em 1938. Começando sua vida profissional com Henrique Mindlin, Alexander passou a seguir pelo escritório de Korngold, de quem se tornou amigo pessoal, e posteriormente de Zalszupin, até abrir a sua própria firma.[83] Entre os profissionais de origem polonesa deve-se mencionar o arquiteto Mieczyslaw Grabowski, que passou a guerra na Europa

Documento de entrada do engenheiro polonês Martin Rothstein, emitido pelo consulado do Brasil em Paris, França, 1946

Documento de entrada do engenheiro polonês Mieczyslaw Grabowski, emitido pelo consulado do Brasil em Paris, França, 1946

Documento de registro na Prefeitura de São Paulo do arquiteto polonês Alfred Josef Duntuch, São Paulo, 4 abr. 1949

e alcançou o Brasil em 1946, com a ajuda do empresário Herman Pikielny, um dos primeiros contratantes de Korngold no Brasil. Em fevereiro de 1948, Grabowski registrou o Escritório Técnico de Engenharia Mieczyslaw Grabowski na prefeitura de São Paulo, mas, não sendo naturalizado, e portanto sem o registro no Crea, contratou como responsável técnico Roberto Frade Monte.

Dificuldades semelhantes já haviam sido enfrentadas anteriormente por outros profissionais, como os arquitetos de origem italiana Daniele Calabi[84] e Silvio Segre,[85] cuja firma Calabi e Segre, criada em 1942, estava sob a responsabilidade técnica de Antônio João Valente Domingos, engenheiro eletricista mecânico formado em Itajubá em 1934.

Ainda merece menção a empresa Arquitetura e Construções Luz-Ar que acolheu grande número de profissionais de origem estrangeira, tanto diplomados como aqueles cuja formação havia sido interrompida pela guerra, com ou sem documentação, contratados como desenhistas, projetistas, fiscais de obra ou auxiliares de engenheiro. A construtora foi criada pelos primos Alfred Josef Duntuch e Stefan Landsberger, ambos naturais de Cracóvia, onde já possuíam um próspero escritório de projetos e obras. Duntuch formou-se engenheiro na Escola Politécnica de Lemberg e arquiteto na Faculdade de Arquitetura da Academia de Belas Artes de Cracóvia.[86]

As duas famílias deixaram a Polônia juntas logo após a entrada dos alemães, em 2 de setembro de 1939, e desembarcaram no Recife em março de 1941 após um longo e dramático trajeto com passagens pela Iugoslávia, Romênia, Hungria, Turquia, e ainda Bombaim, na Índia. Em julho de 1941, depois de receberem os vistos permanentes, as duas famílias se fixaram em São Paulo, onde Duntuch logo encontrou trabalho no escritório Severo Villares, ali permanecendo por volta de seis a sete meses. O registro da Luz-Ar na prefeitura data de março de 1942, indicando como responsáveis técnicos até 1949 Salvador Orlando Bruno, Gilberto Barros Leite e Guido Noschese. A partir daquele ano, o engenheiro-arquiteto recebeu autorização para assinar como responsável por sua própria empresa.

Vale observar que as primeiras obras da Luz-Ar foram comandas de Germaine Burchard, princesa Sanguszko, uma parceria provavelmente fundada a partir das relações tecidas no círculo dos refugiados poloneses – particularmente com o irmão de navio Jan Aleksander Litmanowicz, com quem os primos haviam feito o difícil trajeto entre a Polônia e o Brasil, e que, casado com a princesa Czartoryski, tornou-se procurador do grupo Germaine Burchard.[87] As relações entre este grupo, então denominado Gerbur, e a Luz-Ar se mantiveram ao longo das décadas, permanecendo mesmo após a morte de Landsberger e Duntuch, com seu sucessor Cluny Rocha.

Assim como ocorreu com a Luz-Ar, outros escritórios consagrados na cidade beneficiaram-se com a leva imigratória europeia dos profissionais da engenharia e arquitetura. Conforme revela o arquivo do escritório de Jacques Pilon,[88] em 1944 ali trabalhavam cinco desenhistas de origem estrangeira, incluindo Herbert Duschenes que, mesmo não tendo conseguido concluir seu curso, encontrou refúgio no escritório do arquiteto francês, assim como Adolf Franz Heep.

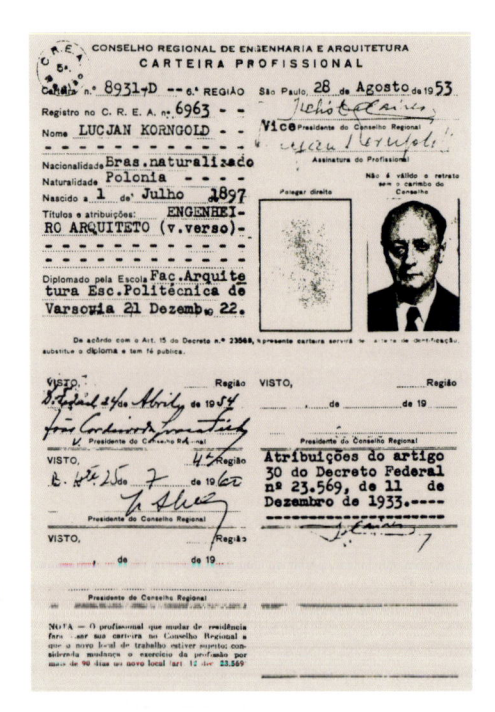

Documento de inscrição no Conselho Regional de Engenharia e Arquitetura – Crea do arquiteto polonês Lucjan Korngold, São Paulo, 28 ago. 1953

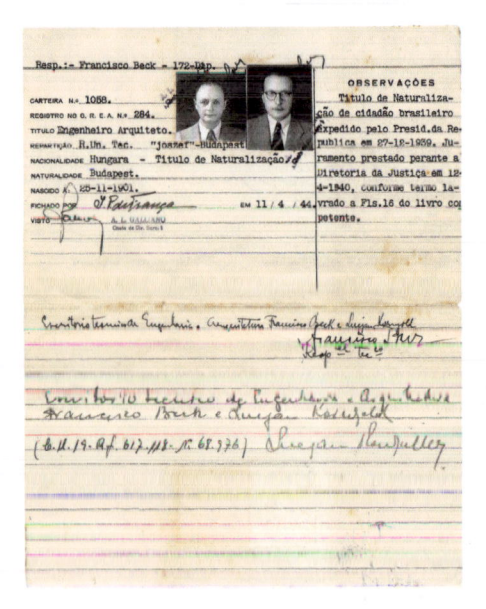

Documento de registro na Prefeitura de São Paulo da sociedade entre os arquitetos Francisco Beck e Lucjan Korngold, São Paulo, 11 abr. 1944

A inserção profissional de Lucjan Korngold

No caso particular de Lucjan Korngold, sua primeira inserção profissional no país foi no recém-formado Escritório Técnico Francisco Matarazzo Neto, resultado da ruptura da sociedade Pilmat, formada entre Matarazzo e Jacques Pilon, onde Korngold permaneceu entre 1940 e 1943. A seguir, entre 1944 e 1946,[89] foi associado ao arquiteto Francisco Beck no Escritório Técnico de Engenharia e Arquitetura Francisco Beck e Lucjan Korngold, tendo Beck como responsável técnico da empresa.

Em 1946, quando Korngold funda o Escritório Técnico Lucjan Korngold Engenharia e Construções, ele contratou o engenheiro Joaquim Procópio de Araújo somente para assinar os projetos da firma como responsável técnico perante a prefeitura. Em 1951, Procópio foi substituído pelo engenheiro Laércio Ramos. Naquele momento, o escritório encontrava-se em intensa atividade, atuando em duas frentes: o projeto de arquitetura propriamente dito, ocupando entre quatro a seis desenhistas na prancheta, alguns deles imigrantes, e a frente de obras, com uma equipe formada por compradores e contadores. Alguns dos processos aprovados entre 1950 e 1953 foram assinados pelo arquiteto de origem polonesa Marjan Ryszard Glogowski como responsável técnico. Apesar de seus primeiros passos no escritório em 1946, quando ainda era estudante da Faculdade de Arquitetura Mackenzie, Glogowski havia deixado São Paulo transferindo-se para a recém-criada Faculdade de Arquitetura da Universidade do Brasil, no Rio de Janeiro, atraído pelas possibilidades de frequentar os expoentes da arquitetura moderna no país.[90] Já formado, ele trabalhou no escritório de Henrique Mindlin, ao mesmo tempo em que respondia pelas obras de Korngold no Rio de Janeiro. Por volta de 1953, o arquiteto associou-se à antiga conterrânea, amiga e colega do Mackenzie, da Universidade do Brasil, e do escritório Mindlin, Maria Laura Osser, que assim como ele começou no escritório de Korngold em São Paulo.

A iniciação de Glogowski e Maria Laura Osser no escritório de Korngold constitui outro exemplo das tessituras que marcaram a atuação dos refugiados nos seus primeiros anos no país. O pai de Marjan Ryszard, Samuel Glogowski e sua esposa, a escultora Helena Litauer, com origens na burguesia judaica de Lodz, eram amigos pessoais dos Korngold, cuja esposa, Eugênia Gliksman, também era de lá. Em Varsóvia, os dois casais faziam parte de um círculo de amigos que incluía o pianista Arthur Rubinstein, o ilustrador Arthur Szyk e o poeta Julian Tuwim, também de Lodz. Pouco antes da invasão da Polônia a família Glogowski, que se encontrava de férias em Paris, dirigiu-se a Vichy e depois a Montpellier, ainda zona livre, onde Marjan Ryszard se inscreveu na faculdade de arquitetura. No entanto, a situação dos refugiados judeus deteriorou-se, e o chefe da família conseguiu os vistos para o Brasil. A família aportou no Rio de Janeiro em 3 de fevereiro de 1941, a bordo do vapor Cabo de Buena Esperanza que vinha de Lisboa. Na cidade, Samuel associou-se a Josef Ödesser, outro futuro contratante de Korngold, criando a Sociedade Comercial Metaquímica. Nos inícios da década de 1950, vivendo no Rio de Janeiro, assim como seus pais no espaço cultural de Varsóvia, Marjan Ryszard e sua esposa introduziram-se nos ambientes culturais da cidade frequentando o MAM, cujas iniciativas, assim como ocorreu no Masp em São Paulo, propiciavam os encontros entre nacionais e estrangeiros.[91] A associação entre Glogowski e Maria Laura Osser produziu alguns edifícios comerciais no Rio de Janeiro,[92] sendo também responsável pela reforma da casa de Lota Macedo Soares e Elizabeth Bishop, que ambos frequentaram.

Apesar do célere processo de naturalização e de sua condição de membro do Instituto dos Arquitetos do Brasil - IAB desde 1944, Lucjan Korngold só recebeu seu registro profissional em 28 de agosto de 1953 após uma batalha junto ao Crea, cujo conselho naquele período mostrou-se particularmente corporativista e um tanto xenofóbico, conforme indicam os longos processos de outros profissionais imigrantes como Palanti e Heep. Como resultado, projetos importantes do arquiteto, cuja responsabilidade técnica acabou sendo assumida por outros, perderam a verdadeira identidade de seu autor. Um bom exemplo é o Ariona, projeto de 1953 na avenida Paulista, em São Paulo. Durante a divulgada demolição do edifício, em 2002, a imprensa atribuiu a sua autoria a Glogowski, que, como vimos acima, assinou os projetos do escritório entre 1950 e 1953.

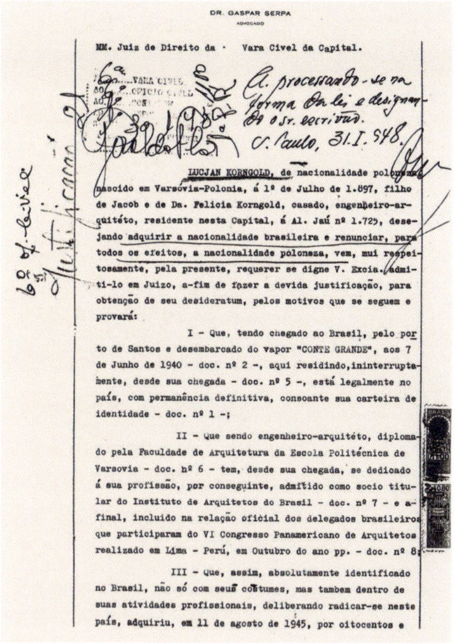

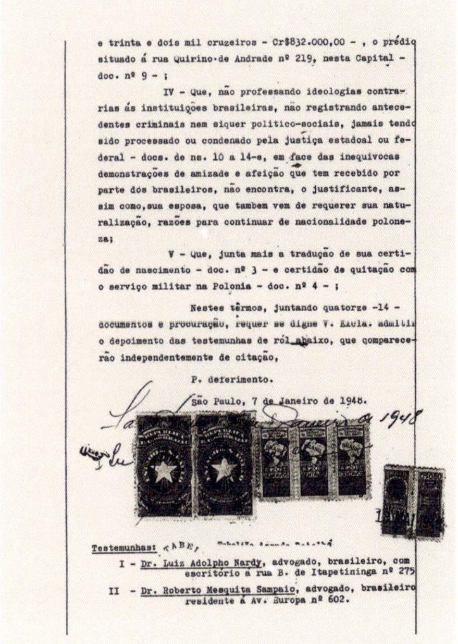

Arthur Rubinstein, foto que ilustra a matéria "Rubinstein toma novamente contato com o público brasileiro", publicada na coluna Correio Musical, *Correio da Manhã*, 6 mai. 1937

Marjan Ryszard Glogowski (primeiro agachado à esquerda) com os colegas mackenzistas Nilton Carlos Ghiraldini, Salvador Candia, Walter Russo e Nilo Ramos Villaboim, entre outros, 1945

Documento de início do processo de naturalização de Lucjan Korngold encaminhado pelo advogado Gaspar Serpa ao Juiz de Direito da 6ª Vara Cível da Capital, São Paulo, 7 jan. 1948

Notas

1
FERNANDES, Neusa. A inquisição em Minas Gerais, p. 58-73.
2
GAENSLY, Guilherme. *Guilherme Gaensly*.
3
Sobre a presença dos estrangeiros no espaço da cidade de São Paulo na virada do século 19 para 20, ver BARBUY, Heloisa. *A cidade-exposição: comércio e cosmopolitismo em São Paulo, 1860-1914*.
4
OCTÁVIO, Laura Oliveira Rodrigo. *Elos de uma corrente: seguidos de novos elos*.
5
TARASANTCHI, Ruth Sprung (Org.). *Os Worms: Bertha e Gastão, pinturas e desenhos*; SIMIONI, Ana Paula Cavalcanti. *Profissão artista: pintoras e escultoras acadêmicas brasileiras*, p. 231-242.
6
WOLFF, Egon; WOLFF, Frieda. *Judeus nos primórdios do Brasil República*: visto especialmente pela documentação no Rio de Janeiro, p. 84-85.
7
A JCA foi criada em 1891 em Londres como uma sociedade anônima de caráter filantrópico, com um capital inicial doado em quase sua totalidade pelo Barão Maurício Hirsch. Sobre a JCA ver FALBEL, Nachman. Oswald Boxer e o projeto de colonização de judeus no Brasil, p. 205-209; FALBEL, Nachman. A imigração Israelita à Argentina e ao Brasil e a colonização agrária, p. 177-204; FALBEL, Nachman. *Jewish Agricultural Settlement in Brazil*, p. 325-340; DEKEL-CHEN, Jonathan. *A Durable Harvest. Reevaluating the Russia-Israel Axis in the Jewish World*, p. 109-129.

8
LESSER, Jeffrey. *O Brasil e a questão judaica, imigração, diplomacia e preconceito*, p. 96.
9
Idem, ibidem, p. 98.
10
O ideário da melhora racial do povo brasileiro através do controle da imigração pode ser encontrado em diversos autores deste período, e mesmo junto a um filossemita como Artur Hehl Neiva, em cujo parecer submetido ao Conselho de Imigração e Colonização (14 jul. 1939), justifica a importância da imigração judaica para o Brasil utilizando o argumento de uma imigração branca para o país. NEIVA, Artur Hehl. *Estudos sobre a imigração semita no Brasil*, p. 22-23.
11
RATTNER, Henrique. *Tradição e mudança: a comunidade judaica em São Paulo*, p. 98.
12
HOLLANDER, John. Introduction, s/p.
13
KOIFMAN, Fábio. *Quixote nas trevas. O embaixador Souza Dantas e os refugiados do nazismo*, p. 106.
14
As "chamadas" eram formulários oficiais aprovados pela polícia da cidade e legalizados pelo Departamento de Imigração do Ministério do Trabalho, Indústria e Comércio que permitiam aos residentes no Brasil chamar seus parentes no estrangeiro.
15
MILGRAM, Avraham. Jeffrey Lesser: Welcoming the Undesirables - Brazil and the Jewish Question, p. 145-149.
16
KOIFMAN, Fábio. Op. cit., p. 103-106. A este respeito, ver também LESSER, Jeffrey. Op. cit., p. 100-101.
17
FRANCO, Afonso Arinos de Mello. *Preparação ao nacionalismo: carta aos que têm vinte anos*.

18
GUIMARAENS, Cêça. *Paradoxos entrelaçados: as torres para o futuro e a tradição nacional*, p. 66-68.
19
Em 1937, Gustavo Barroso publicou três obras de cunho antissemita: *A sinagoga Paulista* (Rio de Janeiro, ABC), *Judaísmo, Maçonaria e Comunismo* (Rio de Janeiro, Civilização Brasileira) e *História Secreta do Brasil* (São Paulo, Companhia Editora Nacional). A literatura antissemita podia ainda ser encontrada nos periódicos integralistas *A Offensiva* e *Monitor Integralista*, do Rio de Janeiro e as revistas *Anauê* e *Panorama* em São Paulo, além de outros quase sessenta periódicos regionais.
20
BARROS, Orlando de. Um episódio de antissemitismo no Colégio Pedro II durante a Segunda Guerra Mundial, p. 157-183. Ver também BARROS, Orlando de. Preconceito e educação no governo Vargas (1930-1945): Capanema, um episódio de intolerância no Colégio Pedro II.
21
MARIANNO FILHO, José. À margem do problema arquitetônico nacional.
22
Idem, ibidem, p. 32.
23
Idem, ibidem, p. 23.
24
Idem, ibidem, p. 27.
25
Idem, ibidem, p. 43.
26
NEVES, Christiano Stockler das. O bluff arquitetônico, p. 5 (na versão digital p. 21)

27
Particularmente sobre os arquitetos imigrantes, Marianno Filho escreveu: "os arquitetos estrangeiros que se fixam entre nós para ganhar o pão, cometem a imprudência de nos insinuar os estilos europeus de emergência, sob pretexto de que eles são mais úteis ou econômicos [...]. Ora eu não estou absolutamente disposto a suportar a mais leve intromissão dos judeus na causa da arquitetura nacional, sem lhes arrancar imediatamente a máscara, diante do público". Talvez a virulência de Marianno frente aos arquitetos modernos tenha sido fruto da crise provocada pelo grupo liderado por Lúcio Costa na Enba. MARIANNO FILHO, José. Op. cit., p. 32.
28
CAIRES, Daniel Rincon. *Lasar Segall e a perseguição ao modernismo: arte degenerada na Alemanha e no Brasil*, p. 187; SCHWARTZ, Jorge; MONZANI, Marcelo (Org.). *A arte degenerada de Lasar Segall: perseguição à arte moderna em tempos de guerra*.
29
REDAÇÃO. O russo naturalizado está com sorte... *A Notícia*, Rio de Janeiro, 13 mai. 1943. Apud CAIRES, Daniel Rincon. Op. cit., p. 186.
30
RIBAS, Tristão. "Foi assim que a França apodreceu". *A Notícia*, Rio de Janeiro, 18 mai. 1943. Apud CAIRES, Daniel Rincon. Op. cit., p. 107. Sobre as críticas à assim denominada arte degenerada a partir das elaborações de Paul Schultze-Naumburg, autor de *Kunst und Rasse* (1928), fundadas por sua vez na hipótese de que diferenças culturais entre os povos estavam diretamente relacionadas às suas características físicas, ver SCHULTZE-NAUMBURG, Paul. *Art und Race*, p. 498-499.

31
NAZÁRIO, Luiz. O Expressionismo no Brasil, p. 614-615.
32
Idem, ibidem, p. 614.
33
AMARAL, Tarsila. Lasar Segall, p. 106.
34
AMARAL, Tarsila. Gregório Warchavchik, p.112.
35
KOIFMAN, Fábio. Op. cit., p. 106.
36
BUECKEN, Francisco J. Feira de Leipzig e as autoestradas do Reich, p. 249-252.
37
OLIVEIRA, Francisco Baptista de. As autoestradas do Reich.
38
CARVALHO, A. Monteiro de. Fotografias e comentários de viagens, p. 35-62 (jul./ago. 1936); CARVALHO, A. Monteiro de. Fotografias e comentários de viagens, p. 151-162 (set./out. 1936); CARVALHO, A. Monteiro de. Fotografias e Comentários de Viagens, p. 210-215 (nov./dez. 1936).
39
A Constituição de 10 nov. 1937, em seu artigo 122, parágrafo 15, alínea (g), proibia para os estrangeiros a propriedade de empresas jornalísticas.
40
MILGRAM, Avraham. *Os judeus do Vaticano: a tentativa de salvação de católicos – não-arianos – da Alemanha ao Brasil através do Vaticano (1939-1942)*, p. 59-62; 68-69; KOIFMAN, Fábio. Op. cit.

41
REVORÊDO, Júlio de. *Imigração*. São Paulo, Empresa Gráfica Revista dos Tribunais, 1934; CÔRTES, Geraldo de Menezes. Migração e colonização no Brasil, p. 55-84; CARNEIRO, José Fernando. *Imigração e colonização no Brasil*; NEIVA, Artur Hehl. *Deslocados de guerra: a verdade sobre a sua seleção*; NEIVA, Artur Hehl. Estudos sobre a imigração semita no Brasil (op. cit).
42
Ver ARANHA, Oswaldo. Relatório apresentado ao Presidente da República dos Estados Unidos do Brasil pelo Ministro de Estado das Relações Exteriores relativo ao ano de 1939.
43
NEIVA, Artur Hehl. *Estudos sobre a imigração semita no Brasil* (op. cit.), p. 175.
44
LICIA, Nydia. *Ninguém se livra de seus fantasmas*, p. 85.
45
LÉVI-STRAUSS, Claude. *Tristes trópicos*, p. 20-26.
46
BARDI, Pietro Maria. Gregori Warchavchik (1896-): biografia
47
Refugiados no Brasil, os Szporn e seus agregados foram contratantes de Korngold através da Companhia Industrial, Construção e Participação – Cincopa, uma associação entre Szymon Raskin, Roman Landau e Jacob Szporn, em pelo menos três empreendimentos: o Edifício Thomas Edison e o Edifício São Vicente, ambos em São Paulo, e o Edifício Palácio Champs Elysées, no Rio de Janeiro.
48
KOIFMAN, Fábio. Op. cit. Em junho de 2003, o diplomata foi merecedor do título de "justo entre as nações", concedido pelo Instituto Yad Vashem, de Jerusalém, em nome dos judeus refugiados na França que ajudou a salvar durante os anos de 1940 e 1941.

49
ALCALÁ-ZAMORA, Niceto. *441 dias... Un viaje azaroso desde Francia a la Argentina*.
50
O depoimento a respeito da trajetória de Inácio Szporn bem com a sua documentação foi generosamente fornecido por sua viúva, Sra. Ruth Szporn, de boa memória.
51
MILGRAM, Avraham. *Os judeus do Vaticano: a tentativa de salvação de católicos – não-arianos – da Alemanha ao Brasil através do Vaticano (1939-1942)* (op. cit). No seu estudo, o autor apresenta uma lista contendo 959 nomes, entre os quais encontramos os nomes da família Korngold, bem como o do jornalista e escritor Otto Maria Carpeaux ou Otto Karpfen.
52
Idem ibidem, p. 85-87.
53
A relação foi encaminhada por Hildebrando P. Accioli para o ministro Oswaldo Aranha do MRE em carta datada de 28 de novembro de 1941. Idem ibidem, p. 33.
54
Sacra Congregazione degli Affari Ecclesiastici Straordinari.
55
Sobre o arquiteto romeno, ver MARCU, Duiliu. *Architecture: 20 travaux exécutés entre 1930 et 1940*.

56
Wladimir Alves de Souza também foi responsável pelo projeto da Chácara do Céu de Raymundo O. de Castro Maya em Santa Teresa, no Rio de Janeiro e, em São Paulo, pela residência do casal Fábio Prado e Renata Crespi Prado, que se tornou posteriormente o Museu da Casa Brasileira.
57
Entre os exilados encontravam-se diplomatas e membros do antigo exército polonês que, depois da divisão da Polônia entre a Alemanha e a União Soviética em 1939, e a seguir da queda da França em 1941, haviam formado em Lisboa um dos pontos mais importantes da inteligência polonesa na Europa até a chegada dos aliados na Normandia em 1944. Ver SILVA, Vicente Gil da. *Planejamento e organização da contrarrevolução preventiva no Brasil: atores e articulações transnacionais (1936-1964)*, p. 288-291.
58
AFONSO, Rui; KOIFMAN, Fábio. Julian Tuwim in France, Portugal, and Brazil, 1940–1941, p. 50-64; MILGRAM, Avraham. Julian Tuwim: infortúnios de um poeta polonês-judeu no exílio, p. 300-325.
59
Correspondência Szporn-Packer, 27 jul. 1941. aos cuidados do departamento do Estado em Washington. Acervo Anat Falbel.
60
JORDAN, André. *Uma viagem pela vida*, p. 44.
61
KORNGOLD, Jan. Depoimento a Anat Falbel, 9 dez. 2002.
62
WIRTH, Louis. *Le Ghetto*.
63
LICIA, Nydia. Op. cit., p. 118.

64
Spitzman Jordan participou da aquisição das seguintes obras da coleção do Masp: *A arlesiana* de Van Gogh; *Cipião* de Cézanne; *Mulher enxugando a perna esquerda* de Degas; *Pobre Pescador* de Gauguin; *Dionísio e Ariadne* de Giovanni Pittoni; *Paisagem Hibernal* de Maurice de Vlaminck.
65
CZAJKOWSKI, Jorge; GRINBERG, Piedade Epstein (Org.). *Rio capital da beleza: Bruno Lechowski (pinturas)*.
66
TROMPOWSKY, Gilberto (G. de A.) Esporte e elegância. *O Cruzeiro*, ed. 4, 18 nov. 1944, p. 35; Esporte e elegância no Jockey. *O Cruzeiro*, ed. 45, 31 ago. 1946, p. 53; Esporte e elegância no Jockey. *O Cruzeiro*, ed. 48, 21 set. 1946, p. 27; Para ouvir Henryk Szeryng em casa do Sr. e Sra. Spitzman Jordan. *Rio*, ed. 85, jul. 1946, p. 84-85; Com o Sr. e a Sra. Henryk Spitzman Jordan. *Rio*, ed. 121, jul. 1949, p. 58-59; Na residência do Sr. Spitzman Jordan. *Rio*, ed. 152, 1952, p. 68-69.
67
FLIEG, Hans Gunter. *Flieg*.
68
RATTNER, Henrique. Op. cit., p. 102.
69
DURAND, José Carlos. *Arte, privilégio e distinção: artes, arquitetura e classe dirigente no Brasil, 1855-1985*; MICELI, Sergio. *Nacional estrangeiro*.
70
BRASIL (Câmara dos deputados). Constituição de 1937. Grifo nosso.
71
REDAÇÃO. Sujeitos à revalidação os diplomas obtidos fora do Brasil: a igualdade de tratamento em face da Constituição para nacionais e estrangeiros – a admissão de técnicos.
72
Arquivo Giancarlo Palanti. Biblioteca FAU USP.
73
Processo de naturalização de Lucjan Korngold, n. 21950. Arquivo Nacional, p. 2-3.

74
Idem, ibidem, p. 44.
75
Idem, Ibidem, p. 44 (verso).
76
Idem, ibidem, p. 45.
77
As duas cartas dirigidas a Getúlio Vargas e datadas de 03 jun. 1942 e 23 set. 1942 foram publicadas em LISPECTOR, Clarice. *Correspondências*, p. 33-35.
78
GATI, Catharine. Perfil de arquiteto: Franz Heep. *Projeto*, São Paulo, mar. 1987, p. 97-104; BARBOSA, Marcelo. *Adolf Franz Heep: um arquiteto moderno*. São Paulo, Monolito, 2018.
79
ZUCCONI, Guido (Org). *Daniele Calabi: architetture e progetti, 1932-1964*; GUTIÉRREZ, Ramón (Org.). *Los Palanti: su trayectoria en Italia, Argentina, Uruguay y Brasil*; CORATO, Aline Coelho Sanches. *A obra e a trajetória do arquiteto Giancarlo Palanti: Itália e Brasil*.
80
Correspondência Beck-Warchavchik, 18 jun. 1930. Arquivo Gregori Warchavchik. Aparentemente, Beck não chegou a trabalhar junto a Warchavchik, tendo retornado a Hungria e voltado em março do ano seguinte.
81
ZALSZUPIN, Jorge. Depoimento a Anat Falbel, 19 fev. 1998. Zalszupin somente conseguirá seu registro no Crea em novembro de 1954, seguido do registro na Prefeitura em dezembro. Nesse interim, seu Escritório Técnico Prumo, registrado em 1952, teria como responsável técnico o engenheiro Ivan Pedro Staudohar.
82
ROTHSTEIN, Gusta, *Minhas memorias*.

83
Zalszupin somente conseguirá seu registro no Crea em novembro de 1954, seguido do registro na Prefeitura em dezembro. Assim, seu Escritório Técnico Prumo, registrado em 1952, terá como responsável técnico o engenheiro Ivan Pedro Staudohar formado na Escola de Engenharia da Universidade do Paraná.
84
ZUCCONI, Guido (Org.). Op. cit.
85
Silvio Segre já havia montado a Construtora Moderna, em 1941, sob a responsabilidade do engenheiro Vicente Nigro Júnior, formado na Escola de Engenharia Mackenzie.
86
ZBROJA, Barbara. Jewish architects in Cracow 1868-1939, p. 36.
87
LITMANOWICZ, Jan Aleksander. Depoimento a Anat Falbel, 13 mar. 2002; LITMANOWICZ, Jan Aleksander. Depoimento a Sonia Maria de Freitas, Museu do Imigrante, 15 abr. 1999.
88
Arquivo J. Pilon. FAU USP. O escritório Pilon foi formado em 1940.
89
A ficha de inscrição do Escritório Técnico de Engenharia e Arquitetura Francisco Beck e Lucjan Korngold data de 11 abr. 1944, com Beck como responsável técnico.
90
Marjan Ryszard Glogowski participou do trabalho de ilustração do livro de seu professor, ver SANTOS, Paulo. *Subsídios para o estudo da arquitetura religiosa em Ouro Preto*. Rio de janeiro, Kosmo, 1951.
91
REDAÇÃO. Novos sócios do Museu de Arte Moderna do Rio de Janeiro, p. 10.
92
Projeto e decoração da loja Helena Rubinstein no Rio de Janeiro (1956); Lojas Ducal (1954); decoração de interiores, Loja A Exposição Carioca (1956); projeto e decoração Mesblinha da Tijuca (1958).

Fotógrafo registrando paisagem urbana; ao fundo, do lado esquerdo, o Edifício Bolsa de Mercadorias, Vale do Anhangabaú, São Paulo, 1960-1962

Parte 2

Projetos no Brasil de Lucjan Korngold

Edifício São Vicente

1947–1952 rua São Vicente de Paulo 501, Santa Cecília, São Paulo SP

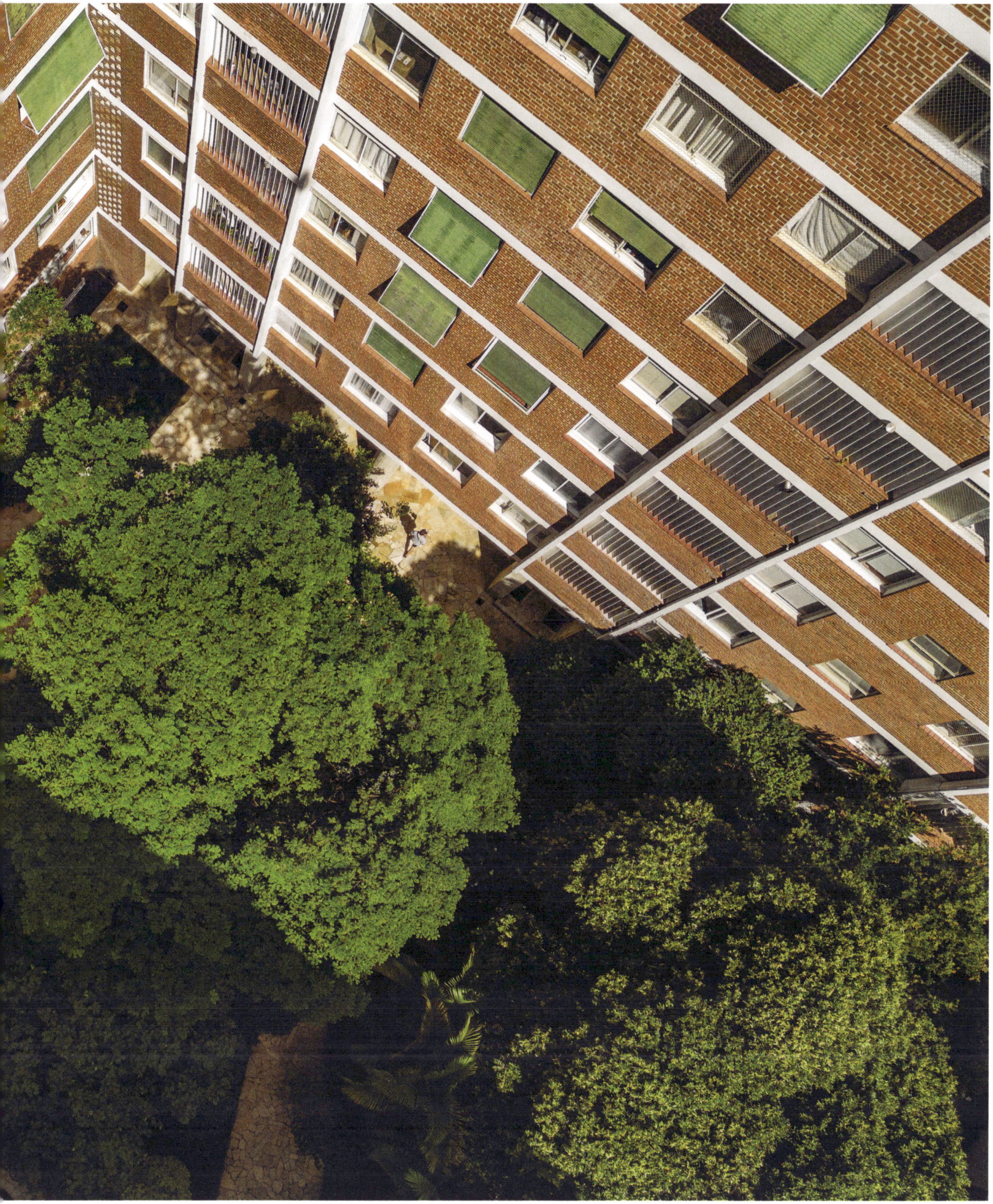

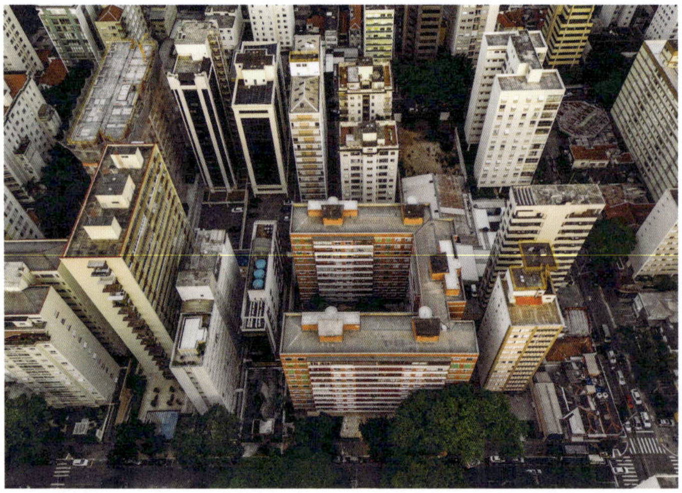

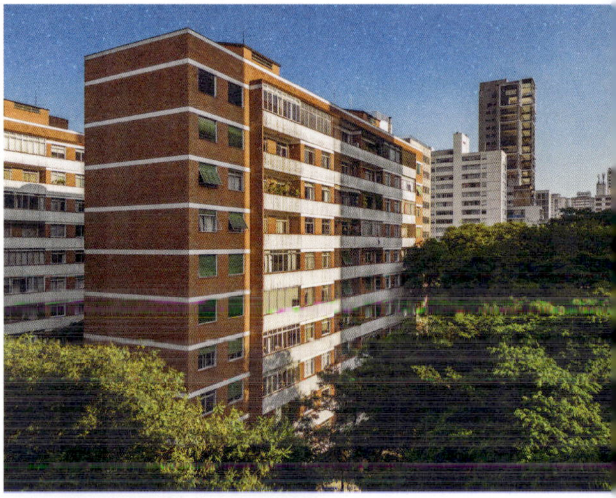

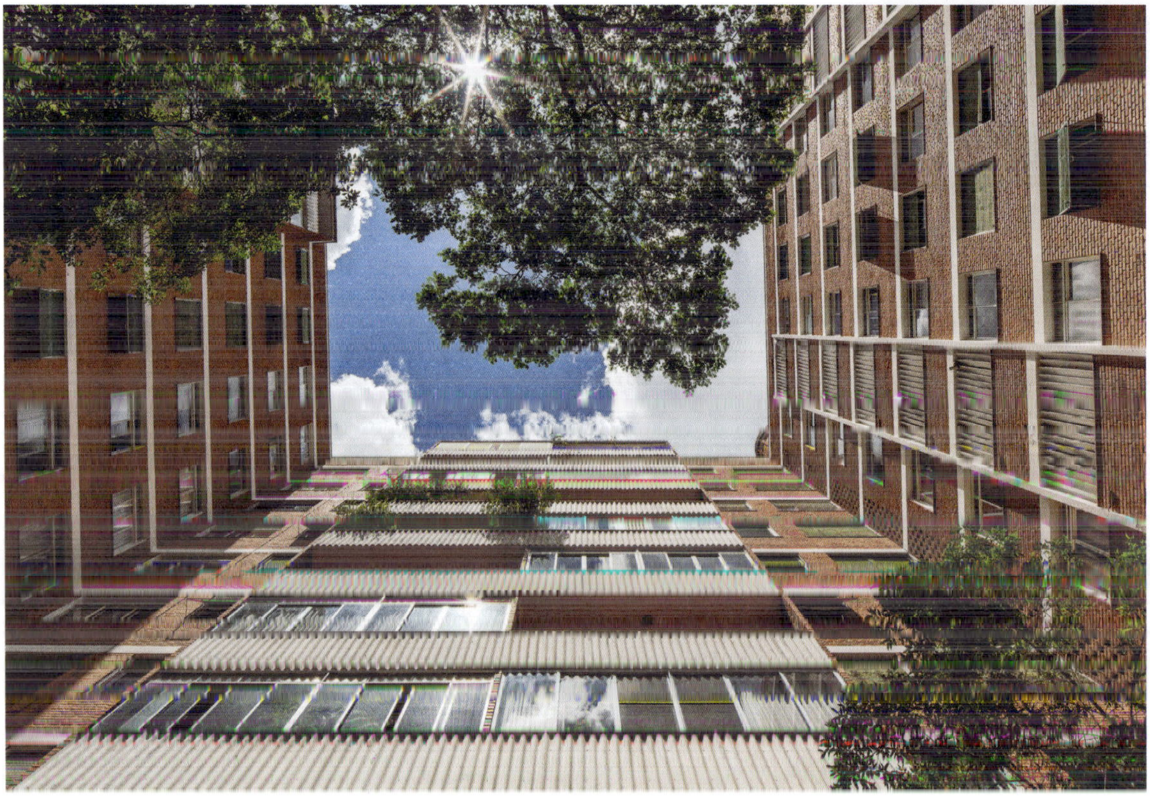

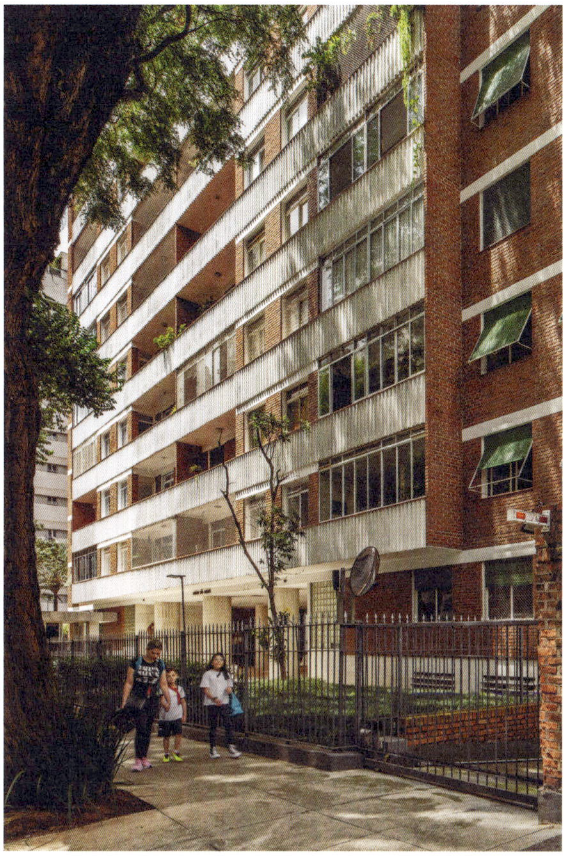
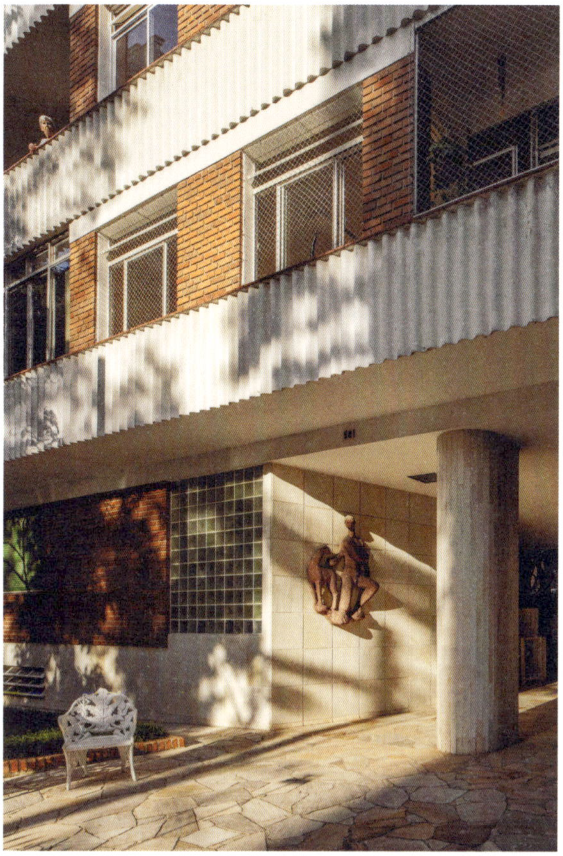
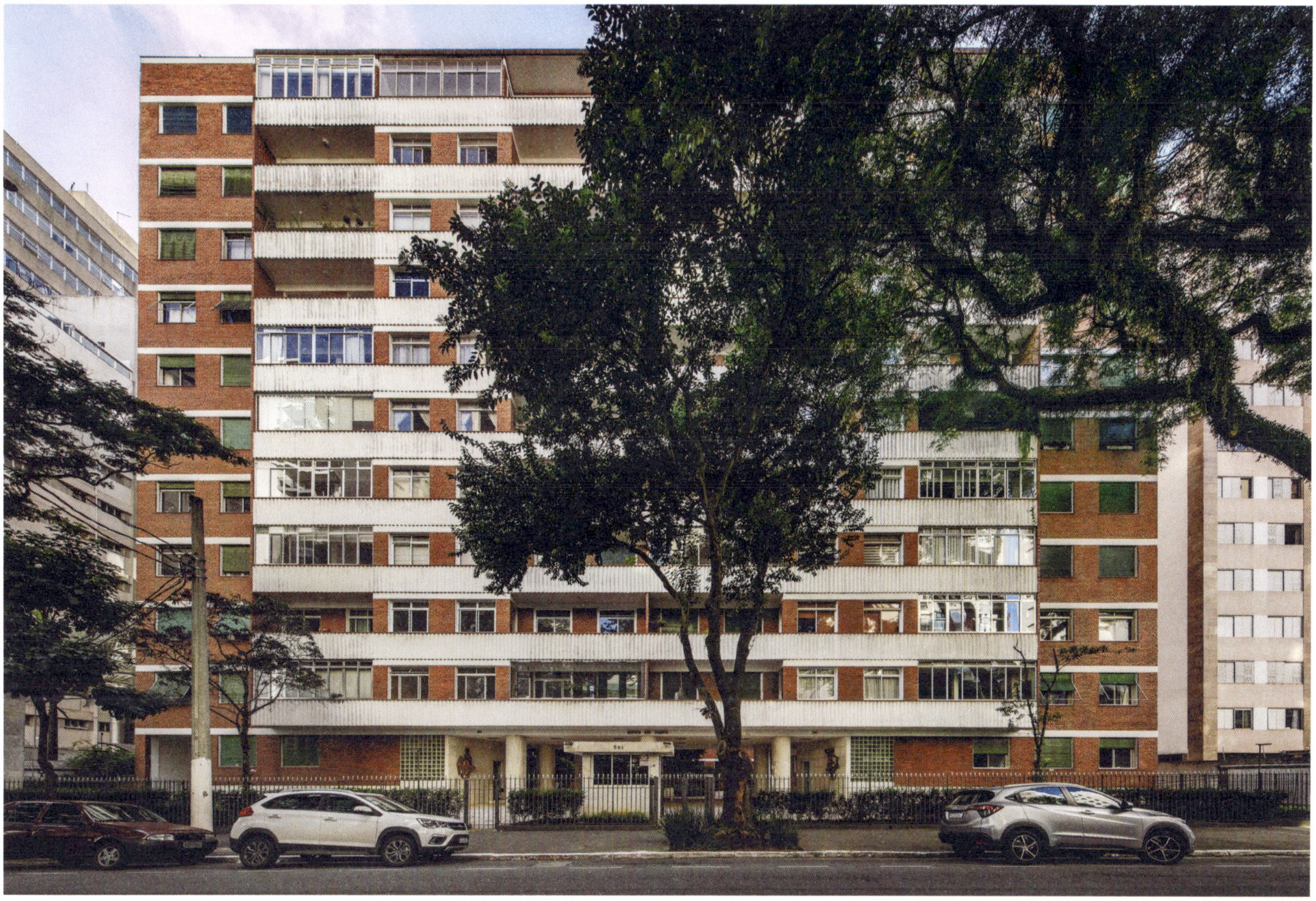

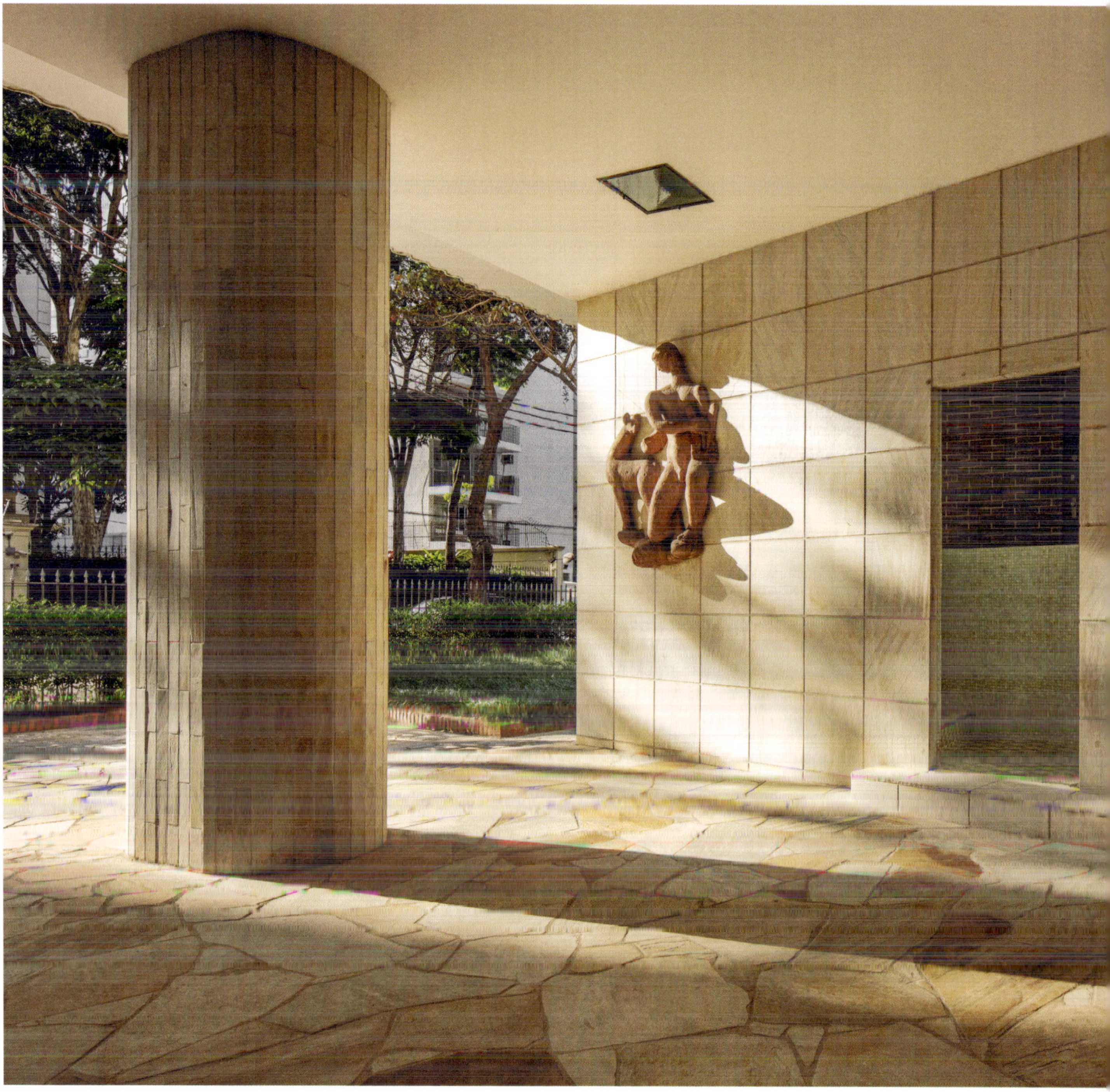

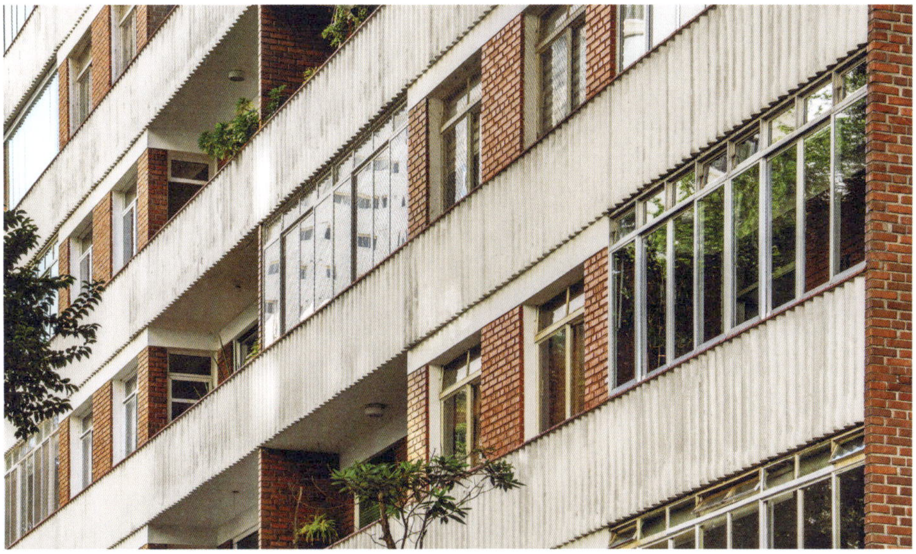
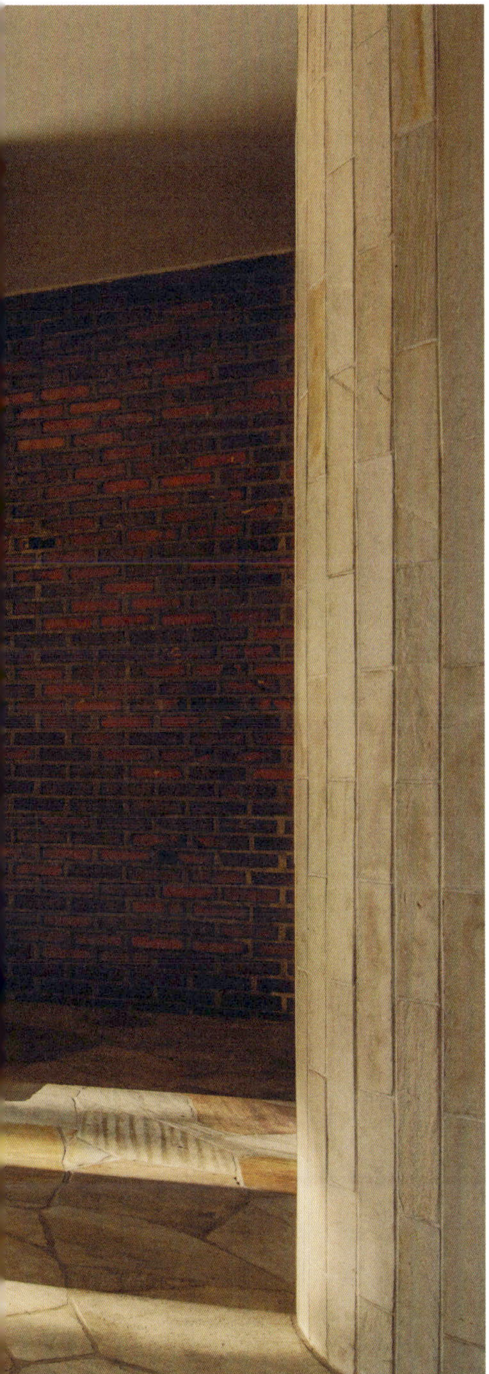
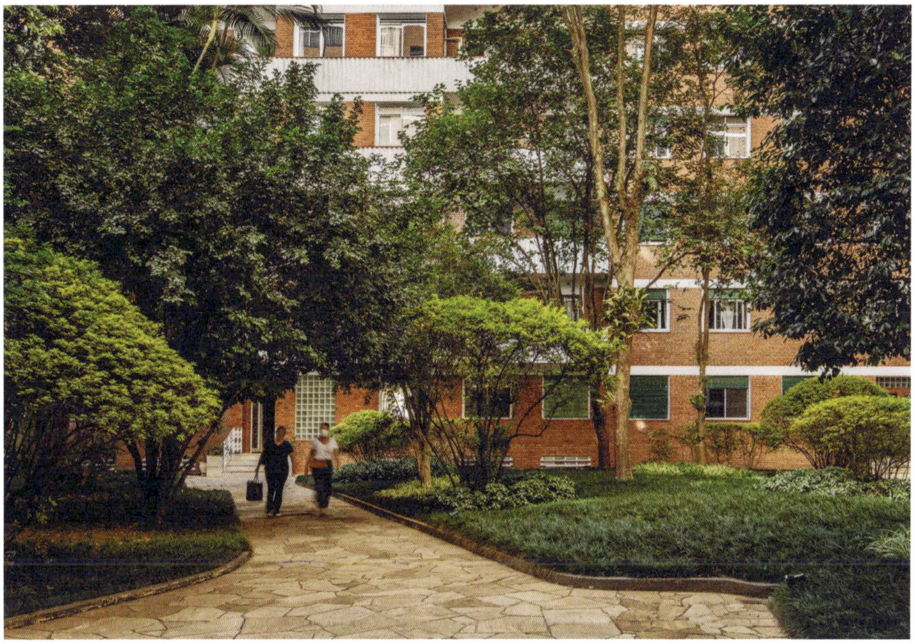

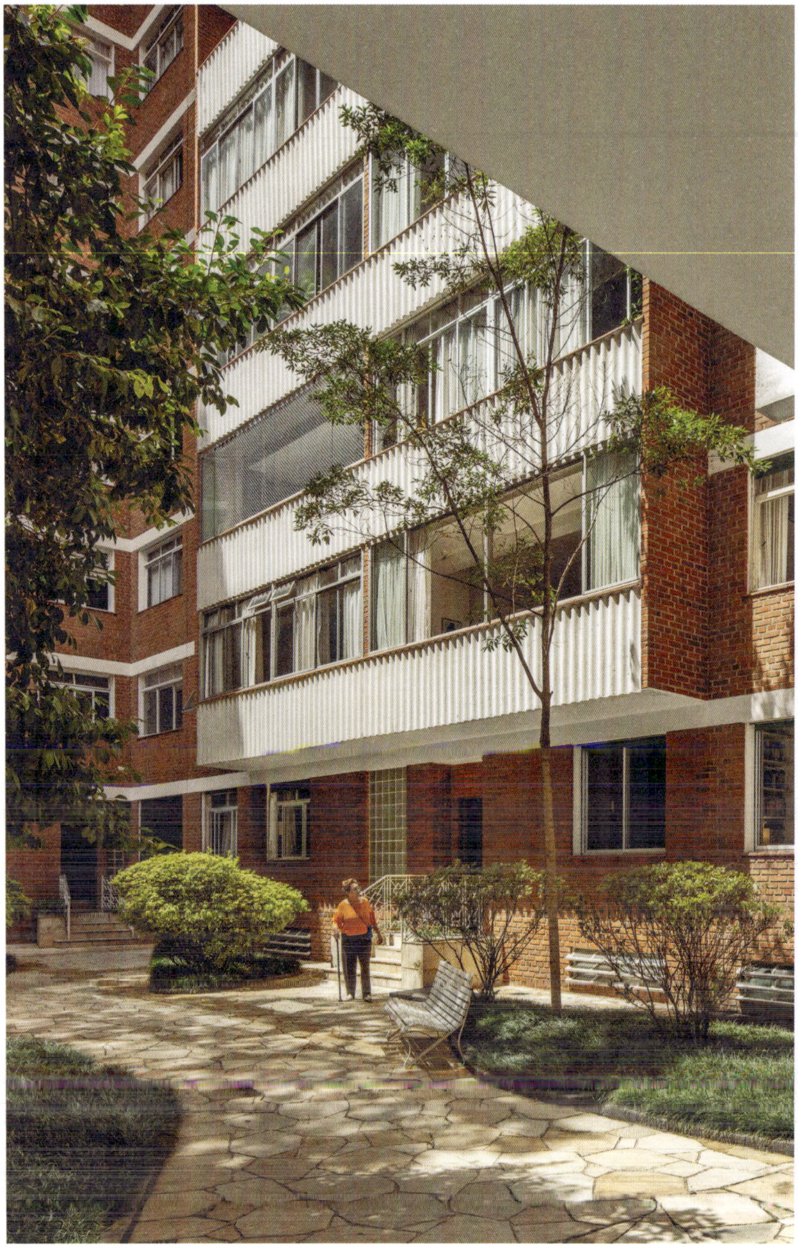
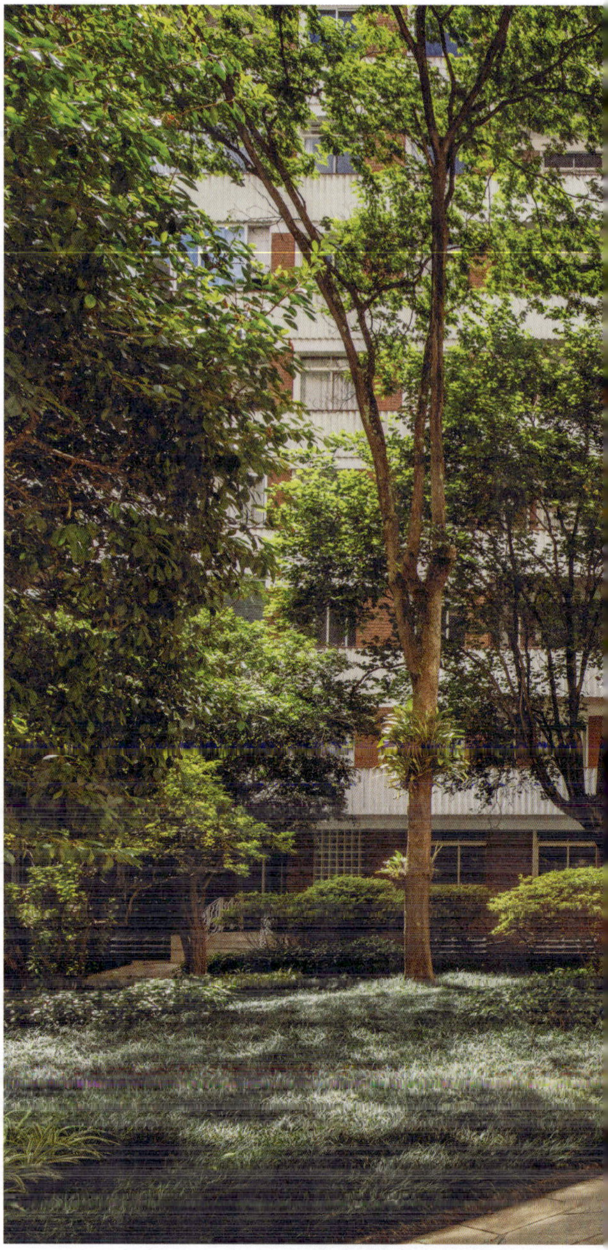
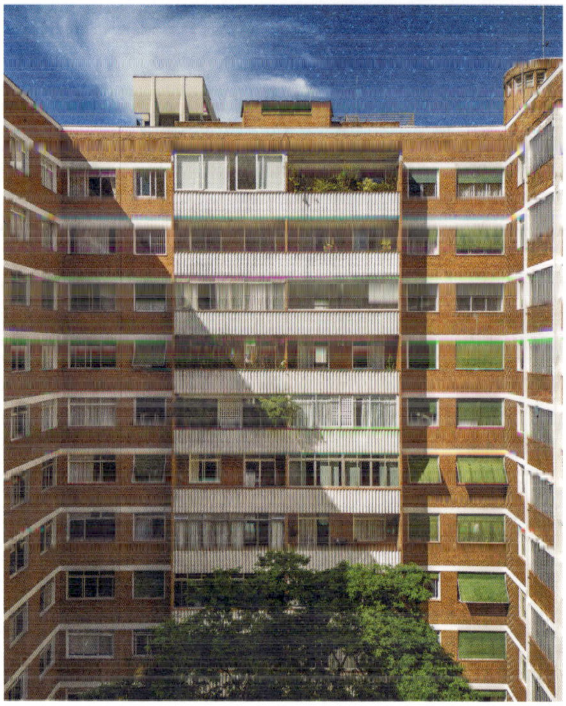

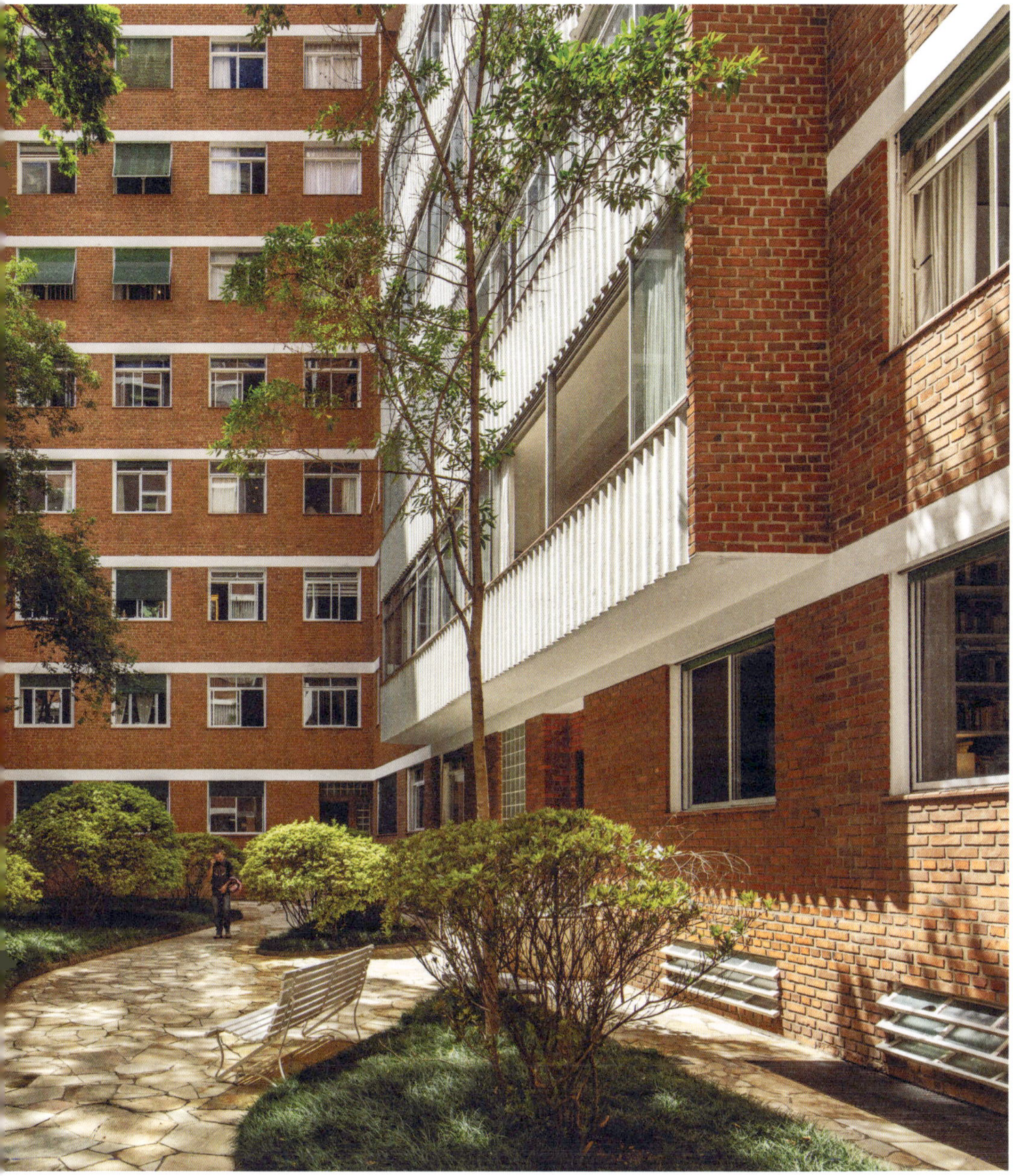

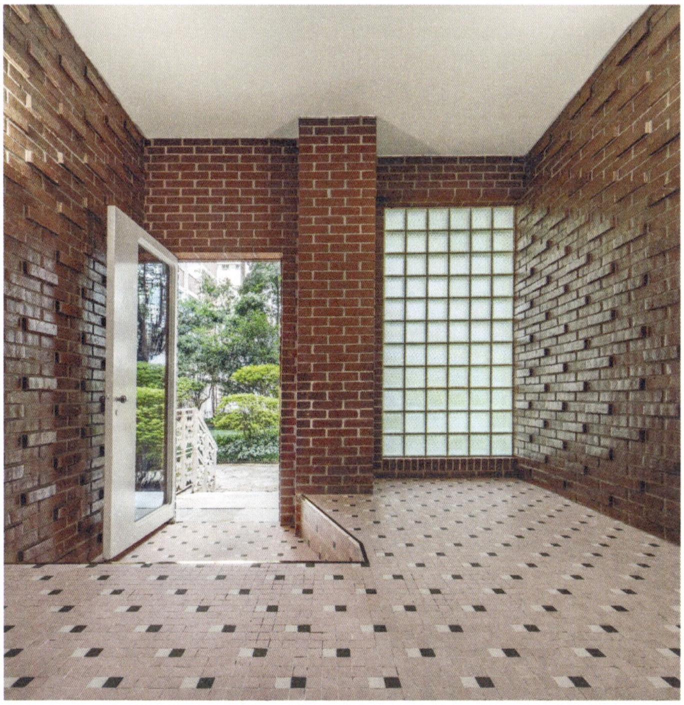

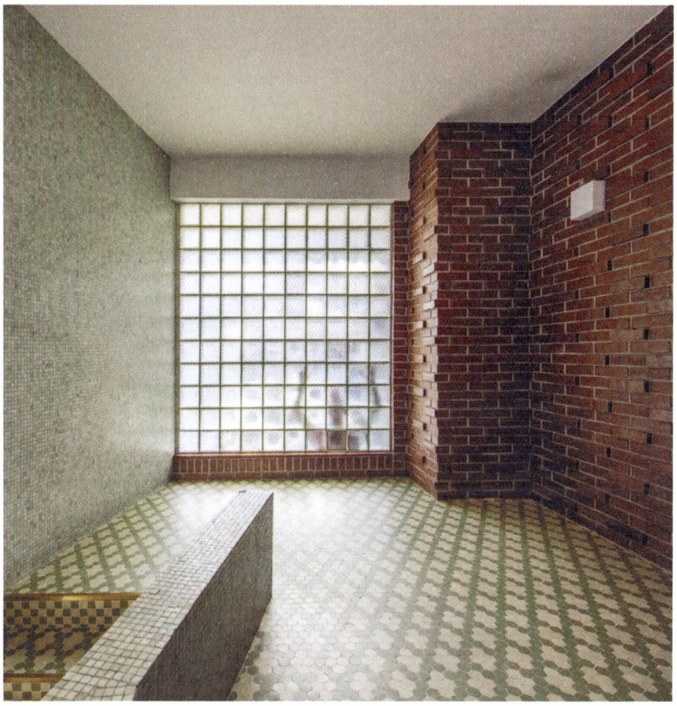

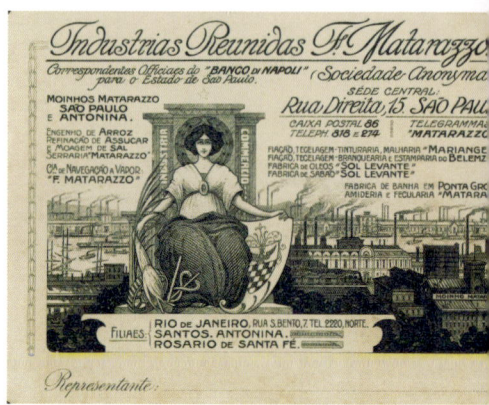

Anúncios da Fábrica
de Ferro Esmaltado
Silex e das Indústrias
Reunidas Francisco
Matarazzo, São Paulo

São Paulo Railway, Estação
da Luz, Praça da Luz, Bom
Retiro, São Paulo, 1901

São Paulo Railway, Cais do
Porto de Santos e armazém,
Santos, c.1902

4 Lucjan Korngold e seus comitentes

Imigrantes e as iniciativas imobiliárias na cidade no século 19

Em seu livro sobre a industrialização de São Paulo, Warren Dean[1] determinou a origem dos primeiros industriais paulistas entre os imigrantes que se dedicaram à importação. O autor justificou a facilidade com que os importadores se envolveram no desenvolvimento industrial considerando a necessidade da compleição da manufatura dos artigos importados que teria levado à criação de uma infraestrutura de instalações e maquinarias industriais, tirando proveito do conhecimento do mercado, dos canais de distribuição do produto acabado, e o acesso ao crédito que possuíam.

Por sua vez, a pesquisa de Mônica Silveira de Brito[2] mostrou que no último quartel do século 19, mais precisamente entre os anos de 1890 e 1911, da mesma forma que os fazendeiros, banqueiros, políticos ou industriais brasileiros, os imigrantes capitalizados com o comércio ou a indústria passaram a investir seus excedentes nas atividades imobiliárias. Face à instabilidade política e econômica que caracterizou os anos que antecederam a abolição da escravatura e a Proclamação da República, as atividades imobiliárias se mostravam aplicações seguras, garantidas pelo crescimento econômico e demográfico da cidade como decorrência do fluxo de imigrantes e da afluência dos proprietários rurais com seus capitais.

Nesse contexto, os estrangeiros podiam ser encontrados tanto entre os importadores empenhados nas atividades manufatureiras, quanto ao lado das famílias paulistas tradicionais atuando nas frentes urbanizadoras na cidade, abrangendo desde a abertura de loteamentos e realização de obras públicas e privadas, até a implementação de infraestrutura e prestação de serviços urbanos tais como abertura de vias públicas e transporte coletivo, obras de saneamento, fornecimento de energia elétrica e iluminação pública, conforme descreveu Brito.[3]

Destarte, destacamos o grupo de judeus da assim chamada imigração alsaciana, que compreendeu elementos tanto da região da Alsácia-Lorena como também do Norte e Leste (Silésia) da Alemanha, e que constituiu a primeira leva imigratória judaica incidente na urbanização da cidade de São Paulo.[4] No caso das atividades urbanizadoras, destaca-se a presença dos irmãos Victor e Maximilian Nothmann e Martin (Martinho) e Hermann Burchard, assim como o judeu francês Manfredo Meyer, que entre os anos de 1890 e 1911, apresentavam participação societária em 22 das 56 sociedades anônimas.[5] Ou seja, encontravam-se entre o restrito número de investidores que se articulavam juntamente à administração pública "para promover uma ação coordenada sobre o processo de expansão física e de dotação material da cidade".[6] Sua atuação na forma de sociedades anônimas voltadas à urbanização – o dispositivo que permitiu reunir capitais de diversas origens sobre o espaço urbano – revelou uma consciência empresarial bem estruturada, que orientava a escolha das atividades a serem desenvolvidas e os objetos dos investimentos.[7]

O primeiro entre esses empreendedores foi Victor Nothmann (1841-1905). Nascido em Gleiwitz, Alta Silésia na Alemanha (hoje Polônia), em uma família burguesa, ele chegou ao país em 1860, estabelecendo-se em São Paulo onde, após o casamento, converteu-se ao protestantismo. Nothmann empreendeu diversas iniciativas comerciais em São Paulo, Santos e Rio de Janeiro. Além de Frederico Glette (Johan Friederich Glette), seu procurador e sócio mais constante, e Martinho Burchard, o empresário manteve outras sociedades, inclusive com seu irmão Maximilian Nothman (1843-1894).[8] A experiência urbanizadora de Nothmann e Glette em São Paulo iniciou-se ainda na década de 1870 com a compra da Chácara Mauá, que deu início à abertura do loteamento dos Campos Elíseos. O sucesso da iniciativa permitiu outros investimentos imobiliários e atividades urbanizadores a partir de 1890, como a parceria com Jules Martin na promoção do Viaduto do Chá (1892) que, atravessando as vertentes do Anhangabaú e abrindo um dos lados do triângulo tradicional, representou a ruptura da acrópole na qual se implantara a cidade de São Paulo.[9]

Palacete Hermann Burchard, arquitetura de August Fried, decoração de Carlos Ekman

Cartão postal com vista panorâmica dos Campos Elíseos, São Paulo, c.1920

Vista panorâmica do centro com Viaduto do Chá, arquitetura de Jules Martin, São Paulo, 1906

Nota fiscal da Residência Nothmann e Hermann Buchard & Cia. para Adolfo Gordo

Por sua vez, Martinho Burchard, natural de Neubukow, Mecklenburg-Schwerin, no Norte da Alemanha, chegou ao país no final da década de 1860. Seu processo de naturalização datado de 1880 é paradigmático dos encontros no interior do grupo dos alsacianos, e destes com os nacionais. O procurador de Burchard também era Frederico Glette, e suas testemunhas Júlio Baptista de Morais e Amador Bueno de Morais, além de Maximilian Nothmann, B. Lehman e Behrend Schmidt. Em 1895, Martinho Burchard casou-se na sinagoga de Paris com a francesa Olga Helena Luiza Magnus. No entanto, a esposa veio a falecer no ano seguinte ao dar à luz a única filha do casal, Germaine Lucie. Martinho foi sócio solidário de seu irmão Hermann Burchard e associado de Victor Nothmann em loteamentos nas áreas de Perdizes, Moóca e Barra Funda, terras na região da Avenida Paulista, além do loteamento Boulevard Burchard, futuro bairro de Higienópolis.[10] Ambos foram acionistas das sociedades urbanizadoras Companhia Iniciadora Paulista, Água e Luz do Estado de São Paulo, Ferro Carril de São Paulo, Cia. Telefônica de São Paulo e Cia. Niágara Paulista.[11] Ao falecer em Berlim, em 1903, Burchard deixou a filha como sua única herdeira. Germaine cresceu em Paris, onde se casou e logo depois enviuvou do Conde Armand de Gontaut-Biron. Pouco antes da entrada dos alemães, em julho de 1940, ela deixou a cidade aportando no Brasil em agosto daquele ano.

Cidade Jardim Higienópolis, antigo Boulevard Burchard, desenho de implantação, São Paulo, 1934

Praça Buenos Aires, Bairro de Higienópolis, São Paulo, c.1920-1930

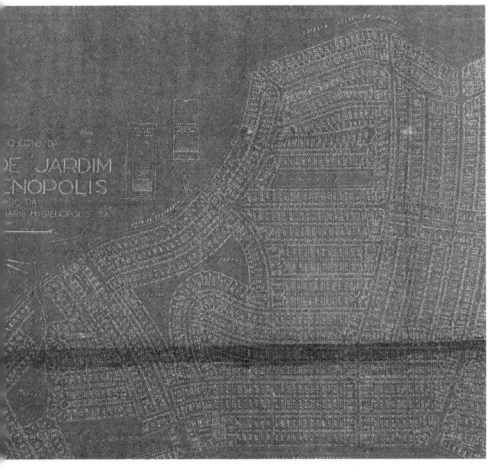

E, finalmente, destaca-se Manfredo Meyer, casado com Elvira de Souza Queiroz, pertencente à família Souza Queiroz, que por sua vez atuava de forma incidente nas atividades urbanizadoras. Talvez tenha sido por intermédio da família da esposa que Meyer envolveu-se não somente nas sociedades urbanizadoras, mas comprou, em 1878, as terras conhecidas como Bom Retiro e uma olaria, que seria conhecida como Olaria Manfred.[12]

Vale lembrar que a participação dos assim chamados imigrantes alsacianos nas atividades urbanizadoras na cidade de São Paulo tem seus antecedentes no envolvimento dos judeus nas mesmas atividades durante a segunda metade do século 19 na Europa. Conforme Shmuel Ettinger,[13] uma das esferas das atividades financeiras dos banqueiros judeus nesse período era a construção de estradas de ferro. Efetivamente, banqueiros e empresários judeus ingleses foram responsáveis pela estruturação de uma rede de transportes por toda a Europa. As principais redes ferroviárias da França, Bélgica, Áustria e Itália foram financiadas pela família Rothschild, entre elas a Chemin de Fer du Nord na França. Por sua vez, a Chemin de Fer du Midi, foi construída pelos irmãos Péreire, que também construíram linhas de ferro na Espanha e Tunísia. Da mesma forma, banqueiros e empresários judeus alemães tiveram papel de destaque na construção das redes prussiana e romena. Na Rússia, a maior parte da estrutura ferroviária foi construída entre 1850 e 1870 por empreiteiros judeus, destacando-se o nome de Samuel Poliakov. O próprio Barão de Hirsch, responsável pelos projetos de colonização judaica no Brasil e na Argentina, foi o principal construtor de estradas de ferro nos Balcãs e no Império Otomano.

Portanto, acompanhando as trajetórias pessoais de Victor Nothmann, dos irmãos Burchard ou ainda de Manfredo Meyer, podemos reconhecer o espírito e a tradição de empreendedorismo desses representantes da imigração alsaciana de características cosmopolitas que, pelo apreendido, já aportaram como empresários capitalistas. Sua postura moderna era fundada numa estratégia de diversificação de investimentos, que incluía as atividades imobiliárias.[14] As marcas deixadas por essa leva imigratória na paisagem da cidade de São Paulo permitem propor um paralelismo com a leva imigratória constituída pelos profissionais liberais e empresários que deixaram a Europa no rastro da Segunda Guerra Mundial. A esse grupo particular pertence grande parte dos empresários contratantes dos serviços tanto de Lucjan Korngold como da Construtora Luz-Ar, e ainda um número de profissionais do setor da construção de origem imigrante, como Henrique E. Mindlin e a construtora de mesmo nome, a Construtora Três Leões, Henrique Alexander, Jorge Zalszupin e outros.

No caso particular de Korngold e dos proprietários da Luz-Ar, além de compartilharem a língua e o exílio, conjunturas outras iriam aproximá-los do capital imobiliário acumulado por Martinho Burchard e herdado por sua filha Germaine Burchard Sanguszko, justificando, portanto, o trabalho do historiador e seu perscrutar das camadas do tempo histórico que se sobrepõem e se cruzam no espaço da cidade, consubstanciadas nos diferentes extratos arquitetônicos.[15]

À esquerda, Gare du Nord, fachada para rua de Dunkerque, Chemin de Fer du Nord, Paris, França, 1868

À direita, Gare Matabiau em Toulouse, França, inauguração da Chemin de Fer du Midi, 2 abr. 1857

A atuação dos comitentes na dinâmica urbana

Em 1957, Lina Bo Bardi já apontava para a importância do comitente na prática da arquitetura: "Entre os elementos determinantes de uma teoria, [...] existe o comitente [...] a arquitetura surge de uma infinidade de elementos de proveniência diversa que aparecem no decurso do trabalho do arquiteto [...] o pedido do projeto, a escolha do arquiteto, o compromisso deste com o proprietário, as discussões e as corrigendas impostas pelas comissões imobiliárias [...] No final das contas, uma teoria da arquitetura poderá ser, esteticamente, instaurada até mesmo por grupos econômicos comitentes".[16]

Já no final do século 20, Nancy Stieber destacou a importância dos comitentes públicos e privados e as conjunturas nas quais atuaram para a compreensão das práticas materiais e a produção dos significados no espaço cultural da cidade.[17]

Conforme exemplificado nos Estados Unidos pelas trajetórias de personagens como Robert Moses[18] e Herbert Greenwald,[19] a realidade urbana é fruto de uma dinâmica que envolve processos econômicos, sociais e culturais, além da materialidade do próprio espaço.[20] Nesse sentido, a análise da atuação dos comitentes de Lucjan Korngold na cidade implica uma abordagem cultural mais ampla, a começar pela inserção e articulação desse grupo no corpo social. O segundo aspecto diz respeito à sua participação direta na configuração física do espaço, ou seja, no processo de verticalização, ou compactação, da área central e bairros próximos, entre 1940 e 1950, conforme definido por Juergen Richard Langenbuch, assim como na compactação horizontal das periferias pela implantação de novas indústrias nas bordas das autoestradas.[21]

Observa-se que, a partir da década de 1940, os empreendimentos imobiliários começaram a adquirir complexidade tanto na esfera econômica quanto na tecnológica. Os fatores geradores dessa complexidade podem ser atribuídos à Lei do Inquilinato, promulgada pela primeira vez em 1942 e reeditada nos anos seguintes,[22] e às primeiras incorporações que representaram uma nova organização empresarial da construção civil, ou que, conforme sugeriu Júlio Watanabe Jr., "começa a interferir de forma efetiva em todas as etapas da produção do edifício, desde a escolha do terreno, passando pela reunião de recursos financeiros, pela construção propriamente dita, chegando até a comercialização".[23]

A possibilidade de associar os empresários imigrantes no Brasil inseridos no processo da industrialização com a própria urbanização decorre da relação entre a atividade construtiva e a macroeconomia, ou a primeira como reflexo da última, encontrou seu argumento nos estudos de Watanabe Jr. e Rosella Rossetto que, por meio de gráficos, justificou o crescimento da produção imobiliária de São Paulo a partir de 1945, com um pico em 1953, sugerindo que "a indústria da construção em geral depende, como as demais indústrias, de capitais disponíveis para investimentos e rotação, e de mercado consumidor que garanta a continuidade da demanda de sua produção".[24] Ora, os capitais disponíveis que alcançaram a indústria de construção foram os capitais provindos da indústria, por isso a importância da reavaliação do papel dos empresários imigrantes no processo de industrialização do estado de São Paulo e da identificação daqueles que tiveram participação nos empreendimentos imobiliários que mobilizaram os profissionais de origem polonesa.

Tabela 1
Origens étnicas dos empresários paulistas[30]

Origens	N°		%
Brasileira (há 3 gerações)	32		15,7
Estrangeira		172	84,3
Netos de imigrantes	23		11,3
Filhos de imigrantes	48		23,5
Imigrantes	101		49,5
Total	172	204	84,3 100,0

Tabela 2
Origens por país dos empresários paulistas[31]

País de origem e grandes grupos étnicos	N°		%
1. Itália		71	34,8
2. Brasil (há 3 gerações)		32	15.7
3. Alemanha	21	26	12,8
Áustria	5		
4. Portugal		24	11.7
5. Líbano	13	20	9.8
Síria	5		
Armênia	2		
6. Rússia	6	9	4.4
Polônia	2		
Checoslováquia	1		
7. Suíça	5	22	10.8
Hungria	3		
Espanha	3		
Dinamarca	2		
França	2		
Estados Unidos	2		
Grã-Bretanha	2		
Uruguai	2		
Grécia	1		
Romênia	1		
Total		204	100.0

Tabela 3
Origens sociais dos empresários paulistas[32]

Classe social	N°	%
Alta-superior	8	3.9
Baixa-superior	44	21.6
Média-superior	16	7.8
Média-média	44	21.6
Média-inferior	58	28.4
Baixa	34	16,7
Total	204	100.0

Se Warren Dean levantou a importância dos imigrantes na formação do empresariado industrial em sua tese de 1964,[25] no mesmo ano Luiz Carlos Bresser-Pereira comprovou-a em seu artigo "Origens étnicas e sociais do empresariado paulista".[26] Trabalhando em um universo de empresas com mais de cem empregados, e considerando como brasileiros aqueles cujos avós já haviam nascido no Brasil, a pesquisa de 1962 chegou a conclusões contrárias à asserção de Caio Prado Jr.,[27] que poucos anos mais tarde passaria como voz corrente entre os intelectuais brasileiros. Segundo a pesquisa de Bresser-Pereira, a origem do empresariado industrial de São Paulo, onde se concentrou a industrialização brasileira, não se encontrava na oligarquia cafeeira, mas, ao contrário, nas famílias de imigrantes de classe média. Apenas 15,7% dos empresários tinham origem brasileira e 84,3% eram de origem estrangeira, e, desses, 49,5% eram eles próprios estrangeiros.[28] Do mesmo modo, 21,6% dos empresários analisados vinham de classe alta inferior,[29] constituída por famílias ricas, mas sem origem nos barões de café, e 7,8% provinham de classe média superior, sendo aproximadamente 50% desses com origem nas classes médias constituídas por pequenos e médios empresários.

Conforme escreveu Henrique Rattner,[33] por sua vez também envolvido no grupo de pesquisa dirigido por Bresser-Pereira, a análise desenvolvida não permitia uma identificação mais acurada dos empresários imigrantes ou seus descendentes, demonstrando apenas que aproximadamente 25% provinham da Europa Central e Oriental. No entanto, ela pode sugerir nesses contingentes uma elevada parcela de judeus, ainda mais se comparada com o recenseamento elaborado posteriormente pelo próprio autor no seio da comunidade judaica (1968),[34] que mostrou uma elevada concentração da força de trabalho na indústria (da ordem de 22,4%), bem como no comércio.

Portanto, mesmo que os números reconhecidos pela pesquisa de Bresser-Pereira tenham sido recolhidos no início da década de 1960, o paralelo com a imigração alsaciana se justifica, pois o quadro sociológico da leva imigratória dos inícios da década de 1940, ou dos refugiados do nazismo, também se caracteriza por um elemento humano cosmopolita que, por seu conhecimento e experiência empresarial, insere-se ativamente no processo de inovação e modernização econômica e urbana. O imigrante empresário teria portanto um papel no mercado imobiliário como investidor e incorporador, conforme esta função se desenvolveu no final da década de 1940,[35] e, como consequência, também na verticalização da área central e na expansão da cidade sobre os núcleos suburbanos, assim como sugerido por Juergen Richard Langenbuch,[36] a partir da instalação de espaços industriais – como ocorreu em 1955 com a Cia. Suzano de Papel, fundada por Leon Feffer e estabelecida em Suzano, ou em 1952, com a fábrica de máquinas de costura Elgin de David Feder, instalada em Mogi das Cruzes, ou ainda na linha Santos-Jundiaí, entre Santo André e Mauá, onde os irmãos Kasinsky, proprietários da Construtora Três Irmãos, construíram a Cofap.

Germaine Burchard com o príncipe Sangusko, sacada do Edifício Marian, São Paulo

A princesa Sangusko

Germaine Lucie Burchard (1896-1966), a única filha de Martinho Burchard e Olga Helena Luiza Burchard, nasceu e faleceu em Paris. Sua mãe faleceu no parto, e seu pai poucos anos depois, em 1903, de modo que Germaine foi criada por uma tia. Seu patrimônio foi administrado por procuradores no Brasil, para onde Germaine costumava voltar pelo menos uma vez ao ano, quando frequentava as tradicionais famílias paulistas, como os Penteado e os Prado. Ela se casou pela primeira vez em Paris em 1917 com um comerciante de arte, Conde Armand Gontaud-Biron, de quem ficou viúva no ano seguinte. Em 1931, casou-se novamente, com o empresário Jean Émile Louis Dehesdin, proprietário da famosa loja francesa 100.000 Chemises, mas acabou separando-se. Ao estourar a Segunda Guerra Mundial, sua origem judaica a obrigou a refugiar-se no Brasil, e nessa viagem no navio Angola em 1940 Germaine conheceu seu futuro marido, o príncipe polonês Roman Wladislaw Stanislaw Sangusko, viúvo, com o filho Piotr Antoni Samuel. O príncipe refugiado deixou a Polônia passando pela Hungria, Iugoslávia, Itália, Espanha até alcançar Lisboa, em Portugal, onde conseguiu seu visto. O príncipe e Germaine Burchard casaram-se em 16 de novembro de 1945, tendo como testemunhas o advogado de Germaine, Alfredo Pereira de Queiroz, futuro consogro de Lucian Korngold, e Antônio Augusto Monteiro.

As memórias de Laura Oliveira Rodrigo Octávio descrevem a paisagem da elite paulista na primeira década do século 20, evocando Germaine Burchard como se fosse uma lenda:

Aquele terraço, no final da Avenida Higienópolis, tendo na proximidade o Hospital Samaritano, chamava-se "Terraço Germaine". Diziam ser o nome de uma menina, rica herdeira de um Burchard, e que vivia na Europa.

Passaram-se os anos e a guerra nos trouxe ao Brasil essa que era a menina lendária, já então Condessa Gontaud-Biron, riquíssima, ex-mulher do dono de um grande *magasin* de Paris.

Continuava grande proprietária em São Paulo e vinha tratar de seus negócios.

Mais tarde a conhecemos, já princesa Sangousko [sic]: casara-se com um príncipe polonês. Vinham muito ao Brasil, mas tinham um belo apartamento em Paris, na Avenue Foch, onde, por duas vezes, fomos convidados para almoçar, em 1951, e comer uns célebres aspargos que Didi não esquecia.

Li depois em jornais de São Paulo o nome de um jovem Sangousko [sic] fazendo negócios de terrenos... Seriam os terrenos da menina, rica herdeira de nome Germaine, que morava na Europa [...].

Como o cometa, ela também desapareceu.[37]

Após seu casamento, a presença do príncipe como diretor administrativo do patrimônio líquido e imobiliário de Germaine Burchard facilitou as comandas encaminhadas ao grupo dos profissionais poloneses e as associações com outros empresários poloneses, como Henryk Spitzman Jordan, amigo do príncipe. Observa-se que o príncipe chegou a comprar imóveis em seu nome, como no caso do terreno na rua Barão de Limeira 1011, no qual foi construído um edifício projetado por Lucjan Korngold, e cuja propriedade constava como do major do exército polonês e diretor geral do patrimônio Sangusko, Arczyl Bek Jedigaroff e esposa Zofia Bek Jedigaroff.

Edifício Mendes Caldeira, avenida Ipiranga, Praça da República, São Paulo, 1945, arquitetos Francisco Beck e Lucjan Korngold. À esquerda na foto, entre os edifícios Atlanta, de Franz Heep, e Santa Mônica, de Jacques Pilon, foto Werner Haberkorn

Edifício Bolsa de Mercadorias, perspectivas e implantação de proposta não construída, rua Líbero Badaró 471 e Parque Anhangabaú 386, São Paulo, anúncio da empresa Arquitetura e Construções Luz-Ar, responsável pelo projeto de arquitetura, na revista paulista *Acrópole* n. 107, mar. 1947

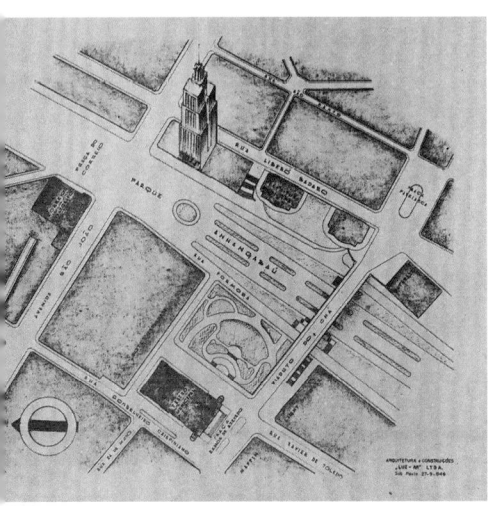

No início da década de 1940, o grupo Germaine Burchard, denominado Gerbur, atuava como incorporadora utilizando seu capital fundiário ou imobiliário em empreendimentos de construção, cujo financiamento era articulado, em grande parte, junto à tradicional Sul América Capitalização. A empresa ainda atuava na abertura de loteamentos e arruamentos. Desde a década de 1930, a Gerbur utilizou-se dos serviços de diferentes arquitetos como José Maria da Silva Neves e Jacques Pilon.[38] Já durante a década de 1940, tanto o arquiteto Francisco Beck como Gregori Warchavchik também projetaram para a incorporadora, e este último ainda desenvolveu o projeto de urbanização de uma grande área de sua propriedade, com 148 mil metros quadrados na região do Cambuci, que não foi realizado. Paralelamente, em 1952 a Construtora Monções levantaria o Edifício Louvre, projeto de Artacho Jurado, com a alienação de uma propriedade de Germaine Burchard na rua São Luís. Para essa construtora, Korngold havia aprovado na prefeitura o projeto de um edifício de escritórios com 21 pavimentos e uma galeria no térreo, em 1948.

No entanto, apesar das associações acima mencionadas, as afinidades linguísticas, e talvez em especial as relações forjadas na longa trajetória entre a Polônia e o Brasil, fizeram com que as obras da Gerbur, então administradas por Jan Aleksander Litmanowicz, fossem distribuídas principalmente entre o Escritório Técnico Lucjan Korngold Engenharia e Construções e o escritório Arquitetura e Construções Luz-Ar, dirigido por seus "irmãos de navio" Alfred Duntuch e Stefan Landsberger, que recebeu um maior número de obras para a incorporadora. Efetivamente, desde 1942, entre casas, conjuntos de edifícios residenciais e comerciais localizados nos bairros de Higienópolis e Perdizes, a Luz-Ar executou por volta de 35 obras para a Gerbur. Entre estas últimas, identifica-se uma parceria entre Luz-Ar como responsável pela obra e o Escritório Técnico Lucjan Korngold como responsável pelo projeto em obras de porte como o Edifício Mendes Caldeira, a Bolsa de Mercadorias de São Paulo, o Edifício Gerbur e o Edifício Chopin. A identificação desses empreendimentos realizados em terrenos da Gerbur entre as décadas de 1940 e 1950 permite mensurar a importância do capital fundiário da herdeira de Martinho Burchard já nos anos 1950, e sua distribuição no corpo da cidade.

A parceria entre as três empresas seria mantida até a década de 1960, mesmo que a partir da segunda metade dos anos 1950 a Luz-Ar já atuasse também como incorporadora, promovendo seus próprios empreendimentos. Na década seguinte, a razão social da incorporadora Gerbur passaria para Companhia para Expansão da Construção – Coexco.

Das obras projetadas por Korngold para a Gerbur ou nas quais esta última participou como incorporadora, juntamente com outros, registram-se: Edifício Senlis, Edifício CBI Esplanada, edifício na rua Direita, Edifício Germaine (depois Hotel Marian Palace, atual Edifício Germaine Burchard), edifício na avenida São Luiz, Edifício Pacaembu, Edifício Chopin, Edifício Gerbur.

Edifício Chopin, Higienópolis, São Paulo, 1958-1964, arquitetos Lucjan Korngold e Abelardo Gomes de Abreu

Edifício Germaine Burchard, uso de instalações de amianto-cimento Brasilit, anúncio na revista paulista Acrópole n. 65, set. 1943

Acima, Edifício CBI Esplanada, Centro, São Paulo, 1946-1951, foto Werner Haberkorn

Ao lado e abaixo, Edifício Germaine Burchard, projeto original de Enrico Brand, 1939. Reforma e ampliação do térreo e da cobertura de Lucjan Korngold, 1951-1954

Os irmãos Nelson e Wilson Mendes Caldeira e a Bolsa de Imóveis do Estado de São Paulo

Um segundo grupo investidor importante na trajetória profissional de Lucjan Korngold no Brasil é formado pela Bolsa de Imóveis do Estado de São Paulo (fundada em 1935) e seus prolongamentos, o Consórcio Nacional de Terrenos e a Companhia Internacional de Capitalização – Intercap, todas dirigidas pelos irmãos Nelson e Wilson Mendes Caldeira. A Bolsa de Imóveis combinava as atividades de construtora e imobiliária, tornando-se a primeira companhia avaliadora do país. A partir de sua atuação na Bolsa de Imóveis, o advogado Nelson Mendes Caldeira envolveu-se com a temática do planejamento urbano, produzindo alguns estudos dedicados aos principais centros urbanos brasileiros, e particularmente São Paulo, nos quais ainda reconhecia a importância da imigração e do processo de *melting pot* no desenvolvimento do país.[39] Ao mesmo tempo, Nelson Mendes Caldeira promoveu e participou ativamente das iniciativas direcionadas às discussões das questões urbanas em diferentes escalas, do planejamento à habitação social, em organizações como a Sociedade dos Amigos da Cidade, bem como na direção do Instituto de Organização Racional do Trabalho – Idort (1931), voltado ao projeto industrial do país a partir do conceito de racionalização. Sob a sua gestão e com a sua capacidade de articulação em diferentes setores da sociedade, Mendes Caldeira organizou a Jornada da Habitação Econômica em 1941, que teve lugar simultaneamente no Rio de Janeiro e São Paulo.[40]

Condomínio Três Barões, São Paulo, 1952-1957, arquiteto Claudio Bevilacqua

Edifício Barão de Jaguará, 1951-1955, e Garagem Cogeral, 1957-1960, São Paulo

Edifício Intercap, Praça da República, São Paulo, 1951-1955

Edifício Wilson Mendes Caldeira, cartão postal, Praça da Sé, São Paulo, 1966, arquitetos Lucjan Korngold e Jorge (Jerszy) Zalszupin

A preocupação do empresário com a racionalização da construção e a inovação tecnológica no canteiro de obra foi particularmente reafirmada nos grandes empreendimentos da Bolsa de Imóveis, como o Edifício CBI Esplanada, que o empresário assinalava como "um marco revolucionário nos sistemas brasileiros de edificar [...] Há sistemas mais racionais. Há materiais diferentes. A fiscalização é colaboradora, e não primitiva. O resultado é este: jamais se viu em São Paulo obra de grandes proporções, como esta, subir tão rapidamente. Outro resultado: em fase em que preços descem e sobem, estamos abaixo do gigantesco orçamento previsto".[41] Outro exemplo foi o uso do concreto usinado para as fundações e estrutura portante do Edifício Wilson Mendes Caldeira, na praça da Sé, que permitiu naquela época um tempo recorde de oito meses para a execução de trinta pavimentos.[42]

A relação entre os diretores da Bolsa de Imóveis e Korngold se deu provavelmente a partir do projeto do arquiteto para o Edifício CBI Esplanada e da proximidade dos irmãos Mendes Caldeira a Henryk Spitzman Jordan, de quem foram sócios em algumas empresas e diversos empreendimentos imobiliários. Juntos, os Mendes Caldeira e Spitzman Jordan fundaram o Banco do Comércio de São Paulo, prolongamento do Banco do Comércio do Rio de Janeiro, orientado para alavancar as atividades imobiliárias que iriam se estender em São Paulo.[43] Pioneiros na modernização da avenida Paulista,[44] os dois irmãos participaram da fundação de instituições relativas à profissionalização do mercado de imóveis no Brasil, como o Conselho Regional de Corretores de Imóveis – Creci e o Sindicato dos Corretores de Imóveis, do qual Nelson Mendes Caldeira participou desde o início, em 1938, exercendo o cargo de presidente por dois mandatos. Nos anos 1950, algumas das obras projetadas por Korngold para o grupo tiveram a participação da Construtora Bresslau e Bastian.

Projetos que envolvem a participação dos irmãos Mendes Caldeira e/ou a Bolsa de Imóveis do Estado de São Paulo: Edifício CBI Esplanada, Edifício Wilson Mendes Caldeira (praça da Sé), Condomínio Três Barões, Edifício Intercap (praça da República em São Paulo e no Rio de Janeiro), Edifício Barão de Jaguará, Edifício Gladiolus, Galpões do Consórcio Nacional de Terrenos (Brás e Pari), Edifício Grande Avenida e Edifício Porta do Sol (não construído).

Edifício Porta do Sol, projeto não construído em São Vicente SP, anúncio no jornal *Folha de S.Paulo*, 9 fev. 1963

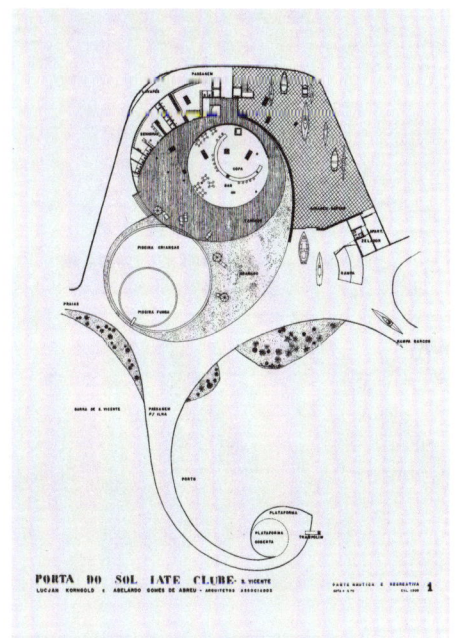

Edifício Porta do Sol, elevação e implantação da parte náutica e recreativa, São Vicente SP, 1962, arquitetos Lucjan Korngold e Abelardo Gomes de Abreu

Residência Stefan Marek Neuding e Verônica Neuding, plantas térreo e superior, Jardim Europa, São Paulo, 1950

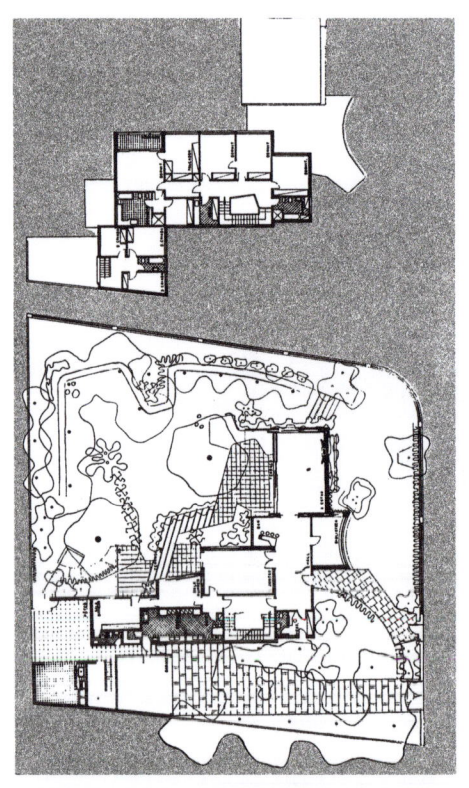

Stefan Marek Neuding

Sempre próximo ao grupo Bolsa de Imóveis dos irmãos Mendes Caldeira, encontramos a figura de Stefan Marek Neuding (1908-1967), nascido em Varsóvia, onde se formou engenheiro eletricista na Escola Politécnica. Assim como sua esposa Veronica Wielikowska, formada em advocacia também em Varsóvia, Neuding cresceu no corpo de uma família da elite judaica polonesa, ligada ao comércio e às instituições bancárias. A família escapou da Polônia via Roma, desembarcando no Porto de Santos em 17 de maio de 1940 no navio Vulcania, vindo de Trieste. Na Polônia, Neuding atuava como representante de firmas estrangeiras de variados produtos, e, ao chegar ao Brasil, continuou com a sua atividade empresarial em diferentes setores da indústria, com a Meridional Importadora e Exportadora, a Plásticos do Brasil (junto a Henryk Zylberman), entre outras. No campo imobiliário, atuou com a Versten S.A. Representações, Participação e Comércio, o Grupo Paulista de Empreendimentos – GPE, Grupo Paulista Administrador – GPA e ainda, até meados dos anos 1950, como diretor superintendente junto à CIIC, de Spitzman Jordan, no Rio de Janeiro.

Amigo de Korngold e seu conhecido ainda da Polônia, Neuding participou como incorporador desde os primeiros projetos do arquiteto em São Paulo, como o Edifício Banco Continental de São Paulo no viaduto Boa Vista, até a incorporação do Edifício Grande Avenida na Paulista, projeto do Escritório Lucjan Korngold e Abelardo Gomes de Abreu, último projeto do arquiteto. De fato, em 1943, a família Neuding estava vivendo no Edifício Santo André, projeto da sociedade Pilon Matarazzo e, em 1945, instalaram-se no Edifício Santa Amália, projeto de Korngold para o Escritório Técnico Francisco Matarazzo Neto, sendo que, em 1951, a família se transfere para a casa no Jardim Europa, também projeto de Korngold. Desde sua chegada no Brasil, Neuding introduziu-se na sociedade paulista, mantendo bons relacionamentos com famílias como Fontoura, Scarpa, Prado, Assunção, Penteado e Mesquita Sampaio, nomes estes que veremos associados aos empreendimentos imobiliários dos quais Korngold participou como arquiteto. Os empreendimentos de Stefan Neuding como investidor terão continuidade na década de 1960 com a formação do GPE, liderado por Nelson Mendes Caldeira, especialmente formado para a construção do Edifício Grande Avenida. A tradição de empreendedor imobiliário continuou com o herdeiro André Neuding, diretor da Stan e consorciado com a Bolsa de Imóveis do Estado de São Paulo, dirigida por Luiz Carlos Mendes Caldeira.

Os empreendimentos nos quais encontramos a participação de Stefan Neuding são os seguintes: Edifício do Banco Continental (atual Vista Alegre), Edifício Higienópolis, Residência Neuding, Edifício Santa Rita (não construído), Edifício Rio Claro, Edifício Grande Avenida.

Edifício Santa Amália, residência da família Neuding a partir de 1945, São Paulo

Edifício do Banco Continental de São Paulo atual Edifício Vista Alegre, Viaduto Boa Vista, São Paulo, 1944-1947, arquitetos Francisco Beck e Lucjan Korngold

Edifício do Banco Continental de São Paulo atual Edifício Vista Alegre, anúncio no jornal *Correio Paulistano*, 4 jul. 1948

Leon Feffer

Nascido em Kolki, atual Ucrânia, Leon Feffer (1902-1999) chegou com a família em São Paulo no início da década de 1920. O empresário começou como vendedor de artigos de papelaria, e em 1939 inaugurou sua primeira fábrica de papel, no bairro do Ipiranga. Em 1955, comprou uma fábrica em Suzano que se tornou o núcleo da Companhia Suzano de Papel e Celulose, desenvolvendo uma tecnologia inovadora a partir da celulose de eucalipto, visando tornar o Brasil independente da importação da matéria-prima. Em 1977, a empresa passou a ser a maior fabricante nacional de celulose de eucalipto, iniciando a exportação do produto. Feffer inseriu-se no corpo da liderança da comunidade judaica em São Paulo, encontrando-se entre os fundadores e dirigentes de diversas instituições judaicas da cidade. Durante mais de trinta anos, até seu falecimento, o empresário foi o Cônsul Geral Honorário de Israel em São Paulo.[45]

Vale lembrar que Leon Feffer era cunhado dos irmãos Romeu e Leonido Mindlin, e muitas de suas iniciativas imobiliárias foram realizadas pela Construtora Mindlin.

Obras projetadas por Korngold para Leon Feffer: Companhia Suzano de Papel e Celulose, Edifício Ariona (demolido),[46] Edifício Samambaia (Hotel Samambaia), Edifício Yemanjá.

Edifício Higienópolis, São Paulo, 1946-1949

Fábrica da Companhia Suzano de Papel e Celulose, foto 1971

Casal Spitzman Jordan recepcionando amigos no Copacabana Palace, Rio de Janeiro, 1949, matéria publicada na revista carioca *Rio* n. 121, jul. 1949

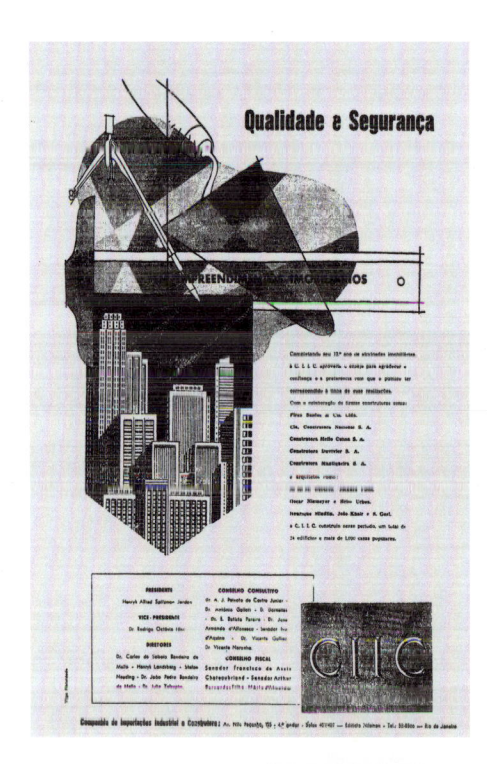

Comemoração dos 12 anos de atividades imobiliárias da Companhia de Importações Industrial e Construtora – CIIC, com lista de empresas e profissionais parceiros, anúncio nos jornais cariocas *Correio da Manhã* e *O Jornal*, 21 mai. 1953

Henryk Alfred Spitzman Jordan

Entre os comitentes de Korngold, destaca-se a personalidade e o empreendedorismo de Henryk Alfred Spitzman Jordan (1906-1967) que, desde a sua chegada no Brasil em 1940, mostrou uma extraordinária capacidade de articulação com a sociedade local, com iniciativas que agregavam figuras nacionais do meio empresarial, financeiro, político, cultural e da imprensa, assim como imigrantes refugiados como ele, conhecidos ainda de sua Polônia natal, e mesmo seus "irmãos de navio".

Em 1946, quando deu entrada na sua naturalização, o empresário polonês apresentou como testemunhas o advogado Carlos de Saboia Bandeira de Mello e o engenheiro Octávio Guinle.[47] Spitzman Jordan foi sócio de algumas empresas dedicadas aos empreendimentos imobiliários, como a CIIC, a sua primeira iniciativa no país criada já em 1940, junto a um grupo de refugiados como ele;[48] a Companhia Brasileira de Investimentos – CBI, criada em 1946 visando a incorporação do Edifício CBI Esplanada; a Companhia Imobiliária e Comercial Gávea Parque, de 1944;[49] a Companhia Agrícola e Industrial da Bocaina – Caibo, do mesmo ano; a Companhia Brasileira de Empreendimentos Econômicos; a Sociedade Sul-Americana de Indústria e Comércio, de 1946; e a Sociedade Anônima de Organização, Comércio e Indústria, de 1944; sociedades estas nas quais observa-se a presença constante de Henryk Landsberg, Roman A. Przeworski, Carlos de Saboia Bandeira de Mello ou mesmo Nelson Mendes Caldeira como sócios. No mesmo período, Spitzman Jordan também presidia a Câmara de Comércio Polono-Brasileira.

Juntamente com os irmãos Mendes Caldeira, Spitzman Jordan foi acionista do tradicional Banco Comercial do Rio Janeiro, criado em 1875, instituição que servia para alavancar as operações fundiárias do seu grupo, e da qual chegou a presidente do conselho consultivo.[50]

Em 1953, a imprensa carioca publicava um anúncio da CIIC comemorando os doze anos da empresa no mercado imobiliário com agradecimentos às firmas construtoras e aos arquitetos com quem havia trabalhado.[51] A lista que segue é reveladora do papel assumido pela incorporadora no espaço da cidade e na promoção da arquitetura moderna e seus profissionais. Entre as construtoras nominadas encontravam-se: Pires Santos & Cia.; Cia. Construtora Nacional, Construtora Melio Cunha, Construtora Duvivier e a Construtora Mantiqueira. Do mesmo modo, também se apresentavam os arquitetos que haviam projetado para a incorporadora: os irmãos MMM Roberto, Jacques Pilon, Oscar Niemeyer, Hélio Uchôa, Henrique Mindlin, João Khair e S. Gost, este último responsável pelos primeiros projetos da incorporadora assim como Firmino Saldanha. Conforme o mesmo anúncio, nos seus primeiros doze anos de existência a CIIC havia realizado 24 edifícios e mais de mil casas populares nos bairros de Realengo, Pavuna, Caxias e Campo Grande. Na mesma ocasião são nomeados os dirigentes da empresa e seus conselheiros, sugerindo a já mencionada articulação entre as elites nacionais e os novos imigrantes. Assim, a CIIC era presidida por Henryk Alfred Spitzman Jordan, com o advogado e escritor Rodrigo Octávio Filho na vice-presidência. A sua diretoria era formada pelo advogado Carlos de Saboia Bandeira de Mello, Henryk Landsberg, Stefan Neuding, João Pedro Bandeira de Mello, Julio Zalzupin, e no conselho consultivo o A. J. Peixoto de Castro Junior, Antônio Gallotti, D. Dornelles, E. Batista Pereira, José Armando d'Affonseca, Senador Ivo d'Aquino, Vicente Galliez, Vicente Noronha. No conselho fiscal estavam os senadores Francisco de Assis Chateaubriand, Arthur Bernardes Filho e o empresário Mário d'Almeida.

Além do CBI Esplanada, em São Paulo, Korngold projeta para o grupo CIIC: Edifício Saratoga (Rio de Janeiro). E para o diretor administrativo da CIIC, Henryk Landsberg, Korngold projetaria a Residência Landsberg, na Gávea (Rio de Janeiro).

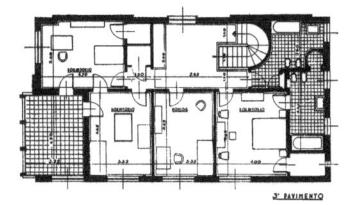

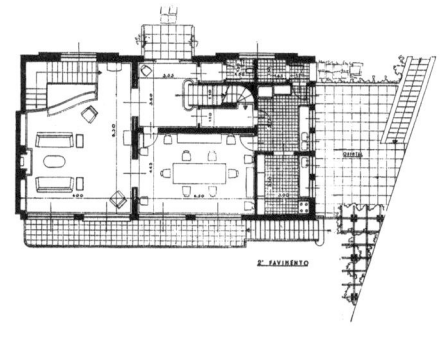

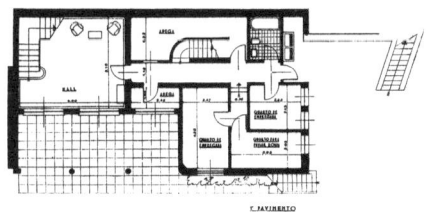

Residência Herman Pikielny, plantas, vistas externa e da varanda, implantação Pacaembu, São Paulo, 1941-1942, publicada na revista *Acrópole* n. 53, set. 1942

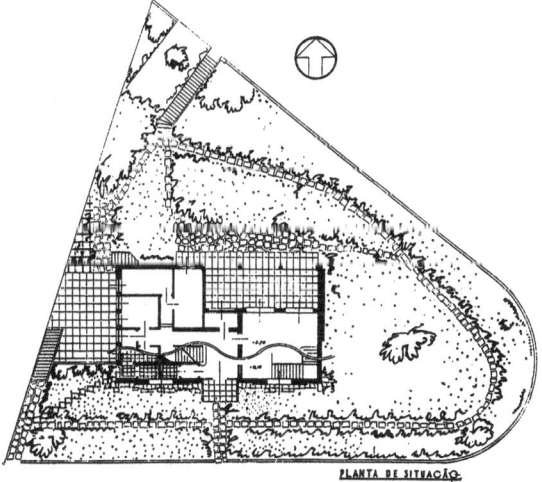

Edifício Thomas Edison, São Paulo, 1949, arquitetos Francisco Beck e Lucjan Korngold

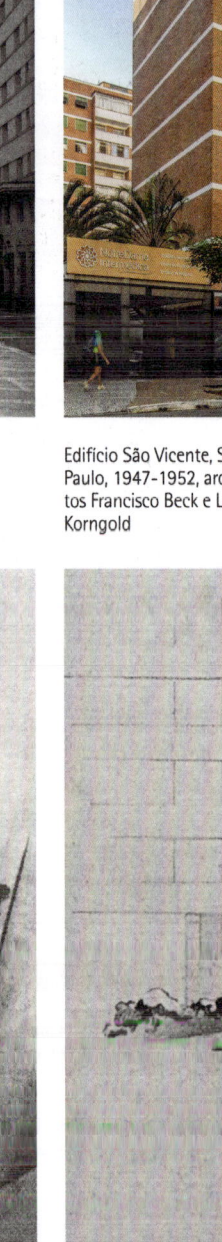

Edifício São Vicente, São Paulo, 1947-1952, arquitetos Francisco Beck e Lucjan Korngold

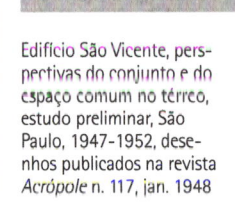

Edifício São Vicente, perspectivas do conjunto e do espaço comum no térreo, estudo preliminar, São Paulo, 1947-1952, desenhos publicados na revista *Acrópole* n. 117, jan. 1948

Edifício São Vicente, plantas andar térreo, andar tipo, 10º andar e corte, São Paulo, 1947

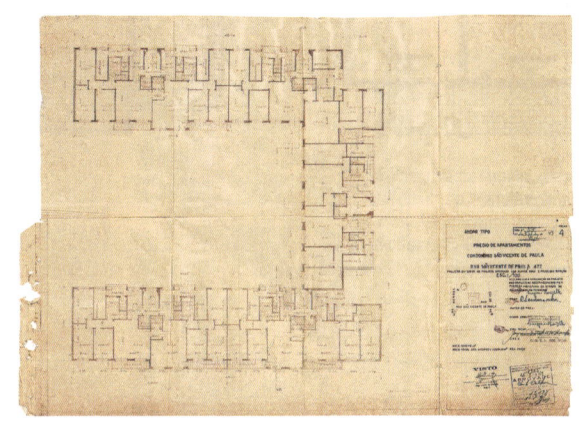

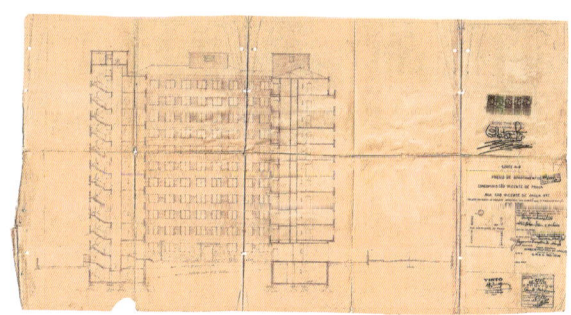

Szymon Raskin e Roman Landau / Cincopa

Szymon Raskin, nascido na Bielorussia (1894-?), mas morando em Varsóvia, tinha origens em uma família de industriais que chegou ao país via Roma, com vistos para o Brasil assinados pelo cônsul brasileiro em Barcelona, Matheus de Albuquerque. A família desembarcou no Rio de Janeiro em 8 de julho de 1940 com o navio Colonial, o mesmo vapor que trouxe o casal de artistas Arpad Szenes e Maria Vieira da Silva. Por sua vez, nascido em Cracóvia, Roman Landau (1887-?) encontrava-se estabelecido como banqueiro em Zurique, Suíça, no início da Segunda Guerra Mundial. A família aportou no Rio de Janeiro com o navio Angola junto com a já mencionada grande delegação polonesa. A associação entre os dois empresários inicia-se aparentemente logo após sua chegada ao Brasil até o falecimento de Szymon, entre 1946 e 1947.

O primeiro empreendimento identificado como comissionado por Raskin e Landau para a então sociedade formada por Lucjan Korngold e Francisco Beck foi o Edifício Thomas Edison. Conforme indica a documentação, os dois substituíram o grupo original de incorporadores formado por Enrique Jonas, o americano John Campbell Anderson, José Vieitas Júnior, Herman Pikielny, o próprio Lucjan Korngold, os sócios da Luz-Ar, Stefan Landsberger e Alfred Josef Duntuch, Stefan Osser, Tadeusz Ginsberg e Tadeusz Tojwer Winter.

Em 1947, com escritório próprio, Korngold assume o segundo empreendimento da sociedade em São Paulo, o edifício à rua São Vicente de Paulo. Apesar do falecimento de Szymon, a família Raskin permanece como investidora, juntamente com o próprio Korngold.

No Rio de Janeiro, Landau funda a Companhia Industrial, Construção e Participação - Cincopa, dirigida por ele, Henryk Pawel Pfeffer, cunhado de Szymon Raskin, e Hans Hermann Landau (tendo Lucjan Korngold entre os seus associados), além de seu braço habitacional, a Companhia Comercial Residência S.A., responsáveis ambas pela incorporação de um número de empreendimentos na cidade do Rio de Janeiro.

Para a Szymon Raskin e Roman Landau e posteriormente Cincopa, Korngold projetou: Edifício Thomas Edison, Edifício São Vicente, Edifício Capital e Edifício Palácio Champs Elysées.

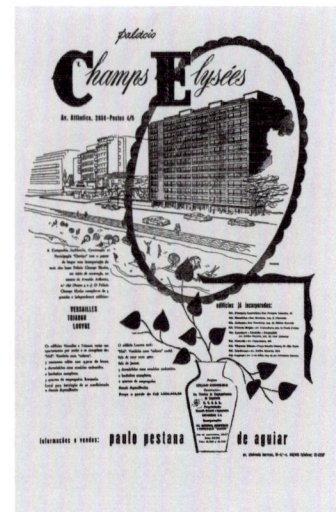

Da esquerda para a direita, de cima para baixo, edifícios de Lucjan Korngold e parceiros anunciados em jornais e revistas

Edifício Capital, *Correio da Manhã*, 28 out. 1951

Edifício Wilson Mendes Caldeira, *Diário da Noite*, 17 mai. 1961

Centro Comercial do Bom Retiro, *Diário da Noite*, 1 jul. 1960

Edifício Palácio Champs Elysées, *Correio da Manhã*, 4 mai. 1952

Edifício Senlis, *Folha da Manhã*, 13 jul. 1954

Edifício Bolsa de Imóveis, *Folha da Manhã* e *O Estado de S. Paulo*, 16 dez. 1945

Edifício Intercap, *Correio da Manhã*, 19 ago. 1951

Edifício CBI Esplanada *Revista Municipal de Engenharia*, out./dez. 1952

Edifício Fabiola, *Folha de S.Paulo*, 9 jan. 1961

Edifício Palácio do Comércio, *Correio da Manhã*, 10 out. 1954

Plantas do Edifício Palácio Champs Elysées, Rio de Janeiro, anúncio no jornal *Correio da Manhã*, 22 jun. 1952

Perspectiva do Edifício Palácio Champs Elysées, Rio de Janeiro, anúncio no jornal *Correio da Manhã*, 13 abr. 1952

Henryk Zylberman

Nascido em Varsóvia (1903-1988), filho de Zysia Zylberman e Lea Zylberman, o empresário chega ao Brasil em 7 de junho de 1940 a bordo do navio Conte Grande, que aportou em Santos, com seus "irmãos de navio" Adolf Neuding e esposa, Lucjan Korngold e família e Henryk Spitzman Jordan. Zylberman foi sócio da Sociedade Importadora e Comercial de Automóveis Panauto, com sede no Rio de Janeiro e filial em São Paulo, constituída também por Fawij Andrzej Raskin (irmão de Szymon Raskin) e Hersz Herman Landau (irmão de Roman Landau), reiterando as inúmeras associações no interior das comunidades de origens.

O empresário também foi sócio de Stefan Marek Neuding na firma Plásticos do Brasil e diretor das Indústrias de Fórmicas e da HZ Engenharia e Comércio. O empresário foi responsável pela incorporação do Palácio do Comércio, ao assumir o empreendimento de Romeu Nunes, e ainda do Edifício Fabíola, juntamente com Korngold, arquiteto responsável pelo projeto de sua residência anterior à rua Traipu 950 (não aprovado na prefeitura).

Izydor Kleinberger

Percorrendo os mesmos passos de Lucjan Korngold para fugir da guerra, Izydor Kleinberger – polonês, natural de Cracóvia (1910-1993) – seguiu para Bucareste, Romênia, de onde seguiu para Istambul. Kleinberger conseguiria alcançar o Brasil quatro meses depois, aportando no Recife em 6 de janeiro de 1941 a bordo do vapor Zamzam, que havia partido de Alexandria vindo de Port Said. A índole empreendedora de Kleinberger se comprova pelo número de sociedades das quais participa em 1948, ano no qual pediu a sua naturalização, a começar pela Indústria Brasileira de Embalagens, do qual era sócio juntamente com Antônio Carlos de Bueno Vidigal e José Whately, da S.A. Comércio Industrial José Whately, a Fábrica Nacional de Tambores e a Polbraz S.A. Intercâmbio Comercial, ligadas à indústria de tambores, tanques e geladeiras, assim como a Confab Industrial nos anos 1970.

Assim como outro comitente Karl Mehler, Kleinberger participou como membro fundador da Câmara Brasil-Israel de Comércio e Indústria, conforme relatou o cônsul honorário de Israel no Brasil, Leon Feffer.[52]

Korngold projetou para a família Kleinberger a Residência Kleinberger na rua Ubatuba e o Edifício Elizabeth na rua das Palmeiras, projeto este que, apesar de aprovado, foi substituído anos mais tarde por outro de autoria do arquiteto Victor Reif, efetivamente construído.

Rua Quirino de Andrade; à esquerda, ao fundo, terreno vago onde foi construído o Edifício da Companhia de Seguros, atual sede da Unesp, foto Werner Haberkorn

Grupos

Grupo Sociedade Exportadora Santista – Sespa atua como incorporadora, presidida por Luiz L. Reid, tendo como diretores Walter Moreira Costa, José Rolmes Barbosa, Roberto Reid e Ferry Azeredo, para quem Korngold projeta: Residência Reid, Sede da Companhia de Seguros Gerais Piratininga (Edifício da Reitoria da Unesp), Edifício Sespa (Edifício Nacional), Edifício Bolsa de Mercadorias.

Grupo formado pelos investidores Charles Wolkowitz, Filip Citron, José Sobolh, Erwin Citron e Benjamin Citron, responsável pelo empreendimento do Centro Comercial do Bom Retiro. Também esteve à frente de outros empreendimentos de centros comerciais, desta vez como galerias cobertas no centro da cidade, construídas pela Construtora Alfredo Mathias, como a galeria entre a avenida São João e a rua 24 de Maio, cujo projeto é datado de 1960, e a galeria entre a rua Barão de Itapetininga e a rua 7 de Abril, cujo projeto data de 1962.

Grupo formado por Philipp Heiss, entre outros, para quem Korngold projeta dois edifícios, o Edifício Avenida Paulista e um outro na rua Teodoro Baima, na República.

Centro Comercial do Bom Retiro, São Paulo, 1962

Cândido Fontoura, Indústria Fontoura

Entre os empresários nacionais comitentes de Korngold mencionamos o grupo Fontoura, do farmacêutico e empresário Cândido Fontoura (1885-1974) que chegou a São Paulo vindo de Bragança Paulista em 1915, criando o Instituto Medicamenta, responsável pela produção do Tônico Fontoura. A primeira sede do Laboratório foi estabelecida na Vila Mariana, transferindo-se para o bairro do Brás com o crescimento e a diversificação dos seus produtos. Ao final da década de 1940, com a perspectiva da introdução da fabricação de penicilina e uma produção que atenderia o mercado nacional e os países da América do Sul, Korngold foi contratado para o projeto das novas instalações em São Bernardo do Campo.[53] O projeto que foi premiado na 4ª Bienal de São Paulo (1957) contou com a colaboração dos engenheiros e técnicos brasileiros e americanos envolvidos na fabricação dos mesmos produtos.

Indústria Fontoura, maquete, desenhos, vistas do complexo e caixa d'água publicados na revista polonesa *Architektura i Budownictwo* n. 8, ago. 1957

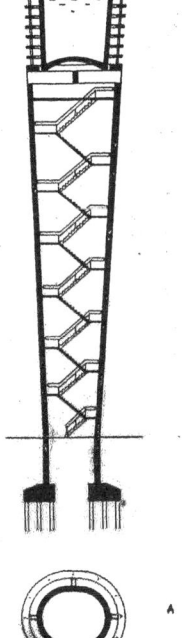

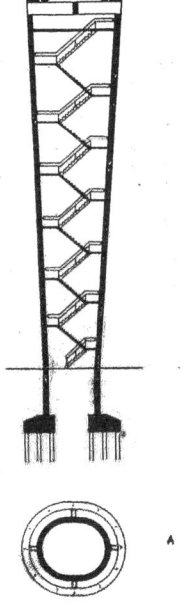

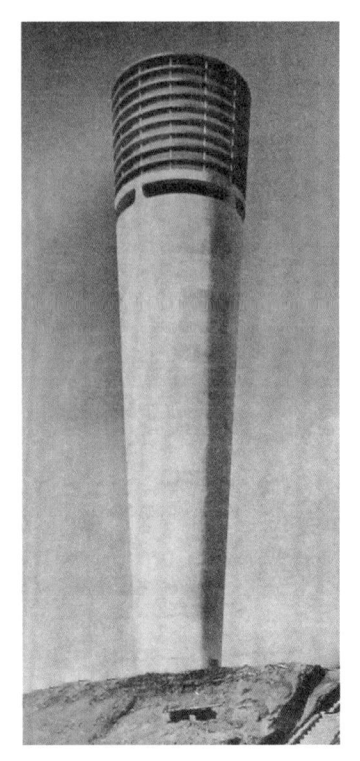

À esquerda, inauguração da Fábrica Fontoura com presença de Alexander Fleming, descobridor da penicilina, publicada no jornal *Tribuna da Imprensa*, 15 mai. 1954

Korngold e concursos para a comunidade judaica

No âmbito da comunidade judaica de São Paulo, Lucjan Korngold foi convidado como participante em dois concursos fechados para edifícios comunitários. O primeiro deles, em 1954, foi organizado pela Congregação Israelita Paulista – CIP, formada em 1936 para acolhimento e assistência a imigrantes refugiados da Alemanha nazista e, pouco depois, para famílias italianas afetadas pelas leis raciais da Itália fascista. O concurso visava o projeto da nova sede e sinagoga da Congregação. Como membros da comissão julgadora participaram Eduardo Kneese de Melo e Jacob Ruchti.

Além de Korngold, foram convidados a participar Gregori Warchavchik, Alfred Duntuch pela Luz-Ar, Rino Levi e Henrique Ephim Mindlin. Este último, em sociedade com Giancarlo Palanti, apresentou o projeto vencedor, realizado posteriormente pela construtora Luz-Ar. Entre os membros atuantes da CIP, destacamos alguns dos comitentes de projetos residenciais e comerciais de Korngold como Elijass Gliksmanis, Walter Havelland, Max Landau, Karl Mehler, Boris Dannemann, Albert Feis, Izydor Kleinberger, Fred Leipzinger e Fritz Blankstein.[54]

Em 1958, Korngold foi convidado para um segundo concurso promovido pela comunidade judaica de São Paulo, para o projeto do Hospital Albert Einstein. O programa, ousado, compreendia nove mil metros quadrados, capacidade para trezentos leitos, centro de estudos e pesquisas, pronto-socorro, escola de enfermagem, equipamentos modernos e instalações para bomba de cobalto e isótopos radiativos. Além de Korngold, participaram do concurso fechado os arquitetos Gregori Warchavchik, Jorge Wilheim, Jarbas Karman e Rino Levi, este último responsável pelo projeto vencedor. O júri foi composto pelos arquitetos Alfred Duntuch, João Vilanova Artigas e Osvaldo Bratke.[55]

Notas

1
DEAN, Warren. *A industrialização de São Paulo.*
2
BRITO, Mônica Silveira. *A participação da iniciativa privada na produção do espaço urbano: São Paulo, 1890-1911.*
3
Idem, ibidem, p. 103.
4
FALBEL, Anat. Dois momentos de imigração e urbanismo em São Paulo, p. 137-146.
5
BRITO, Mônica Silveira. Op. cit., p. 15-21; 24-27.
6
Idem, ibidem, p. 28.
7
Idem, ibidem, p. 193.
8
WOLFF, Egon; WOLFF, Frieda. *Dicionário biográfico 2: judeus no Brasil, século 19*, p. 317-320. Maximilian Nothmann chegou ao país em 1871, estabelecendo-se no Rio de Janeiro no ramo do comércio e importação de máquinas e outros gêneros.
9
SEGAWA, Hugo. *Prelúdio da metrópole: arquitetura e urbanismo em São Paulo na passagem do século 19 ao 20*, p. 21; CAMARGO, Odécio Bueno de. *Jules Martin: artista, patriota, empreendedor*; OLIVEIRA, Rodrigo Bartholomeu Romano da Silva e. *Os três viadutos do Vale do Anhangabaú: aspectos históricos, construtivos e estruturais.*
10
BRITO, Mônica Silveira. Op. cit., p. 30; HOMEM, Maria Cecília Naclério. *Higienópolis: grandeza e decadência de um bairro paulistano.*
11
BRITO, Mônica Silveira. Op. cit., p. 30.

12
A olaria Manfred produziu tijolos, telhas e outros materiais de construção, atuando diretamente no setor da construção com um arquiteto de origem francesa. O processo de loteamento do Bom Retiro começaria a partir de 1881. Ver BRITO, Mônica Silveira. Op. cit., p. 40-42; WOLFF, Egon; WOLFF, Frieda. Op. cit., p. 287, VIANA, Gabriela Petter. *Construindo o bairro e a cidade: formação do Bom Retiro em São Paulo (1810-1914)*.
13
ETTINGER, Shmuel. The Modern Period: Demographic Changes and Economic Activity in the Nineteenth Century, p. 790-799. Ver ainda PRESNER, Todd. *Mobile Modernity: Germans, Jews, Trains*.
14
BRITO, Mônica Silveira. Op. cit., p. 195.
15
BOYER, M. Christine. *The City of Collective Memory: Its Historical Imagery and Architectural Entertainments*, p. 1; LEPETIT, Bernard. É possível uma hermenêutica urbana, p. 141.
16
BARDI, Lina Bo. *Contribuição propedêutica ao ensino da teoria da arquitetura*, p. 33.
17
STIEBER, Nancy. Microhistory of the Modern City: Urban Space, Its Use and Representation, p. 383; 38
18
O empresário Robert Moses ficou conhecido pela participação no desenvolvimento urbano da cidade de Nova York por quase meio século e pelo seu embate com Jane Jacobs. Ver CARO, Robert A. *The Power Broker. Robert Moses and the Fall of New York*; FLINT, Anthony. *Wrestling with Moses: How Jane Jacobs Took on New York's Master Builder and Transformed the American City*.

19
Herbert Greenwald foi responsável pelos empreendimentos dos edifícios Promontory (1949) e as torres da Lake Shore Drive (1949-1951) projetados por Mies van der Rohe em Chicago. Ver SCHULZE, Franz. *Mies van der Rohe: a Critical Biography*, p. 239-245; LAMBERT, Phyllis. Mies immersion, p. 202-203.
20
LEPETIT, Bernard; TOPALOV, Christian (Org.). *La ville des sciences sociales*, p. 7-9; FIJALKOW, Yankel. Sociologie de la ville, p. 11-13; MEYER, Regina Maria Prosperi. *Metrópole e Urbanismo. São Paulo, anos 50*, p. 9; YOSHIOKA, Erica Yukiko. *La structure urbaine et la planification urbaine à São Paulo*, p. 1.
21
LANGENBUCH, Juergen Richard. *A estruturação da Grande São Paulo: estudo de geografia*, p. 179. Vale também mencionar a participação de Korngold e seus comitentes na dinâmica da compactação horizontal com a implantação dos Laboratórios Fontoura e a Indústria Suzano Feffer.
22
ROSSETTO, Rosella, *Produção imobiliária e tipologias residenciais modernas: São Paulo 1945/1964*, p. 18.
23
WATANABE JR., Júlio. Origens do empresariado da construção civil em São Paulo, p. 56-69. Ver ainda ROSSETTO, Rosella. Op. cit., p. 10-133, no qual a autora analisou a produção da incorporação imobiliária entre 1945 e 1964 identificando seus agentes, práticas e tipologias.
24
WATANABE JR., Júlio. Op. cit., p. 64.
25
DEAN, Warren. *São Paulo's Industrial Élite, 1890-1960*.

26
BRESSER-PEREIRA, Luiz Carlos. Origens étnicas e sociais do empresariado paulista, p. 83-106.
27
PRADO JR., Caio. *A revolução brasileira*.
28
Ver ainda SUZIGAN, Wilson. *Indústria Brasileira: origem e desenvolvimento*, p. 370.
29
O contexto foi definido em função da situação econômica média da família na época da infância ou adolescência do empresário e em relação ao nível da educação do pai (superior ou não).
30
BRESSER-PEREIRA, Luiz Carlos. Op. cit., p. 94 (Quadro 3).
31
Idem, ibidem, p. 95 (Quadro 4).
32
Idem, ibidem, p. 101 (Quadro 5).
33
RATTNER, Henrique. *Tradição e mudança: a comunidade judaica em São Paulo*, p. 43.
34
O recenseamento e a pesquisa sociológica dedicada à comunidade judaica de São Paulo idealizados e planejados pelo professor Henrique Rattner, com patrocínio da Federação Israelita Paulista do Estado de São Paulo, juntamente com o Instituto de Relações Humanas do Comitê Judaico Americano, resultou na publicação acima mencionada *Tradição e mudança: a comunidade judaica em São Paulo*.
35
SAMPAIO, Maria Ruth Amaral de. Apresentação, p. 26; ROSSETTO, Rosella. Op. cit.
36
LANGENBUCH, Juergen Richard. Op. cit., p. 180-185.
37
OCTÁVIO, Laura Oliveira Rodrigo. *Elos de uma corrente: seguidos de novos elos*, p. 84-85. Germaine Burchard faleceu de câncer em Paris, tendo deixado sua herança para o príncipe Sangusko e seu filho.

38
O projeto de Jacques Pilon para a Germaine Burchard data de 1939, quando ainda era condessa Gontaut-Biron. Pilon, na ocasião, era associado do engenheiro Francisco Matarazzo Neto na Pilmat. O Edifício Martinho, situado à rua São Bento 476/480 foi demolido na década de 1970. CASTELLO BRANCO, Ilda Helena Diniz de. *Arquitetura no centro da cidade: edifícios de uso coletivo, São Paulo 1930-1950*, p. 208-212.
39
CALDEIRA, Nelson Mendes. As capitais da América, p. 38-43.
40
CORREIA, Telma de Barros; ALMEIDA, Caliane Christie Oliveira de. Habitação econômica no Brasil: o Idort e sua revista (1932-1960), p. 42-43. Em 1948 Nelson Mendes Caldeira estava ativamente envolvido na realização da Exposição Internacional da Construção, organizada pela Bolsa de Imóveis juntamente ao Instituto dos Arquitetos do Brasil, o Instituto de Engenharia, o Idort e o Sesi. REDAÇÃO. Exposição Internacional da Construção Popular: centenas de construtores nacionais e estrangeiros serão convidados a expor, p. 4.
41
REDAÇÃO. O maior prédio da América Latina está sendo construído em São Paulo, p. 5.
42
REDAÇÃO. Recorde mundial de construção, p. 8.
43
JORDAN, André. *Uma viagem pela vida*, p. 186-187.
44
Idem ibidem, p. 187.
45
MARCOVITCH, Jacques. Leon Feffer, p. 251-281.

46
A demolição do edifício Ariona, em 2002, foi noticiada pela imprensa paulista, que atribuiu a autoria ao arquiteto polonês Marjan Rychard Glogowski, que assinou os projetos do escritório de Korngold entre os anos de 1950 e 1953. Ver AZEVEDO, Katia. Edifício na Paulista dará lugar a torre comercial.
47
Processo de naturalização de Henryk Alfred Spitzman Jordan. Sobre Nelson Mendes Caldeira, ver JORDAN, André. Op. cit.
48
Matéria paga da CIIC, publicada no periódico carioca *O Jornal*, 16 dez. 1951. Assinam o documento D. João de Orleans e Bragança, Arthur Bernardes Filho, Carlos de Saboia Bandeira de Mello, Henryk Alfred Spitzman Jordan, Germaine Lucy Burchard e Roman Sanguszko, príncipe polonês. Ver Companhia Imobiliária Industrial e Comercial: ata da assembleia geral ordinária, 15 dez. 1951.
49
Ver Companhia Imobiliária e Comercial Gávea Parque. Relatório da Diretoria, p. 14. A companhia foi responsável pelo loteamento Gávea Parque, na Estrada da Gávea 142, e a construção de apartamentos na Zona Norte do Rio de Janeiro.
50
Ver JORDAN, André. Op. cit., p. 187-188. O Banco Comercial foi vendido em 1957 ao Banco Moreira Salles.
51
O anúncio foi publicado nos jornais cariocas *O Jornal* e *Correio da Manhã*, 21 mai. 1953. Ver Companhia de Importações Industrial e Construtora: empreendimentos imobiliários.
52
FEFFER, Leon. *25 anos de consulado: crônica de atividades a serviço de Israel e da Comunidade*, p. 53.

53
Instituto Medicamenta: um estabelecimento modelar, palavras autorizadas que honram S. Paulo, p. 8; PAGANO, Giuseppe. Arquitetura industrial, p. 414.
54
Ver REDAÇÃO. Listagem de benfeitores da Congregação Israelita Paulista.
55
Com pequena diferença na conjugação do verbo "concorrer" presente no subtítulo, a mesma matéria paga foi publicada em ao menos dois jornais paulistanos: *Correio Paulistano* (Projetos de cinco arquitetos de renome para o futuro hospital Albert Einstein: Gregori Warchavchik, Jorge Wilheim, Rino Levi, Jarbas Jarman e Lucjan Korngold concorreram, 11 mai. 1958) e *Nossa Voz / Unzer Stime* (Projetos de cinco arquitetos de renome para o futuro hospital Albert Einstein: Gregori Warchavchik, Jorge Wilheim, Rino Levi, Jarbas Jarman e Lucjan Korngold concorrem, 22 mai. 1958).

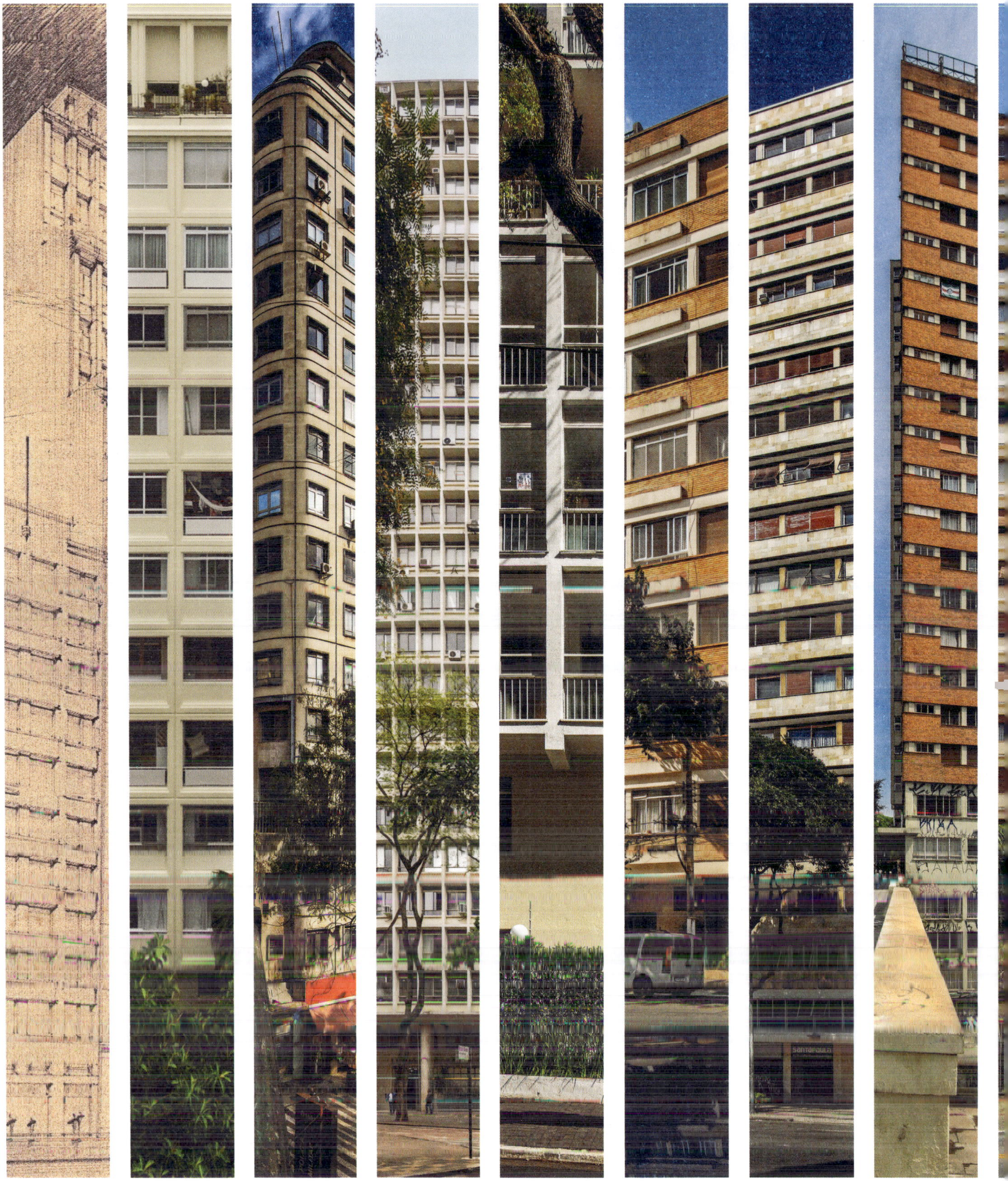

Projetos em São Paulo

Edifício Central

atual Edifício Conde Luiz Eduardo Matarazzo

1942-1943

Lucjan Korngold
Wladimir Alves de Souza
Escritório Francisco Matarazzo Neto

rua Boa Vista 99 e
rua 15 de Novembro 212,
Centro, São Paulo SP

Edifício com subsolo, lojas no térreo, mezanino com salões, dezoito pavimentos, salas para escritórios e ático

20.024 m²

Maquete, *Acrópole* n. 47, mar. 1942

Plantas térreo e andar tipo, perspectiva da fachada para a rua Boa Vista e perspectiva de estudo, 1941

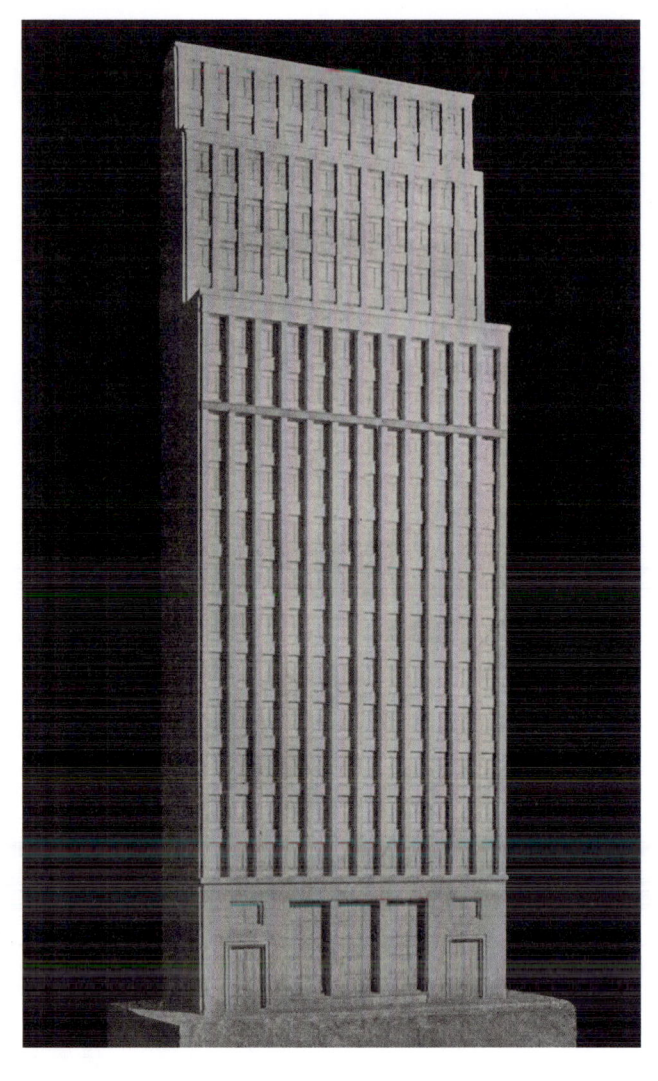

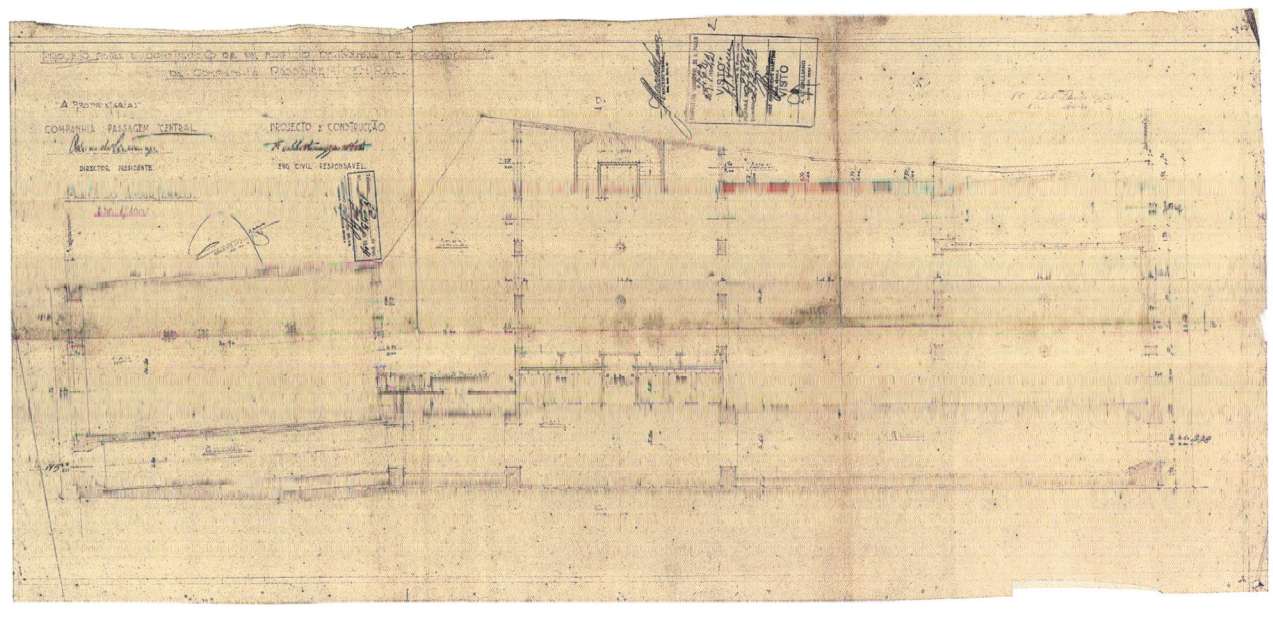

121

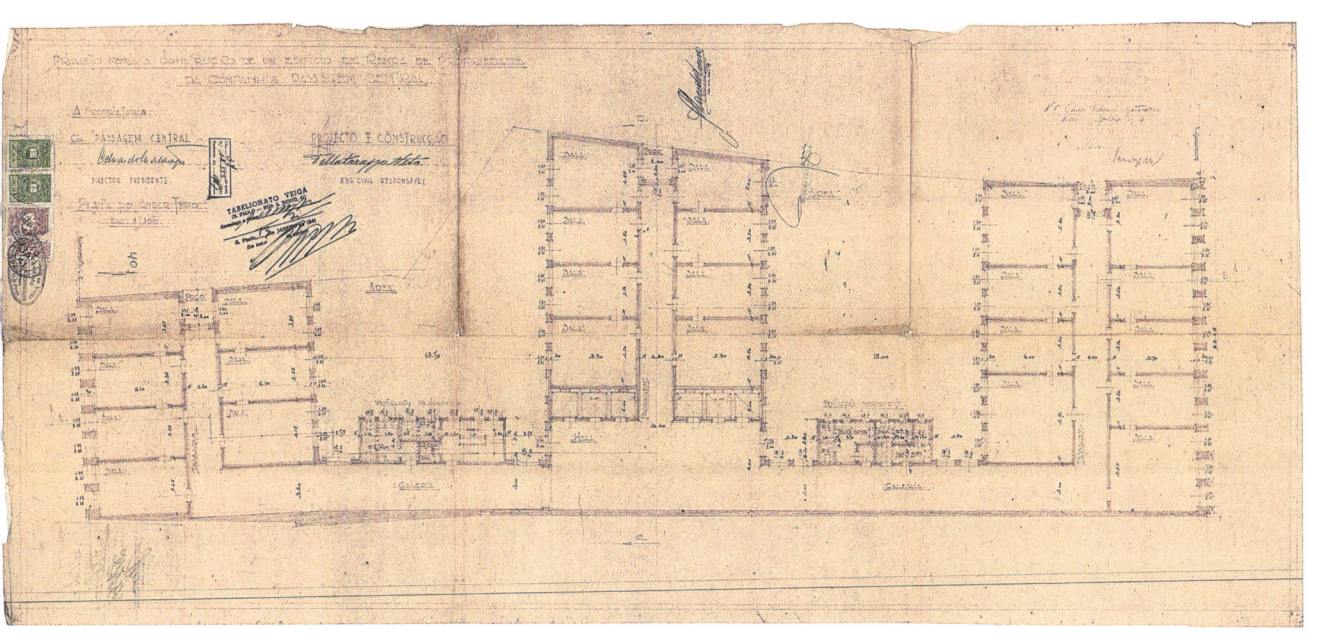

Edifício Santa Amália

1943

Lucjan Korngold e
Escritório Francisco
Matarazzo Neto

rua Piauí 760, Higienópolis,
São Paulo SP

Edifício de apartamentos
residenciais

Edifício Santa Amália,
revista *Acrópole*
n. 64, ago. 1943

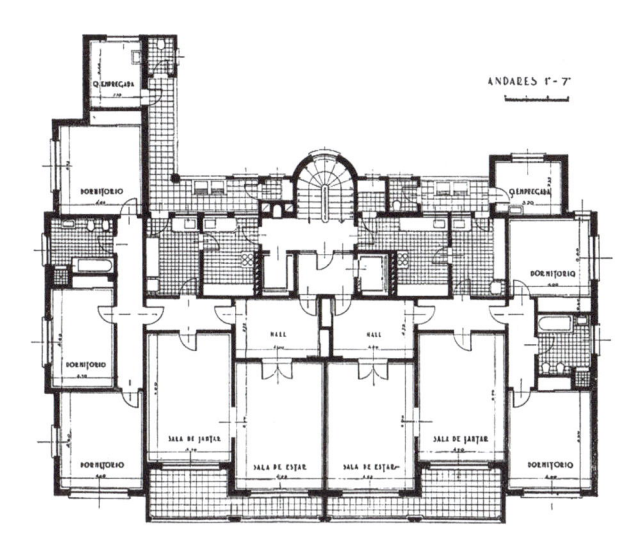

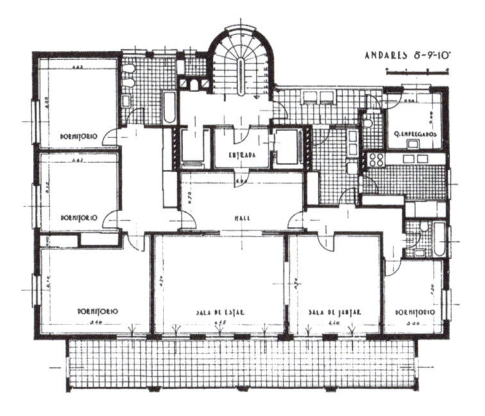

Edifício Santa Amália, plantas do 1º ao 7º andares e do 8º ao 10º andares, revista *Acrópole* n. 64, ago. 1943

Edifício do Banco Continental

Atual Edifício Vista Alegre

1944–1947

Escritório Técnico de Engenharia e Arquitetura Francisco Beck e Lucjan Korngold

rua General Carneiro 115, esquina com Viaduto Boa Vista 48 e 60 (atual rua Boa Vista 76), Centro, São Paulo SP

Edifício com subsolo, lojas no térreo, sobreloja, dezoito pavimentos, salas para escritórios e ático

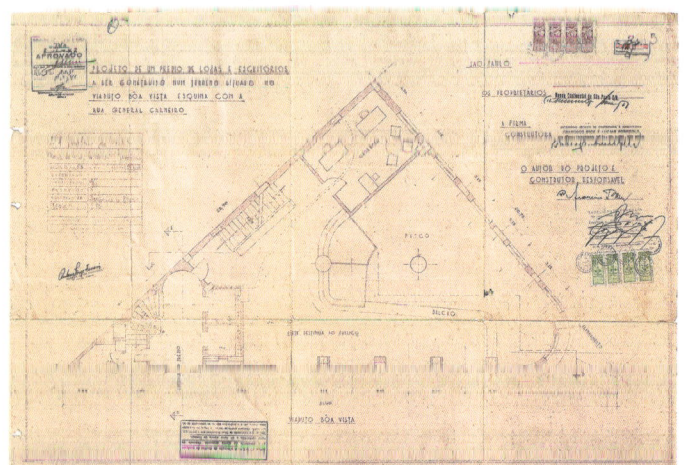

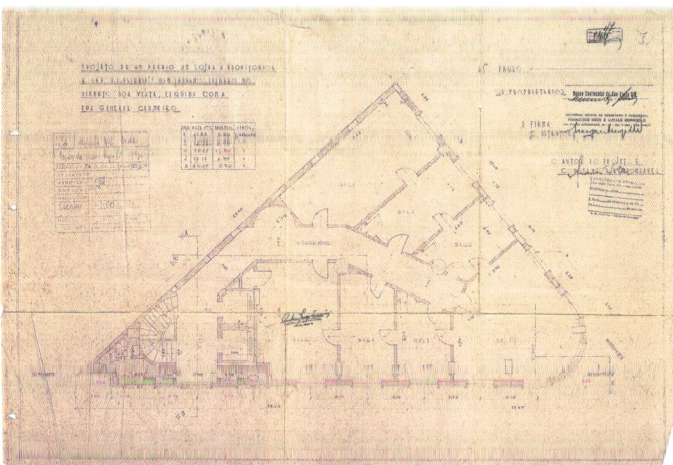

Plantas térreo e 7º ao 17º

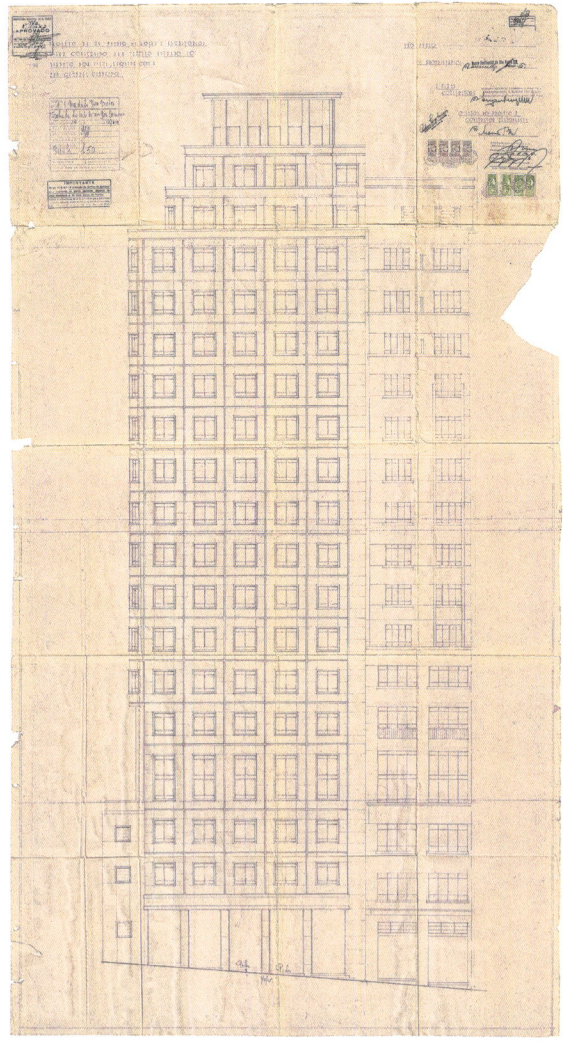

Fachada para a rua General Carneiro, 1947

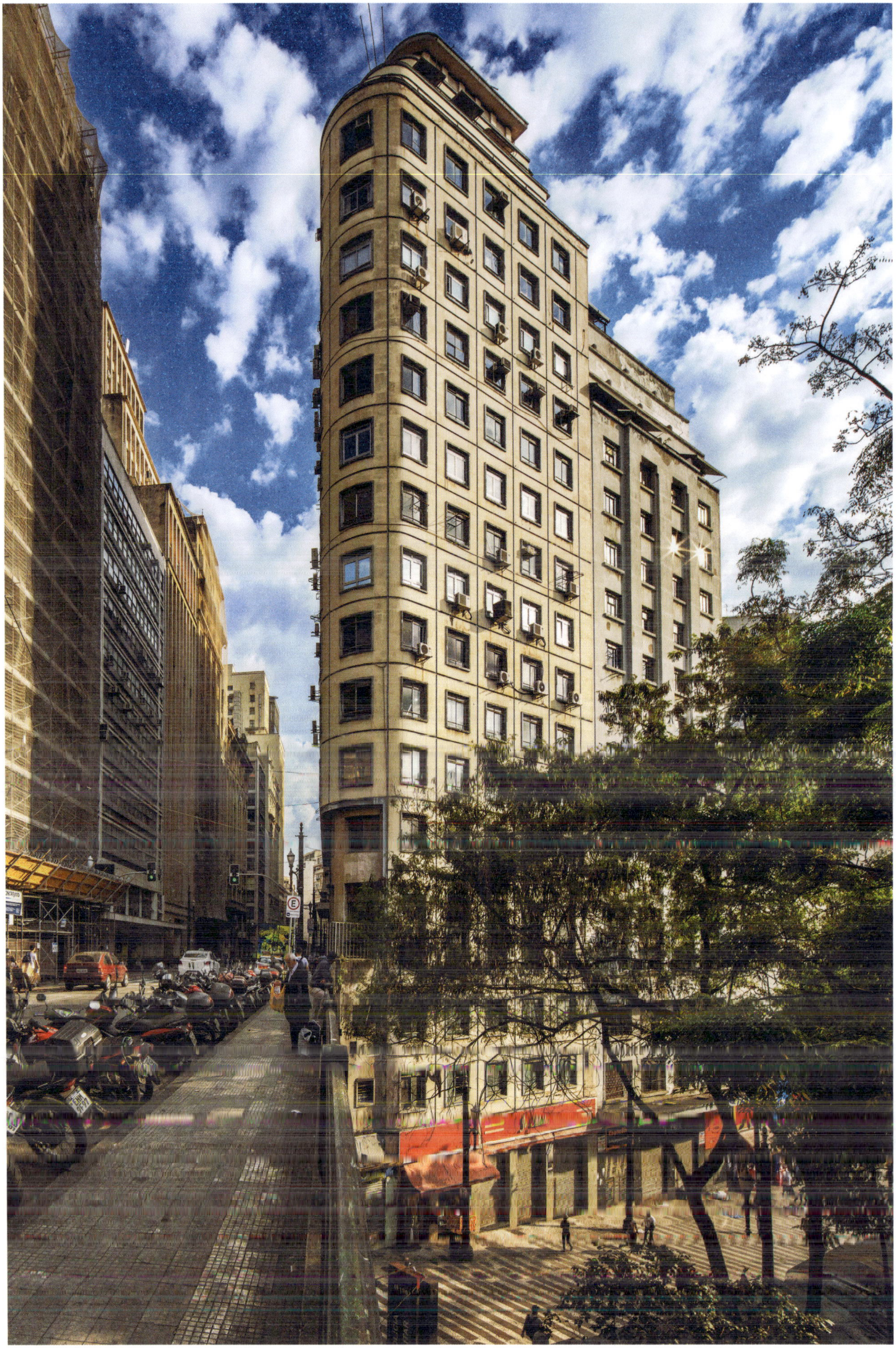

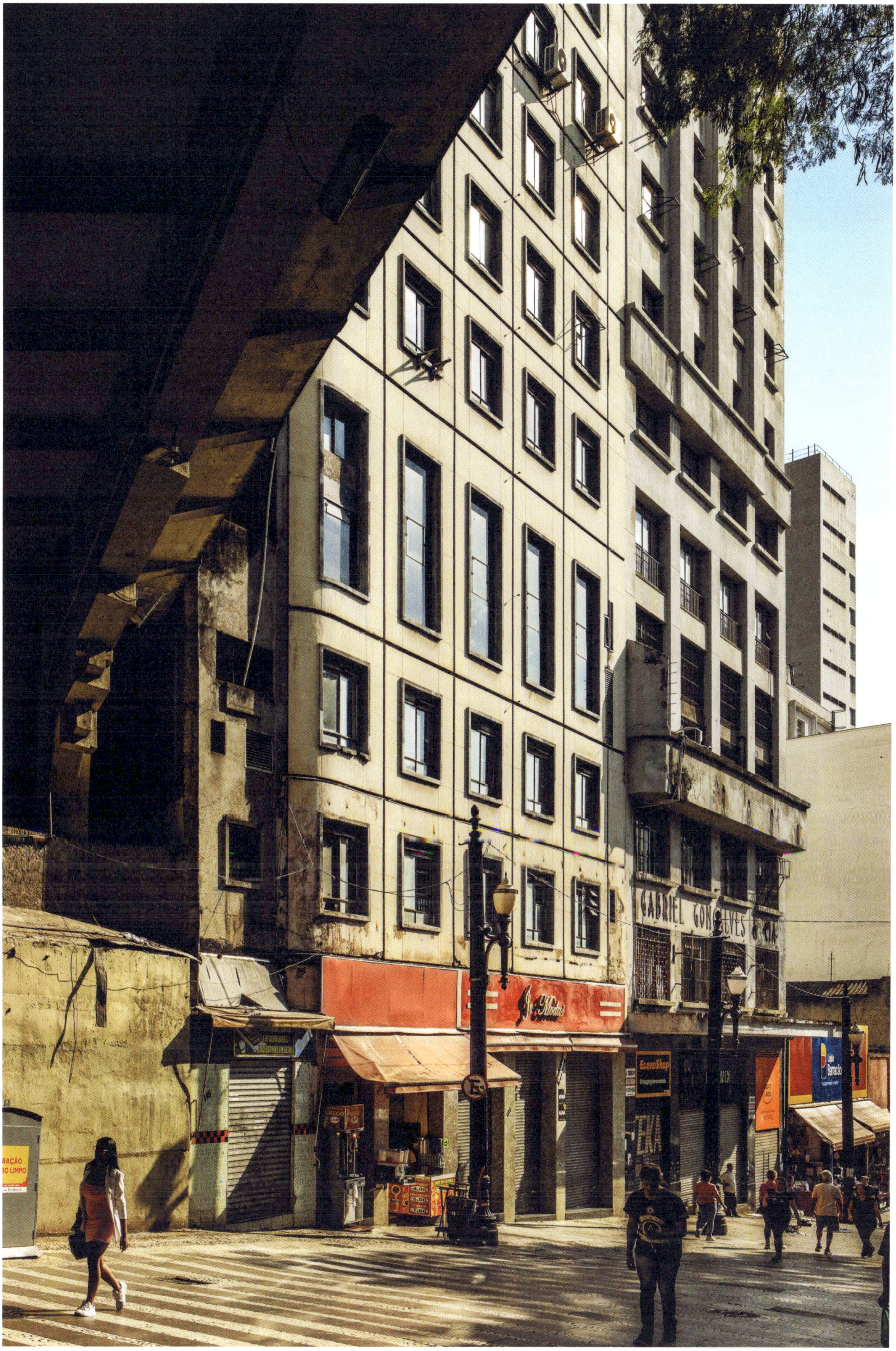

Edifício Thomas Edison

1944–1948

Escritório Técnico de Engenharia e Arquitetura Francisco Beck e Lucjan Korngold

rua Marconi s/n, (atual praça Dom José Gaspar 30), República, São Paulo SP

Edifício com subsolo, lojas no térreo, 24 pavimentos e salas para escritórios
11.744 m²

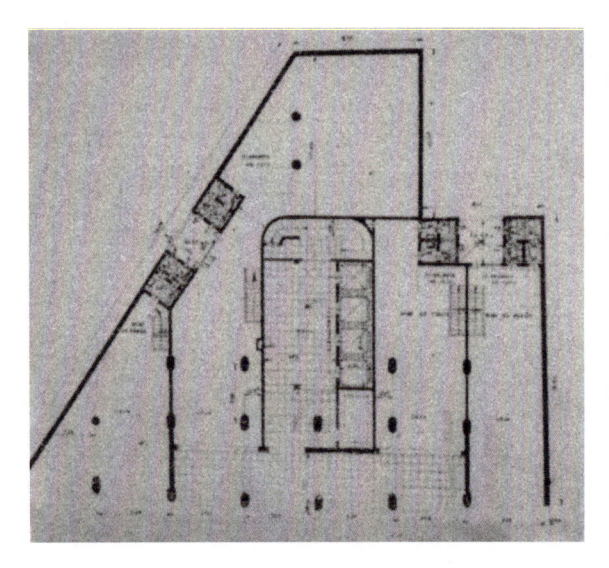

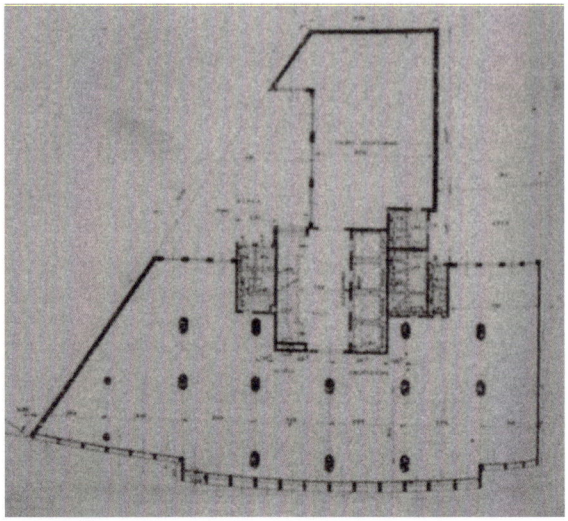

Plantas térreo e andar tipo do 1º ao 10º andares, revista *Acrópole* n. 121, mai. 1948

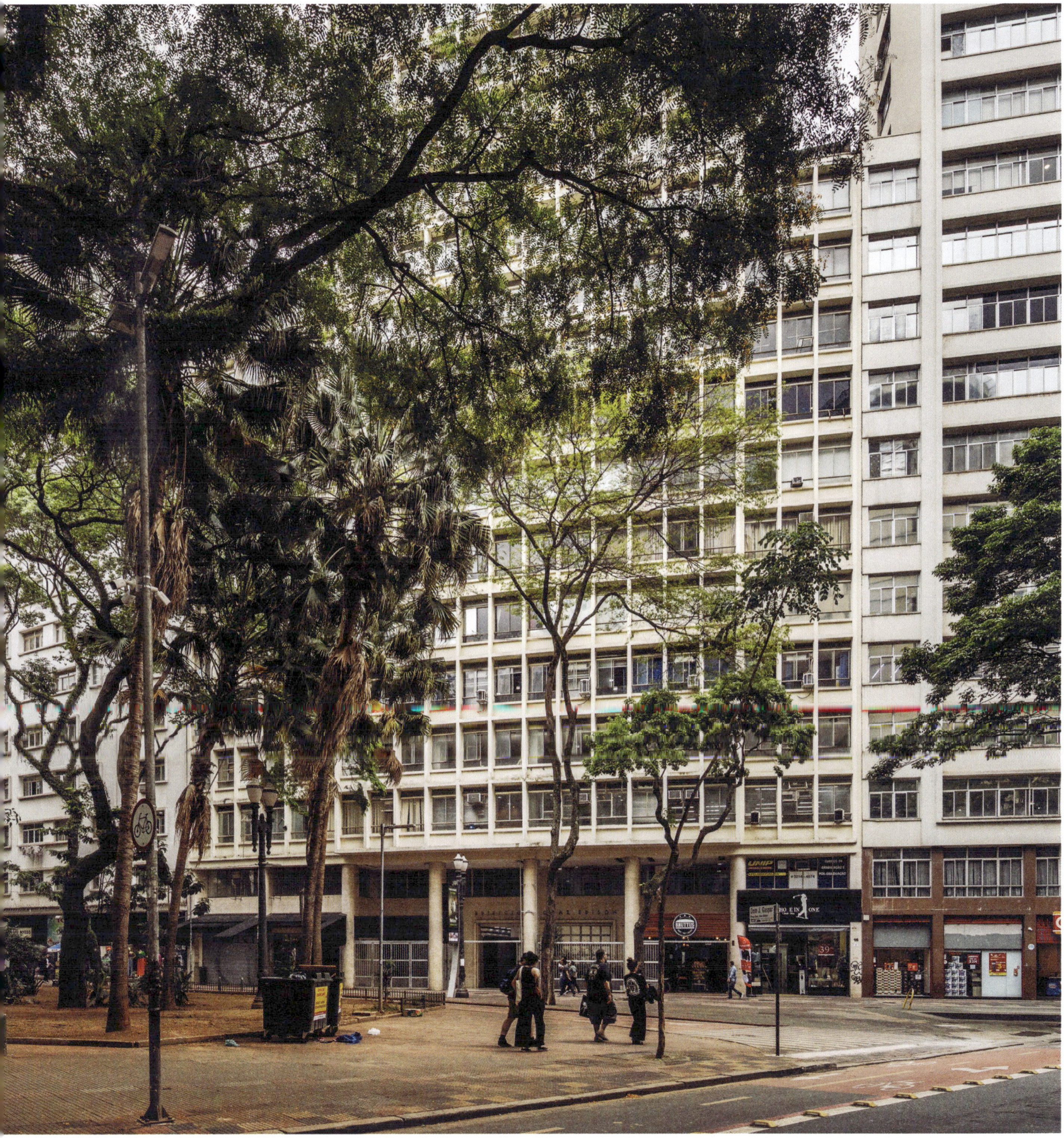

Edifício Higienópolis

1946-1949

Escritório Técnico Lucjan Korngold Engenharia e Construções

rua Sabará 76 e 106, Higienópolis, São Paulo SP

Edifício residencial com dez pavimentos e 36 apartamentos

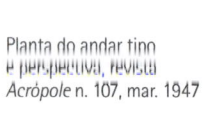

Planta do andar tipo e perspectiva, revista
Acrópole n. 107, mar. 1947

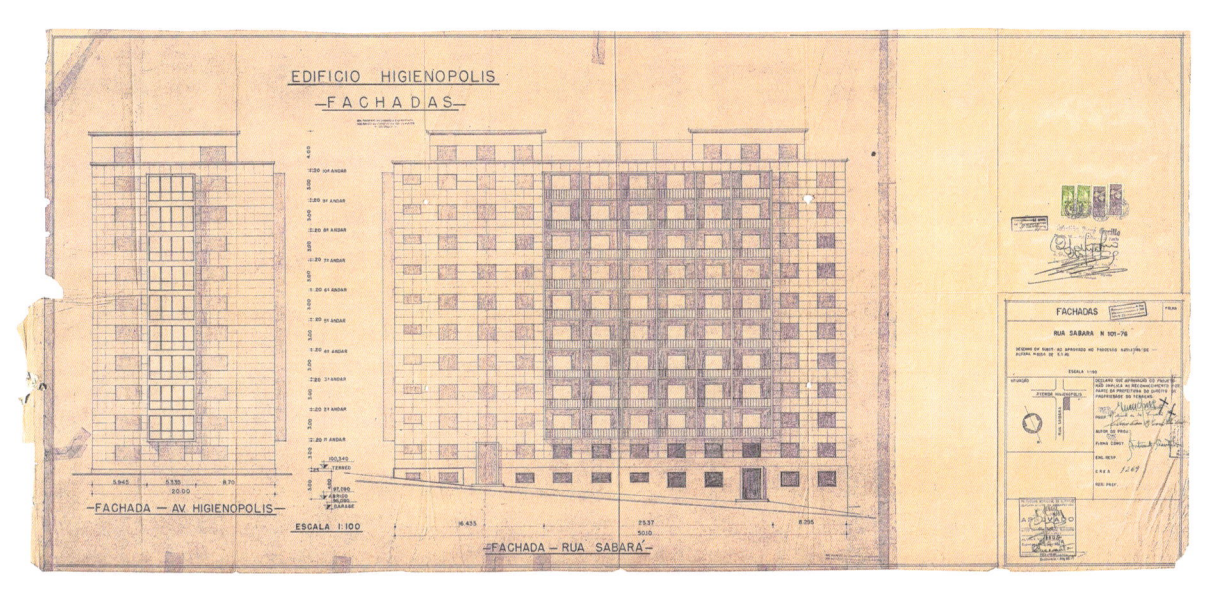

Fachadas para avenida Higienópolis e rua Sabará, 1949

Edifício Senlis

1950

Escritório Técnico Lucjan
Korngold Engenharia e
Construções

alameda Barão de Limeira
1022, Campos Elísios, São
Paulo SP

Edifício de apartamentos
residenciais

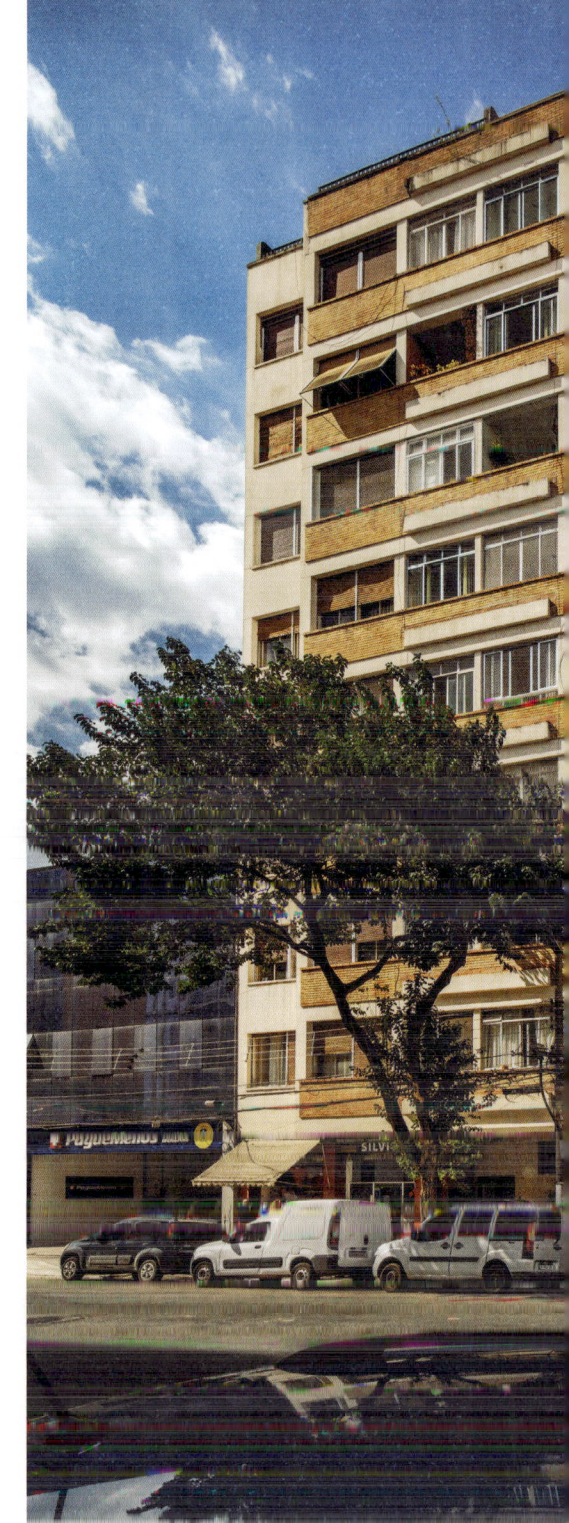

Cortes longitudinal
e transversal

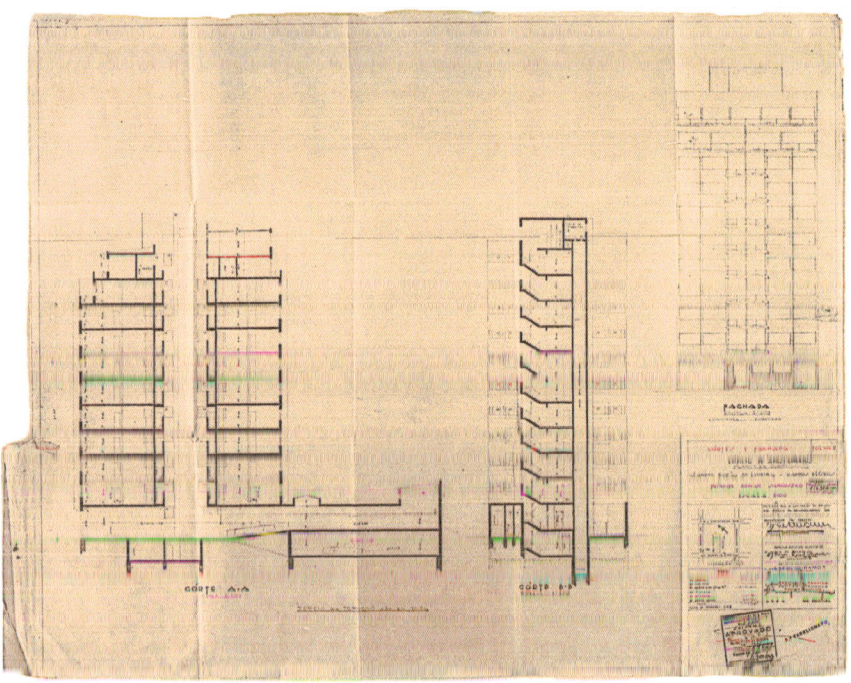

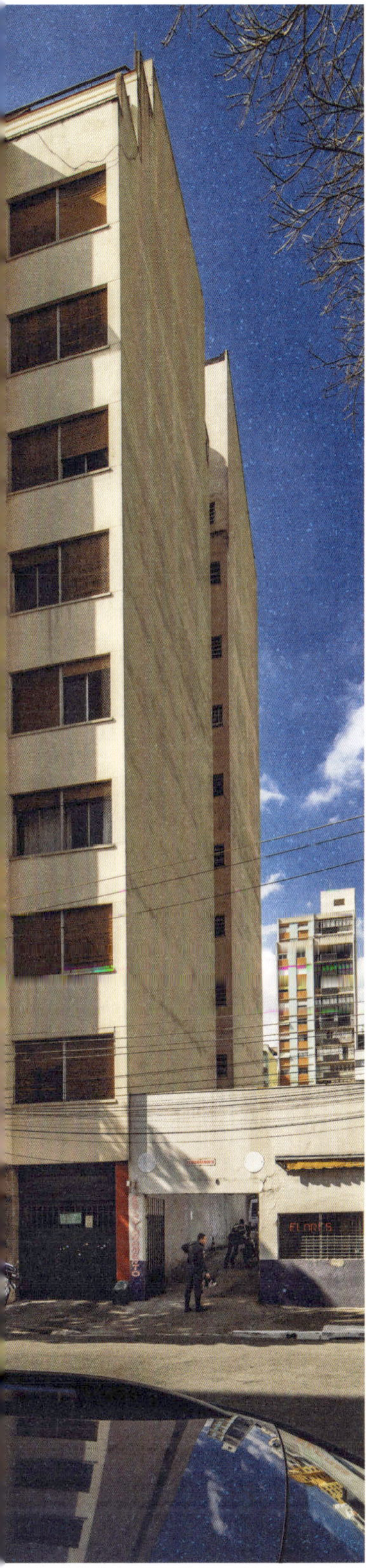

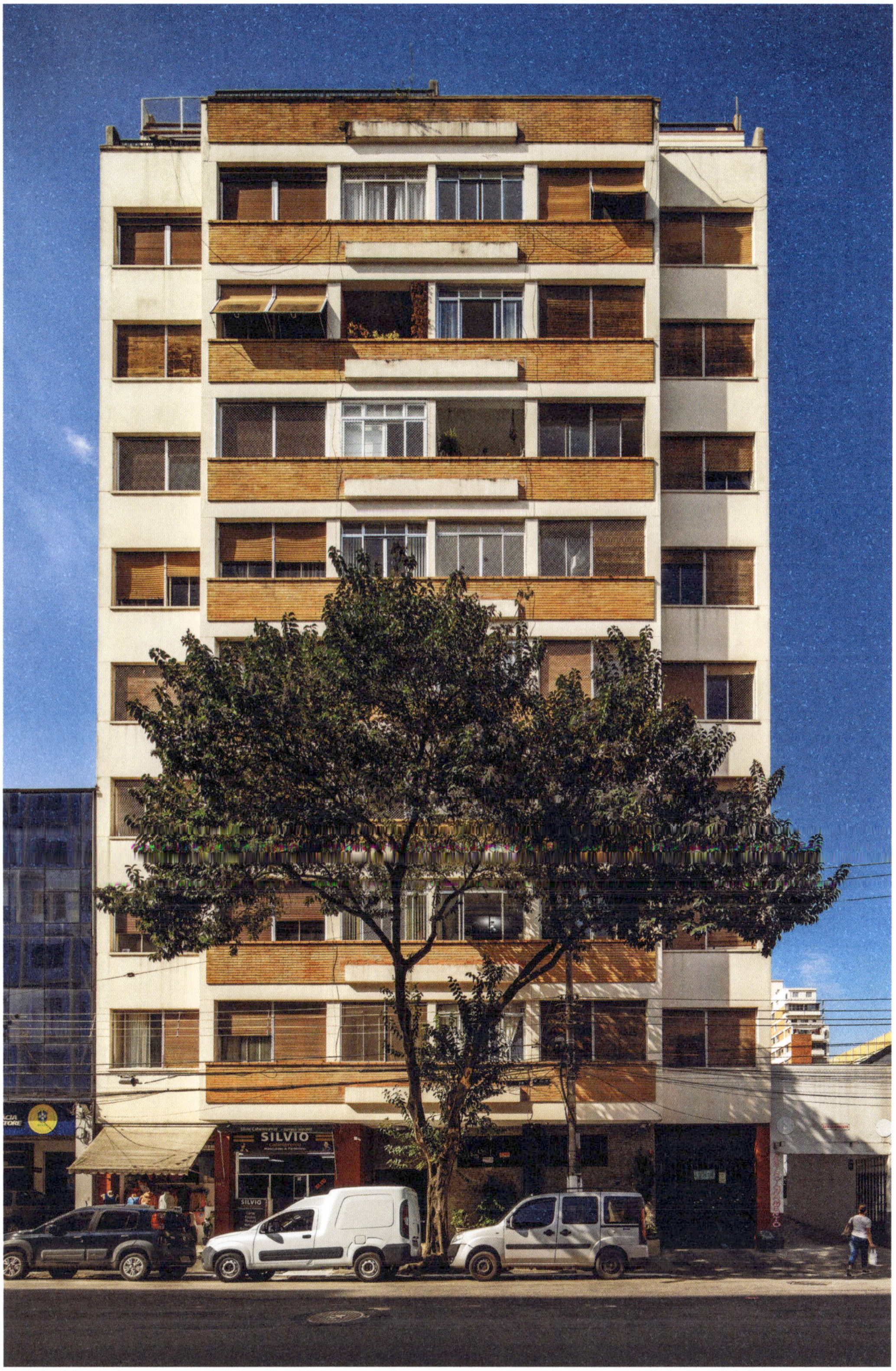
SILVIO

Edifício Intercap SP

1951-1955

Escritório Técnico Lucjan Korngold Engenharia e Construções

praça da República 107, República, São Paulo SP

Edifício com um subsolo, lojas no térreo, um salão, dezenove pavimentos para dezoito apartamentos residenciais e ático
8.653,65 m²

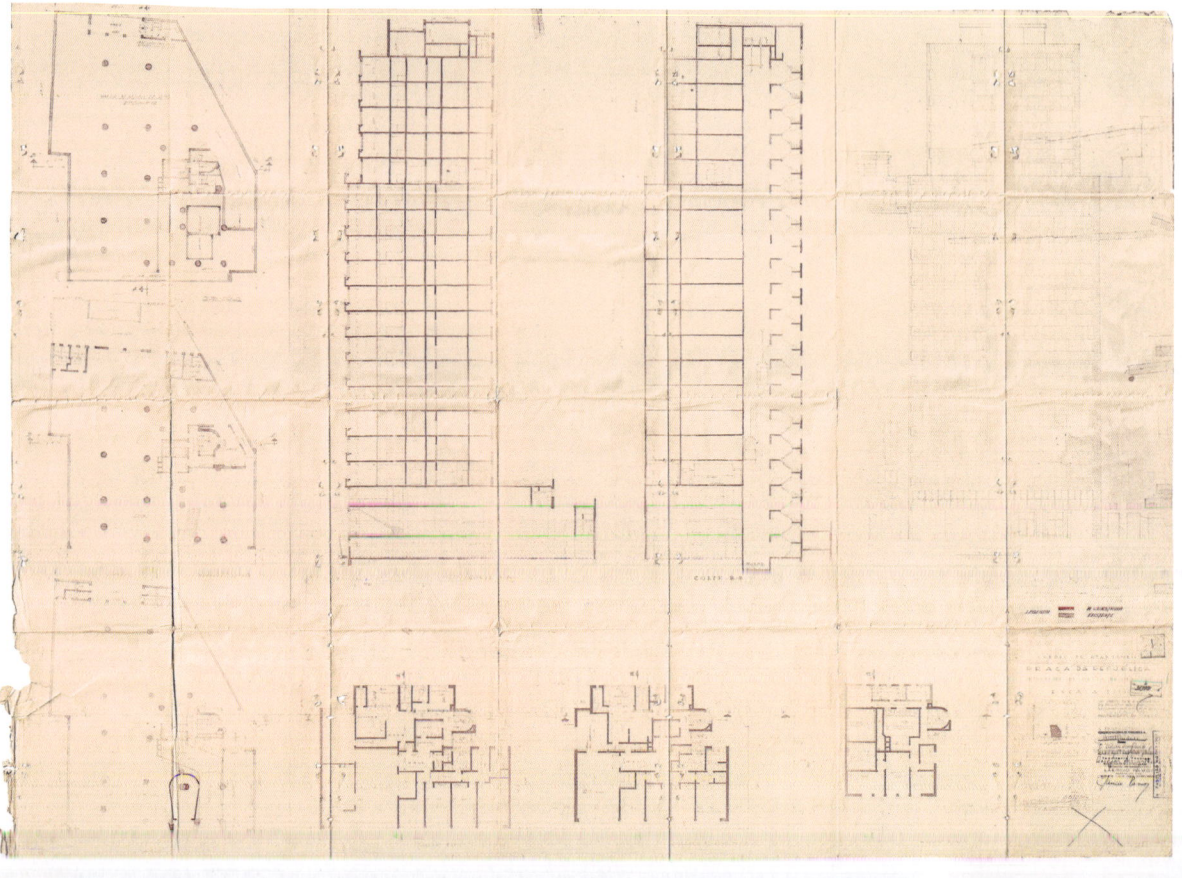

Plantas subsolo, sobreloja, andar tipo e ático, cortes, 1956

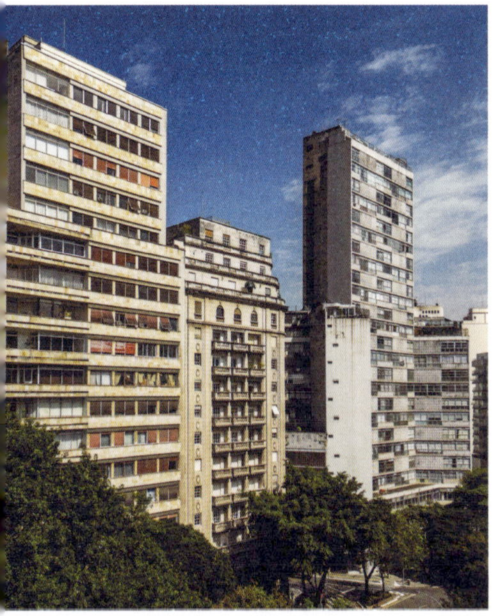

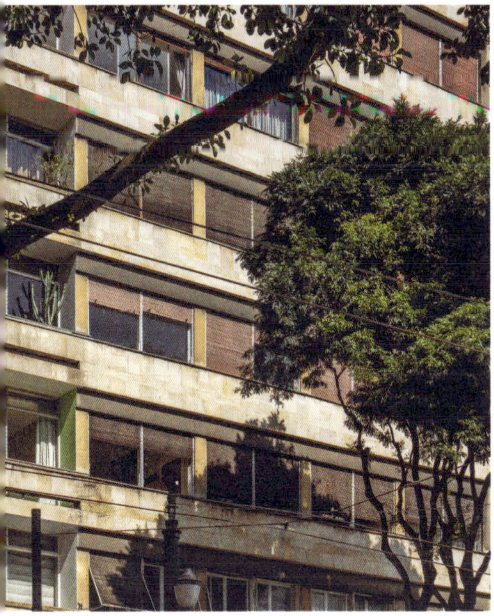

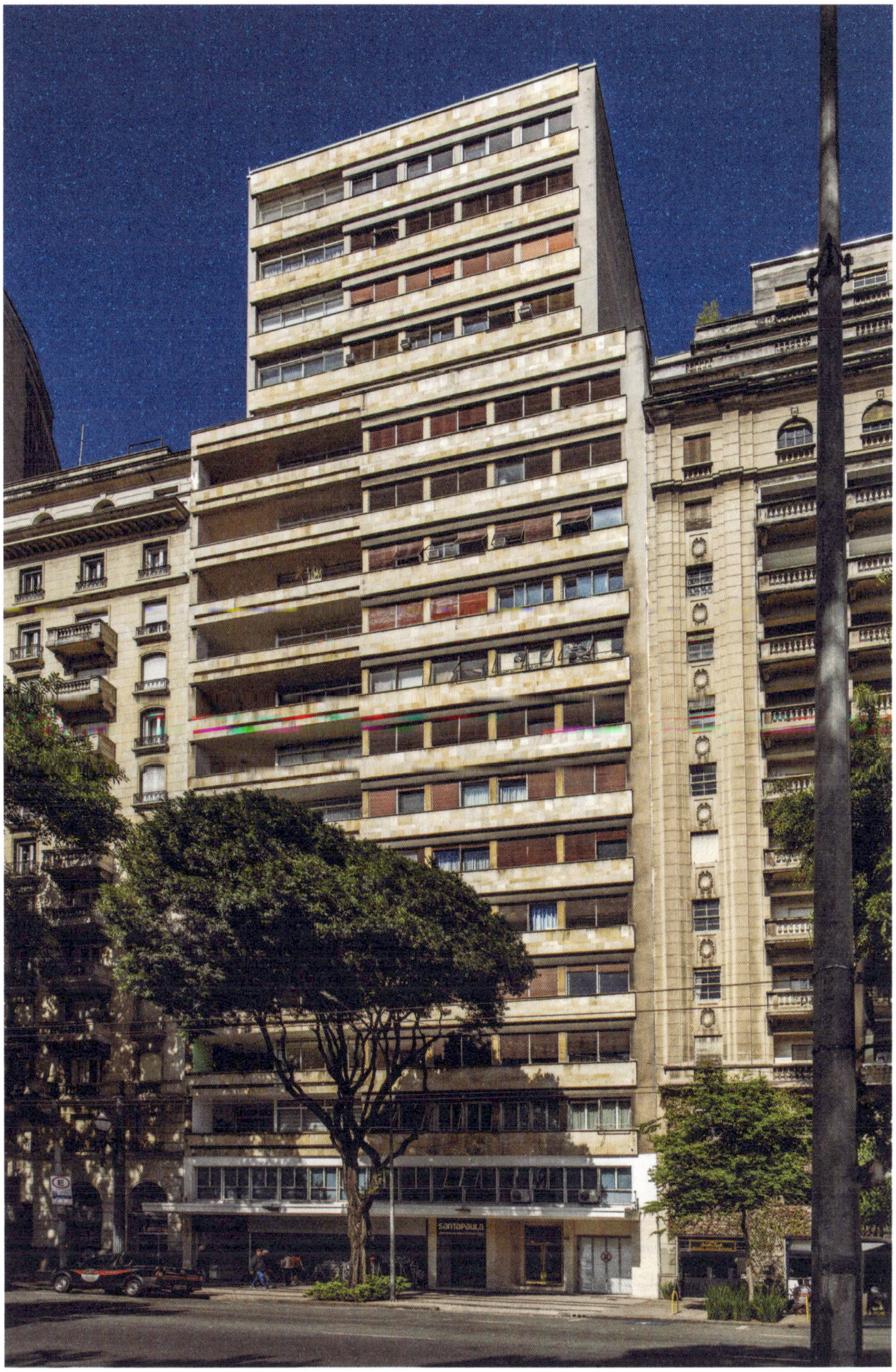

Edifício Barão de Jaguará

1951–1955

Escritório Técnico Lucjan Korngold Engenharia e Construções

Viaduto 9 de Julho 160, Centro, São Paulo SP

Edifício com 24 pavimentos para 126 apartamentos residenciais
9.293 m²

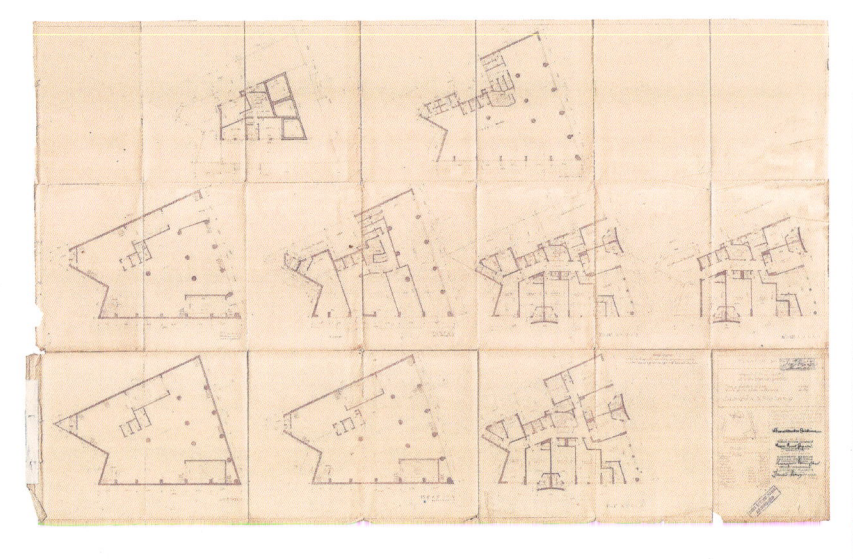

Plantas subsolo, térreo e andar tipo, 1957

Fachada e cortes, 1957

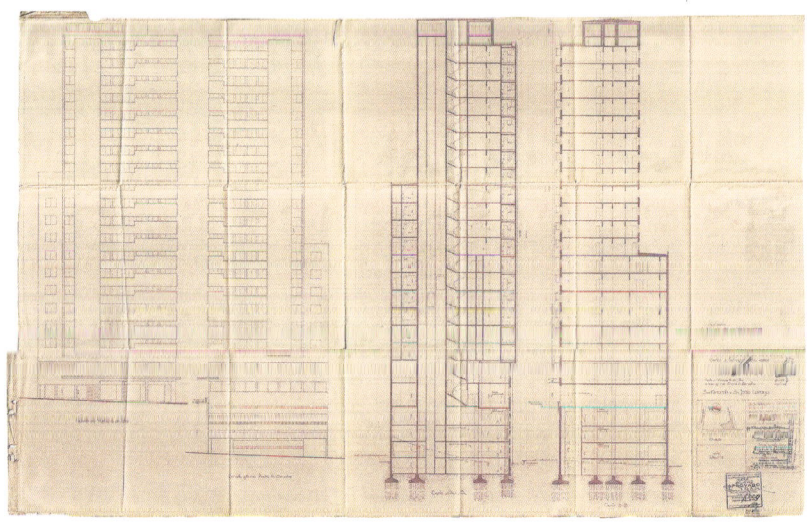

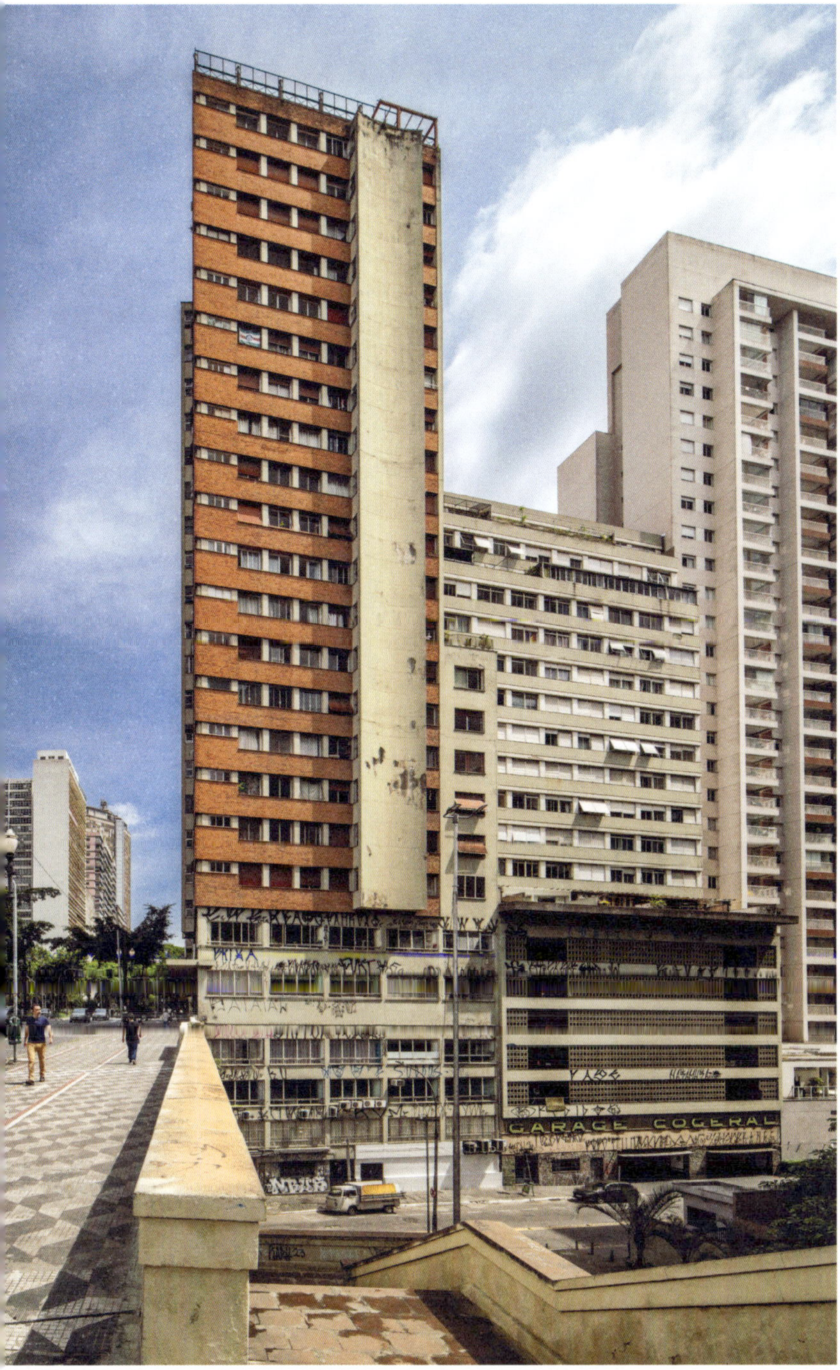
GARAGE COGERAL

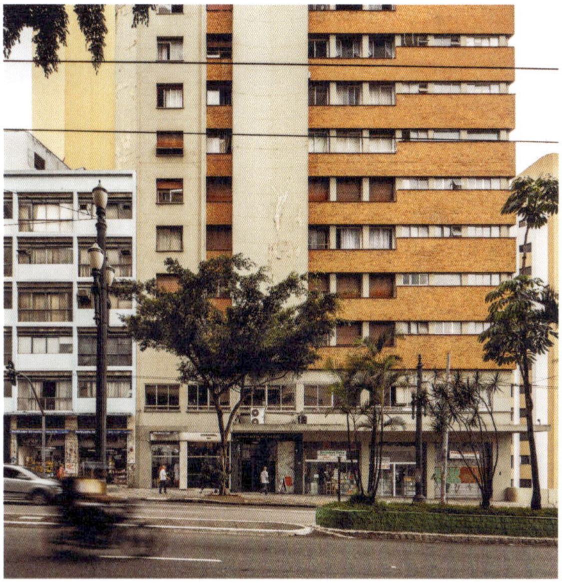

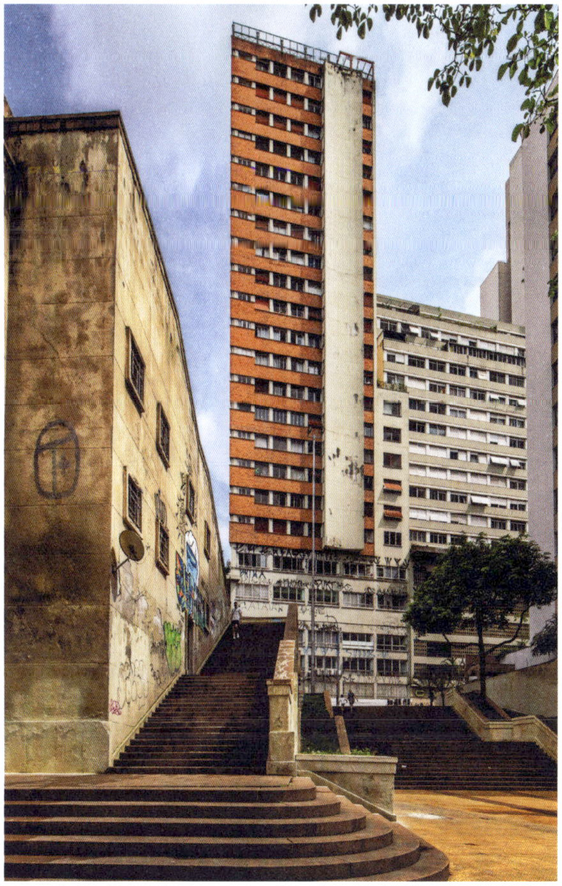

Condomínio Três Barões

1952-1957

Edifício Barão de Jundiaí,
Edifício Barão da Bocaina e
Edifício Barão do Pinhal

Projeto assinado por
Claudio Bevilacqua

Escritório Técnico Bresslau
& Bastian

avenida Angélica 1260,
Higienópolis, São Paulo SP

Edifícios de apartamentos
residenciais

Plantas subosolo, garagem, térreo e andar tipo, 1953

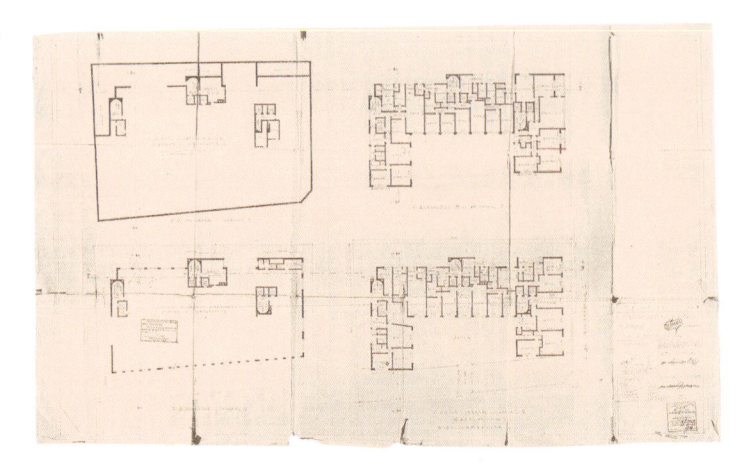

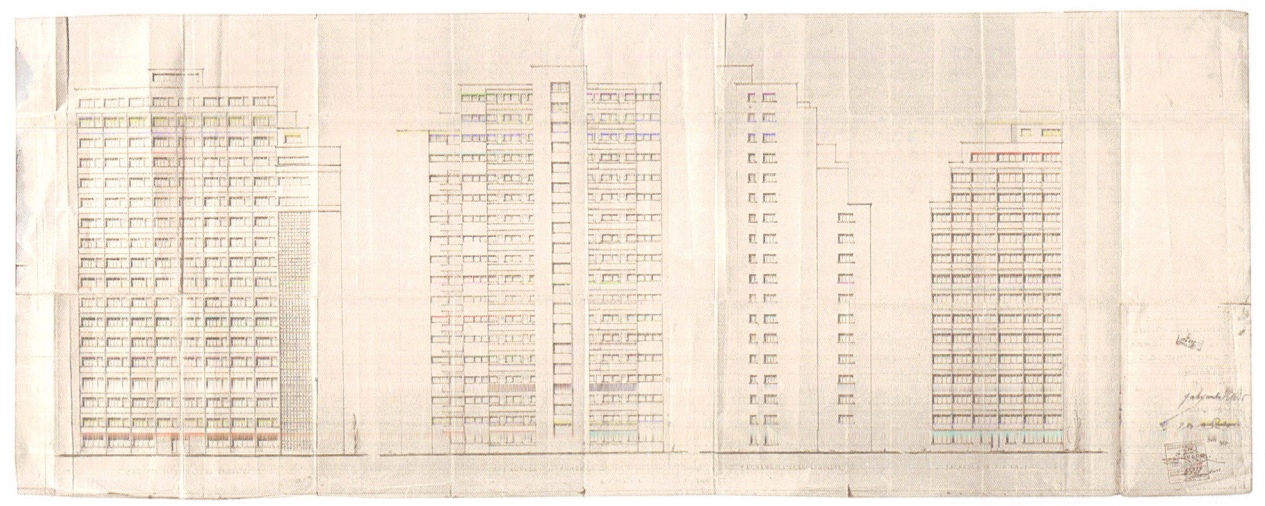

NA – O projeto do Condomínio Três Barões foi assinado por Claudio Bevilacqua. No entanto, a tipologia do conjunto e os revestimentos internos das áreas comuns, remetem aos edifícios residenciais projetados por Lucjan Korngold na Polônia; da mesma forma, o uso do tijolo nas fachadas – material bastante presente nos projetos brasileiros do arquiteto, como no Edifício São Vicente em São Paulo –, além da presença de incorporadores próximos a Korngold, sugerem a sua participação no desenvolvimento do projeto.

Fachadas avenida Angélica, fundos e avenida Higienópolis, 1953

139

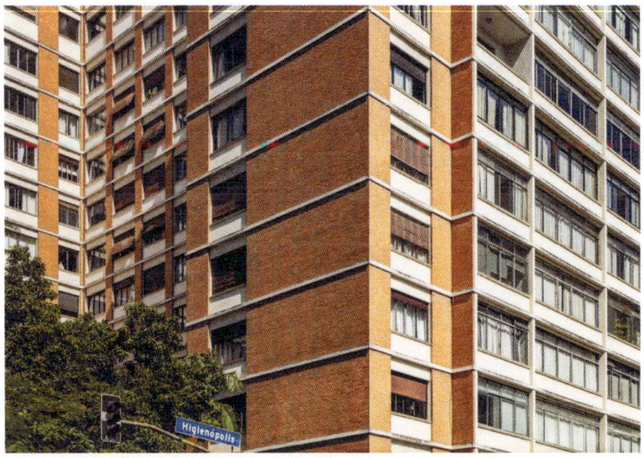

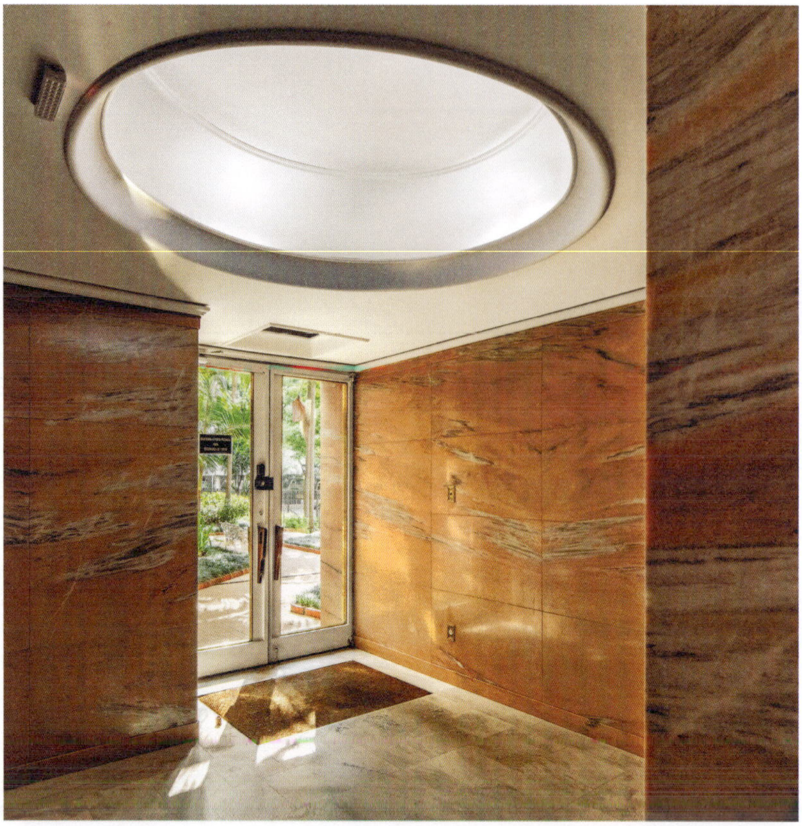

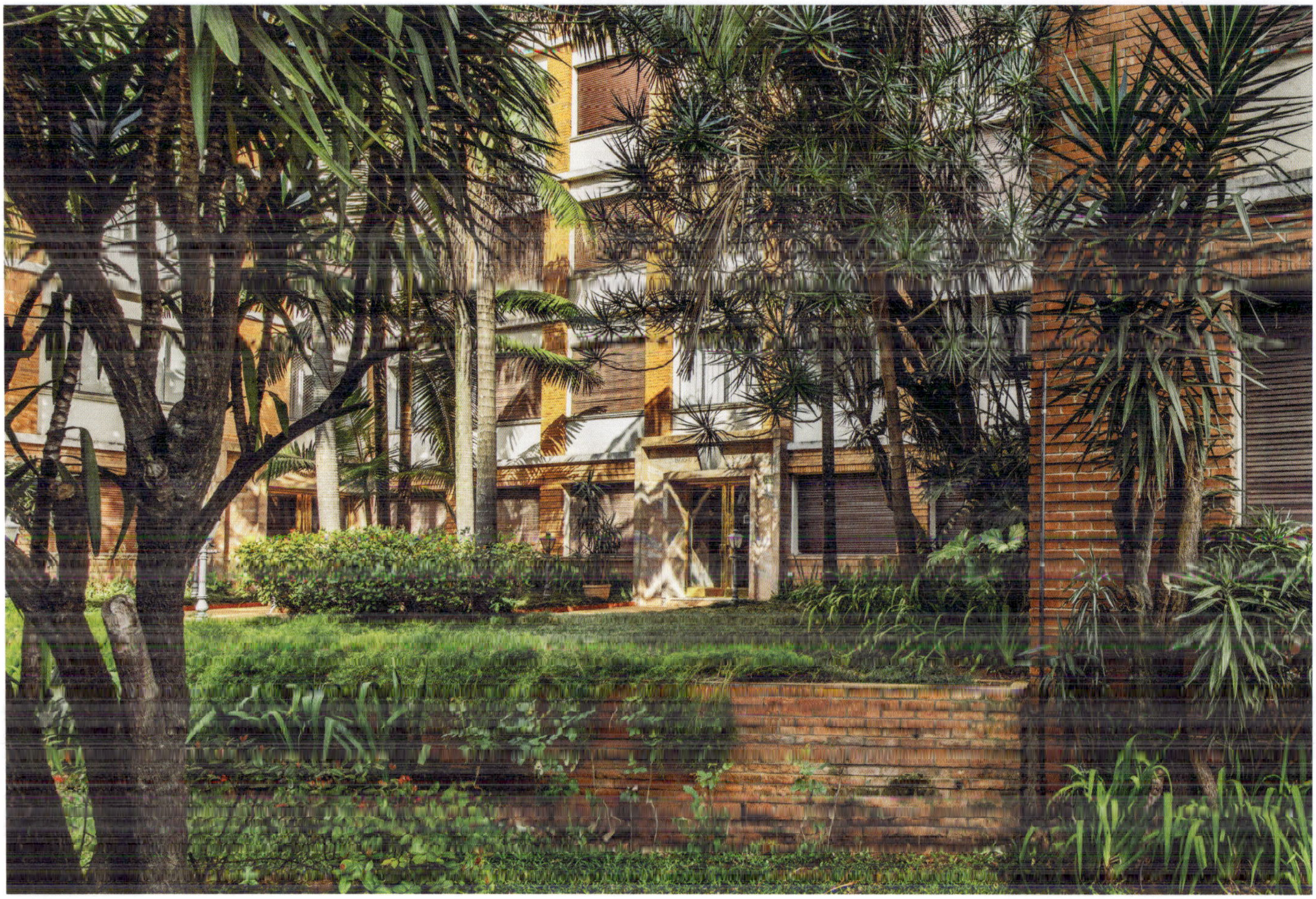

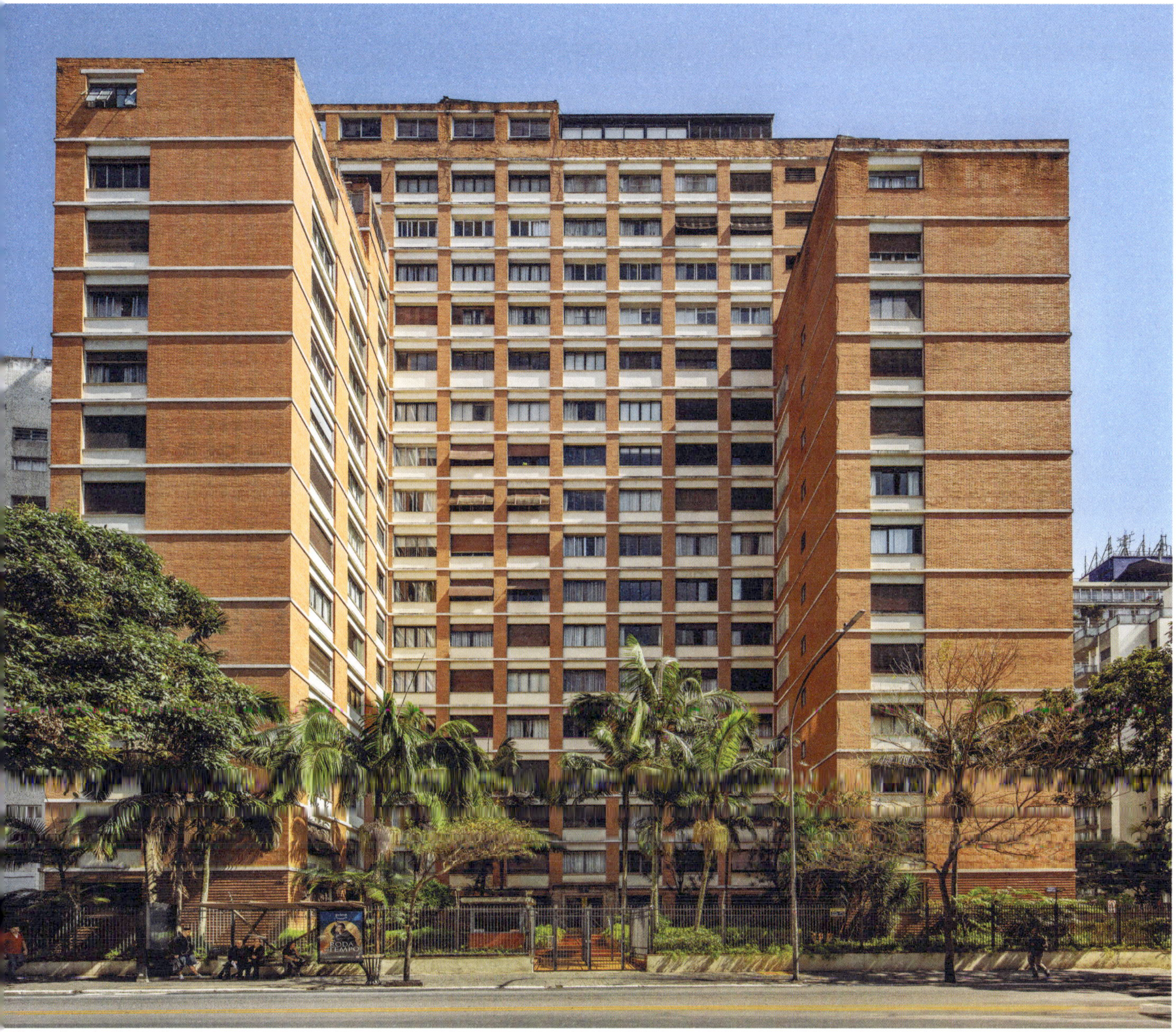

Edifício Flamengo

1955

avenida Ipiranga 354, São Paulo SP

Edifício com loja no térreo e salas para escritórios

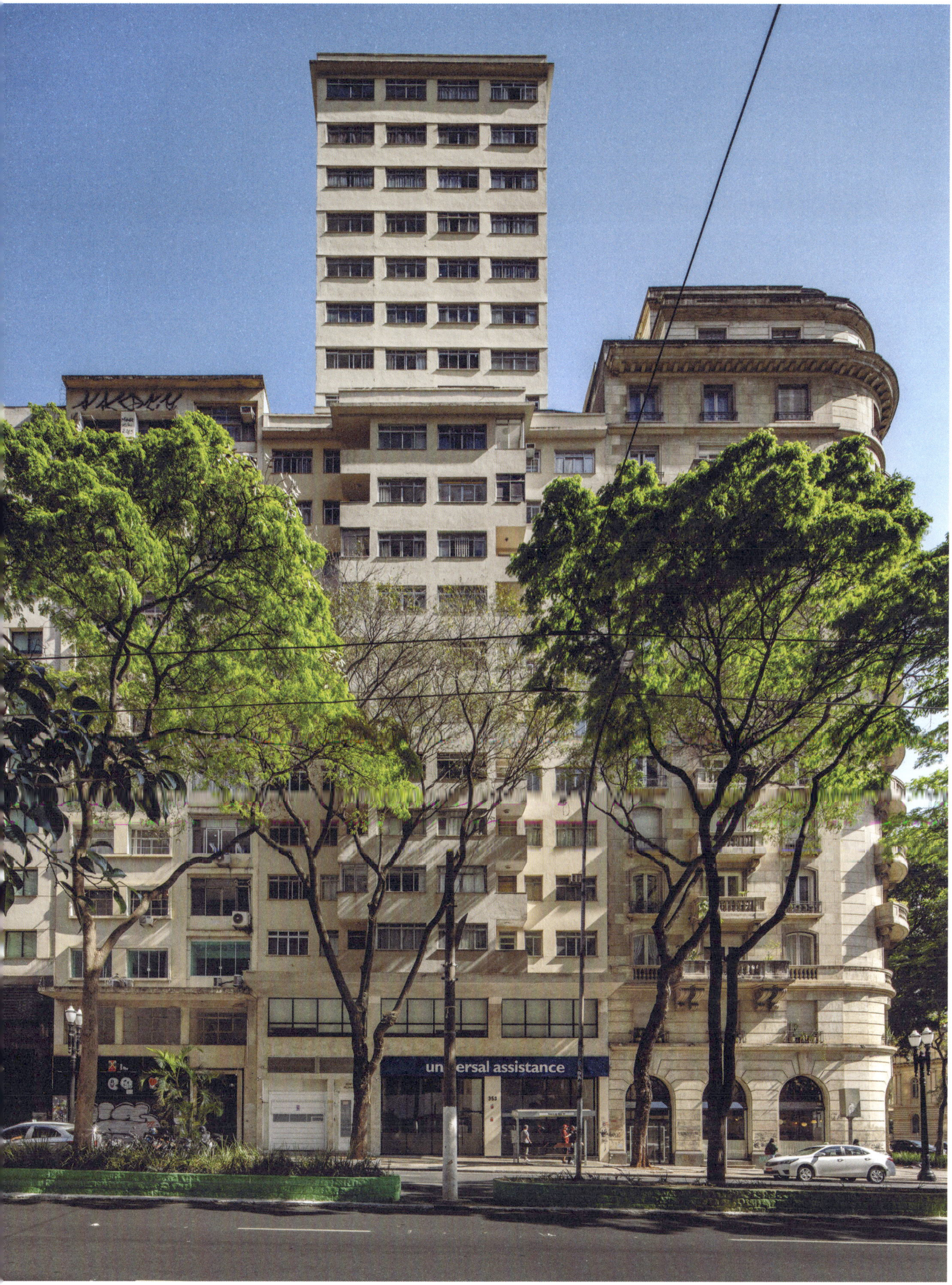
universal assistance

Edifício Bolsa de Cereais

1955-1960

Escritório Técnico Lucjan Korngold Engenharia e Construções

avenida Senador Queirós 611, Centro, São Paulo SP

Edifício com subsolo, lojas no térreo, um restaurante, 26 pavimentos, 712 salas para escritório, dois apartamentos para zelador e ático

Plantas andar térreo, 1º e 4º andares, desenhos expostos na 6ª Bienal de São Paulo, set. a dez. 1961

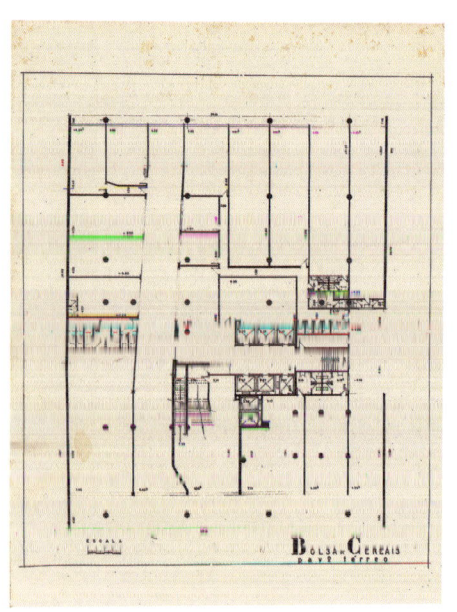

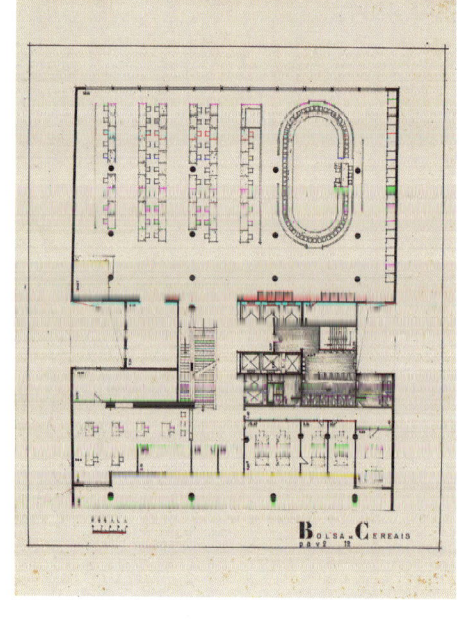

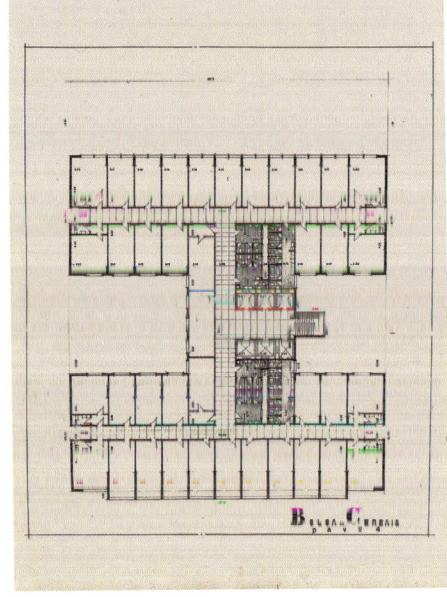

Foto exposta na 6ª
Bienal de São Paulo,
set. a dez. 1961

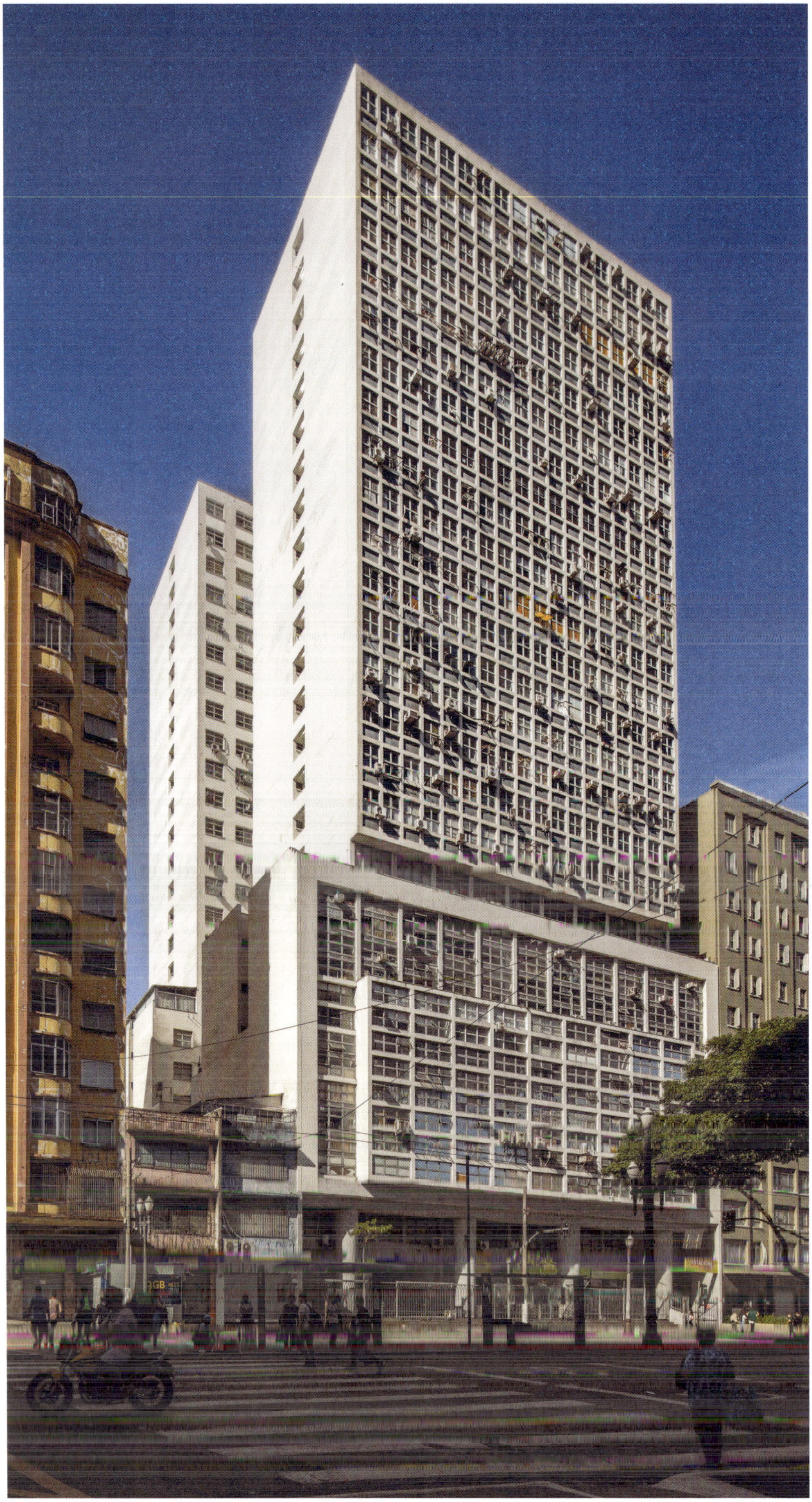

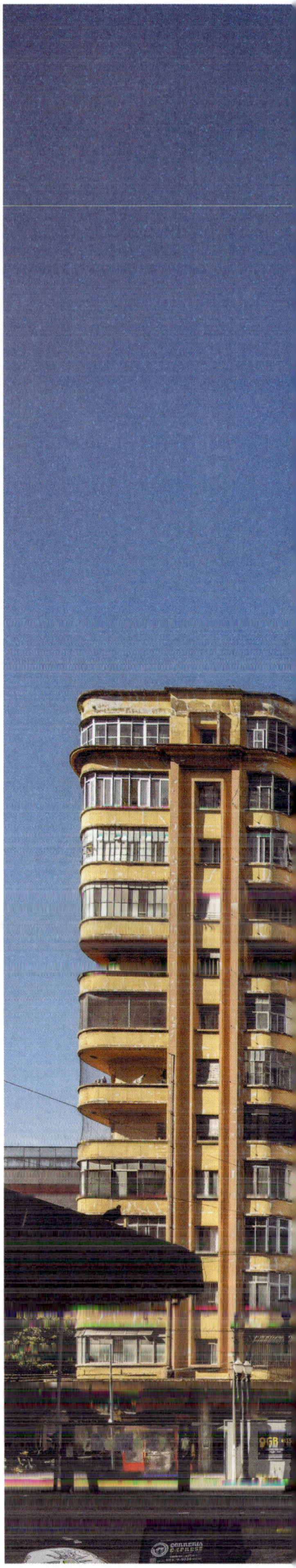

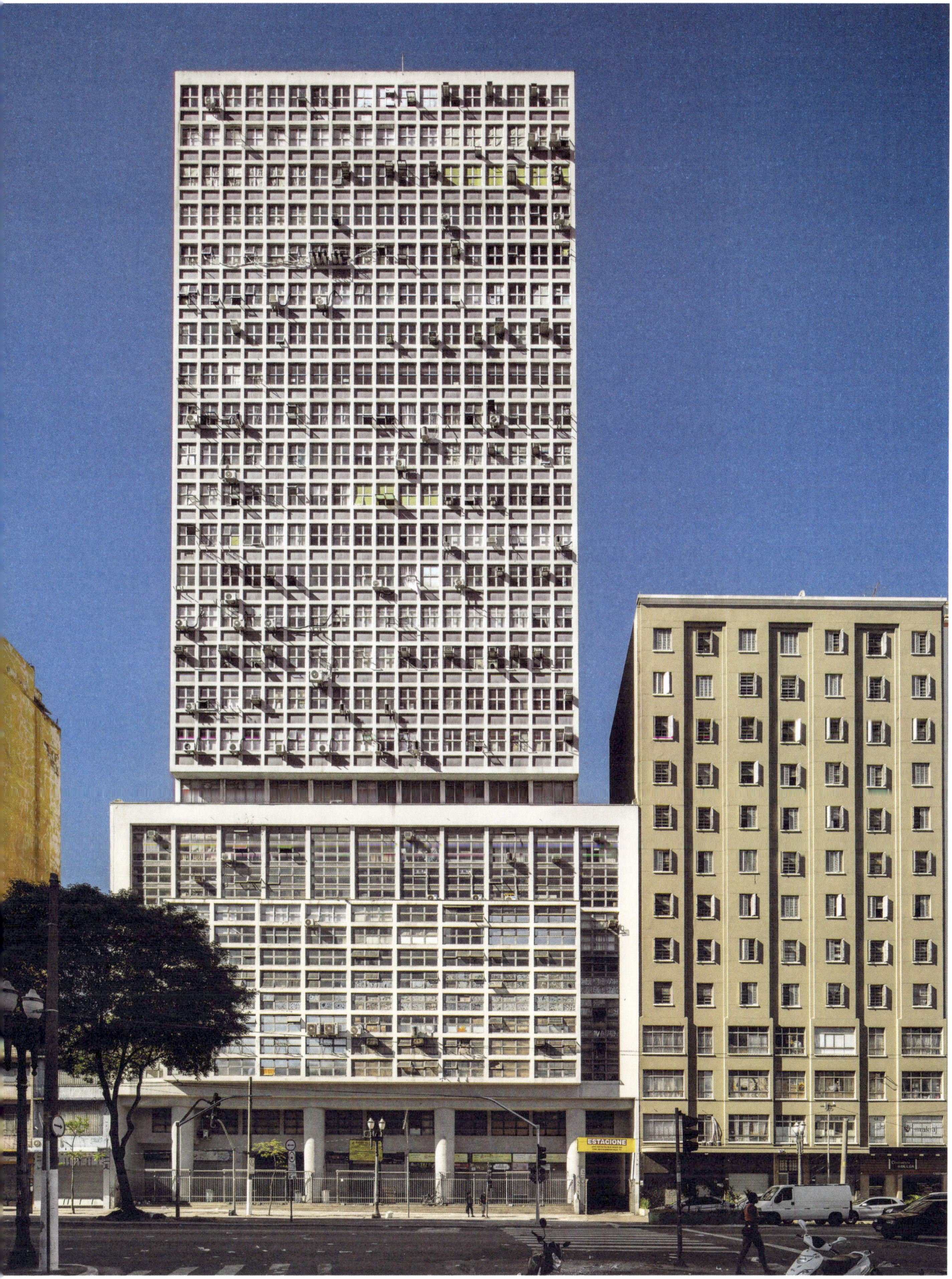
ESTACIONE

Edifício sede da Companhia de Seguros Gerais Piratininga

Atual Edifício da Reitoria da Unesp

1955-1961

Escritório Técnico Lucjan Korngold Engenharia e Construções

rua Quirino de Andrade 215, Centro, São Paulo SP

Edifício com três subsolos, duas garagens, mezanino com sobrelojas, dez pavimentos e 83 salas para escritórios
7.067 m²

Fotos internas, revista *Acrópole* n. 288, nov. 1962

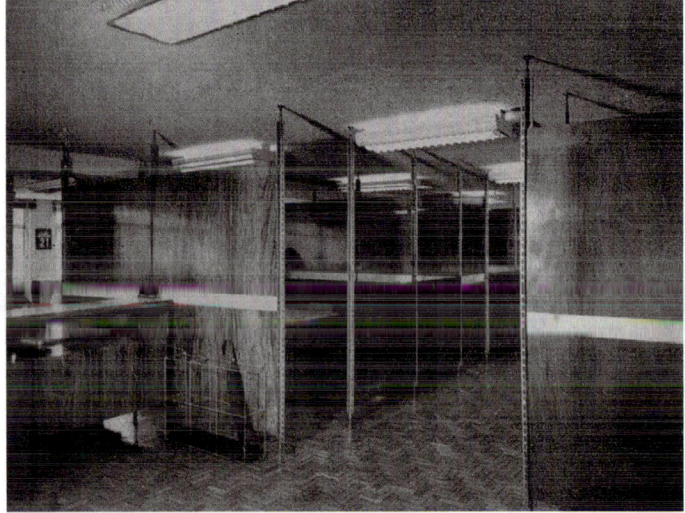

Desenho com plantas, 1961; de cima para baixo, da esquerda para a direita:
1. segundo subsolo
2. primeiro subsolo
3. térreo inferior
4. térreo superior;
5. térreo girau (ou jirau, similar a mezanino)
6. primeiro andar

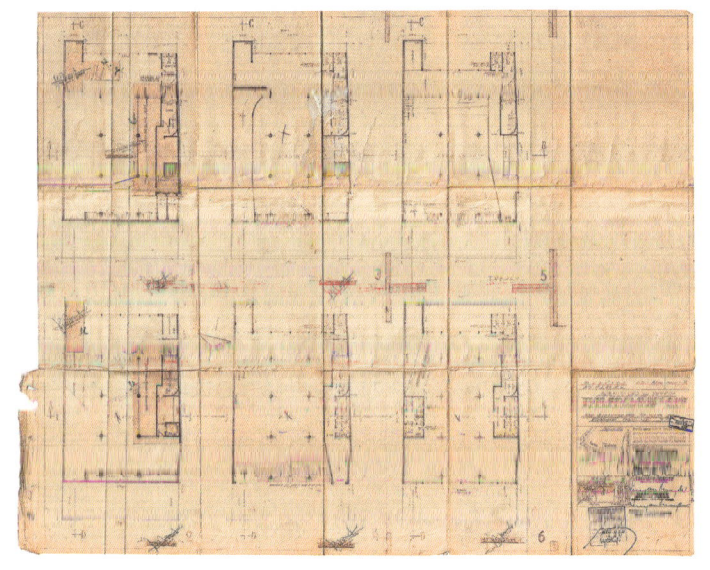

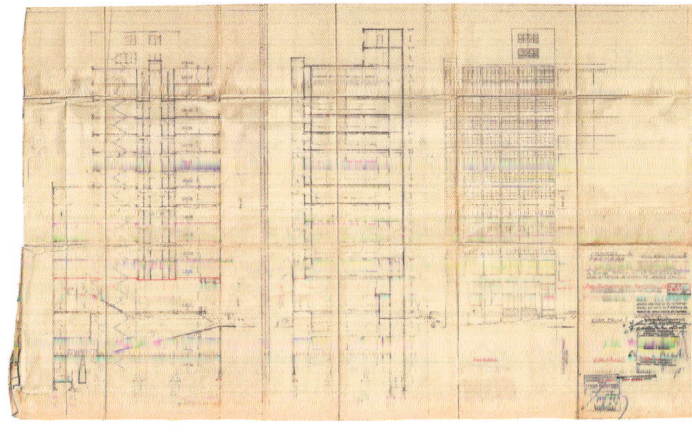

Desenho com cortes e fachada, 1961

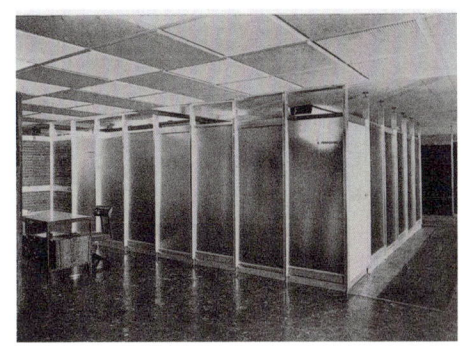

Fotos da fachada e internas, detalhes técnicos das divisórias do pavimento tipo e da junção de portas com divisórias publicados, painel pintado a óleo com contornos de crayon, de Gerson Knispel, detalhe e posicionamento no hall de entrada, revista Acrópole n. 288, nov. 1962

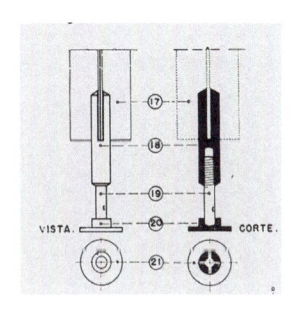

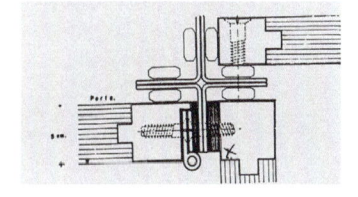

Garagem Cogeral

1957–1960

Escritório Técnico Lucjan Korngold Engenharia e Construções

rua Álvaro de Carvalho 172 e 184, Centro, São Paulo SP

Edifício com subsolo, três andares de garagem, oito salões em andar intermediário, quatorze pavimentos para apartamentos residenciais e ático
15.714 m²

Plantas subsolo, andar térreo e andar tipo 1º ao 6º, cortes, 1960

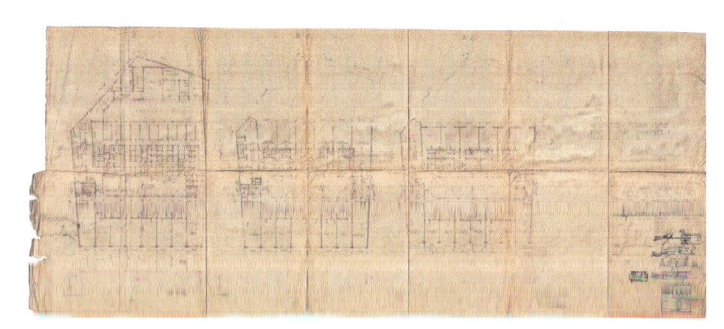

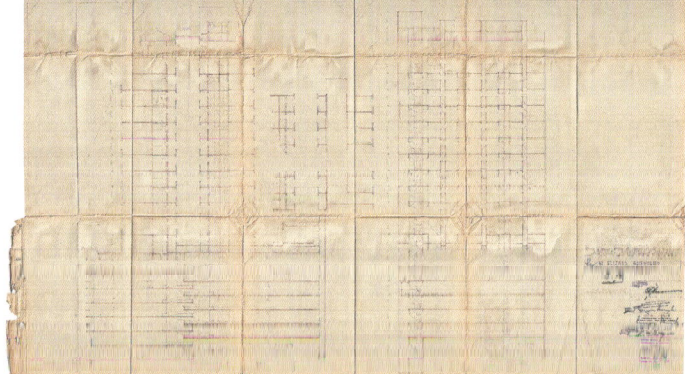

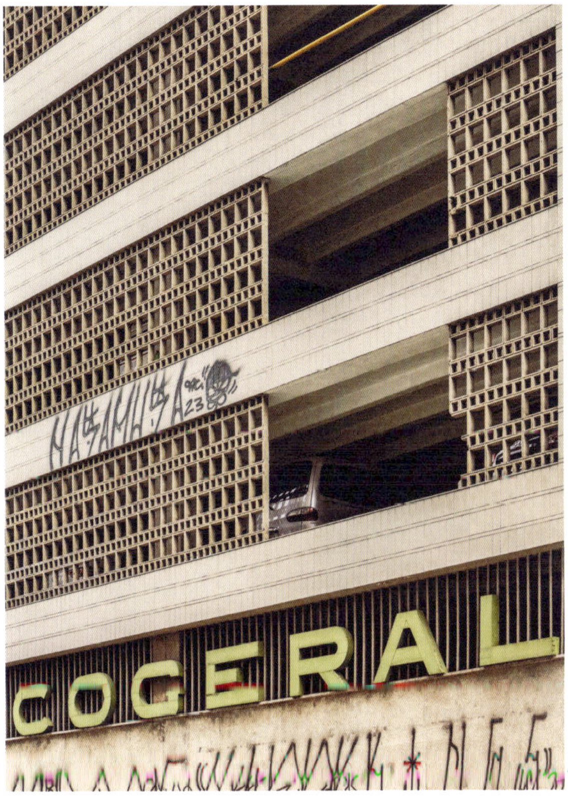
COGERAL

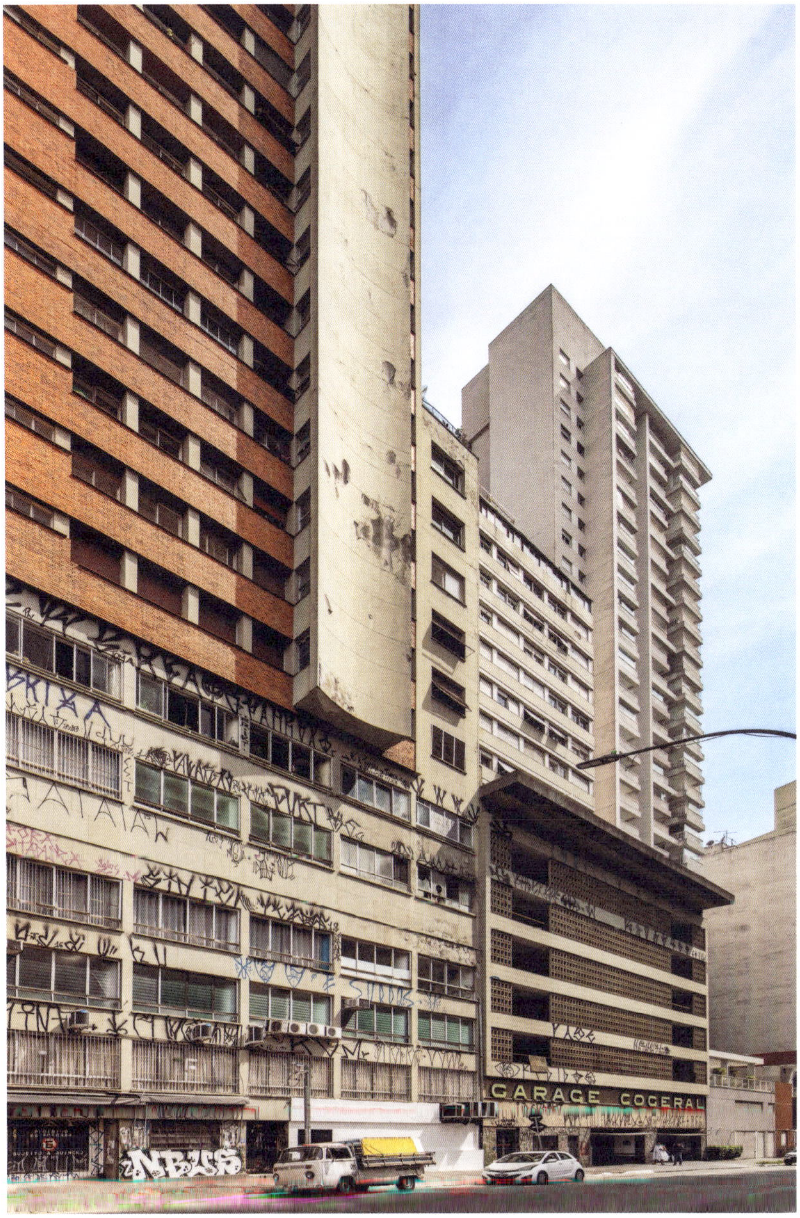
GARAGE COGERAL

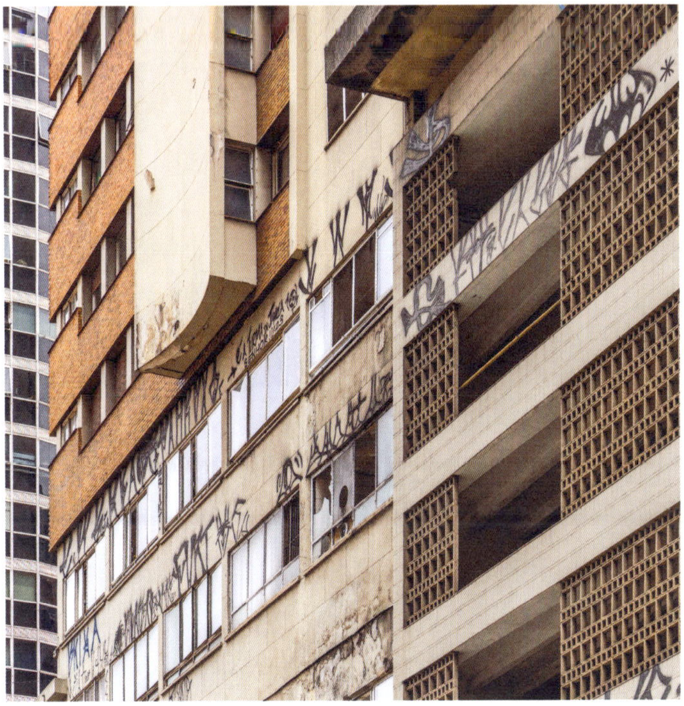

Edifício Chopin

1958–1964

Escritório Técnico
Lucjan Korngold
Engenharia e Construções
Lucjan Korngold e
Abelardo Gomes de Abreu
Arquitetos Associados

rua Rio de Janeiro 212,
Higienópolis, São Paulo SP

Edifício de apartamentos
residenciais

Abaixo e ao lado, plantas andar térreo, andar tipo e garagem

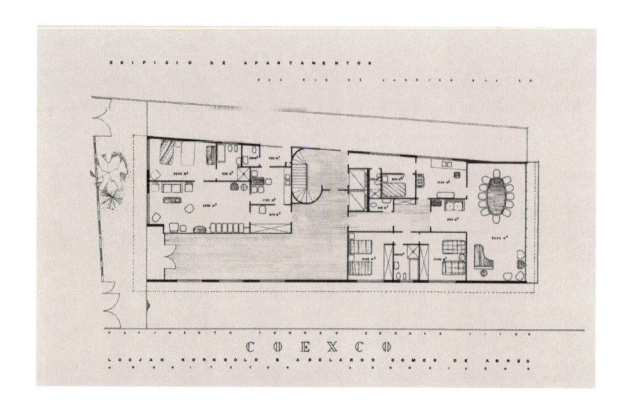

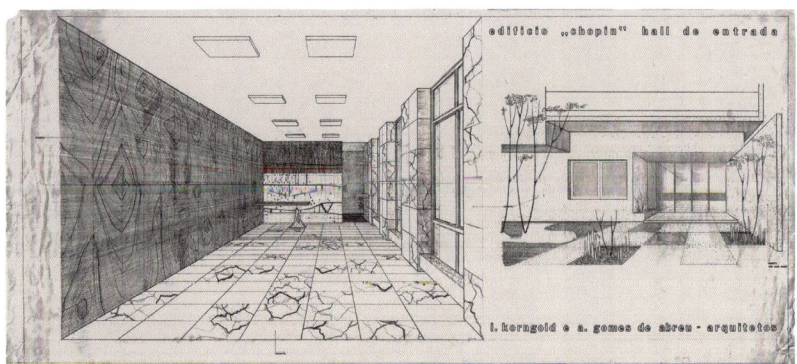

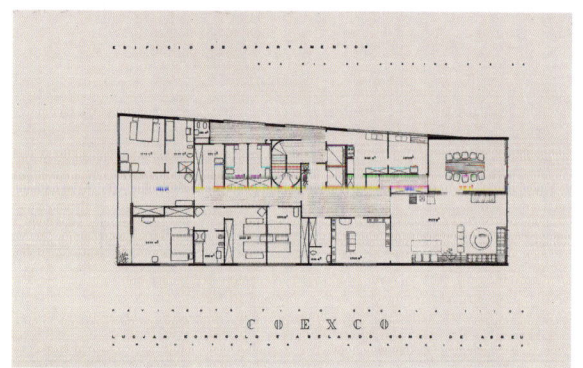

Estudos da fachada e hall de entrada

153

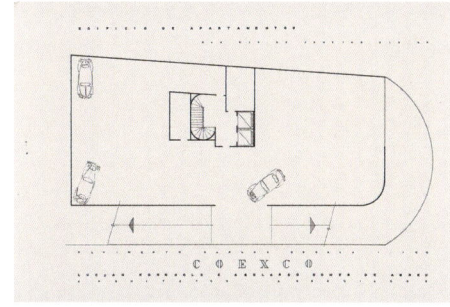

Edifício Wilson Mendes Caldeira

1958-1968

Escritório Técnico Lucjan Korngold Engenharia e Construções e Jorge (Jerszy) Zalszupin

rua Santa Tereza 20, largo da Sé e praça Clóvis Beviláqua, São Paulo SP

Edifício com dois subsolos, quatro sobrelojas, loja no térreo, vinte pavimentos, quatorze salões, 226 salas para escritórios, um apartamento para zelador e ático
9.930 m²

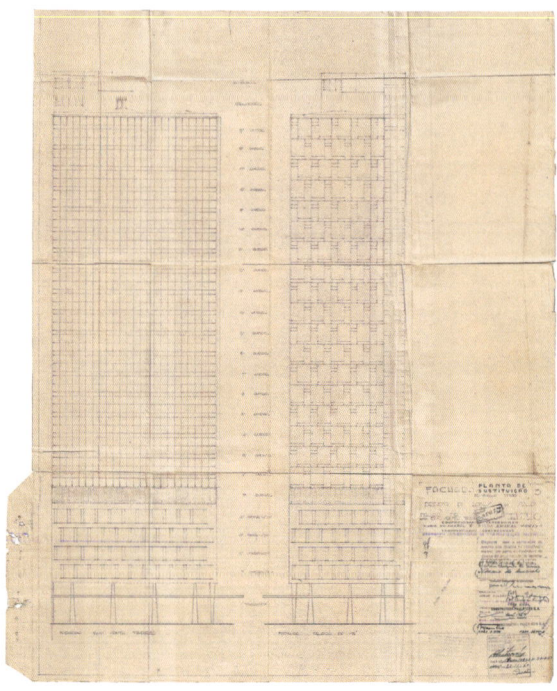

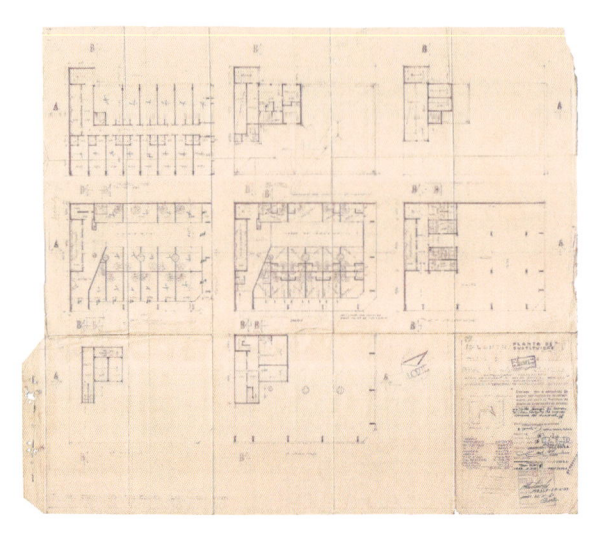

Fachadas, plantas tipo, 20º andar, caixa d'água, térreo e sobreloja, 1960

155

Edifício Gerbur

1958-1969

Escritório Técnico
Lucjan Korngold
Engenharia e Construções
Lucjan Korngold e
Abelardo Gomes de Abreu
Arquitetos Associados

rua São Bento 365 e
rua Líbero Badaró 462,
Centro, São Paulo SP

Edifício com dois subsolos,
lojas no térreo, mezanino,
24 pavimentos, 131
salas para escritório,
um apartamento para
zelador e ático

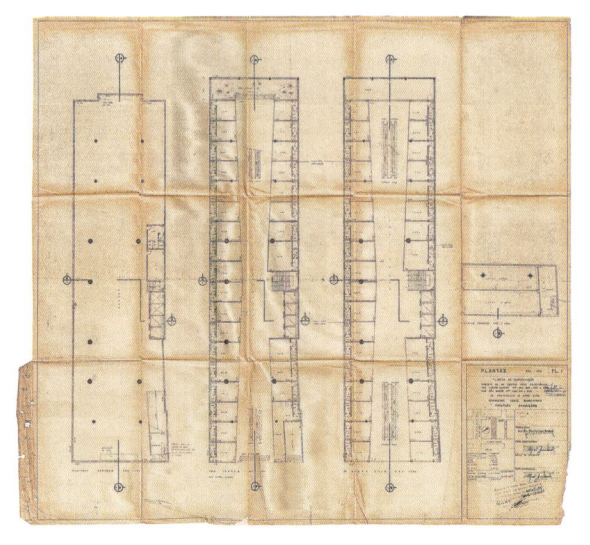

Acima, plantas subsolo,
garagem, térreo e
1ª sobreloja

No meio, plantas andar
térreo para rua São Bento,
andar Jirau (mezanino),
andar cobertura do bloco
inferior e andar tipo

Abaixo, fachadas rua São
Bento e rua Líbero Badaró

Desenhos técnicos de 1963

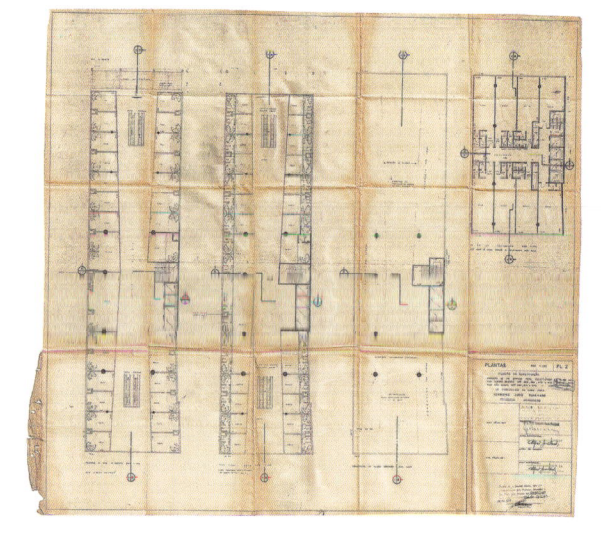

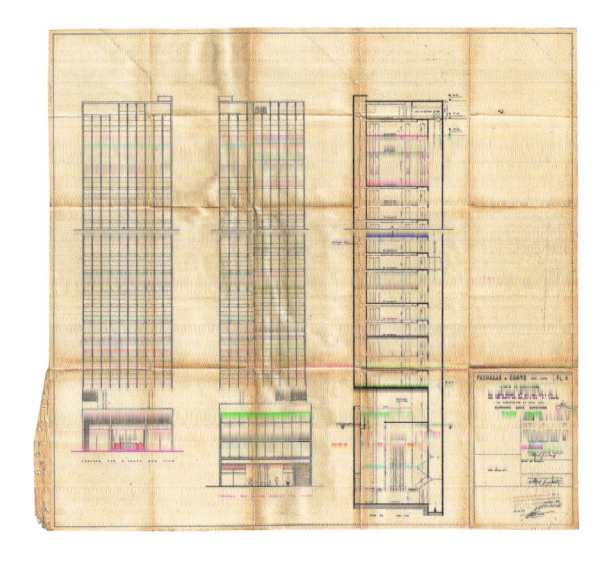

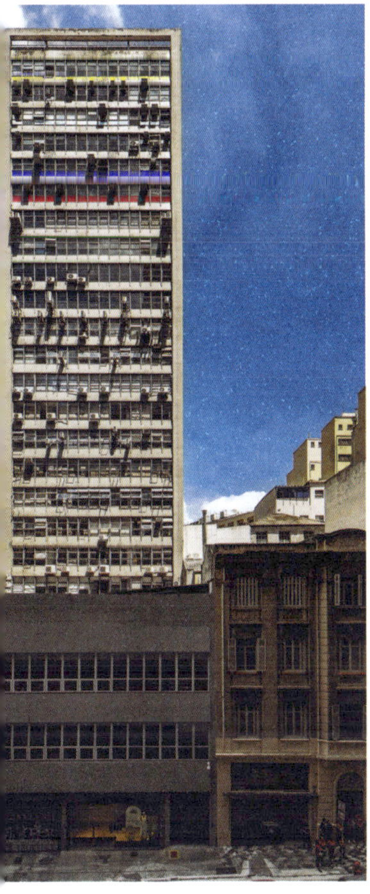

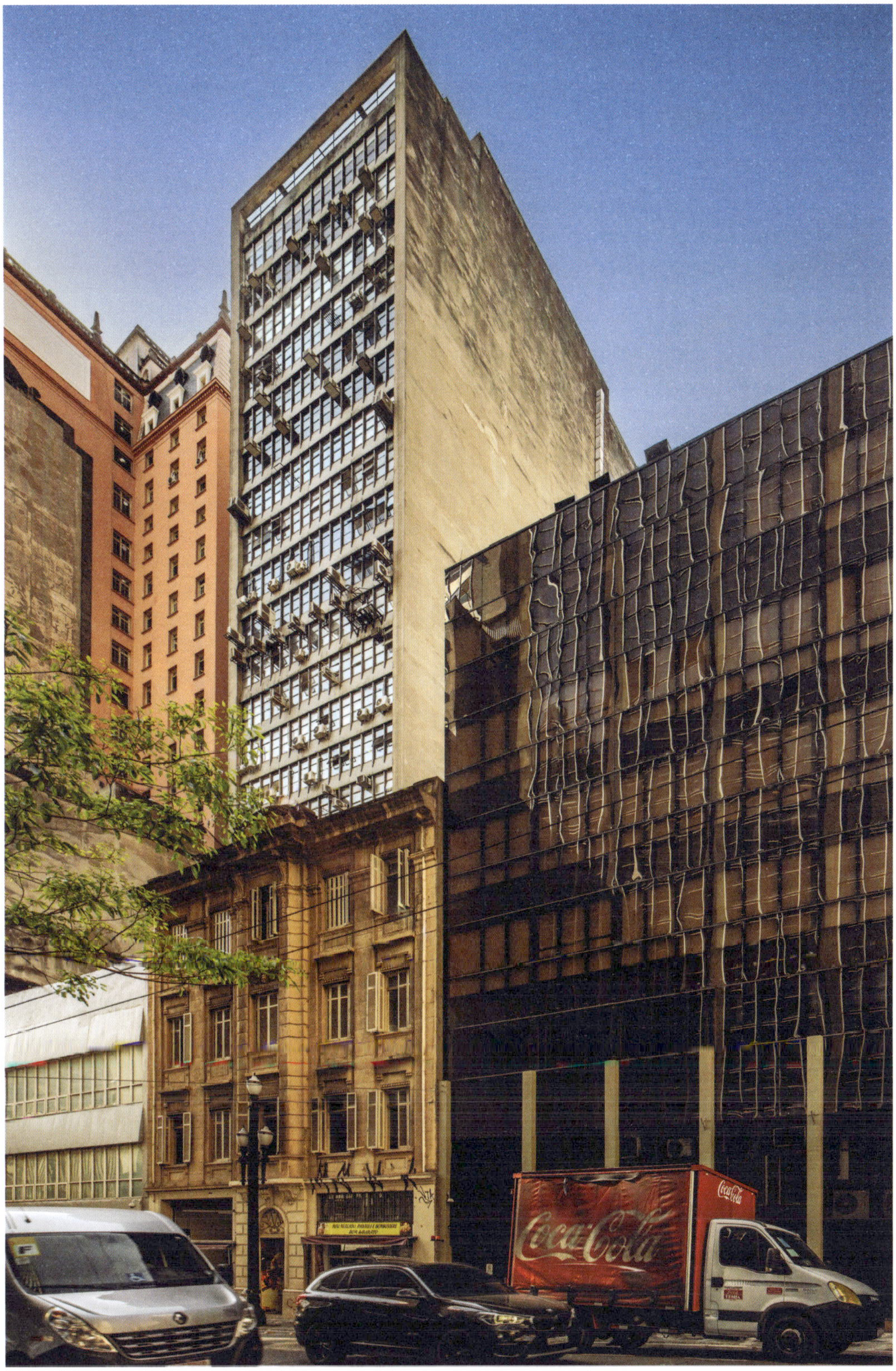
Coca-Cola

Edifício Fabíola

1960-1963

Escritório Técnico Lucjan Korngold Engenharia e Construções

rua Piauí 900, Higienópolis, São Paulo SP

Edifício com quatorze pavimentos para doze apartamentos residenciais e ático
5.822 m²

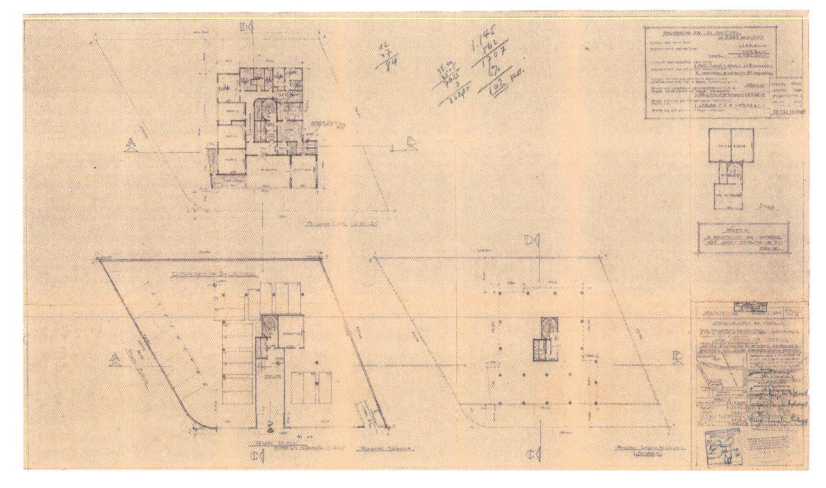

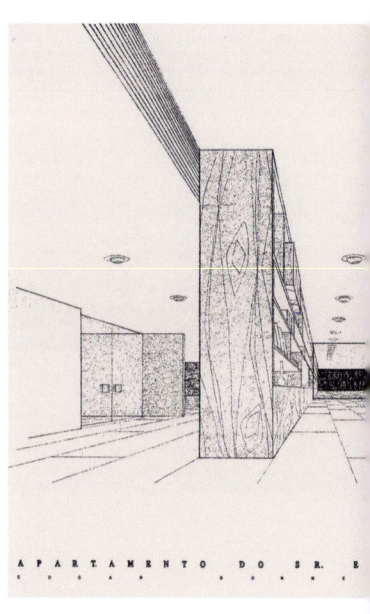

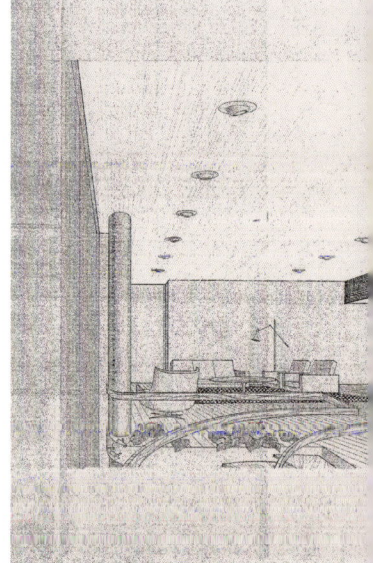

Acima, andar tipo, andar térreo rua Piauí e andar intermediário

No meio, cortes

Abaixo, fachadas

Desenhos técnicos de 1960

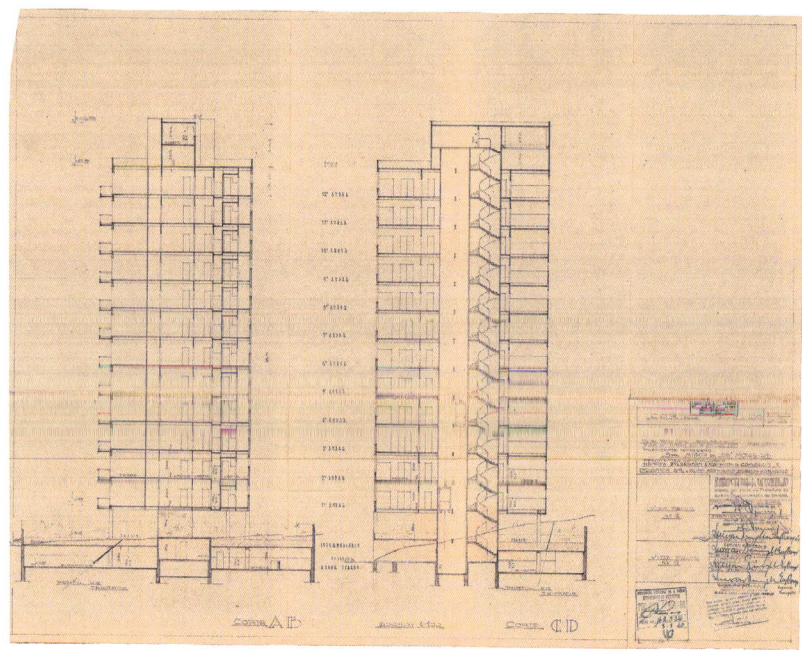

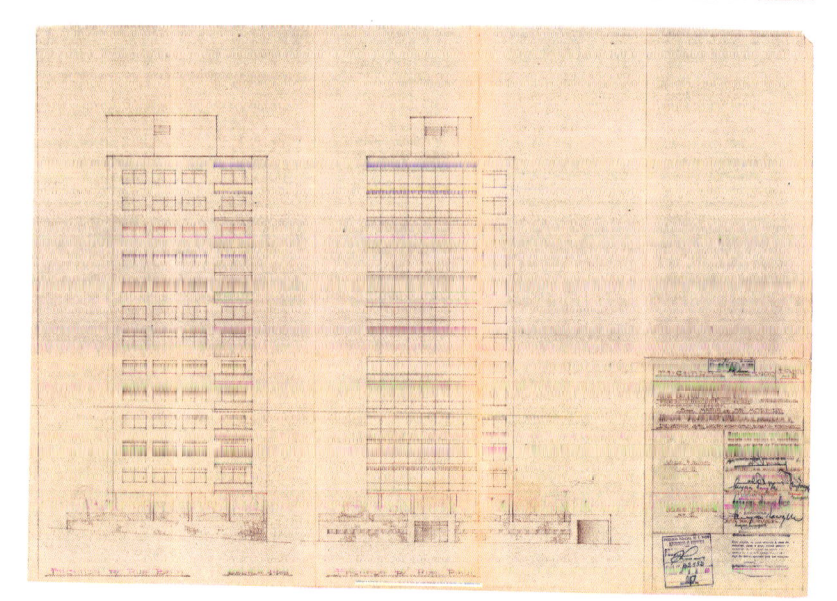

Edifício Fabíola, projeto de interiores para a cobertura, arquiteta Sarina Sonnenfeld

Teatro Municipal e Hotel Esplanada, Vale do Anhangabaú, São Paulo, anos 1920

Palacetes da família Prates, convertidos em Automóvel Club e Câmara Municipal, e primeiro viaduto do Chá, São Paulo, anos 1920

5 Edifício CBI Esplanada

O Esplanada e o Anhangabaú: um espaço de memória

Ao desembarcar do trem na Estação da Luz, eu estava meio entorpecida... Gostei das luzes dos anúncios que brilhavam e mudavam de cor. No centro da cidade, principalmente, gostei das palmeiras imperiais no Anhangabaú.

O hotel era bonito. Tinha vários salões, iluminados por lustres de cristal e uma imponente escadaria de mármore [...]. De manhã, ao abrir a janela, travei conhecimento com o Vale do Anhangabaú, calmo e verdejante [...].

Havia dois prédios iguais muito bonitos, o Automóvel Club e a Câmara Municipal, que davam para o vale, do lado da Líbero Badaró. Do outro lado do Viaduto do Chá estava sendo construído o edifício Matarazzo [...] tão parecido com o edifício onde meu pai tinha consultório, em Trieste.

São Paulo fascinou-me. Tudo era diferente: a garoa, as carroças do lixo, puxadas por dois burros [...] os cinemas (como havia cinemas no centro da cidade!), os bondes abertos, com os passageiros pendurados nos estribos [...]. O próprio fato de morarmos em um hotel de primeira categoria como o Esplanada [...] dava-me a sensação de estar em férias, como tantas vezes estivera em Viena, Salzburg ou Milão [...]. O hotel era muito movimentado. Aos sábados à noite havia bailes a rigor, que eu olhava com muita curiosidade da balaustrada do mezanino.[1]

Em suas memórias, a atriz e diretora de teatro Nydia Licia, refugiada com sua família das leis raciais impostas pelo fascismo italiano a partir de outubro de 1938, recupera as primeiras imagens e vivências da então adolescente na cidade de São Paulo.

De frente à antiga porção do parque do Anhangabaú, aos pés do Teatro Municipal e ao lado da rua Formosa, em meio à paisagem onde ainda resistiam sinais das diretrizes do projeto do urbanista francês Joseph-Antoine Bouvard, de 1911,[2] encontrava-se o Esplanada Hotel. Construído entre 1921 e 1923, foi uma iniciativa da Companhia dos Grandes Hotéis de São Paulo, de propriedade, entre outros, do empresário Octávio Guinle, que no mesmo período construiu e inaugurou o Copacabana Palace (1923) na cidade do Rio de Janeiro. O edifício de sete andares foi projetado pelo mesmo arquiteto do hotel carioca, o francês Joseph Gire (1872-1933), também responsável pelo projeto do Hotel Glória (1922) e posteriormente do edifício do jornal A Noite (1929)[3] no Rio de Janeiro.

Poucos anos após a inauguração do Esplanada, em 27 de fevereiro de 1923, o controle da Companhia dos Grandes Hotéis seria transferido ao Cotonifício Rodolfo Crespi, da família de mesmo nome, contando ainda com a participação do engenheiro e genro de Rodolfo Crespi, Fábio da Silva Prado, futuro prefeito da cidade.[4]

Acima, Ruth de Souza, Carlos Zara, Nieta Junqueira, Nydia Licia e Wanda Kosmo na peça *O Vestido de Noiva*, 1958

Edifício Martinelli em construção, São Paulo, foto publicada no jornal *Correio da Manhã*, 15 fev. 1940

O nome do Hotel Esplanada, junto a outros na cidade como o Hotel Terminus e o Hotel d'Oeste, ficaria registrado nas listagens de desembarque dos passageiros das primeiras classes dos navios atracados no porto de Santos. Para muitos dos recém-chegados, viajantes, homens de negócios, intelectuais, artistas e exilados como o próprio príncipe Sanguszko, futuro marido de Germaine Burchard, a paisagem que se descortinava de suas janelas seria a primeira imagem da cidade ainda provinciana, conforme sugerem o texto e as fotografias do antropólogo Claude Lévi-Strauss, hóspede do hotel em 1939.[5] Quase duas décadas depois, em 1955, o intelectual francês, herdeiro de uma cultura urbana milenar, lembraria do Esplanada e da experiência singular do perambular pelos espaços da cidade de São Paulo "sem vestígios" e "sem dimensão temporal" como outras cidades americanas "construídas para se renovarem com a mesma rapidez com que foram erguidas"[6] e que, ele acreditava, àquelas alturas já deveria ter "sido pisoteada por uma raça vigorosa e homogênea de arranha céus".[7]

Viaduto do Chá, São Paulo, anos 1920

Hotel Esplanada, maquete, projeto original de Elisiário Bahiana, São Paulo, 1938

Bonde e gado na avenida da Liberdade (acima) e Edifício Conde Matarazzo em construção a partir da janela do Hotel Esplanada (abaixo, à direita), São Paulo, c.1937, fotos Claude Lévi-Strauss

Um hotel para a cidade

Em maio de 1938, a cidade de São Paulo apresentava-se como a maior metrópole industrial da América Latina. Enquanto sua população havia mais que dobrado,[8] a indústria paulista contribuía com 43,2% para o produto industrial do país. Como consequência do golpe de Getúlio Vargas em fins de 1937 e da saída do governador Armando Salles de Oliveira, Fábio da Silva Prado também deixou a prefeitura (1934-1938). Com uma gestão fundada na renovação das estruturas da administração municipal, do espaço urbano e da cultura, com a participação de elementos representantes dos setores progressistas da elite paulistana, o ex-prefeito tinha como mote o reconhecimento da identidade local, ao contrário da aplicação acrítica de modelos urbanos europeus ou americanos.[9]

No dia 30 de maio de 1938, já sob a administração do prefeito Francisco Prestes Maia (1938-1945), protocolou-se junto à Prefeitura Municipal de São Paulo o requerimento da Companhia dos Grandes Hotéis de São Paulo que, através da Sociedade Comercial Construtora, pedia a aprovação de "um prédio em terreno de sua propriedade à rua Formosa esquina da esplanada do Municipal, para complemento do 'Esplanada Hotel'".[10]

Assinavam o requerimento o conde Adriano Crespi e o conde Raul Crespi, cunhados do ex-prefeito, o engenheiro politécnico Heitor Portugal, um dos diretores da Sociedade Comercial e Construtora, e o arquiteto Elisiário Bahiana. A associação entre os empresários, a construtora e o arquiteto pode ser explicada pela antiga sociedade entre Bahiana e o arquiteto Joseph Gire, responsável pelo projeto original do Esplanada Hotel, e as recentes participações de Bahiana nos projetos de maior destaque da construtora como o novo Viaduto do Chá (1936), o edifício João Brícola (1939) e o Jockey Club (1941). Por outro lado, a participação da Sociedade Comercial e Construtora no empreendimento pode revelar as articulações de Heitor Portugal nos órgãos de classe e nas estruturas administrativas da cidade, particularmente na gestão de obras públicas, tanto sob a administração de Fábio da Silva Prado como de Prestes Maia. A facilidade de trânsito do engenheiro nas diferentes esferas públicas se devia não somente às suas origens no corpo da elite paulistana, mas também à formação na Escola Politécnica de São Paulo, cujos professores e formandos engenheiros e arquitetos preenchiam exclusivamente os quadros da administração pública da cidade até os inícios da década de 1930.[11]

Como complemento ao Esplanada Hotel, o Esplanada Apartamentos previa um edifício de 28 andares – sendo dez andares com 48 apartamentos e os outros dezoito andares com 82 apartamentos –, perfazendo uma área total de 35.800 metros quadrados.

De imediato, os técnicos da Prefeitura levantaram a questão da altura pretendida de 121,50 metros, que contrariava o disposto no ato 1.373/38 que regulamentava as edificações da rua Formosa. Esta altura não poderia ultrapassar os 80 metros, conforme as restrições impostas pelos artigos 142 e 181 do ato 663/34, que sujeitavam as alturas dos prédios da Zona Central.

O parecerista do caso, o também politécnico Henrique Neves Lefevré,[12] engenheiro-chefe da Sub-Divisão de Obras, contra-argumentou sugerindo que, como o lote situava-se no Parque Anhangabaú, tendo fronteiros em uma das fachadas o prédio do Club Comercial, a 92 metros, e na outra fachada o prédio da Light, a 160 metros, essas distâncias resultariam em uma altura maior que a pretendida, ou mesmo daquela permitida. Nesse sentido, o parecerista considerou que, devido aos precedentes impostos pelos prédios Martinelli (80 metros no alinhamento da rua Líbero Badaró), prédio Matarazzo (68 metros), e pelo projeto ainda pendente de aprovação do novo edifício da Light (79,20 metros de frente para o Parque do Anhangabaú), a limitação de 80 metros seria bastante justa.

Heitor Portugal, por sua vez, argumentou que o ato 1.373/38 havia revogado todas as alturas do ato 663/34 do Código de Obras; sendo assim, conforme o seu artigo 5, as edificações nas esquinas da rua Formosa poderiam ter altura excedente às fixadas pela legislação anterior, sem limite máximo. Portugal justificava que "o local necessita e presta-se a um edifício de grandes massas arquitetônicas condizente com a grandiosidade do conjunto urbanístico que o cerca".[13]

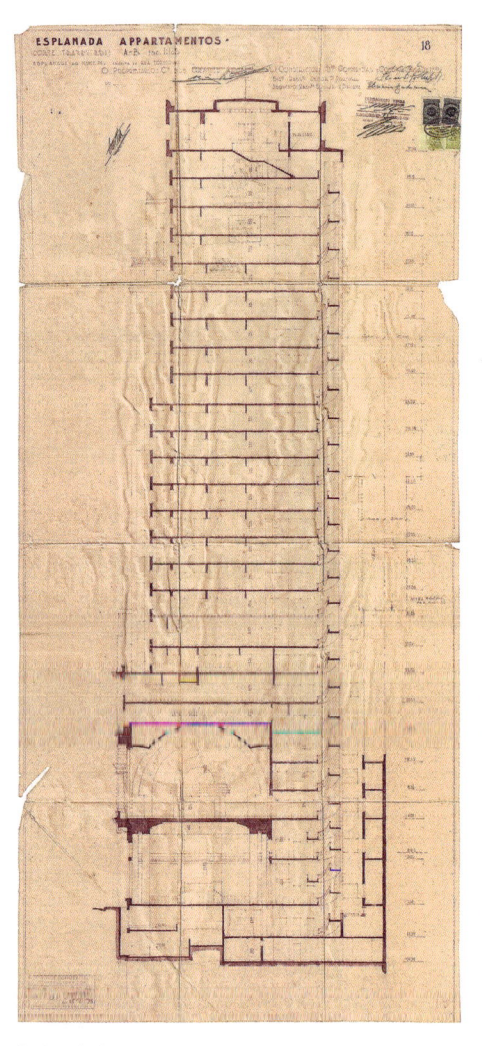

Esplanada Apartamentos, corte, São Paulo, 1939, arquiteto Elisiário Bahiana

Os dois argumentos encontraram suporte no parecer de outro colega politécnico, o engenheiro Carlos Alberto Gomes Cardim Filho, que apoiou a aprovação daquela altura como exceção, considerando a implantação privilegiada do prédio. Recuperando as discussões que deram origem às leis de incentivo à hotelaria na cidade durante a primeira década do século 20 (atos 1.340 e 1.353/1910), Cardim defendia a altura pretendida, considerando que se tratava de "um grande edifício destinado a hotel, tão necessário para estimular o turismo e com grande salão de festas tão útil para a cidade que é pobre nesse particular; e que finalmente é um prédio de grandes proporções que só virá engrandecer a cidade, sendo de se elogiar a disposição de um particular em inverter tão grande capital num prédio dessa proporção que também irá equilibrar o conjunto dos prédios no local".[14]

O projeto inicial seria modificado, e a altura do edifício restringiu-se ao limite de 80 metros. Mesmo assim, pequenas diferenças consideradas toleráveis, face à excepcionalidade do projeto, permitiram que o corpo principal alcançasse 84,65 metros (a partir da entrada do Hotel Esplanada), e o corpo recuado, 98,65 metros.

A partir da definição das alturas, seguiu-se a análise das plantas, devendo-se destacar o pedido feito por Heitor Portugal de que a "a critério do que se faz em qualquer grande cidade do mundo (Londres, New York, Paris, Budapest, Bruxelas, Rio de Janeiro etc.) seja permitido (a juízo do Sr. Prefeito) a adoção do arejamento mecânico conductos [sic] de ventilação munidos de exaustores, além do arejamento previsto entre lajes".[15] Efetivamente, a municipalidade não havia regulamentado os dispositivos legais que permitiam a adoção de tecnologias específicas como ventilação e iluminação mecânicas, sistemas com os quais Lucjan Korngold já havia operado na Polônia e pelos quais deveria fazer frente no Brasil ainda ao final da década de 1950.

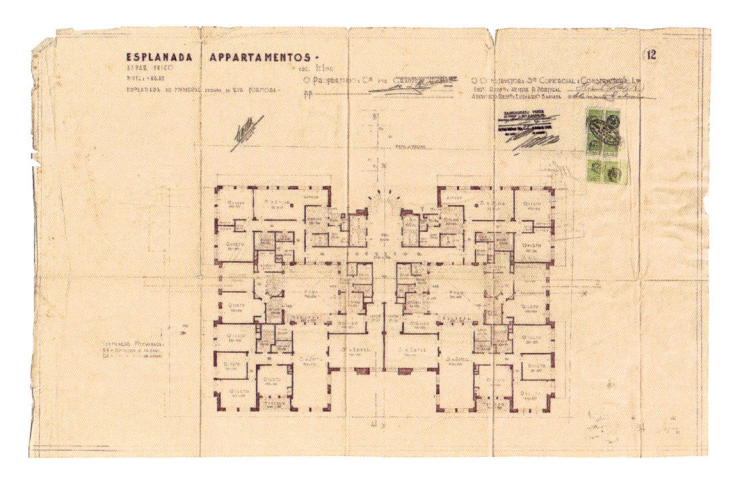

Esplanada Apartamentos, plantas andar único, quartos, garagem e entre solo, São Paulo, 1939, arquiteto Elisiário Bahiana

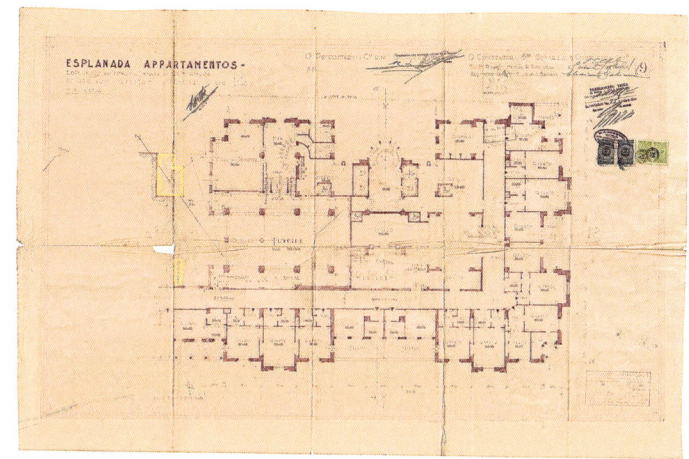

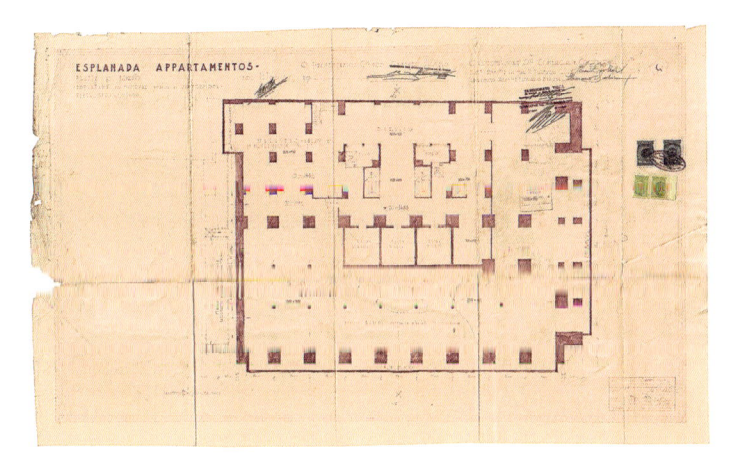

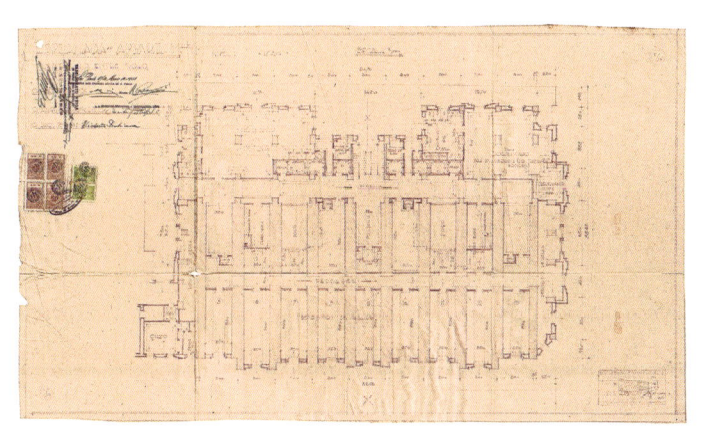

Clube Comercial, Prefeitura e Câmara Municipal e, ao fundo, Edifício Martinelli, 1931

Lote no Parque do Anhangabaú antes da construção do Edifício CBI Esplanada, São Paulo, 1946

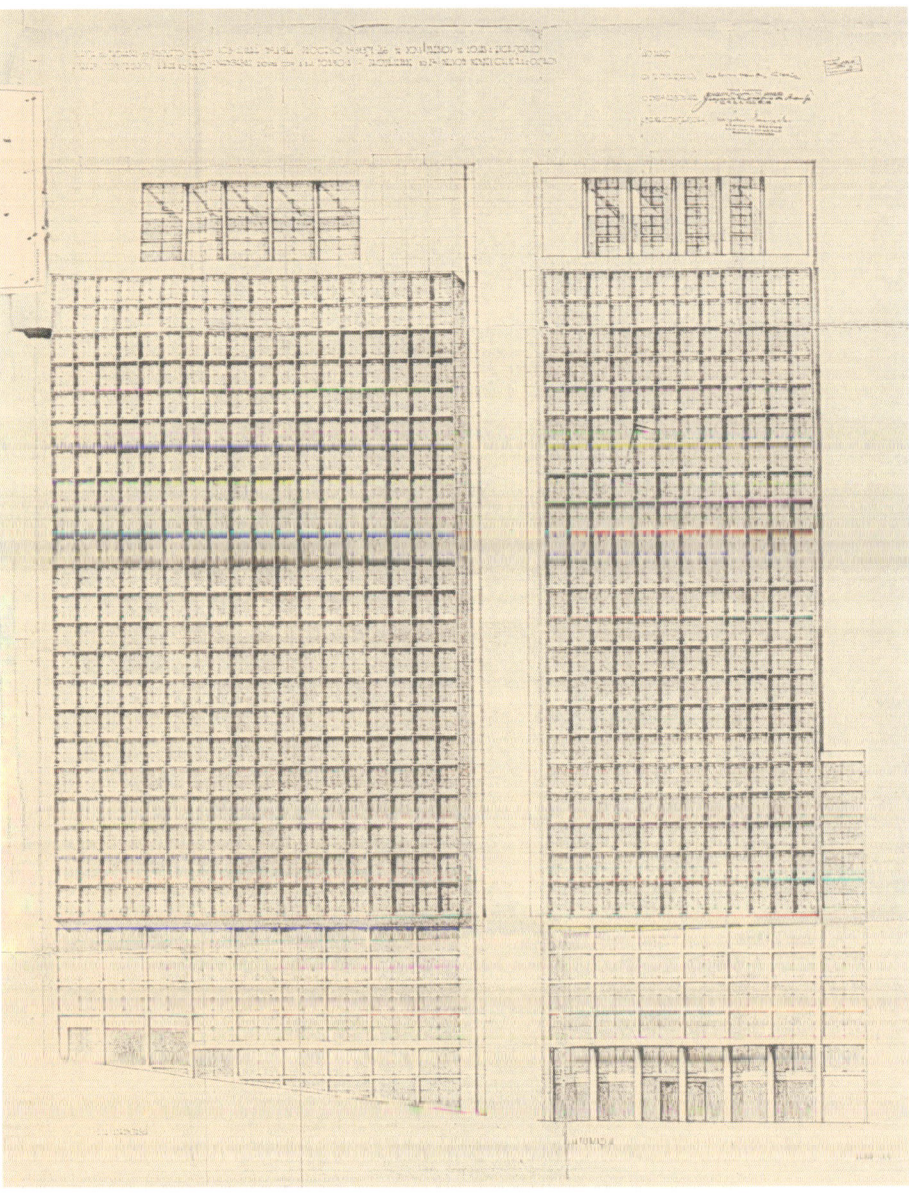

Edifício CBI Esplanada, elevações do projeto realizado, São Paulo, 1947

As referências à legislação e à tecnologia estrangeira se repetem nos pareceres emitidos pelos técnicos da Prefeitura, como o do engenheiro Heitor A. Eiras Garcia, que justificava a iluminação e ventilação mecânica: "A vida atual de São Paulo, que é um grande centro comercial e industrial, não permite a permanência prolongada nos hotéis e muito menos em apartamentos. As revistas de arquitetura da França, Alemanha e de outras capitais da Europa trazem, com frequência, projetos de prédios de apartamentos e hotéis onde as regras de insolação e iluminação, e mesmo de ventilação, foram modificadas de acordo com as necessidades do momento".[16]

O mesmo alerta para a necessidade de medidas legais em relação ao uso das novas tecnologias na construção civil, como consequência da crescente urbanização, se faria sentir no parecer do diretor do departamento de Serviços Municipais, engenheiro politécnico Sylvio Cabral de Noronha, datado de 16 de novembro de 1939. O reconhecimento da problemática por parte dos técnicos da Prefeitura alcançou o executivo e foi sancionado pelo prefeito.[17] Assim, em 7 de maio do ano seguinte, a Sociedade Comercial e Construtora apresentaria o memorial de cálculo para o sistema de ventilação mecânica e, logo a seguir, em 16 de maio, a Companhia dos Grandes Hotéis de São Paulo receberia seu alvará de licença.[18]

Destaca-se no processo a aprovação do gabarito do edifício, que alcança no seu corpo principal a altura de 94,50 metros e no corpo recuado, 112,90 metros. O memorial descritivo da construção também explicitava o revestimento externo do edifício em granito rosa polido no seu embasamento, e acima um arenito Ipanema, cor palha, cobrindo o restante da fachada até seu coroamento.

Edifício CBI Esplanada, perspectiva, São Paulo, 1946

CBI Esplanada e seus empreendedores: um edifício moderno no centro da cidade; as vicissitudes da sua aprovação, os técnicos paulistas e a repartição

Aprovado o projeto substitutivo, iniciaram-se as fundações. No entanto, por razões que desconhecemos, as obras foram interrompidas e o empreendimento passou para as mãos da incorporadora Companhia Brasileira de Investimentos – CBI. Criada em 1946, com um empreendimento imobiliário em andamento no Rio de Janeiro,[19] a companhia foi uma associação de empresários nacionais pertencentes à elite carioca e paulistana, quais sejam: os antigos diretores da Companhia dos Grandes Hotéis de São Paulo, membros da família Guinle (capitaneados por Octávio Guinle, Eduardo Guinle Filho, Carlos Guinle e Arnaldo Guinle), o advogado Carlos de Saboia Bandeira de Mello e seu filho João Pedro de Saboia Bandeira de Mello, os irmãos Nelson e Wilson Mendes Caldeira (diretores do grupo Bolsa de Imóveis em São Paulo), e um grupo de empresários imigrantes poloneses, originários da alta burguesia judaica refugiados da Segunda Guerra Mundial e estabelecidos no Rio de Janeiro. Este último grupo, particularmente articulado pelo empresário Henryk Alfred Spitzman Jordan, contava com Henryk Landsberg e Roman Antoni Przeworski. Já os proprietários do terreno, conforme a imprensa na época, eram Octávio Guinle, Eduardo Guinle Filho, Nelson Mendes Caldeira, Henryk Spitzman Jordan e Germaine Lucie Burchard, àquelas alturas já princesa de Sangusko, casada com Roman Sangusko.[20]

Em 25 de fevereiro de 1946, o Escritório Técnico Lucjan Korngold Engenharia e Construções solicitou à Prefeitura de São Paulo, em nome dos proprietários do empreendimento representados por Octávio Guinle, uma consulta a respeito dos gabaritos permitidos pela legislação municipal, a fim de proceder a um estudo para a substituição das plantas de Elisiário Bahiana anteriormente aprovadas.[21] O estudo, de autoria do arquiteto Lucjan Korngold,[22] tratava de um edifício dividido em três blocos, dois dos quais seriam ocupados por escritórios e o terceiro seria um hotel, na esquina da rua Formosa e a rua do Parque Anhangabaú. O corpo principal alcançaria 75 metros, enquanto o corpo recuado 92 metros. Em vista do projeto em questão apresentar uma redução de altura em relação ao projeto original, aprovado em 1941, de 112 metros para 92 metros, o arquiteto solicitava tolerância em relação a um par de questões.

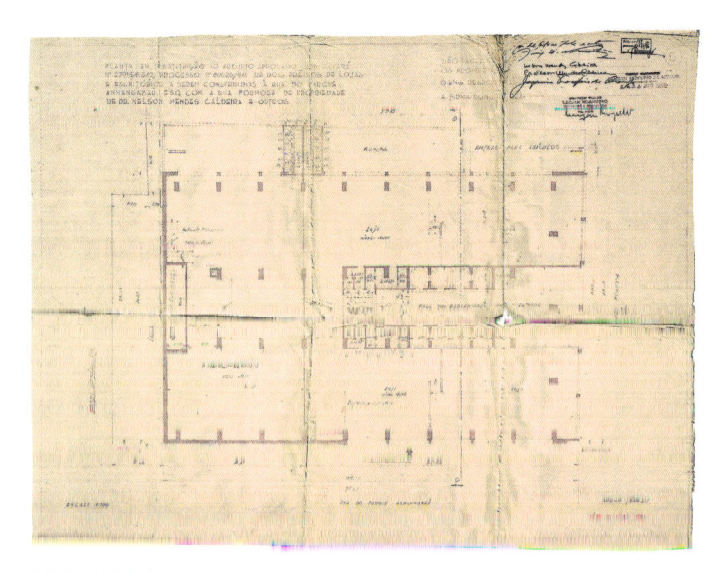

Edifício CBI Esplanada, planta térreo, entrada pelo vale do Anhangabaú, São Paulo, 1946

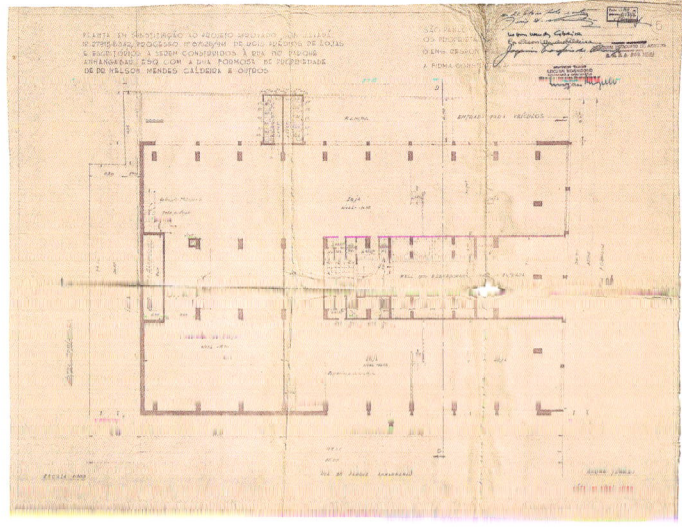

Edifício CBI Esplanada, planta do 1º ao 6º andar, São Paulo, 1946

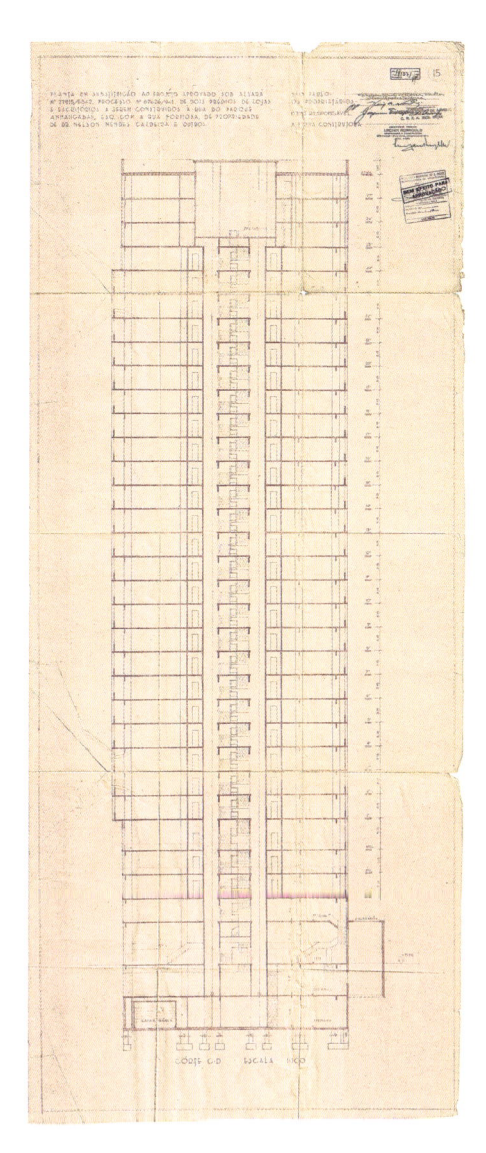

A primeira delas era a fachada reticular de inspiração corbusiana, em balanço de 1,20 metro com 60 centímetros de profundidade em toda a extensão, solução comumente utilizada entre os arquitetos cariocas, como os irmãos Roberto no projeto para o terminal de passageiros do Aeroporto Santos Dumont (1936) ou o edifício MMM Roberto (1945),[23] e que o próprio Korngold já havia utilizado na fachada do edifício Thomas Edison (1948).

Korngold justificava a necessidade da retícula como elemento unificador, considerando que o novo projeto havia sido concebido aproveitando as fundações executadas conforme o projeto de Bahiana de 1941. Nesse aspecto, a utilização de uma fachada completamente independente da estrutura forneceria uma "impressão arquitetônica simples e equilibrada que deve caracterizar corpos grandes e num lugar tão importante para São Paulo".[24] A segunda questão dizia respeito à área interna. A partir de 40 metros de altura, ela se transformava num corredor aberto e, portanto, o arquiteto solicitava a tolerância nos cálculos desse corredor no que dizia respeito ao recuo lateral. Korngold informava que o projeto não apresentava o recuo de 4,50 metros devido à servidão de luz de 6 metros de largura de frente para a Ladeira do Esplanada, e 28,28 metros desde a frente até os fundos. Essa área interna aberta foi instituída entre os compradores, doutor Octávio Guinle e outros, e a vendedora, a sogra do ex-prefeito Fábio Prado, a condessa Marina Regoli Crespi.

Os engenheiros da Prefeitura, representados por C. P. Rodrigues Jor., Heitor Nardon e Carlos Alberto Gomes Cardim Filho, responderam com pareceres bastante semelhantes, mostrando-se tolerantes com relação às alturas da edificação, porém totalmente contrários às questões relativas à parte sobrelevada, cuja ocupação deveria estar sujeita à limitação de 30% da área do lote; ao uso de uma faixa de servidão de somente 6 metros; bem como a utilização de um balanço, cuja tolerância, conforme os pareceristas, implicaria graves precedentes, pois aumentaria a área da edificação ou a área da "propriedade privada à custa de um balanço ilegal sobre o leito da via pública".[25]

Acima, Edifício CBI Esplanada, corte, São Paulo, 1910

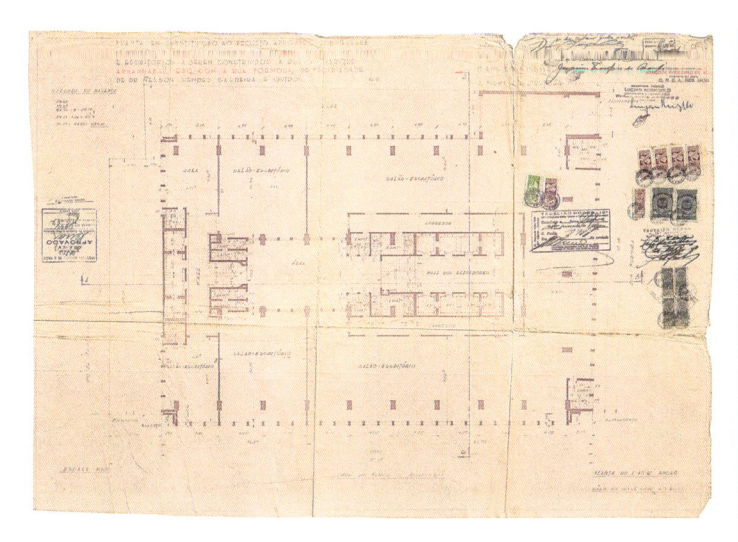

Edifício CBI Esplanada, planta 26º andar, São Paulo, 1946

Aeroporto Santos Dumont, fachada principal, Rio de Janeiro, 1936. Arquitetos Marcelo Roberto e Milton Roberto

Tais pareceres revelam a falta de cumplicidade dos representantes municipais com a arquitetura moderna, talvez por conta de sua formação na Escola Politécnica[26] entre o final da década de 1910 e o final da década de 1920, intervalo no qual o movimento moderno no Brasil, salvo exceções, limitava-se à literatura, pintura ou escultura.[27] De fato, ao fazer referência ao balanço proposto por Korngold ao longo da fachada, Heitor Nardon afirmava que "a argumentação de ordem estética [do arquiteto], a nosso ver, deve ser considerada no caso, dado que o conceito arquitetônico do projeto é bastante discutível".[28]

Por sua vez, considerando que por não mais se tratar de um hotel de porte monumental, e nesse sentido cessado o "interesse coletivo", o parecerista Cardim Filho avaliou que o novo projeto deveria ser estudado sob outro prisma, fazendo-se respeitar a legislação. O engenheiro arquiteto levantava dúvidas sobre o equilíbrio do novo edifício em relação ao conjunto arquitetônico do Parque Anhangabaú propondo que o projeto fosse revisto:

> Como arquiteto que fui da Prefeitura, encarregado por muitos anos, da censura estética das construções, me habituei a analisar os projetos e olhar melhor a cidade como um conjunto de edificações e não como um aglomerado de prédios isolados [...] O Parque Anhangabaú é um dos pouquíssimos recantos paisagísticos da cidade, tem como prédios dominantes, Teatro Municipal, Esplanada, Light, Prédio Matarazzo e os dois moles do Automóvel Club e Prefeitura (estes com tendências para serem demolidos). O prédio em questão deveria respeitar a composição do prédio da Light, Matarazzo ou Esplanada, que podem ser modernizada [sic] com grande felicidade, pelo arquiteto que apresentou este estudo [...]

> Não somos contrários ao estilo moderno na arquitetura, e temos defendido em artigos e palestras a arquitetura do edifício do Ministério da Educação, mas é preciso ponderar que a grandiosidade das cidades estrangeiras vem do equilíbrio do conjunto arquitetônico, e o projeto em questão será uma nota dissonante na composição harmônica formada no parque [...]. Quando da aprovação do prédio Mappin Stores, tivemos ocasião de criticar e mostrar os inconvenientes de sua aprovação no estilo adotado e hoje mais do que nunca [nos] convencemos que a razão estava conosco.[29]

O parecer de Cardim apresenta-se um tanto contraditório considerando que o parecerista foi membro fundador do IAB-SP (1943)[30] em meio a atmosfera renovadora que cercava a criação do organismo, e que somente dois anos depois, ele publicaria na *Acrópole* o artigo "Porque Arquitetura Moderna?" promovendo e celebrando a arquitetura brasileira pelo seu reconhecimento internacional. No mesmo texto ele destacava o horizonte urbano rasgado por arranha-céus modernos, e sugeria a adoção da nova linguagem para os edifícios municipais, bem como o empenho dos poderes públicos no sentido de abrirem concursos com "inteira liberdade de composição, júris esclarecidos, e premiações condignas".[31]

Vale do Anhangabaú, vistas panorâmicas do centro velho e do centro novo, São Paulo

Projeto para o concurso do novo edifício do Ministério das Relações Exteriores, perspectiva, elevação do conjunto e implantação, desenhos publicados na revista Acrópole n. 61 mai. 1943, arquitetos Francisco Matarazzo Neto e Lucjan Korngold

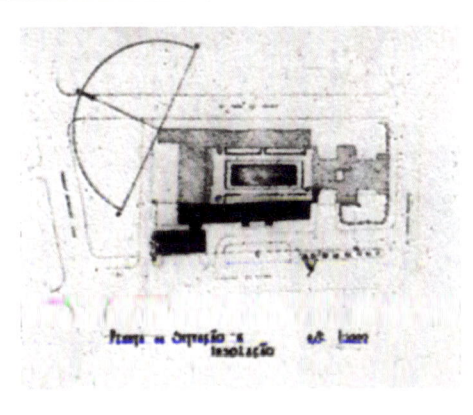

O comentário de Cardim em relação ao impacto do CBI na paisagem remete ao artigo publicado pelo engenheiro arquiteto ainda em 1933 na *Revista Politécnica*,[32] tratando da preservação da estrutura estética da cidade. O engenheiro arquiteto enfatizava o estudo dos conjuntos urbanos, a partir da concordância dos pés-direitos com a volumetria dos edifícios, suas alturas e a harmonia do estilo. Mesmo que aparentemente fundado nas reconhecidas elaborações de Camilo Sitte e Gustavo Giovannoni sobre as relações construídas entre os elementos urbanos no espaço da cidade,[33] o técnico municipal possuía uma leitura própria entre as diversas às quais o trabalho de Sitte foi submetido.[34] Ainda em 1943, em artigo publicado na revista *Acrópole*[35] dedicado ao concurso para o novo edifício do Ministério das Relações Exteriores no distrito federal, Korngold utilizou a noção de escala urbana identificando o caráter e personalidade do espaço da cidade, aquela que "resulta dos traços peculiares mais íntimos da nação, de seu poder criador, de sua faculdade imaginativa, de sua expressão".[36] Para o arquiteto polonês, o objeto do urbanismo no que dizia respeito à ordem estética era a conservação da escala própria da cidade quando esta sofre as transformações impostas pelo tempo. E, nesse sentido, Korngold reconhece e admite a possibilidade da articulação de outras escalas no espaço das cidades brasileiras, alertando para a importância da preservação dos monumentos arquitetônicos, assim como de bairros inteiros de alto valor cultural e histórico, não somente porque representavam a atmosfera cultural de um momento da história e a contribuição de gerações passadas de colonizadores, que ele identificou como "cabeças de ponte" entre a Europa e o Novo Mundo,[37] intuindo portanto o conceito de circulação de ideias tão presente em nossos dias, e o significado como representação viva da historicidade do testemunho do passado para as futuras gerações.[38]

Em contraste com a postura conservadora dos técnicos da municipalidade de São Paulo, para Korngold, a preservação da escala urbana implicava na "possibilidade de se encontrar um denominador comum para que as [...] arquiteturas possam coexistir, uma ao lado da outra, sem perder os seus valores".[39] Essa elaboração do arquiteto iria fundamentar poucos anos depois a implantação e a especificidade tipológica do projeto do edifício CBI Esplanada no Anhangabaú, no complexo jogo de combinações e transformações daquele espaço, acabando por romper as relações previstas por Bouvard, entre o parque, a avenida e os prédios de Ramos de Azevedo,[40] e recriando novas e profundas relações no corpo da cidade.

Pouco tempo após a entrega de um novo estudo com algumas modificações relativas ao balanço, às alturas e ao corpo sobrelevado, Korngold reuniu-se com os técnicos da Prefeitura para discutir as questões da linguagem do projeto. Na descrição do encontro pelo engenheiro José Amadei secretário de Obras e Serviços,[41] transparece o carisma do arquiteto polonês, assim como a sua concepção do objeto arquitetônico no espaço urbano, conforme já havia sido introduzido em seu artigo de 1943. Conforme o parecerista, logo no início da reunião Korngold lembrava das dificuldades do diálogo sobre questões de arquitetura mesmo entre colegas de profissão:

> Exposto em conversa amistosa esse aspecto do problema ao ilustre autor do projeto em exame, discorreu S. S. [Korngold] longa e eruditamente sobre o assunto, acentuando as tendências da que é chamada atualmente "arquitetura moderna", na qual, em virtude do extraordinário desenvolvimento dos métodos de construção, da gradual e crescente substituição do homem pela máquina, do aproveitamento das máximas possibilidades dos materiais essenciais e criação de novos, das novas condições de "vida" que a ciência e a técnica puseram e procuram incansavelmente colocar à disposição do homem, definitivamente vinha sendo posto de lado o que na arquitetura denominada clássica poder-se-ia chamar de parte artística, fruto do trabalho manual do homem no plasmar e unir materiais dando-lhes a forma, estilizada ou não dos seres criados, ou fazendo-o representar os mais contraditórios sentimentos da alma, no sonho, acrescentamos nós, sempre sonhado de atingir o belo na sua mais sublime expressão, donde a velhíssima mas certa definição que "arte é a expressão sensível do belo". Essa beleza, como a entendeu o homem até agora, afirma o arquiteto Korngold que será substituída por outra, a "beleza técnica".
>
> À observação do arquiteto Cardim Filho, de que o prédio por S. S. projetado constituiria outra nota dissonante na composição harmônica que deveria ser formada para o Parque e na qual segundo o engenheiro-arquiteto Cardim Filho, com quem todo o mundo neste ponto parece concordar, já havia sido admitida uma, a do Prédio Mappin, respondeu S. S. que a arquitetura dos prédios citados prendia-se a um passado que não mais voltaria, inaplicável aos prédios do porte e utilização daqueles que hoje deverão ser ali erguidos e sobre o fato de o prédio por S. S. projetado vir trazer mais um pouco de desordem nesse conjunto, lembrava S. S. que "ordem é arquitetura" e "muita desordem também é arquitetura" mas pouca desordem não tem significação alguma. Não via, pois, inconveniente numa grande desordem, argumento que parece ter impressionado profundamente o nosso ilustre companheiro de trabalho, tanto que o fez uma semana depois modificar sua opinião, adotando o projeto com as alterações nele a seguir introduzidas e que, *dentro do resolvido para o prédio anteriormente*[41] aprovado afetaram a distribuição das massas, melhor acomodando-as às prescrições regulamentares vigentes e aperfeiçoaram consideravelmente o conjunto sobre o que primitivamente fora idealizado.

Cartaz do 6º Congresso Pan-Americano de Arquitetos, Lima, out. 1947

Acrescentou ainda o arquiteto Korngold que São Paulo estava deixando de ser uma cidade europeia para se tornar uma grande cidade americana, ao contrário do Rio de Janeiro, onde completadas pelo quadro maravilhoso com que a Natureza emoldurou a cidade, as linhas europeias mais se recomendavam.

O primeiro choque de opiniões, embora logo depois atenuado, levou-nos a ouvir mais dois ilustres arquitetos também companheiros de trabalho e nova divergência se apresentou.

Ficamos entre dois fogos.

De acordo com a documentação incluída ao processo, os argumentos utilizados por Korngold acabaram por convencer Cardim, que acatou a premissa de que o grandioso da forma em questão constituía uma "desordem notável, [mas] também era uma escala de arquitetura à feição da arquitetura monumental americana".[43] A mesma questão serviria no ano seguinte como tema de discussão no 6° Congresso Pan-Americano de Arquitetura em Lima no Peru, em 1947, com a presença de Korngold,[44] e décadas a seguir, interpretada por Diane Agrest, que da mesma forma entendeu a escala da desordem que se faz monumental a partir do jogo das inter-relações que se estabelecem entre os diferentes edifícios, bem como entre os edifícios e o espaço urbano.[45]

No entanto, apesar de impressionado com a presença do arquiteto polonês, a ideia de cidade construída ao longo da formação do engenheiro José Amadei dificilmente permitiria que compreendesse a nova linguagem, considerando que para ele: "a arquitetura moderna, rompendo com a tradição e o passado ao qual estaríamos indissoluvelmente ligados, procura realçar somente a função da edificação, a técnica construtiva e o material, realizando somente "máquinas de habitar" e portanto subjugando o espírito à matéria".[46]

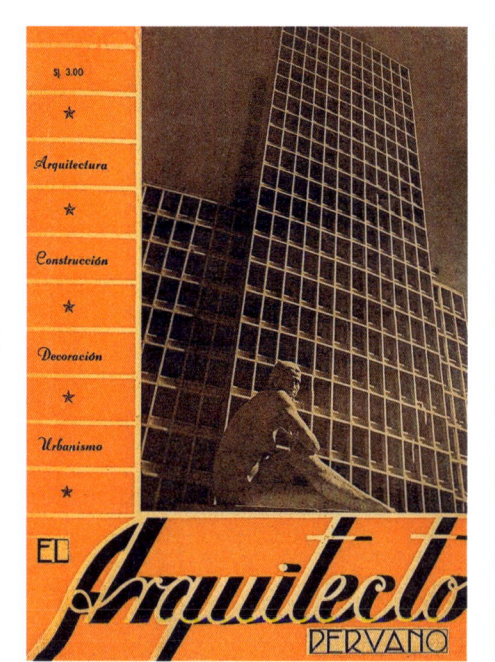

Revista *El Arquitecto Peruano* n. 123, out. 1947, registro do 6° Congresso Pan-Americano de Arquitetos, dedica dez páginas a cinco projetos de Lucjan Korngold: Edifício CBI Esplanada, Edifício Santa Amália, Residência não construída no Rio de Janeiro, Residência no Jardim América e Palácio do Comércio, capa da publicação

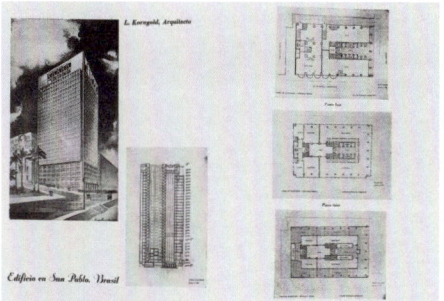

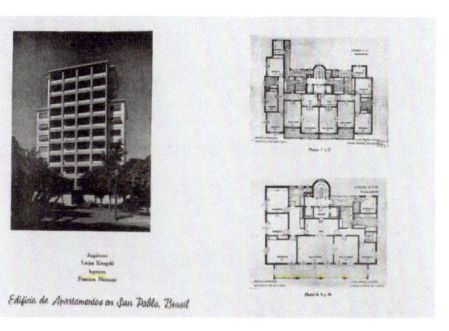

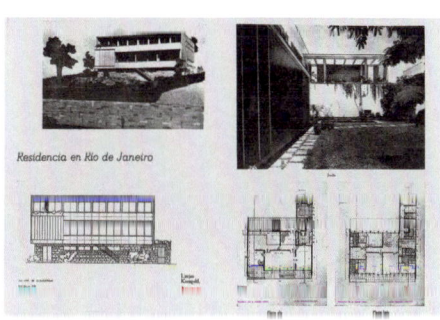

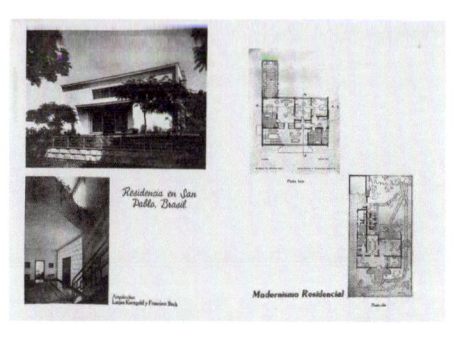

Tendo passado pela Universidade do Estado de Gand, na Bélgica – destino comum a muitos brasileiros entre a segunda metade do século 19 até os inícios da Primeira Guerra Mundial[47] – o curso de engenharia do King's College da Universidade de Londres e a Politécnica de São Paulo onde concluiu sua formação, Amadei, como grande parte de seus colegas na municipalidade da cidade, ainda se encontrava preso ao academicismo, conforme indica o seu parecer que trazia como referências explícitas a famosa citação de John Ruskin "a arquitetura constitui uma arte que todos deveriam conhecer, pois dela todos participam",[48] a "imparcialíssima" *História da Arquitetura pelo Método Comparativo* de Banister Fletcher e, junto a essas, a hipótese da relação profunda entre arquitetura e vida nacional. Portanto, a arquitetura e a arte como reflexo do gênio de uma nação.[49]

Em sua crítica à linguagem formal do CBI Esplanada, Amadei apoiava-se em Fletcher para afirmar que "os estilos históricos adaptados às condições atuais e previsíveis para um já longo futuro se recomenda sempre e, dizemos nós, com maior razão, a nosso ver, se aplicaria no caso particular em estudo".[50] No entanto, Fletcher jamais sugeriu o uso dos estilos históricos, considerando-o ao contrário, um retrocesso. Conforme representou sob a forma da árvore da arquitetura, a história da arquitetura constituía um registro de evolução contínua. As novas formas resultavam do reconhecimento do lugar, do propósito da edificação, dos novos materiais e tecnologias, e ainda de uma tradição arquitetônica. Mesmo assim, o historiador alertava que "assim como o modelo de literatura do passado assenta os fundamentos do bom estilo literário" o estudo dos grandes estilos históricos permitiria ao arquiteto "produzir edifícios que reflitam as esperanças, necessidades e aspirações de seu tempo e geração, atacando os novos problemas de forma satisfatória".[51] Como exemplo, Fletcher já apontava para a arquitetura americana, cujo modelo havia inspirado o desenvolvimento do modernismo europeu,[52] creditando seu sucesso aos arquitetos americanos, muitos deles treinados na École des Beaux-Arts de Paris, que "já avançaram rapidamente em novas direções [...] exibindo [...] a caraterística liberdade de espírito e visão americana [...] que lhes permite [...] propor tipos de projetos específicos adequados para a grande variedade de propósitos comerciais, industriais, sociais, educacionais, municipais, religiosos ou residenciais".[53]

A prolongada presença do espírito conservador no corpo do funcionalismo público paulista responsável pela legislação sobre o espaço, em contraposição ao reconhecimento da arquitetura moderna brasileira pela crítica, seria apontada pelo arquiteto Marcelo Roberto em 1948, em artigo publicado na revista *Acrópole*.[54] Se do ponto de vista tecnológico, desde as primeiras décadas do século 20 a engenharia brasileira já havia dado passos importantes – particularmente no que diz respeito à construção em concreto armado, com a criação de laboratórios de pesquisa e o desenvolvimento da indústria paulista[55] –, confrontados com o vocabulário do projeto de Korngold, o engenheiro Amadei e seus colegas não conseguiram apreender as suas evidentes referências clássicas. Em contraposição, o arquiteto americano Louis Sullivan demonstrava, já em 1896 no seu "The Tall Office Building Artistically Considered", a inevitabilidade do tipo do edifício alto no contexto social, econômico e tecnológico do seu tempo. Ele apontava não somente seu caráter monumental, mas definia a tipologia tripartite – a mesma operada pelo CBI décadas depois – sugerindo ainda as possíveis referências do protótipo. Entre estas últimas, em particular, a coluna clássica: "a base moldada da coluna [estaria] presente nos andares inferiores do nosso edifício, o fuste liso ou canelado [seria] sugerido pela série repetitiva e ininterrupta dos níveis de escritórios, e o capitel, [representado pelo] poder e a exuberância do sótão".[56]

Affonso Eduardo Reidy, Aldo Calvo e Carmen Portinho conversam diante da maquete do Museu de Arte Moderna do Rio de Janeiro, 1959

Affonso Eduardo Reidy e Niomar Muniz Sodré ciceroneiam o presidente Juscelino Kubitschek, em visita ao Museu de Arte Moderna do Rio de Janeiro, 2 out. 1958

Nesse aspecto, parafraseando Agrest, poder-se-ia afirmar que o ecletismo defendido pelo técnico municipal da cidade de São Paulo era parte do paradoxo que caracterizou a distância entre o desenvolvimento tecnológico e as tipologias formais, entre o econômico e o ideológico[57] e a contradição implícita na modernização do país perseguida pelo governo de Getúlio Vargas, que coexistia com o desprezo desse mesmo governo em relação à democracia, assumindo por vezes feições nacionalistas das mais sóbrias. No mesmo contexto apresenta-se o contrassenso da administração municipal sob a direção de Francisco Prestes Maia que, apesar da excepcional capacidade administrativa e de suas iniciativas modernizadoras, particularmente na criação de uma infraestrutura viária,[58] abominava o modernismo. Foi a gestão de Prestes Maia que, seguindo as orientações autoritárias e centralizadoras do Estado Novo, extinguiu o Departamento de Cultura criado por Fábio Prado.

No entanto, vale mencionar que, conforme documenta o primeiro número da *Revista da Directoria de Engenharia*, publicado pela Prefeitura do Distrito Federal, no Rio de Janeiro, a arquitetura moderna de raízes racionalistas introduziu-se na administração pública já na década de 1930. No quadro da Directoria de Engenharia atuavam profissionais como Affonso Eduardo Reidy e Carmen Portinho.[59] No contexto político do primeiro governo Vargas e sob a proteção do ministro da Educação, Gustavo Capanema (1934-1945), a nova linguagem foi legitimada tanto pelas comandas estatais[60] quanto pelas estratégias oficiais do Instituto do Patrimônio Histórico e Artístico Nacional – Iphan, que sob o mote moderno e nacional buscou adaptar os princípios de preservação no centro do Rio de Janeiro às posturas arquitetônicas e urbanísticas necessárias à atualização das tipologias dos edifícios altos, voltadas para a modernização dos espaços.[61]

Em tal contexto, em São Paulo, a aprovação de projeto do edifício CBI Esplanada e a expedição do alvará de construção pela municipalidade ainda deveria fazer face a diversos entraves, em função da linguagem moderna, mas também da condição de imigrante estrangeiro do arquiteto e do próprio grupo incorporador que, à parte das tradicionais famílias Guinle, Bandeira de Mello e Mendes Caldeira, era formado por empresários estrangeiros. Efetivamente, apesar dos gabaritos aprovados com poucas ressalvas pelo prefeito Abrahão Ribeiro, e das apreciações positivas que já indicavam a aprovação do projeto[62] por ocasião de sua efetiva apresentação,[63] os técnicos engenheiro civil Luiz Carlos Berrini Júnior e arquiteto Carlos Brasil Lodi voltaram a questionar os gabaritos do projeto sob o mesmo argumento levantado no início do processo pelo engenheiro Cardim Filho, ou seja, de que não mais se tratava de um "edifício público", mas um "prédio comum, comercial".[64] A essas alturas, o argumento falacioso, visto que o empreendimento original também era de propriedade privada, foi firmemente dispensado pelo próprio Cardim Filho, registrando que nada mais havia a decidir "sobre preliminar, nem gabarito, nem proposta [...] e o Sr. Prefeito já decidiu a questão que foi suficientemente ventilada e discutida no processo 28.531/47".[65]

Mesmo assim, Korngold atendeu às imposições da Prefeitura, reduzindo a altura do prédio em um pavimento. Entretanto, em função da composição arquitetônica, a porcentagem da área construída acima da altura dos 80 metros alcançava a ordem de 38%, ultrapassando em 8% a tolerância imposta pelo código de obras. Amadei acatou o pequeno desvio, e o prefeito assinou o deferimento com a condição de que os terraços dos três últimos pavimentos jamais poderiam ser fechados ou utilizados para fins diversos.

Passado mais de um ano da entrada do processo, a demora na aprovação inquietava os incorporadores. No primeiro dia de março de 1947, o prefeito Abrahão Ribeiro recebeu um telegrama de Octávio Guinle e Eduardo Guinle Filho, com o seguinte teor: "solicitamos mais uma vez aprovação planta esplanada pt [sic] falta aprovação planta acarretando-nos prejuízos incalculáveis abraços agradecemos". O prefeito atendeu ao pedido dos Guinle, donos de um dos mais poderosos grupos econômicos e financeiros do país, proprietários do Porto de Santos,[66] e determinou a liberação do alvará em 7 de março de 1947.

Entretanto, poucos dias depois, em 15 de março, por indicação de Adhemar de Barros, a Prefeitura foi assumida por Christiano Stockler das Neves (março a agosto de 1947). Na década de 1920, o arquiteto e professor, formado na Universidade de Filadélfia e responsável pela organização do curso de arquitetura da Escola de Engenharia Mackenzie (1917), ficou duplamente conhecido pela apologia à arquitetura francesa e pela violenta postura antivanguardista ou antifuturista,[67] também sustentada pelo conceito de "gênio da raça". Esta última alcançou Gregori Warchavchik em sua dupla condição de estrangeiro e judeu:

> É sabido que em matéria de arquitetura, como em muitas outras, nenhum dos países nórdicos superou o gênio latino [...]. Consultando-se a história da arquitetura, de autores insuspeitos, ver-se-á a grande inferioridade criadora dos povos setentrionais na magna arte [...]. Não é de crer que na época atual as detestáveis obras da construção tedesca, eslava ou semita, mereçam qualquer consideração dos latinos, sob o ponto de vista artístico, mormente essas baboseiras do futurismo, as tais "máquinas de Habitar", isto é, casas feias [...]. É incompreensível pois que o arquiteto Lucio Costa, atual diretor da Escola Nacional de Belas Artes, moço sensato, cultor do belo, tenha convidado alguns apologistas do falso credo artístico para o seio augusto da centenária Escola.[68]

O parecer do engenheiro Mário Pucci indica que a interrupção do processo, e seu encaminhamento à Comissão Revisora, foi resultado direto da orientação do novo prefeito. Pucci parece tentar isentar-se de uma crítica direta à linguagem moderna. Entretanto, ao retomar os mesmos argumentos discutidos anteriormente à respeito da "harmonia do conjunto", mais que ambíguo, seu relatório aparece como uma manipulação forjada com o objetivo de levar à convocação da Comissão Revisora:

> Sr. Eng. Chefe
> Quanto ao partido arquitetônico em si, de acordo com as disposições do Código de Obras, nada temos a opor, pois o estilo arquitetônico é completamente livre, sendo que, o que foi apresentado não acusa, nenhum fragrante desacordo com os preceitos de arquitetura.
>
> Examinando detalhadamente o projeto, nota-se ser a fachada completamente livre da estrutura, pois a mesma é construída em balanço.
>
> As colunas de sustentação da estrutura do prédio acham-se recuadas de 1,5 a 3 metros do alinhamento da fachada. Dentro do espírito moderno da arte de construir e da solução adaptada para a estortura [sic], procurou o arquiteto executar uma fachada a mais leve possível. A fachada é executada, por assim dizer, em vidro, e não em alvenaria, pois em cada andar há uma abertura total subdividida por pequenas espeletas [sic]. A construção é racional e própria da época de hoje, motivo pelo qual nada temos a opor do ponto de vista arquitetônico.
>
> Quanto ao partido arquitetônico adotado pelo arquiteto, tendo em vista a harmonia do conjunto do Vale do Anhangabaú várias são as considerações a serem feitas. De modo geral o que mais choca é a massa em si, e não os detalhes que porventura poderiam ser criticados do atual projeto.

O conjunto existente no local é o mais heterogêneo possível, nada se harmoniza. Adotar o novo prédio a ser construído ao conjunto hoje existente seria bastante temerário por nossa parte.

Os prédios hoje existentes no local formam um conjunto desarmônico, com a agravante de serem, quase que na sua totalidade, mais ou menos obsoletos.

O Hotel Esplanada, fatalmente, hoje ou amanhã será demolido. Em seu lugar será erguido novo prédio que deverá satisfazer as exigências atuais seja do proprietário, quanto da moderna arte de construir.

O prédio da Light será brevemente aumentado e reformado. Já existe projeto aprovado para o aumento que, se não me falha a memória, terá uma altura aproximada de 100 metros.

Quanto ao prédio onde se encontra estabelecida a casa Anglo Brasileira S.A. o melhor é silenciar.

Quanto ao Teatro Municipal, várias vezes foi cogitada sua remoção afim de transformar o local em praça pública.

O mais acertado seria fazer um estudo de conjunto, estabelecendo gabaritos para as futuras construções, obrigando as atuais se enquadrarem dentro dos gabaritos previstos, em determinado período, proibindo reformas, adaptações ou acréscimos.

Mas a verdade é que foi estudado um gabarito para a rua Formosa sem cuidar do conjunto todo do Vale do Anhangabaú.

O autor do atual projeto obedeceu a este gabarito.

Esta é minha modesta opinião.

Mais acertadamente opinará a Comissão Revisora a que alude o C. de O que quis por bem S. Excia. o Snr. Prefeito convocar.

Mário Pucci
Engro. Serv 41.[69]

Seguindo o parecer de Pucci, Korngold compareceu à Divisão de Obras para pedir a concessão de um alvará condicional, comprometendo-se a apresentar um novo projeto para a fachada no prazo de três meses. No entanto, também desta feita, o parecer assinado pelo engenheiro-chefe Heitor A. Eiras Garcia era contraditório, apesar de imputar a questão da harmonia do conjunto ao gabarito estabelecido pelos legisladores da municipalidade anterior.[70]

Após mais de dois anos da paralisação das obras e sob discussões que retomavam argumentos já deferidos, o alvará condicional foi deferido ao final de abril de 1947, com o pagamento dos emolumentos e a ressalva do compromisso da apresentação de um novo projeto de fachadas. As obras recomeçaram em ritmo intenso e as plantas substitutivas das fachadas foram protocoladas em junho de 1947.[71] No entanto, é importante apontar que os técnicos municipais e o próprio Heitor A. Eiras de Garcia, mudaram sua posição em relação ao projeto[72] somente após a saída de Christiano Stockler das Neves do cargo de prefeito, em 28 de agosto de 1947, e da posse do advogado Paulo Lauro na prefeitura.

Por sua vez, Jardim Filho, em setembro de 1947, como diretor da Divisão de Aprovação de Plantas de Obras Particulares (Arq. 201), ainda sugeriu a possibilidade de suprimir a parte do balanço da fachada voltada à ladeira do Esplanada "de forma a resolver um problema de ordem estética, no sentido de harmonizar as saliências em relação à fachada da rua Formosa".[73]

Em 3 de outubro de 1947, Korngold responde às cotas da prefeitura com novos desenhos que resultarão na versão final da fachada, aquela efetivamente construída, justificados da seguinte forma:

Exmo. Sr. Diretor do Departamento de Arquitetura da Prefeitura do Município de São Paulo, Capital

Prezado Senhor,
Agradeço a gentileza de V. Excia. pela sugestão relativa ao Edifício "CBI Esplanada", i. é, de tirar a saliência e tratar todas as quatro fachadas da mesma forma.

Do ponto de vista arquitetônico concordo plenamente com a ideia de V. Excia. e com o máximo prazer gostaria de aplicá-la. Como o projeto já foi aprovado pela Prefeitura Municipal, o prédio vendido em condomínio e o financiamento feito de acordo com este projeto, peço licença para dar meu parecer, submetê-lo a V. Excia.

1. Em virtude dos fatos acima aludidos, daria para aplicar a ideia de V. Excia. Se a metragem quadrada da construção permanecesse a mesma.
2. Para a aprovação deste projeto houve uma "licença especial" do Sr. Prefeito da qual, a área construída do prédio, acima dos 80 metros foi aumentada de 30% (trinta por cento) para 38% (trinta e oito por cento), sob a condição de que o corpo do prédio não sofreria nenhuma alteração.
3. Desta forma, me vi obrigado a projetar terraços nos três últimos andares recuados.
4. Esta solução, todavia, me pareceu pouco satisfatória, e quando executei o projeto definitivo, tirei os terraços, e dei aos últimos andares o aspecto conforme consta no desenho 1, com a área construída de 38%, isto é, 678 metros quadrados por andar.
5. Penso ser uma solução diminuir a saliência de 1,20 metro para 0,30 metro. Dos três lados (com exceção do lado do Hotel Esplanada), perdendo-se assim 638 m². Mas em compensação, como preciso manter a mesma área construída, aumentar a área construída dos três últimos andares de 209,45 metros quadrados cada andar para 887,45 metros quadrados, o que representa 49,66% da área total (desenho 2), conforme cálculo anexo.

Outrossim, aproveito o ensejo para salientar que a face das janelas nas fachadas está recuada 0,40 metro em relação ao alinhamento das mesmas, o que prova não se tratar neste caso de qualquer aumento de área, mas exclusivamente de razões artísticas.

Aguardo a gentileza de seu pronunciamento e pondo-me a sua inteira disposição, subscrevo-me.
Cordialmente
Lucjan Korngold

É importante notar que nessa última versão do projeto de fachadas o arquiteto utilizou o porticado que já havia experimentado no anteprojeto para o concurso de 1942 da nova ala do Ministério das Relações Exteriores, no centro do Rio de Janeiro, quando era arquiteto-chefe do escritório de Francisco Matarazzo Neto. Enquanto o projeto vencedor de Henrique Mindlin apresentava uma linguagem claramente moderna, o projeto de Korngold, que chegou a receber menção do júri, propunha dois corpos a serem implantados no conjunto formado pelo antigo palácio oitocentista do conde Itamaraty, e três blocos levantados posteriormente.

O primeiro corpo mais baixo acompanhava a horizontalidade dos antigos blocos, e o segundo, com volumetria semelhante ao futuro CBI Esplanada, ostentava pórticos tanto em sua base como no coroamento, seguindo a tendência do monumentalismo moderno que o arquiteto havia experimentado ainda na Polônia. O projeto permitiu ao arquiteto recém-chegado uma análise original do espaço urbano da cidade do Rio de Janeiro, entendido como resultado dos diálogos culturais entre o continente Europeu e a América, conforme se depreende de seu já mencionado artigo "Paris, Haussmann, Rio de Janeiro e o concurso do Itamarati",[74] publicado na revista *Acrópole* no ano seguinte, em 1943.

Edifício CBI Esplanada, matéria sobre o canteiro de obras do CBI Esplanada publicada no periódico paulista *Jornal de Notícias*, 11 mai. 1947

Refletindo posteriormente sobre o seu projeto, Korngold apontava o equívoco da proposta no sentido da possibilidade de promover um "entendimento plástico" entre as duas escalas do Rio de Janeiro, a velha cidade europeia e a cidade nova americana, considerando que o corpo horizontal mais baixo, aposto às antigas edificações, resultaria numa impressão completamente anacrônica na paisagem do novo Rio. No entanto, na última versão do CBI Esplanada, o arquiteto recuperou o coroamento porticado no edifício, que insinuava as soluções formais corbusianas e a própria tradição clássica no que diz respeito tanto às proporções e os módulos ritmados, garantia da harmonia das relações entre as partes, como à qualidade escultórica do conjunto, característica sempre presente em sua obra projetual. Portanto, parafraseando o historiador americano William Jordy, poder-se-ia afirmar que, assim como as formas puras e alusões representativas introduzidas por Le Corbusier na residência da Villa Stein, em Garches, França (1927), o arquiteto introduziu o inusitado pórtico logrando manter o equilíbrio do conjunto, e distanciando-se da uniformidade e monotonia de muitas das obras do estilo internacional.[75]

Quando da concessão do alvará em 18 de abril de 1948,[76] a obra já se encontrava em estado bastante adiantado. Poucos meses depois, em setembro, o jornal *Correio Paulistano* noticiou a visita de altas autoridades e convidados, entre eles políticos, arquitetos e convidados da imprensa, ao canteiro de obras do "maior prédio da América Latina", recepcionados por um dos incorporados, Nelson Mendes Caldeira. Em seu discurso o empresário destacou os novos métodos de fiscalização e racionalização da construção operados no empreendimento, permitindo grande rapidez nos trabalhos da obra.[77] O habite-se definitivo seria fornecido em 15 de fevereiro de 1951,[78] seis anos após a entrada do processo na municipalidade.

Nas últimas décadas, novas pesquisas vêm desconstruindo os discursos dos urbanistas e legisladores do espaço urbano da cidade de São Paulo da primeira metade do século 20, buscando suas fontes e acompanhando sua evolução. No entanto observa-se a importância da análise dos processos de aprovação nas instâncias municipais, revelando, para além dos desenvolvimentos da ciência do urbanismo no país e da legislação existente, os contextos e as disputas políticas, ideológicas e culturais presentes no corpo da cidade. Neste aspecto, merece reconhecimento a discussão que se desenvolveu entre projetistas e legisladores em torno dos projetos apresentados e a sua relação com a cidade, discussão esta que anos mais tarde dificilmente seria encontrada, seja porque o projeto passou a ser entendido quase que somente como empreendimento, e, portanto, sujeito ao mercado, seja pelo enrijecimento dos códigos de obra, que limitariam a experimentação na atividade projetual.

Se a leitura dos processos envolvendo o edifício CBI Esplanada em São Paulo apontou o conservadorismo dos técnicos da municipalidade frente ao vocabulário moderno, dificultando sobremaneira o início das obras, no 6° Congresso Pan-Americano de Arquitetura, realizado em 1947 em Lima no Peru, o projeto foi agraciado com a medalha de ouro. Em dezembro de 1949, o edifício, ainda em construção, foi tema de longa reportagem na revista *L'Architecture d'Aujourd'hui*.[79] O tema central do volume dedicado à arquitetura contemporânea no mundo foi aberto com uma foto de página inteira de Leon Liberman tirada da praça da República, com uma vista do edifício Mendes Caldeira de autoria de Korngold ao fundo, representando a modernidade brasileira. Junto ao já concluso Thomas Edison,[80] apresentava-se o edifício CBI Esplanada ainda em obras, com fotos de Chico Albuquerque e Leon Liberman, além de plantas, cortes, detalhes das instalações e projeto de fundações. O texto foi enviado pela correspondente da revista no Brasil, e sobrinha do filósofo francês Henri Bergson, Maria Laura Osser, que teve seus primeiros contatos com a arquitetura junto a Korngold, no escritório de Francisco Matarazzo Neto e, a seguir, no escritório de Francisco Beck.

No entanto, a presença entre os anunciantes da revista das grandes empresas envolvidas na construção do CBI Esplanada – como a incorporadora CBI, Sociedade Comercial e Construtora, Atlas Elevadores, entre outras – sugere a possibilidade de ingerência dos incorporadores e particularmente de Henryk Spitzman Jordan, que mantinha fortes contatos em Paris. Em função da grandeza dos dois empreendimentos face ao cenário da arquitetura europeia no imediato pós-guerra, o artigo pretendia inserir os projetos entre as realizações do movimento da arquitetura moderna a partir de suas características tecnológicas e funcionais.

CBI Esplanada: O maior prédio da América do Sul

Ficha técnica

33 pavimentos com dois subsolos no ponto mais baixo do terreno e quatro em seu ponto mais alto (o desnível na lateral do Parque Anhangabaú é de 9,30 m)

área total

volume do corpo construído

volume da estrutura de concreto

altura da estrutura medida do fundo do poço de elevadores

área total das aberturas das janelas

área de vidros

área em tacos de madeira ipê

doze elevadores da marca Atlas instalados com tecnologia americana, sistema Westinghouse Signal-Control e Selectomatic;

tubulação elétrica entrando pelo hall central por tubos de concreto horizontais, subindo pelos tubos verticais localizados ao lado das escadarias, e distribuindo-se em tubulação de aço pelas lajes de concreto.

O edifício dispõe de um transformador especial transformando a corrente de alta tensão em 110/340V; duas caixas d'água localizadas, a primeira no subsolo (cota -18 m) com capacidade de 300 mil litros e a segunda no último andar (cota +87,76 m), com capacidade de 200 mil litros.

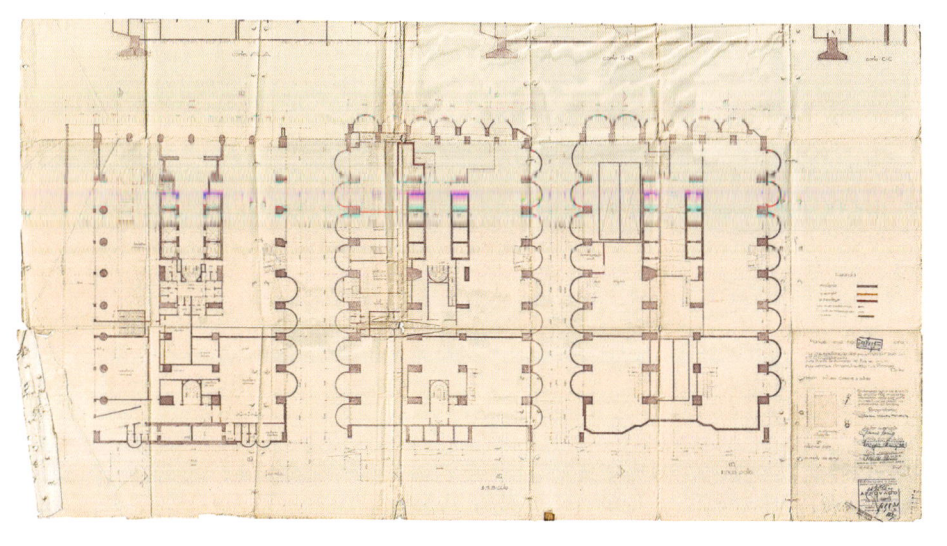

Edifício CBI Esplanada,
plantas térreo e subsolos,
São Paulo, 1946

50.000 m²	
153.000 m³	
13.450 m³	
112 m	
10.750 m²	
10.000 m²	
35.000 m²	

Sob influência dos processos construtivos americanos, o projeto inicial previa uma estrutura de aço, com a qual Korngold estava familiarizado desde a Polônia, onde o sistema era utilizado em edifícios altos e também, de forma experimental, em residências unifamiliares, escolas e sanatórios.[81] Contudo, quando o projeto CBI Esplanada foi apresentado em 1946, a Companhia Siderúrgica Nacional, criada em abril de 1941, ainda não possuía a plena capacidade de fornecimento dos perfis necessários. Além disso, os altos custos de importação e a dificuldade de contratação de profissionais locais com experiência na montagem de estruturas metálicas daquela envergadura levaram à adoção de estrutura em concreto armado, técnica que havia alcançado excelente qualidade no país.[82] O projeto estrutural foi desenvolvido em colaboração com o engenheiro Walter Neumann, engenheiro-chefe da Sociedade Comercial e Construtora, de propriedade de Heitor Portugal, construtora responsável pela estrutura de concreto armado do edifício, e que já havia iniciado parte das fundações do projeto original de Bahiana para a Companhia dos Grandes Hotéis de São Paulo. Nesse sentido, quando o grupo CBI assumiu o empreendimento, Korngold foi obrigado a conformar o seu projeto para as estruturas periféricas já existentes no terreno. Portanto, mais que retórica modernista, a fachada independente e os pilares recuados permitiram a adaptação às condições da obra. Comparando os projetos de Bahiana e Korngold, provavelmente a grande modificação estrutural tenha sido os dois núcleos de elevadores que, construídos como caixões verticais, atuam como pivôs da estrutura portante, absorvendo as cargas de todas as vigas. O vão das lajes é de 10 metros e a distância entre vigas 4,95 metros.

As fundações foram apoiadas em uma camada de 20 metros de espessura constituída por argila e areia, que se inicia a 21,84 metros do nível zero do terreno, ou do nível da rua Formosa. Para garantir a estabilidade da lateral vizinha ao Hotel Esplanada, as fundações do bloco limítrofe ao hotel foram elevadas, apoiadas sobre estacas Franki, e dois subsolos foram sacrificados.

Fazendo uso de novos métodos de fiscalização e racionalização da construção, o levantamento da estrutura foi feito a uma média de concretagem mensal recorde para a época, de duas lajes e meia, de 1.350 metros quadrados cada.

As fachadas Sul, Norte e Leste apresentam uma marquise horizontal de 50 centímetros que forma uma grelha, com espaletas e tremós pré-fabricados no canteiro, que funcionam como um sistema de brise-soleil combinado com as janelas recuadas de 50 centímetros, protegendo o interior do edifício contra os ventos e as chuvas tropicais. O sistema já havia sido ensaiado por Korngold no edifício Thomas Edison[83] de 1944 que, entretanto, apresenta um balanço mais acentuado e uma única variação de planos na fachada. Provavelmente a intenção primeira de Korngold, conforme indicado ao longo do processo, era de certa forma repetir a solução da fachada do Thomas Edison, porém, impedido pelos técnicos acabou optando pela marquise e pelo recuo das janelas para evidenciar o reticulado e sua função protetora da fachada. A solução também está presente na fachada do edifício Rio Claro à rua Quirino de Andrade 217,[84] de 1946, sem a variação de planos e com uma proporção própria para o reticulado.

As janelas foram colocadas ao mesmo tempo que os tremós, tendo sido fornecidas pela Companhia Brasileira Fichet & Schwartz-Hautmont, em perfis fabricados especialmente a partir de chapas de aço dobrado da Companhia Nacional de Volta Redonda, então recém-inaugurada. Uma observação mais atenta da perspectiva apresentada em 1946 mostra que a clássica divisão tripartite do bloco é mais sutil que o resultado final. O fuste acentua a verticalidade do conjunto, sugerindo que o arquiteto pretendia dar continuidade ao desenvolvimento do Thomas Edison, desta vez num local privilegiado, onde o edifício estaria exposto ao olhar do espectador em pelo menos três de suas quatro faces.

A planta tipo característica do edifício comercial moderno foi analisada por Alberto Xavier e outros,[85] em seu pioneiro catálogo da arquitetura moderna paulista, e descrita por Fujioka:[86]

> uma solução de núcleos de circulação vertical que atendem ao nível do Hotel Esplanada [do Parque Anhangabaú], com quatro unidades de elevadores, e ao nível da rua Formosa com oito unidades. Nos andares tipos, dois conjuntos de WCs simétricos, articulam-se com as escadas, os elevadores e o hall de circulação. Isto permite que o andar-tipo possa ser dividido em até quatro grandes salões de escritórios, servidos por halls de circulação, dois a dois, com as paredes divisórias articulando-se com as divisões de caixilharia, que passam a ser módulos, dimensionando o tamanho das salas e/ou ambientes a serem compostos com as divisórias internas. A organização da planta de seu pavimento-tipo demonstra a racionalidade do partido: a estrutura de concreto independente da caixilharia de vidro, os pilares periféricos a um metro da parede envidraçada (com o eixo dos montantes das esquadrias coincidindo com o eixo da coluna). A localização centralizada dos conjuntos de hall de circulação / escadas / WCs / elevadores não espelha uma composição simétrica de volumes nas fachadas do edifício, mas a necessidade dos conjuntos de servir aos escritórios do andar-tipo (que são voltados para o exterior de modo a receber luz e a ventilação naturais, através das paredes perimetrais envidraçadas).
>
> A disposição dos conjuntos de circulação vertical e WCs, ao redor de um vazio central e posicionados no eixo longitudinal, permite o acesso de luz e ventilação naturais para o espaço mais interno, aos WCs e poços de escadas, e emergência do prédio. Caracteriza-se assim um bloco independente de serviços e circulação, que divide o prédio em dois blocos de escritórios ou quatro salões. Essa impressão é reforçada pelo átrio central, que separa os WCs e a circulação vertical, mas serve de elemento unificador e caracterizador deste bloco racional de circulação e serviços. Graças a esse átrio envidraçado, a separação entre blocos de escritórios pelo conjunto circulação / vazio central / WCs é suavizada por sua transparência, que aumenta a sensação de amplidão e fluidez de espaço dos salões do andar tipo.[87]

O edifício Thomas Edison pode ser considerado um ascendente direto do CBI Esplanada. A estrutura independente da fachada por conta dos pilares periféricos, os balanços, a planta livre e os núcleos de circulação vertical articulados com hall e WCs, tornam ambos exemplares dos modernos edifícios altos de escritórios. Construído em terreno irregular e para o qual, além das servidões em relação aos terrenos vizinhos, o arquiteto teve de atender às exigências de recuos laterais que resultaram nos recortes da fachada.

Edifício CBI Esplanada, Anhangabaú, São Paulo, foto Werner Haberkorn

O projeto do Thomas Edison foi fruto do Escritório Técnico de Engenharia e Arquitetura Francisco Beck e Lucjan Korngold. O terreno foi inicialmente comprado por um grupo de conhecidos poloneses formado pelo empresário Herman Pikielny[88] e seus sócios Enrique Jonas, John Campbell Anderson e Tadeusz Tojwe Winter, bem como Francisco Beck, José Vieitas Júnior, Lucjan Korngold, Stefan Landsberg, Stefan Osser, Tadeusz Ginsberg e Alfred Josef Duntuch. Em 17 de março de 1945, os novos proprietários Szymon Raskin e Roman Landau, estabelecidos no Rio de Janeiro, solicitam o alvará para a obra sob a responsabilidade técnica do escritório de projetos de Beck e Korngold.

O prédio abrange uma área total de 11.744 metros quadrados, incluindo porão, térreo com lojas e mezanino e um total de 24 pavimentos. A solução projetual agradou de tal forma os técnicos da Prefeitura Municipal, que na cota do processo 68.175 relativa a este projeto, datada de 26 de novembro de 1947, o parecerista, engenheiro-chefe da Serv. 5, C. P. Rodrigues Júnior afirma que a nova solução apresentada através do projeto substitutivo (de responsabilidade de Franz Heep) "poderia ser aceita, principalmente se comparado com o anteriormente apresentado – em treze folhas – que iria destoar, de muito, das torres da biblioteca e do prédio projetado por Korngold e Beck (no prolongamento da rua Marconi), de massa, silhueta e arquitetura muito mais felizes".

O artifício utilizado por Korngold, tanto no CBI como no Thomas Edison, do reticulado atuando com brise-soleil, assim como a variação dos planos da fachada através de avanços e recuos, foi bastante utilizada por Beck, mesmo depois de desfeita a sociedade. Nesse sentido menciona-se o projeto do edifício à rua Conselheiro Crispiniano,[89] de 1948, que quase repete o núcleo de circulação vertical, hall e WCs do Thomas Edison; o Hotel Paris, situado entre a avenida 9 de Julho e a rua Santo Antônio, de 1935; bem como um bloco do edifício Palmela da avenida Doutor Vieira de Carvalho, de 1954.

E finalmente, também como contribuição para a análise do CBI Esplanada e sua contextualização, não podemos deixar de mencionar o edifício Rio Claro (1946), da rua Quirino de Andrade, propriedade de Stefan Marek Neuding e do próprio Lucjan Korngold. Além da solução do reticulado na fachada, também apresenta planta livre, quase simétrica, mesmo acatando os recuos exigidos pela legislação, com um núcleo central articulado com hall, circulação vertical e WCs que possibilita flexibilização dos espaços. Entretanto, nesse caso, assim como no edifício Alois (1945), à rua Sete de Abril, de propriedade de Elijass Gliksmanis, e ainda participando do Escritório Técnico de Engenharia e Arquitetura Francisco Beck e Lucjan Korngold, o arquiteto teve de lançar mão do uso da solução mais usual, dos dois poços laterais e simétricos que atendem à função de ventilação e iluminação; esta solução também está presente no edifício Mendes Caldeira (1946) à avenida Ipiranga 154, fruto da sociedade com Beck, assim como em outros edifícios residenciais de padrão médio que projetou naqueles anos.

Por outro lado, a grelha da fachada aparece como solução empregada por muitos dos arquitetos modernos cariocas e paulistas no mesmo período, como no edifício de propriedade de Antônio de Toledo Lara Filho na avenida Ipiranga 570, projetado pelo escritório Pilon. No Rio de Janeiro, a primeira referência foi sem dúvida a grelha de brises do edifício do Ministério da Educação e Saúde, mas aparentemente o módulo que mais se aproxima daquele utilizado por Korngold nos edifícios acima citados é aquele projetado pelos irmãos MMM Roberto, presente na grelha do edifício à avenida Copacabana 1.267, cujo projeto data de 1945, lembrando ainda da grelha projetada pelos irmãos para o edifício do Aeroporto Santos Dumont, no Rio de Janeiro.

Edifício CBI Esplanada, Viaduto do Chá, São Paulo

No último edifício que chegou a completar, o Avenida Paulista, propriedade de Philipp Heiss, de 1960, Korngold retoma o tema da grelha. Enquanto Gropius e o grupo TAC introduziam andares funcionais ao longo de sua torre na Universidade de Bagdá, ou, Gropius, Belluschi e o escritório Emery Roth & Sons faziam o mesmo no Pan Am Building, em Nova York, Korngold utilizou a mesma proporção dos andares funcionais para neles aplicar uma cinta formada pelos componentes da grelha, definindo o caráter escultórico da torre implantada sobre a base, e aplicando-a também na lateral esquerda do edifício.

Durante os anos nos quais desenvolveu-se o projeto do CBI Esplanada trabalhou no escritório Lucjan Korngold o desenhista alemão Helmut Wilhelm Johannes Hein, contratado por Korngold em setembro de 1946, que exerceu o importante papel de coordenação entre projeto e obra. Lembramos que também o arquiteto Jorge Zalszupin foi contratado por Korngold no mesmo período.

O edifício CBI foi tombado pela Conpresp em 1992 através da resolução 37. No ano de 1995, iniciaram-se as grandes reformas do prédio, que visavam principalmente recuperar e modernizar suas redes de instalações elétricas, hidráulicas e equipamentos de segurança. O início das obras foi marcado pela falta de critérios em relação à recuperação. A perspectiva de enquadramento do edifício na Lei Mendonça para a isenção do IPTU, fez surgir perceber uma nova preocupação por parte da administração em conhecer os métodos e critérios de restauração. Assim, no ano de 2000, foi contratada uma empresa especializada para elaborar um parecer que auxiliasse a reforma do prédio. Protagonista e testemunha das sucessivas transformações ocorridas ao longo das últimas décadas no centro da cidade de São Paulo, o CBI Esplanada foi reconhecido como patrimônio cultural da cidade.

Vista aérea do Vale do Anhangabaú, São Paulo, foto Werner Haberkorn

Edifício CBI Esplanada antes da criação do Parque do Anhangabaú, São Paulo, foto Peter Scheier

Edifício Matarazzo à esquerda e CBI Esplanada ao fundo, São Paulo, foto Peter Scheier

O arranha-céu, que nasceu nos Estados Unidos e alcançou a Europa, principalmente após a Exposição Universal de 1893, em Chicago, ganhou forma nos projetos premonitórios de arquitetos europeus, inspirados pela engenharia americana, como Mies e seus arranha-céus de vidro, de 1919 e 1921; nos projetos para a Chicago Tribune Tower de Gropius e Meyer de 1922; nos planos urbanísticos de Le Corbusier para a Cidade Contemporânea para Três Milhões de Habitantes, de 1922, e para o plano Voisin, de 1925. O conceito americano, juntamente às contribuições europeias da década de 1920, reelaborado entre as décadas de 1930 e 1940 por arquitetos americanos e europeus refugiados nos Estados Unidos, está presente entre as referências arquitetônicas de Korngold, impressionado com a escala das cidades americanas. Do mesmo modo, impressionou-se também Erich Mendelsohn, que percebeu para além da selvagem exuberância[90] a possibilidade na América de um novo mundo. Reconhecendo a riqueza do vocabulário da arquitetura moderna que surgia no país, calcada, como diria o arquiteto, nas formas mais tradicionais de sua cultura, Korngold procurou uma síntese que pudesse representar o novo mundo, longe da Europa destruída e desesperançada. O CBI Esplanada representa essa síntese, não somente no seu vocabulário, rico de referências, mas porque associou nacionais e imigrantes de levas imigratórias distintas, e apesar dos primeiros impactos junto aos técnicos do município, contribuiu para o desenvolvimento de um pensamento acerca das questões da arquitetura e urbanismo na cidade de São Paulo.

Acima, Edifício CBI Esplanada, São Paulo, c.1940-1960, foto Werner Haberkorn

Abaixo, Edifício CBI Esplanada após a criação do Parque do Anhangabaú, São Paulo

Parque do Anhangabaú em construção, arquitetos Jorge Wilheim e Rosa Kliass, com Edifício CBI Esplanada ao fundo, São Paulo

Notas

1
LICIA, Nydia. *Ninguém se livra de seus fantasmas*, p. 103-105.

2
Ver SEGAWA, Hugo. *Prelúdio da metrópole: arquitetura e urbanismo em São Paulo na passagem do século 19 ao 20*, p. 92-102; TOLEDO, Benedito Lima de. *Prestes Maia e as origens do urbanismo moderno em São Paulo*; D'ELBOUX, Roseli Maria Martins. *Joseph-Antoine Bouvard no Brasil. Os melhoramentos de São Paulo e a criação da Companhia City: ações interligadas*.

3
COHEN, Jean-Louis; CABOT, Roberto; GIRE, Jean (Org.). *Joseph Gire: a construção do Rio de Janeiro moderno*.

4
MENDES, Ricardo. *Hotel Esplanada: a política de fomento para os grandes hotéis paulistanos da década de 1920*.

5
Lévi-Strauss instalou-se no luxuoso Esplanada com dois macacos que trouxe do território Nambikwara. LÉVI-STRAUSS, Claude. *Saudades do Brasil*, p. 22; 27-28.

6
LÉVI-STRAUSS, Claude. *Tristes trópicos*. São Paulo, Companhia das Letras, 1996, p. 91.

7
Idem, ibidem, p. 95.

8
FICHER, Sylvia. *Edifícios altos no Brasil*.

9
SAMPAIO, Maria Ruth Amaral de (Org.). *São Paulo, 1934-1938: os anos da administração Fábio Prado*; PEIXOTO-MEHRTENS, Cristina. *Urban Space and National Identity in Early Twentieth Century São Paulo, Brazil*.

10
Processo 45.007/38, p. 1.

11
Ver FICHER, Sylvia. *Os arquitetos da Poli: ensino e profissão em São Paulo*. As articulações de Heitor Portugal podem ser medidas desde jovem, quando exerceu a presidência do Grêmio da Politécnica, desde o início do seu curso até o final (1914-1921).

12
Em 1949, Henrique Neves Lefevré exercia o cargo de engenheiro-chefe do Departamento de Urbanismo, e participava da Comissão de revisão do Código de Obras que promoveu a regulamentação do zoneamento buscando "um rumo diferente daquele que tem orientado a plástica urbana até o momento". Apesar de ter defendido o aumento de altura do Esplanada Hotel em 1938, ao defender o zoneamento para a cidade, em 1949, o engenheiro faria referência ao CBI, então em construção, afirmando que "São Paulo está sendo construída como se desenvolve um acampamento de saltimbancos. Isso se passa aqui, diante dos olhos da Prefeitura, a construção de um edifício de trinta e quatro pavimentos, para abrigar cerca de dez mil pessoas, com massa em circulação, segundo dizem os reclamistas, de cerca de 25 mil pessoas, é a maior loucura que uma cidade pode praticar. É o enquistamento da plástica urbana e da acomodação. A continuar-se procedendo por essa forma, neste conjunto que compreende o vale do Anhangabaú, a Praça do Patriarca e a rua Líbero Badaró, será possível proporcionar-se acomodação para cerca de 250 mil pessoas. Basta citar isso, para se verificar a que absurdos está levando a atual regulamentação das construções na Cidade." REDAÇÃO. Notícias. *Código de Obras do Município de São Paulo*.

13
Processo 45.007/38, 25 jul. 1938, p. 136.

14
Processo 45.007/38, 26 out. 1938, p. 139-140.

15
Processo 45.007/38, 8 ago. 1939, p. 259.

16
Processo 45.007/38, 21 ago. 1939, p. 263.

17
Em 30 de março de 1940 anexou-se ao processo 45.007, cópia do projeto de resolução do decreto-lei de 28 de março de 1940, permitindo a utilização de ventilação mecânica em hotéis de primeira categoria, localizados na Zona Central, com pelo menos dez andares.

18
No ano seguinte, em novembro de 1941, observa-se a entrada de um pedido de substituição de plantas, ainda de autoria de Bahiana, com a instalação de um cinema revestido de material acústico e um sistema Carrier de renovação de ar. Processo 87.626/41.

19
Implantada entre a avenida Atlântica, a rua Duvivier e a avenida Nossa Senhora de Copacabana, a iniciativa imobiliária do CBI no Rio de Janeiro era constituída por dois blocos de apartamentos com doze pavimentos cada um. Companhia Brasileira de Investimentos, p. 12.

20
REDAÇÃO. O maior prédio da América do Sul ergue-se em São Paulo, no parque Anhangabaú: os edifícios Esplanada e CBI terão 34 pavimentos!, p. 5.

21
Processos 45.007/38 e 87.626/41.

22
Processo 28.531/46.

23
SOUZA, Luiz Felipe Machado Coelho de. *Irmãos Roberto, arquitetos*.

24
Processo 28.531/46, p. 2.

25
Parecer de C. P. Rodrigues Jor. Processo 28.531/46, 10 abr. 1946, p. 16.

26
Sylvia Ficher demonstra que a nomeação exclusiva de ex-alunos da Escola Politécnica de São Paulo para cargos públicos até o início dos anos 1930 será objeto de manifestação contrária, aprovada em assembleia, por parte do Instituto Paulista de Arquitetos – IPA, que congregava os egressos da Escola de Engenharia Mackenzie ou de escolas estrangeiras, bem como alguns não diplomados, além de alguns poucos politécnicos. FICHER, Sylvia. *Ensino e profissão: o curso de engenheiro-arquiteto da escola Politécnica de São Paulo*, p. 301.

27
Ver SANTOS, Paulo. *Constantes de sensibilidade na arquitetura do Brasil*, p. 52-71.

28
Parecer de Heitor Nardom. Processo 20.001/10, 00 abr. 1946, p. 19.

29
Processo 28.531/46, 12 jun. 1946, p. 21.

30
Carlos Alberto Gomes Cardim Filho, engenheiro civil e arquiteto, iniciou sua carreira na Prefeitura em 1924. Em 1936, Cardim ocupou os cargos de diretor da Divisão de Urbanismo, e em 1947, atuou como diretor do departamento de Arquitetura colaborando com o prefeito Francisco Prestes Maia na implantação do Plano de Avenidas. Em 1948, Cardim assumiu a Secretaria de Obras Públicas. Ver FICHER, Sylvia. *Os arquitetos da Poli: ensino e profissão em São Paulo* (op. cit.), p. 215-222; LEME, Maria Cristina da Silva (Org.). *Urbanismo no Brasil 1895-1965*, p. 491-492.

31
CARDIM FILHO, Carlos Alberto Gomes. Porque arquitetura moderna? Transcrição da palestra proferida a convite do IAB, na Biblioteca Municipal de São Paulo, por ocasião da 1ª Exposição Internacional de Arquitetura.

32
CARDIM FILHO, Carlos Alberto Gomes. *Notas da censura de fachadas*, p. 164.

33
SITTE, Camillo. *A construção das cidades segundo seus princípios artísticos*. Sobre a leitura da obra de Sitte no Brasil ver também ANDRADE, Carlos Roberto de. *De Viena a Santos: Camillo Sitte e Saturnino de Brito*; GIOVANNONI, Gustavo. *I principi del Diradamento*; CHOAY, Françoise. *Introduction*, p. 12-15.

34
Ver CHOAY, Françoise. *Camillo Sitte, Der Städtebau nach Seinen Künstlerischen Grundsätzen, 1889: uno statuto antropologico dello spazio urbano*, p. 3.

35
KORNGOLD, Lucjan. *Paris, Haussmann, Rio de Janeiro e o concurso do Itamaraty*, p. 445-454.

36
Idem ibidem. Gustavo Giovannoni irá falar em "atmosfera" artística, "existe um senso de proporção, de cores, de formas, que permaneceu como elemento permanente através da evolução dos vários estilos, e do qual não se pode prescindir, ele deve dar o tom das novas obras, mesmo aquelas de inspiração mais nova e audaz". GIOVANNONI, Gustavo. Op. cit., p. 153.

37
KORNGOLD, Lucjan. Paris, Haussmann, Rio de Janeiro e o concurso do Itamaraty (op. cit.), p. 445-454.
38
CHOAY, Françoise. Camillo Sitte, Der Städtebau nach Seinen Künstlerischen Grundsätzen, 1889: uno statuto antropologico dello spazio urbano (op. cit), p. 13.
39
KORNGOLD, Lucjan. Paris, Haussmann, Rio de Janeiro e o concurso do Itamaraty (op. cit.), p. 445-454.
40
FUJIOKA, Paulo Yassuhide. *O edifício Itália e a arquitetura dos edifícios de escritórios em São Paulo*, p. 56.
41
Processo 28.531/46, p. 30-38.
42
O grifo é do próprio autor do parecer.
43
Processo 28.531/46, 19 jun. 1946, p. 28.
44
ATIQUE, Fernando. Articulações profissionais: os Congressos Pan-Americanos de Arquitetos e o amadurecimento de uma profissão no Brasil, 1920-1940.
45
AGREST, Diane. Le ciel est la limite, p. 55.
46
Processo 28.531/46, p. 35-36.
47
STOLS, Eddy. Les étudiants brésiliens en Belgique, p. 681.
48
RUSKIN, John. *Lectures on Architecture and Painting: Delivered at Edinburgh in November 1853*, p. 16.
49
FLETCHER, Banister; FLETCHER, Banister Flight. *A History of Architecture on the Comparative Method: for the Student, Craftsman and Amateur*, p. 4.
50
Processo 28.531/46, 2 jul. 1946, p. 35.

51
FLETCHER, Banister; FLETCHER, Banister Flight. Op. cit., p. 886.
52
Ver COHEN, Jean-Louis; DAMISCH, Hubert (Org.). *Américanisme et modernité: l'idéal américain dans l'architecture*.
53
FLETCHER, Banister; FLETCHER, Banister Flight. Op. cit., p. 886.
54
ROBERTO, Marcelo. Arquitetura, urbanismo e o muro das lamentações, p. 165-170.
55
FALBEL, Anat. *Women Engineers in Brazil: at the Crossroads of Feminism and Femininity*; VARGAS, Milton (Org.). *Contribuições para a história da engenharia no Brasil*.
56
SULLIVAN, Louis H. The Tall Office Building Artistically Considered, p. 403-409.
57
AGREST, Diane. Op. cit., p. 55-64.
58
Ver TOLEDO, Benedito Lima de. Op. cit.
59
Revista do Directorio de Engenharia, ano 1, n. 1, jul. 1932.
60
CAVALCANTI, Lauro. As preocupações do belo, p. 17, CAVALCANTI, Lauro. *Moderno e brasileiro: a história de uma nova linguagem na arquitetura (1930-60)*.
61
GUIMARAENS, Cêça, *Paradoxos entrelaçados: as torres para o futuro e a tradição nacional*, p. 263-264.

62
Conforme despacho do Prefeito Abrahão de Ribeiro, as condições de aprovação do projeto seriam que: a) o corpo acima da cota de 80 metros não deveria ocupar mais de 30% da área do lote; b) a aprovação do excesso de altura, no alinhamento da rua Formosa, a partir dos 20 metros referidos no parágrafo 1 do artigo 4 do decreto-lei 92/41 ficaria dependendo da eventual modificação dos atos 1.373/38 e 1.479/38, em estudo; c) sobre o corredor de 7,55 metros de largura junto ao prédio do Hotel Esplanada, deveria ser instituída uma servidão *non aedificandi*, por escritura pública, em que comparecesse a Municipalidade; d) seria permitido um balanço continuo, desde que a área utilizável não fosse superior à soma das áreas permitidas pelo artigo 164 do Código de Obras; e finalmente e) exclusivamente para efeito de cálculo de insolação, os saguões e corredores seriam considerados acrescidos de faixa correspondente ao recuo mínimo do prédio contíguo, da rua Formosa, que era suposto obedecendo o artigo 3 do decreto-lei 92/41. Processo 28.531/46, p. 12.
63
Processo 81.371/46, 2 out. 1946
64
Processo 81.371/46, 31 out.; 5 nov. 1946.
65
Processo 81.371/46, 6 dez. 1946, p. 100-102.
66
JORDAN, André. *Uma viagem pela vida*.
67
Ver SOUZA, Ricardo Forjaz Christiano de. *O debate arquitetônico brasileiro 1925-36*; SEGAWA, Hugo; DOURADO, Guilherme Mazza. *Oswaldo Arthur Bratke*, p. 14; IRIGOYEN, Adriana. *Wright e Artigas: duas viagens*, p. 59-61.

68
NEVES, Christiano Stockler das. Decadência artística, p. 21.
69
Processo 81.371/47, 14 abr. 1947.
70
Processo 81.371/46, 15 abr. 1947, p. 207-208.
71
Processo 62.949/47, 24 jul. 1947, a substituição das fachadas.
72
Processo 62.949/47, 17 set. 1947, p. 5.
73
Idem, ibidem, p. 5.
74
KORNGOLD, Lucjan. Paris, Haussmann, Rio de Janeiro e o concurso do Itamaraty (op. cit.), p. 445-451.
75
JORDY, William H. The American Acceptance of the International Style: George Howe & William Lescaze's Philadelphia Saving Fund Society Building, p. 127-128.
76
O projeto substitutivo de Korngold recebeu pareceres positivos do engenheiro Heitor Nardon diretor do Departamento de Arquitetura e Alfredo Figliolini, o secretário de Obras, respectivamente em 18 e 19 set. 1948. Processo 90.330/47.
77
REDAÇÃO. O maior prédio da América Latina está sendo construido em São Paulo: os edifícios Esplanada e CBI terão 34 pavimentos! (op. cit.), p. 5.
78
Processo 13.572/51, 10 jan. 1951.
79
KORNGOLD, Lucjan. Immeuble CBI Esplanada a Sao Paulo, p. 75-82.

80
BECK, Francisco; KORNGOLD, Lucjan. Immeuble commercial a Sao Paulo – Building Thomas Edison, p. 73-74.
81
LESNIKOWSKI, Wojciech. Functionalism in Polish Architecture, p. 203.
82
Sobre a história do concreto armado no Brasil, ver VASCONCELOS, Augusto Carlos de. *O concreto no Brasil: recordes, realizações, história*; VASCONCELOS, Augusto Carlos de. *O concreto no Brasil: professores, cientistas, técnicos*.
83
Processo 88.985/44, 20 dez. 1944.
84
Processo 37.315/46, 19 mar. 1946.
85
XAVIER, Alberto; LEMOS, Carlos A. C.; CORONA, Eduardo. *Arquitetura moderna paulistana*.
86
FUJIOKA, Paulo Yassuhide. Op. cit., p. 54-55.
87
FUJIOKA, Paulo Yassuhide. Op. cit., p. 55.
88
Aparentemente Herman Pikielny foi um dos principais incorporadores do edifício, visto que Enrique Jonas, John Campbell Anderson e José Vieiras Júnior eram seus sócios minoritários em outros empreendimentos.
89
BECK, Francisco. Edifício de escritórios à rua Conselheiro Crispiniano: propriedade de Cláudio de Carvalho e Oswaldo de Abreu Carvalho.
90
MENDELSOHN, Erich. *Erich Mendelsohn's "Amerika": 82 Photographs*.

Edifício CBI Esplanada

1946–1951 rua Formosa 367 e
Parque do Anhangabaú,
São Paulo SP

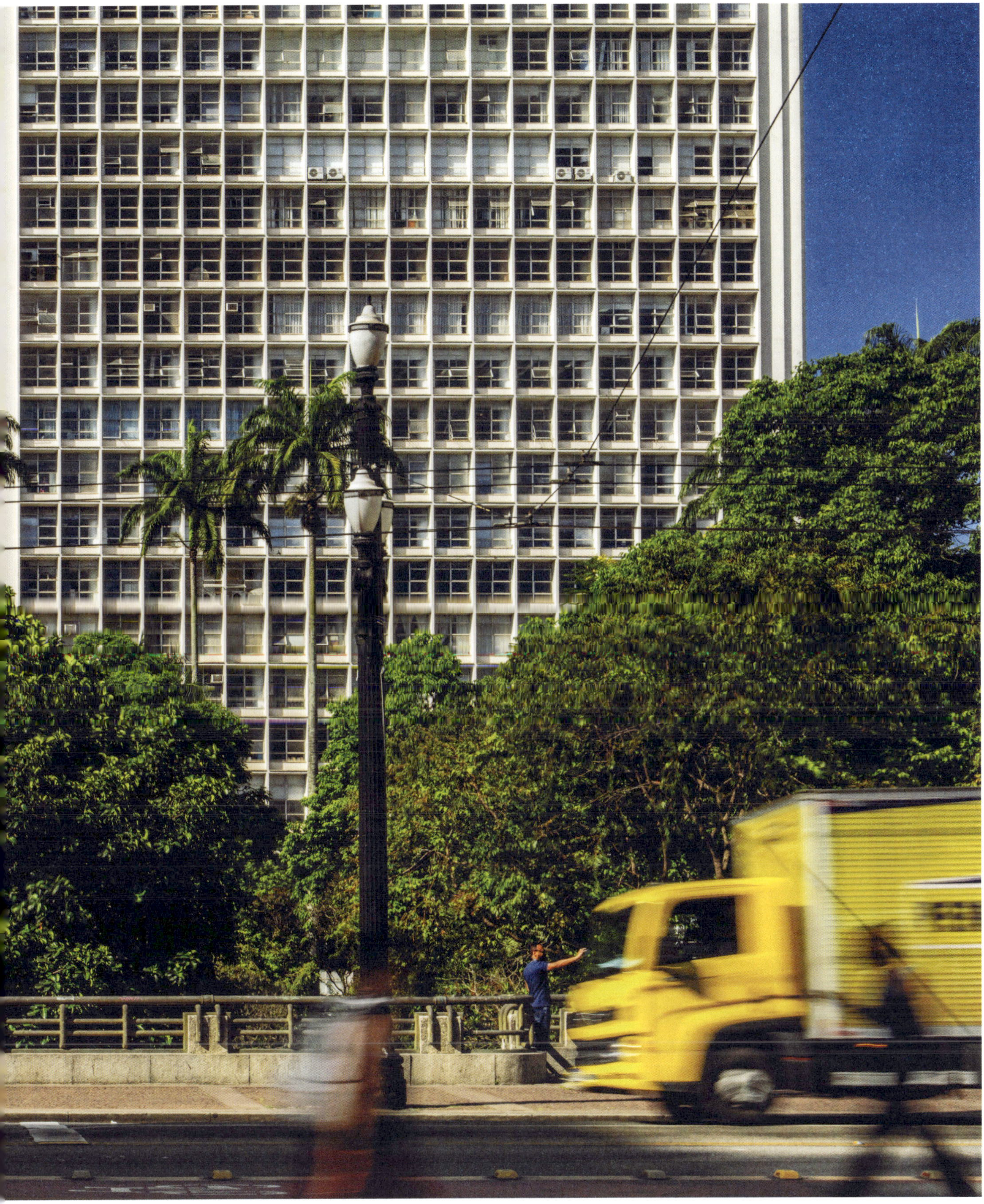

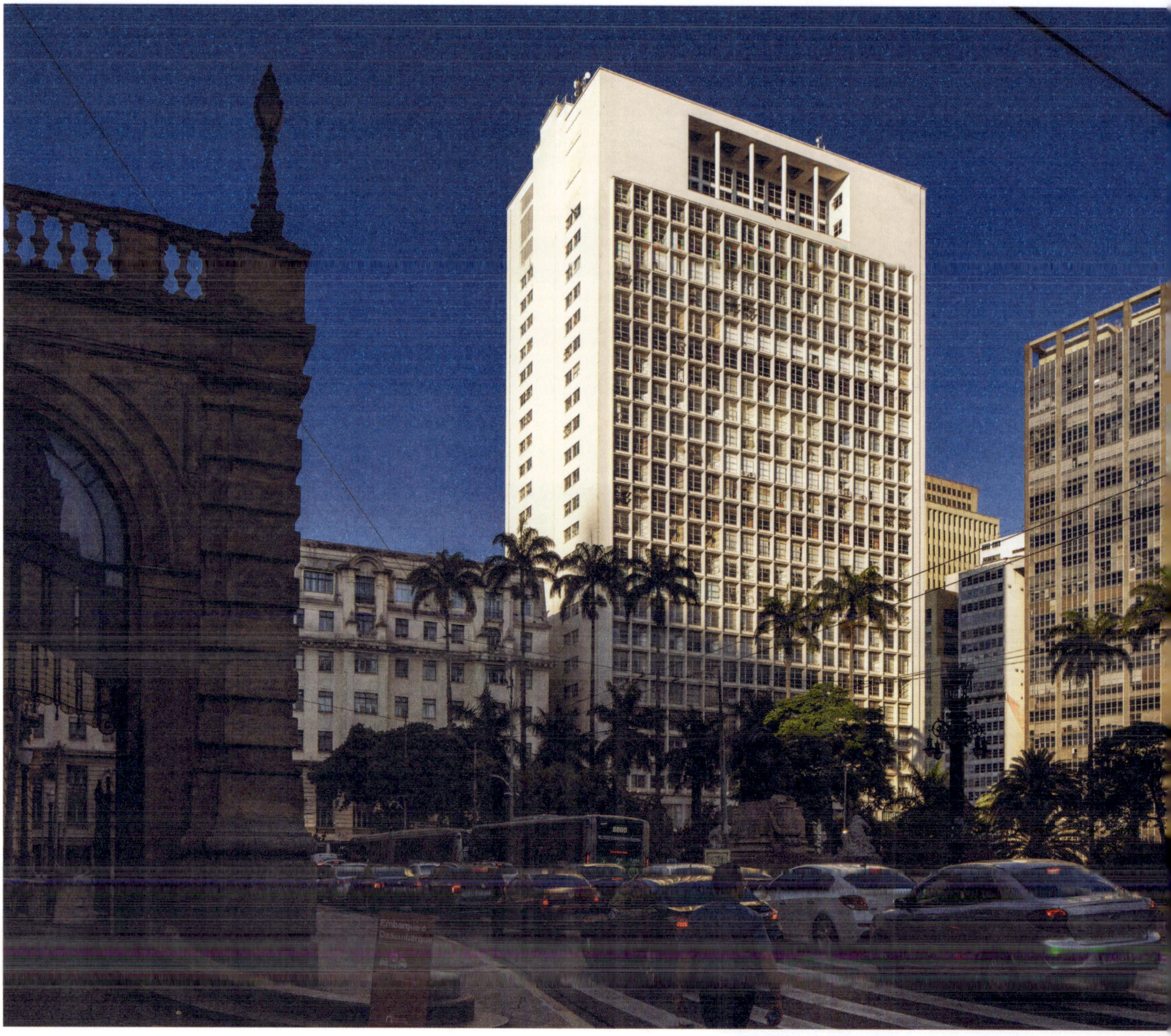

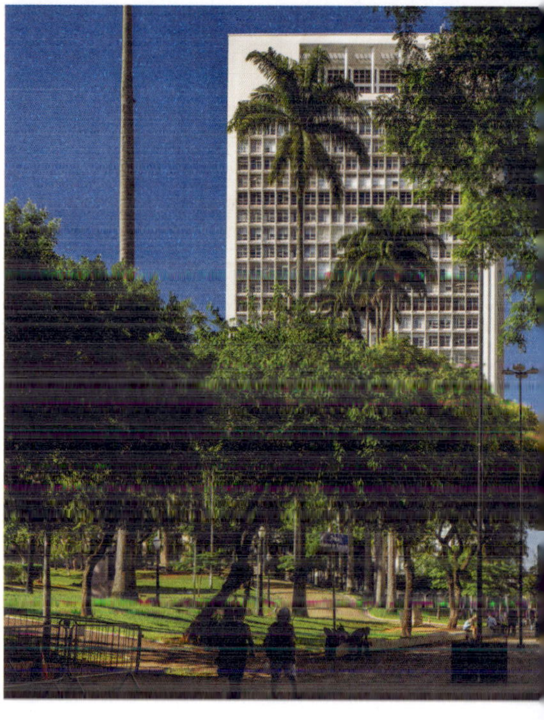

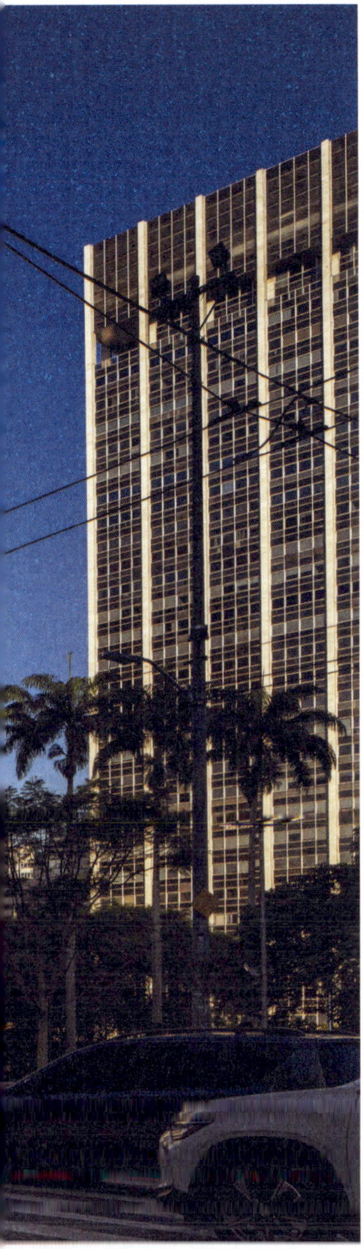
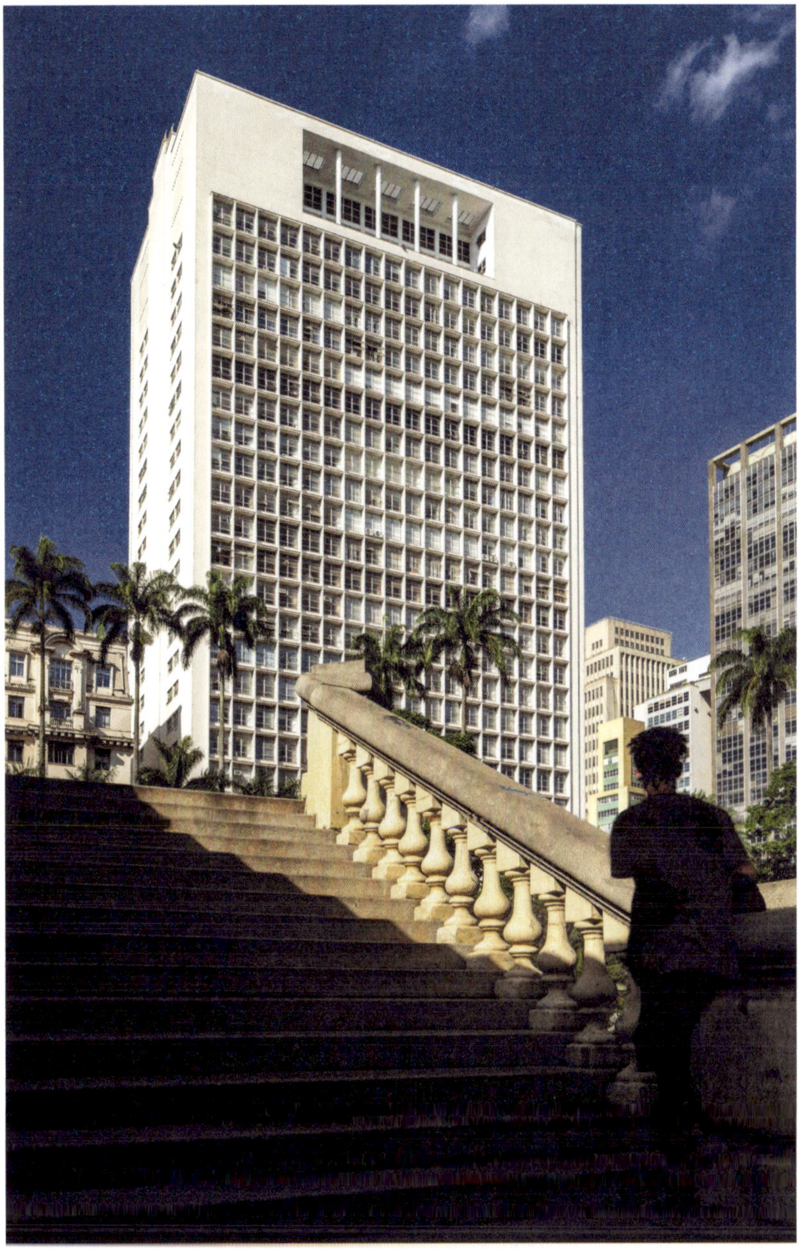
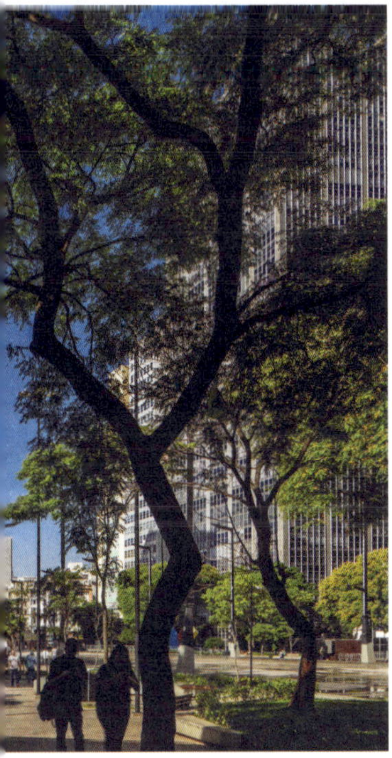
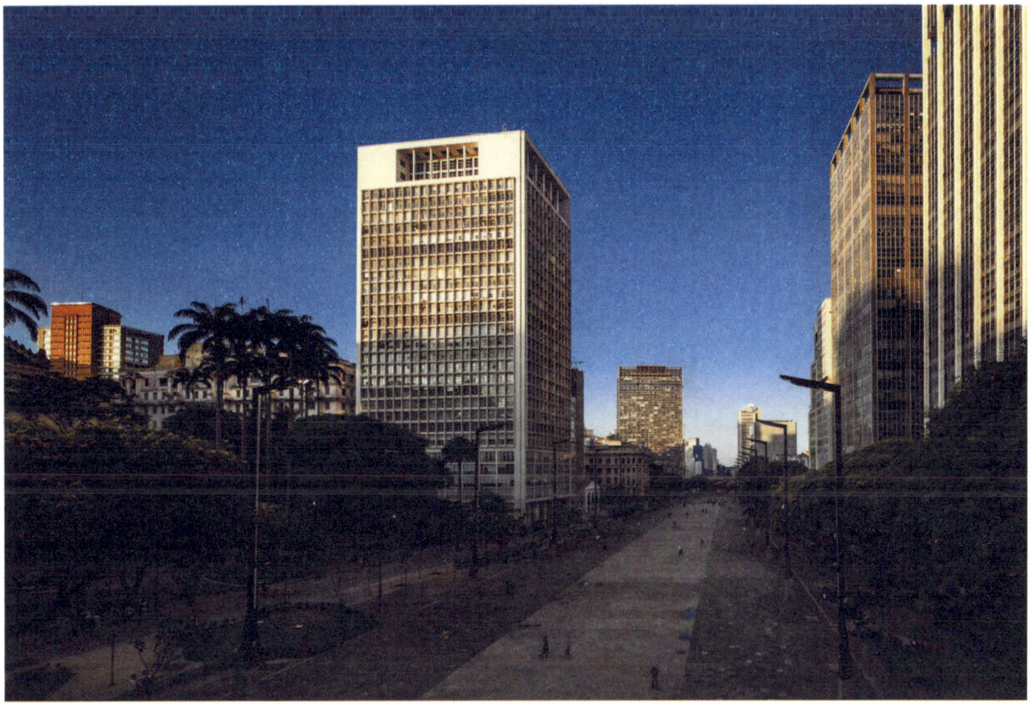

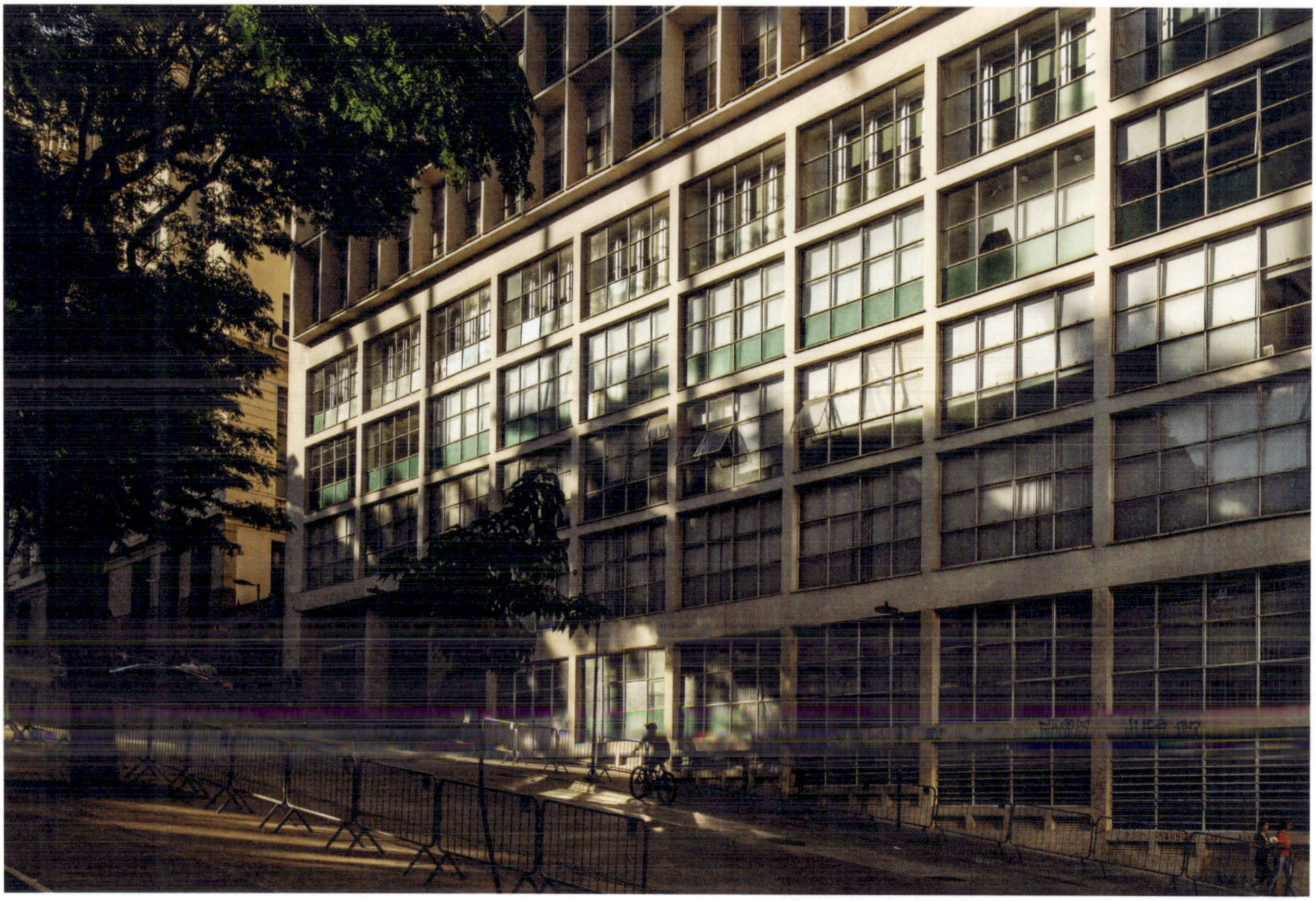

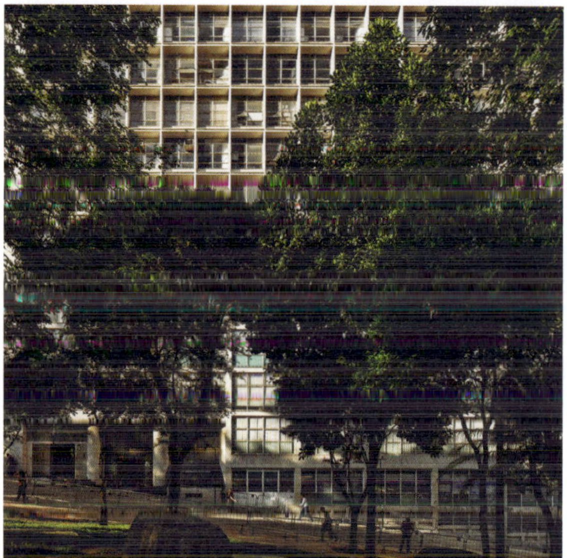

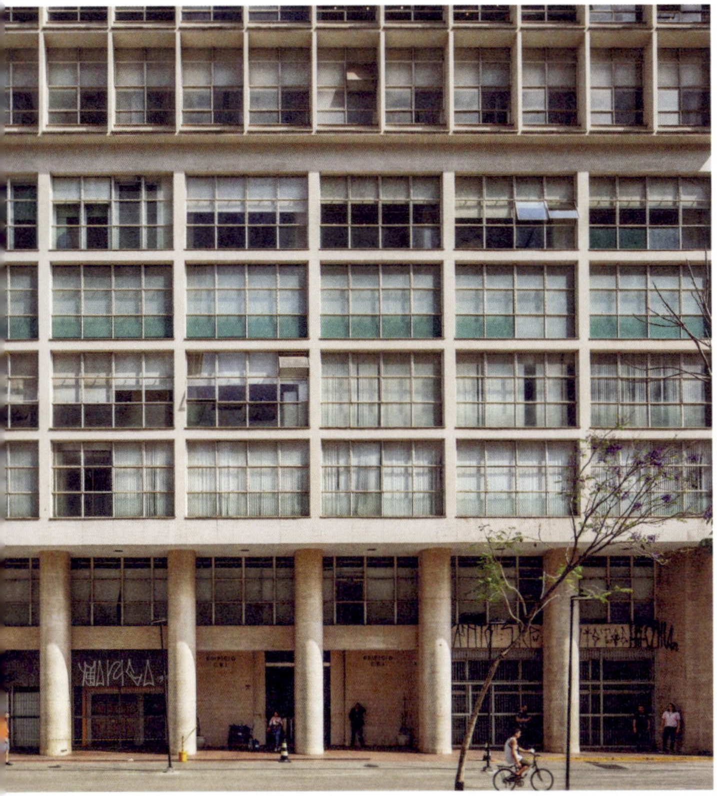

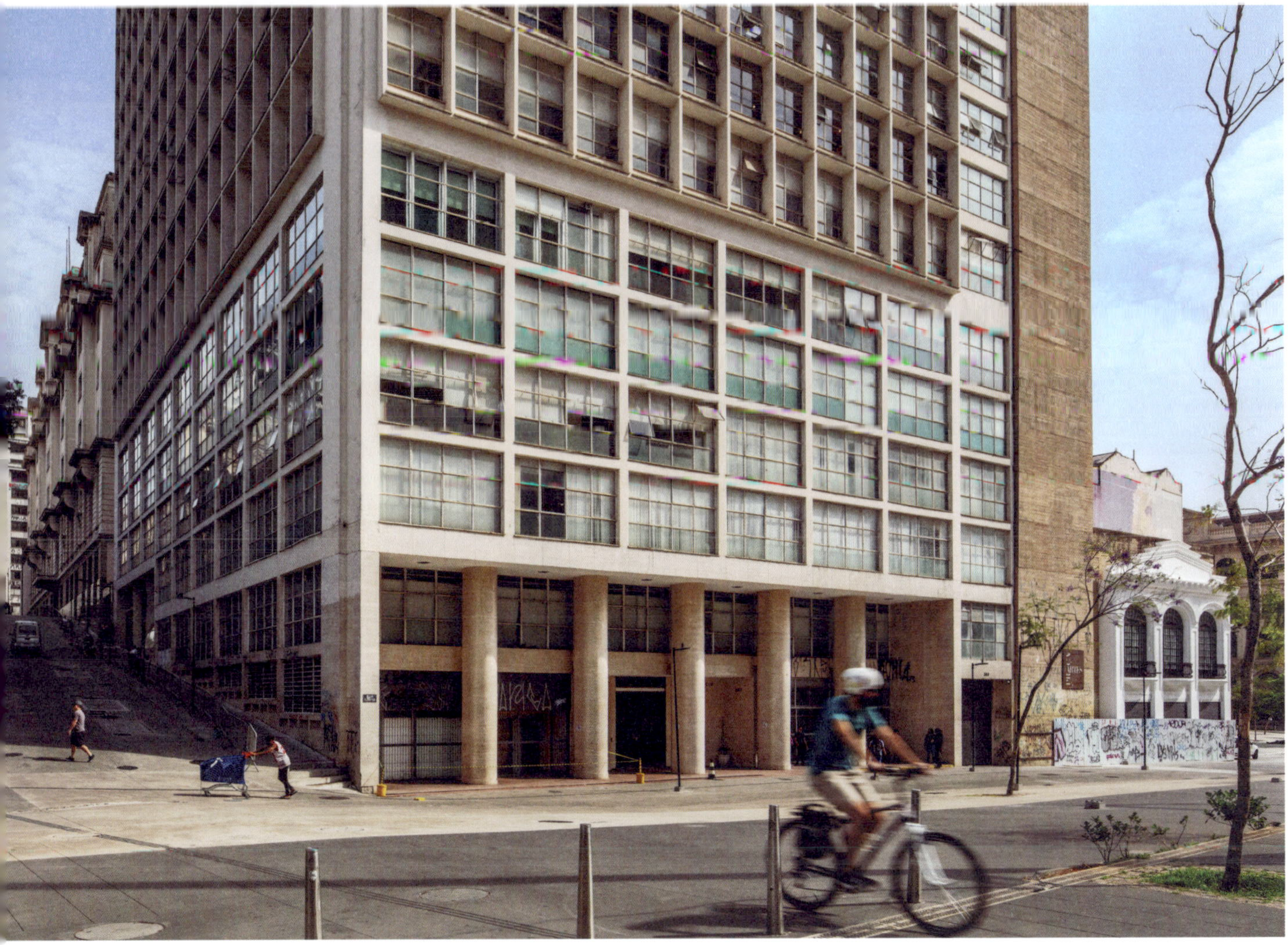

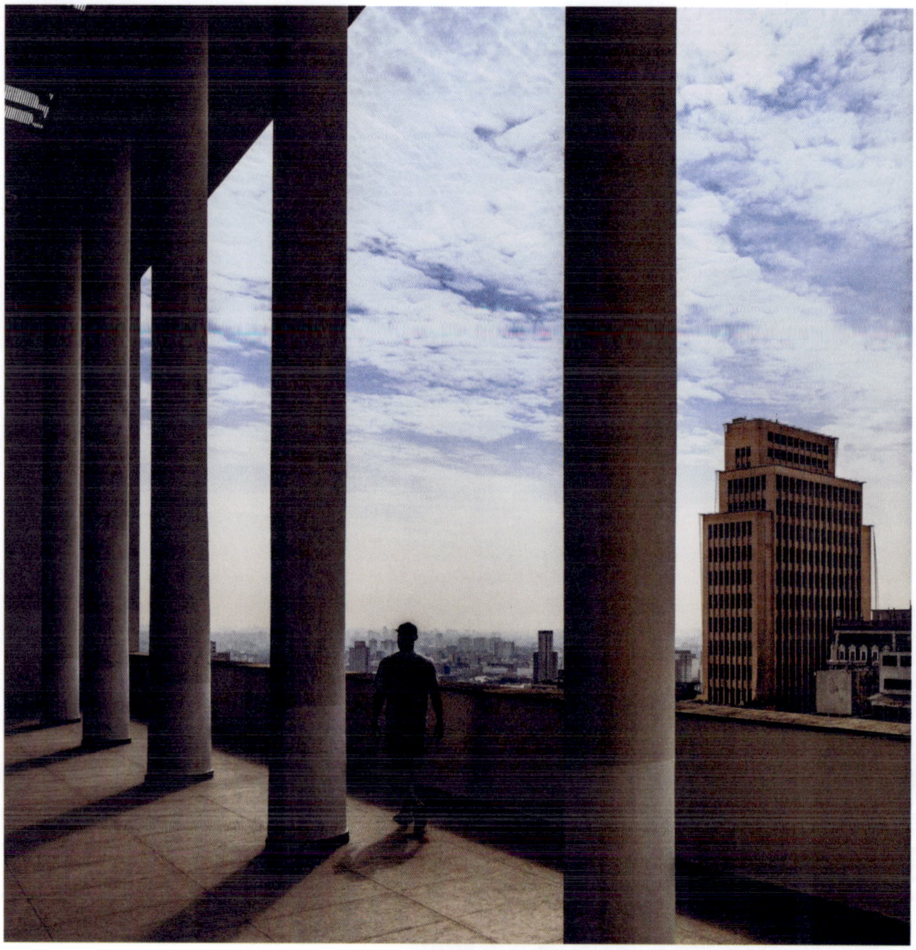

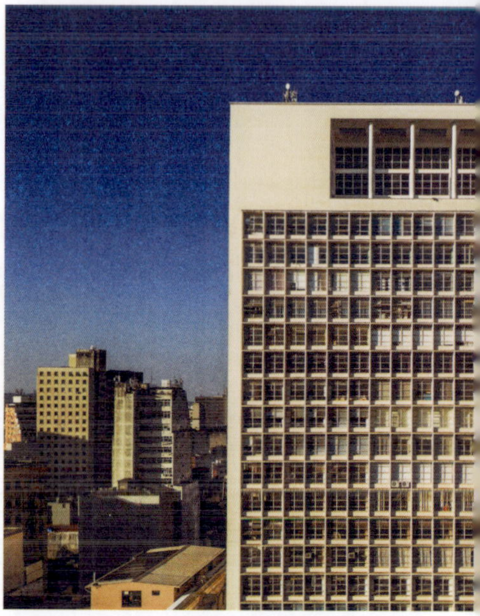

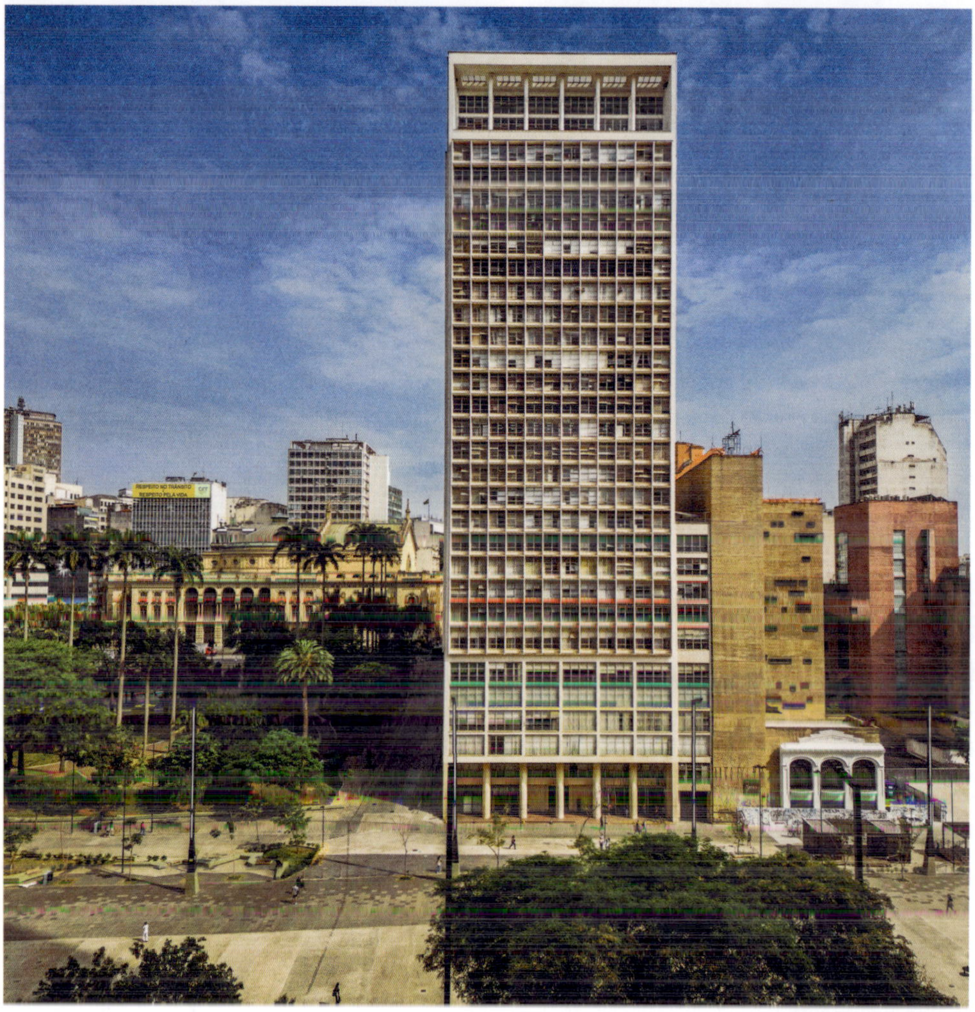

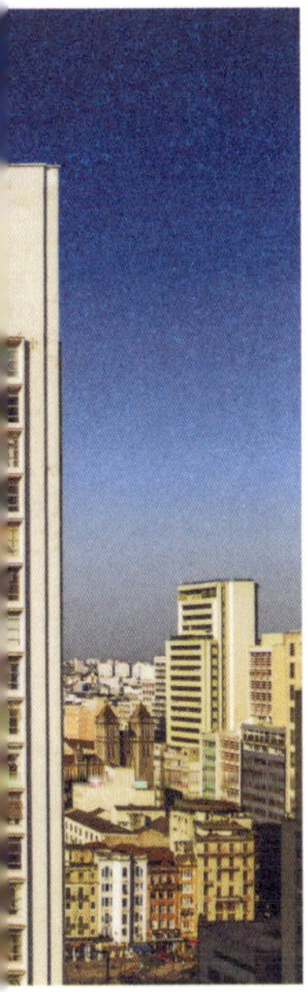

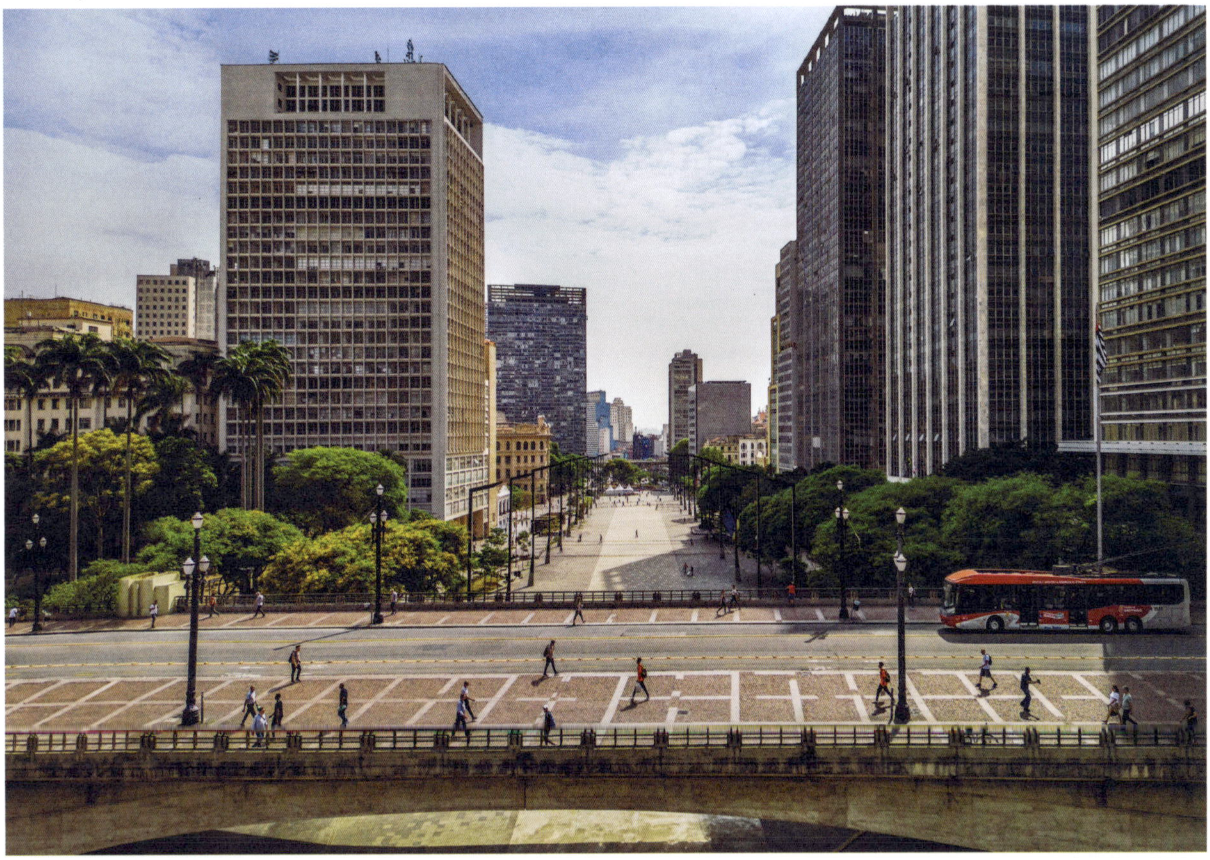

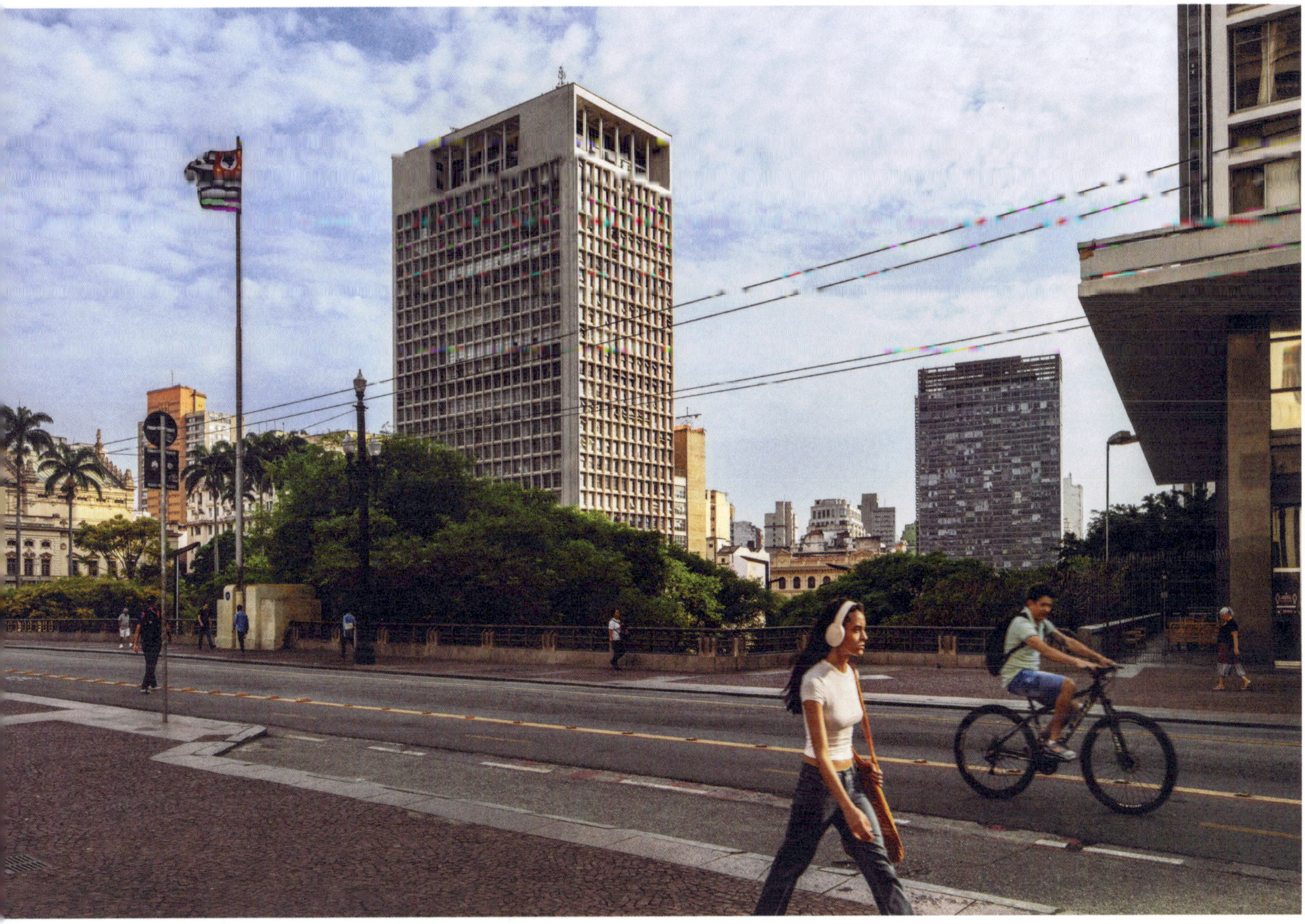

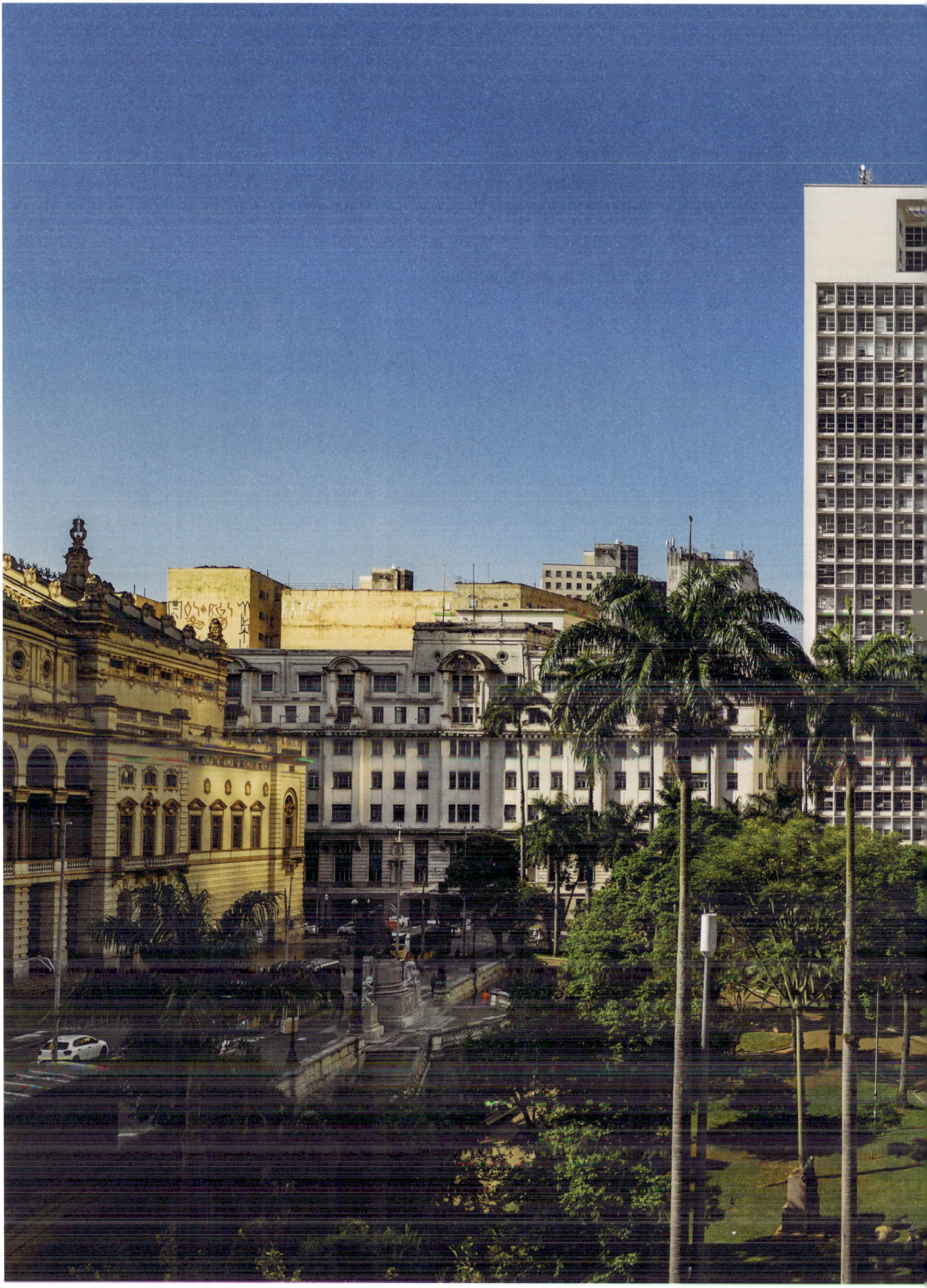

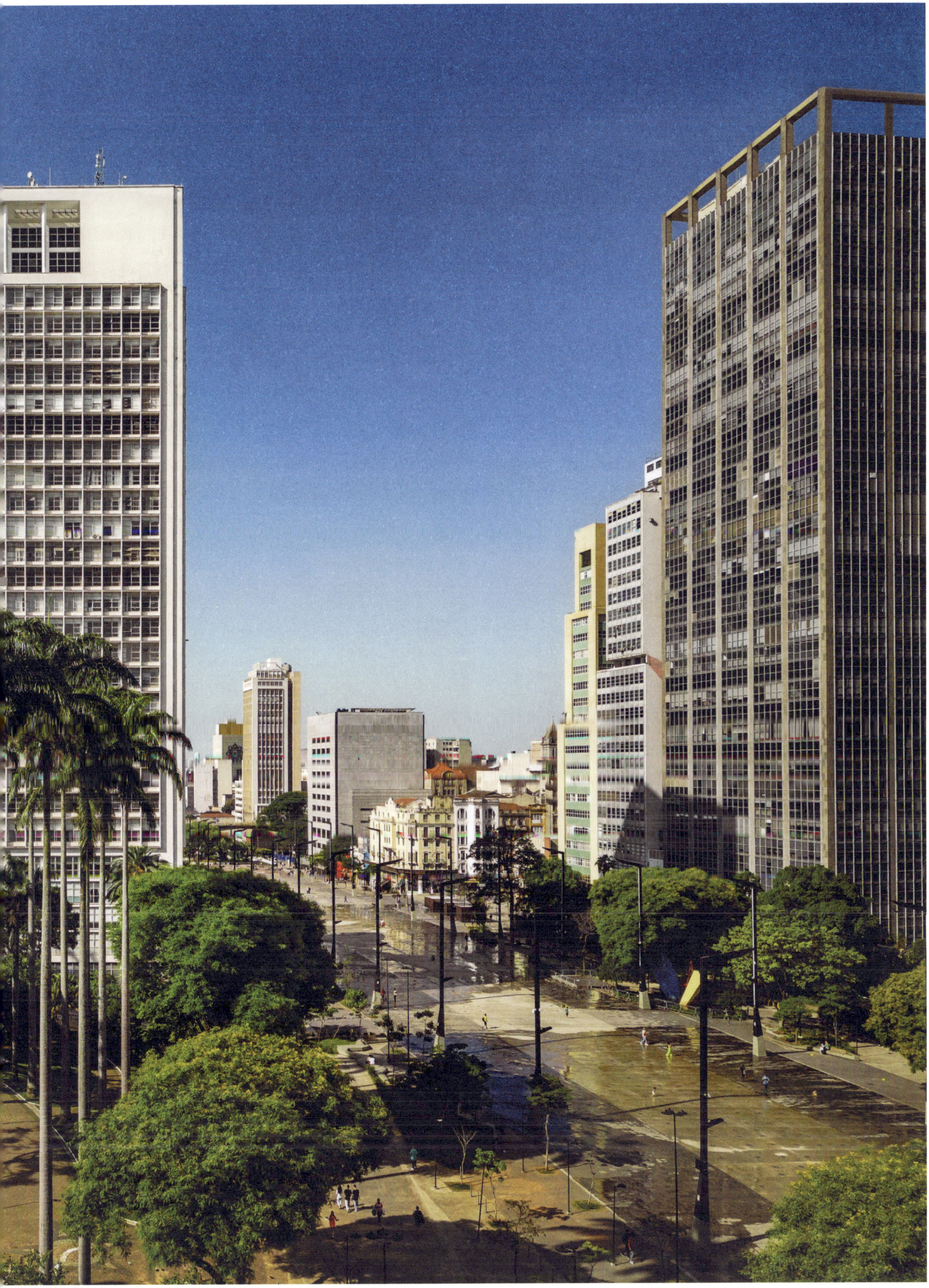

Edifício Mappin, Vale do
Anhangabaú, São Paulo,
arquiteto Elisiário Bahiana,
foto Werner Haberkorn

Hotel Esplanada, Vale do
Anhangabaú, São Paulo,
anos 1920

6 Edifício Palácio do Comércio

O Palácio do Comércio foi planejado como um programa moderno implantado em local privilegiado no novo centro da cidade de São Paulo, na confluência das ruas Conselheiro Crispiniano e 24 de Maio. A área era vizinha a iniciativas modernizadoras como o Teatro Municipal (1911), o Edifício Mappin (1936), o Hotel Esplanada (1923), assim como o edifício da Light (1929). O ambicioso empreendimento, a ser implantado em um terreno de 1.355 metros quadrados, previa uma área total construída de 26.095,60 metros quadrados distribuída em cinco subsolos – um deles abrigando a drogaria *Drogadada* que no modelo das *drugstores* americanas possuía um balcão de lanches, e cujo acesso seria feito por um "tapete rolante (escada mecânica) cuja função é facilitar o acesso ao público"[1] – e ainda três andares para 41 lojas e escritórios, dez andares para 160 escritórios e um ático.

O projeto deu entrada na Prefeitura em 17 de março de 1954 pelas mãos de Romeu Nunes, industrial e proprietário da *Drogadada*.[2] Heloísa Guinle Ribeiro, da família Guinle e sócia no empreendimento CBI Esplanada, era proprietária do terreno, adquirido em 1927.[3] O memorial descritivo do programa assinado por Lucjan Korngold apresentava três soluções projetuais distintas com a mesma área construída.[4] O arquiteto, que assinava tanto como autor do projeto quanto responsável pela empresa construtora,[5] argumentava que a solução técnico-artística ideal fora frustrada pelas disposições desatualizadas do Código de Obras, elaborado para uma cidade de quinhentos mil habitantes e, portanto, sem condições de acompanhar os inúmeros problemas arquitetônicos que se impunham numa grande metrópole como São Paulo. Ao mesmo tempo, Korngold fazia referência ao novo Código de Obras elaborado pela Prefeitura junto às entidades de classe, que ainda carecia de aprovação.[6]

Se os desenhos que acompanhavam o processo foram perdidos ao longo dos anos, restaram as três soluções projetuais descritas pelo arquiteto, todas elas com a mesma área construtiva:

a primeira, com quatro andares recuados, somente pelos lados das ruas Conselheiro Crispiniano e 24 de Maio, absolutamente enquadrado nas posturas do Código de Obras vigente, sendo de se observar que, pelo lado da servidão não apresenta recuo; *a segunda*, com dois recuos, o primeiro de três andares no alinhamento do segundo recuo da solução primeira. Desta forma, o primeiro recuo perde a área e o terceiro recuo compensa a área perdida, estando o quarto recuo no lugar determinado pelo código. Segundo esta solução, por exigência do equilíbrio arquitetônico do edifício, os andares são recuados também no lado da servidão. A área perdida no lado da servidão é compensada pelo deslocamento de todos os andares sendo, desta forma, os recuos pelos lados das ruas Conselheiro Crispiniano e 24 de Maio são menores do que estabelece a lei; *a terceira* solução não apresenta andares recuados, com exceção da caixa d'água, da casa de máquinas dos elevadores, apartamento do zelador e administração do prédio, nesta previsão o prédio tem um andar menos que nas soluções 1 e 2.

Encarecendo nosso anceio [sic] pela solução terceira, que atenderia de maneira harmônica a todos os aspectos aqui focalizados, é nosso desejo ressaltar que a solução da compensação de áreas já não constitui novidade em São Paulo, havendo sido adotada nos edifícios CBI Esplanada, Conde Prates, etc.[7]

Edifício Alexandre Mackenzie (Edifício da Light), Vale do Anhangabaú, São Paulo, c.1930

No mesmo requerimento, Korngold solicitava que, no caso de aprovação da terceira solução, fosse possível empregar um balanço de 1 metro de largura por toda a extensão da fachada, do segundo vão da rua Conselheiro Crispiniano até o penúltimo da rua 24 de Maio, de modo a ressaltar arquitetonicamente os três pavimentos formado pelas sobrelojas.[8] Seria uma compensação entre a largura permitida à rua Conselheiro Crispiniano de 1,20 metro e 0,84 metro do lado da rua 24 de Maio.[9]

O processo indica pelo menos três temáticas importantes nas discussões entre legisladores, profissionais e incorporadores, com consequências sobre o espaço urbano, a legislação e a própria disciplina do urbanismo.

A primeira temática diz respeito ao emprego de novos materiais e tecnologias construtivas, sugerindo modificações tanto na postura dos técnicos como no próprio Código de Obras. No caso do Palácio do Comércio, Korngold introduziu o inovador sistema de ventilação por intermédio de chaminés, que permitia projetar instalações sanitárias próprias para cada um dos locatários comerciais. O sistema, pouco difundido no país e ainda restrito pela legislação, exigiu uma justificativa do arquiteto frente à municipalidade.

Os locatários de edifícios comerciais insistem unanimemente em instalações sanitárias próprias, sob a sua exclusiva responsabilidade. Exigência indubitavelmente justa, se lembrarmos que as instalações sanitárias conjugadas para todos os locatários de um andar constituem uma solução tão destituída de higiene e conforto, que de nenhum modo seria aconselhável admiti-la em um edifício de tamanha importância, com os recursos técnicos que se projeta adotar.

A questão comporta contudo, duas soluções: *a primeira*, para satisfazer as exigências do Código vigente, implicaria no absurdo artístico de se colocar duzentas janelas de privadas na fachada do prédio; *a segunda* constituiria a adoção de uma sistema de ventilação por intermédio de chaminés, sistema tecnicamente perfeito, já previsto no Código de Obras para banheiros de hotéis, realizados em muitos casos e com inteiro êxito, em São Paulo, e previsto no novo Código para os prédios de escritórios.[10]

A proposta de Korngold foi deferida após parecer favorável do engenheiro José Nestor Puzziello e do então secretário de obras João Caetano Alvares Junior, revelando não somente o pioneirismo do arquiteto no uso do sistema de ventilação forçada, mas ainda o reconhecimento por parte dos técnicos municipais dos desenvolvimentos tecnológicos em curso.

Outra discussão levantada ao longo do processo, relacionada ao futuro da área central da cidade, dizia respeito à aprovação de garagens, subterrâneas ou não. O projeto do Palácio do Comércio previa cinco pavimentos de garagens no subsolo, com acesso pela praça Ramos de Azevedo, um programa inovador e de grande interesse para a Zona Central, em função da carência de locais para estacionamento, e tecnicamente ousado ao introduzir um sistema de ventilação através dos avanços dos subsolos sob o passeio público.

Edifício Conde Prates, perspectiva do projeto substitutivo, 1950

No entanto, a inexistência de legislação sobre o uso de garagens ou sua localização na cidade fez com que os técnicos municipais justificassem seus pareceres tendo como referência os projetos de lei em trânsito na Câmara Municipal,[11] que por sua vez também deixavam para o futuro a escolha dos logradouros considerados "de grande circulação"[12] a serem dotados de garagens. Nesse sentido, o parecer do técnico A. C. de Camargo Vianna, admite que "quanto ao local, nada temos a opor, sendo mesmo de grande interesse a localização de garagens na Zona Central, que sofre de grande carência de locais para estacionamento".[13]

Por outro lado, o uso do leito da via pública para a iluminação e ventilação das garagens, conforme já operado por Korngold no subsolo do CBI Esplanada, gerou outros questionamentos. O parecerista e engenheiro-chefe Constantino P. Rodrigues Júnior observou que a orientação do projeto do Código de Obras[14] permitia claraboias fixas instaladas no passeio somente para porões com máximo de 2,10 metros de pé direito, de modo que o poder público não fosse cerceado na utilização do leito público. Nesse aspecto, os cinco pavimentos de subsolo, que totalizavam um pé direito de 15 metros, não poderiam ser considerados como porão, inviabilizando o avanço sob a via pública.

Nova sede do jornal *O Estado de S. Paulo*, arquiteto Franz Heep, em manchete do periódico, 19 ago. 1953

Edifício Conde Prates, perspectiva do projeto original

O registro da data da alteração do número de subsolos foi perdido, assim como aquele da substituição da estrutura em concreto armado por uma estrutura metálica. O fato é que as plantas indicativas do novo sistema construtivo já apresentavam um único subsolo. Vale lembrar que o mesmo ocorreu com o projeto do Edifício Conde Prates, projeto que envolveu os arquitetos Elisiário Bahiana e Giancarlo Palanti, que previa quatro subsolos para uso como garagens, e ao final resultou com um único subsolo. Modificações estas que poderiam ser creditadas tanto às dificuldades técnicas como aos elevados custos resultantes dos trabalhos de escavação, escoramento e fundações.

A terceira temática significativa apontada pelo processo de aprovação do Palácio do Comércio seria o lento, mas progressivo, reconhecimento do vocabulário da arquitetura moderna no espaço da cidade por parte da administração pública. Nesse sentido, observa-se o deferir das reivindicações do arquiteto quanto à exclusão do recuo em troca da diminuição de um pavimento e, portanto, sem o ganho de área, mas "visando tão somente o lado estético e arquitetônico da edificação".[15] O acorde em relação à dispensa do escalonamento, ainda exigido pelo Código de Obras[16] vigente – e como consequência o reconhecimento do vocabulário moderno –, foi justificado considerando projetos anteriormente aprovados, conforme escreve o parecerista Puzziello, indicando que o Palácio do Comércio entraria no rol dos edifícios considerados de destaque na paisagem do centro da cidade:

> este não é o primeiro caso que merece um estudo mais cuidadoso por parte da Prefeitura, pois o mesmo critério foi adotado quando da aprovação de projetos destinados a edifícios a serem construídos em locais de grande importância, projetos estes que não estavam nos rígidos preceitos da legislação da época em que os mesmos foram aprovados, como aconteceu para citarmos alguns exemplos com os projetos dos edifícios CBI (rua Formosa), Diários Associados (rua Sete de Abril), Conde Prates (Praça do Patriarca), DNC (rua Quinze de Novembro esquina com rua do Tesouro) e outros mais.
>
> Sendo o local onde se pretende construir o Palácio do Comércio, cujo projeto ora focalizamos, de grande importância sob o ponto de vista urbanístico e arquitetônico, somos da opinião que a bem da estética e da plasticidade do conjunto, deva ser aceita a terceira solução apresentada.[17]

Edifícios Conde de Prates e Matarazzo, atual Prefeitura de São Paulo, Vale do Anhangabaú, São Paulo, 1963

Palácio do Comércio, perspectiva da primeira versão do projeto, que deu entrada na Prefeitura em 17 mar. 1954, desenho de Lucjan Korngold

Palácio do Comércio, maquete e elevações da segunda versão do projeto, publicadas na revista *Acrópole* n. 197, fev. 1955

Vale lembrar que, durante o processo de aprovação do Edifício Conde Prates, os proprietários requereram a substituição do projeto original, que ainda respeitava o corpo recuado, argumentando que o corpo alinhado único poderia "alcançar uma composição arquitetônica mais consentânea com o ambiente [...] e dotar a cidade de edifício de caráter monumental, de acordo com a grandeza e magnificência do logradouro [...] já considerado como ponto focal no projeto aprovado".[18]

Do mesmo modo, para a aprovação do projeto substitutivo do edifício do jornal *O Estado de S. Paulo*, assinado pelo escritório do arquiteto Jacques Pilon e desenvolvido pelo arquiteto Adolf Franz Heep, o caráter monumental do edifício e sua identificação como ponto focal justificaram, frente à municipalidade, a tolerância às restrições do Código e o vocabulário moderno utilizado.

Particularmente, em 1955, o projeto do Palácio do Comércio apresentaria ainda outra modificação com o aumento da torre, sem, no entanto, aumento de área, aproximando-o ainda mais da linguagem dos edifícios altos americanos do período, conforme descreveu Korngold em sua exposição de motivos endereçada ao prefeito William Salem:

Não visa o novo projeto aumentar a área construída, ou obter maior aproveitamento do terreno. Diante do elevado conceito arquitetônico, que sempre nos orientou em busca de melhores soluções artísticas, fizemos uma revisão do projeto sob o ponto de vista urbanístico, procurando nova solução que, embora ultrapassando os limites do gabarito ordinário, redundasse em nítido embelezamento para aquele ponto focal da cidade. Como o Prédio Glória, vizinho pelo lado da Praça Ramos de Azevedo, possui uma de suas fachadas voltadas para o terreno onde será erigido o "edifício Palácio do Comércio", parece-nos que se impõe um maior afastamento entre os dois blocos, afim [sic] de obter, deste modo, melhor equilíbrio de massas, dentro das normas da arquitetura moderna que vem sendo brilhantemente adotada em nossa Capital e a têm tornado famosa em todo mundo.

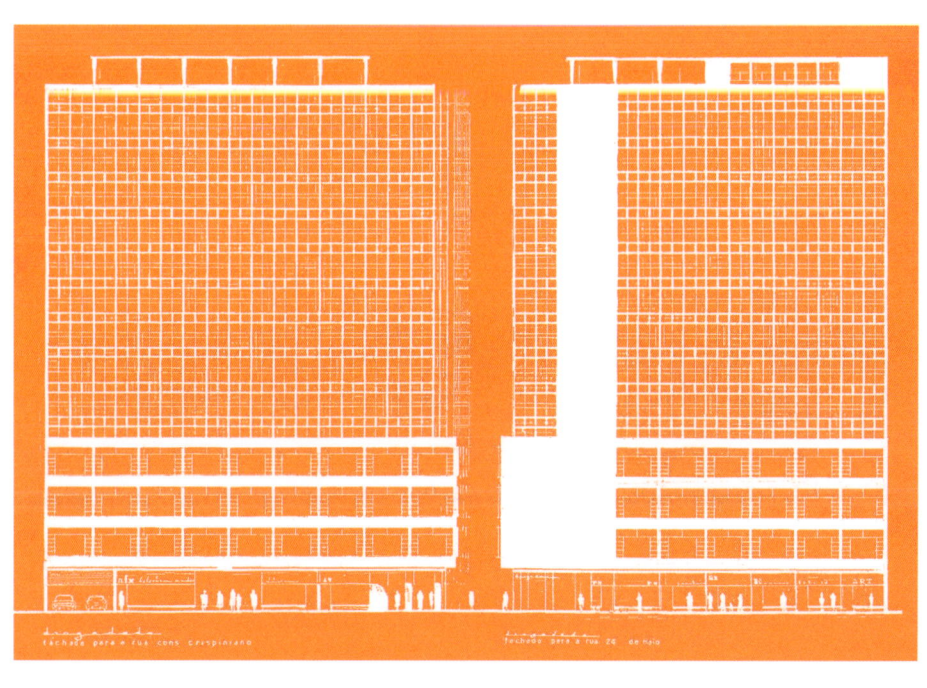

Justamente o local em apreço, dada a sua proximidade do Teatro Municipal, do Vale do Anhangabaú e do já consagrado "Bloco CBI Esplanada" exige solução mais arejada e grandiosa, tal como a ora apresentada, através da qual se obtém, outrossim o alargamento da entrada da rua 24 de Maio.

A vista do exposto, juntamos dois desenhos do referido edifício, conforme resulta do projeto aprovado, e um outro do novo projeto, apresentando melhor distribuição de volumes arquitetônicos, pelo que confiamos em que V. S., confirmando o habitual zelo sempre demonstrado na tutela dos lídimos interesses de nossa metrópole, haja por bem aprovar o novo projeto que melhor atende aos princípios de boa estética que devem nortear o crescimento de São Paulo.[19]

O novo projeto, cuja estrutura ainda era indicada em concreto armado, mantinha os mesmos cinco subsolos, térreo, e os três andares para lojas e escritórios, porém ampliava os recuos laterais, propondo acrescentar outros seis pavimentos, num total de dezesseis andares para abrigar os escritórios e mais um andar de ático – modificando assim completamente a proporção do conjunto ao alongar e destacar a torre no centro do bloco, de forma a alcançar a cota de 69,50 metros,[20] ultrapassando a altura máxima permitida pelo Ato 1.366/38.

Os técnicos da municipalidade foram unânimes em aprovar a mudança, argumentando que, apesar de estar em desacordo com o gabarito de 50 metros de altura, não houvera ganho de área e, portanto, conforme parecer do então diretor do departamento de urbanismo Heitor Antônio Eiras Garcia: "não sofrerá alteração alguma a ocupação humana do prédio, que é o que mais interessa ao Urbanismo e, sobretudo, oferece o novo projeto melhor aspecto estético do que o anteriormente aprovado, em obediência rigorosa da lei. Opinamos, pois, francamente favorável à ideia explanada pelos interessados, que é o ponto de vista do Urbanismo Moderno [...], atende ao ponto de vista do zoneamento em estudo neste Departamento, suprime o corredor lateral [...] insalubre [...] [e] oferece melhor aspecto estético".[21]

Os pareceres e comentários permitem sugerir que, ao mesmo tempo identificados com o modelo icônico do *skyline* de cidades americanas como Nova York ou Chicago, entendidas como representações da modernidade, já em 1955 os representantes da prefeitura de São Paulo estavam atentos não somente ao controle das alturas dos edifícios, mas também à densidade resultante, mesmo que esta última fosse legislada somente em 1957 (Lei 5.262/57).[22]

A obra foi iniciada,[23] no entanto, com alterações significativas, sendo a primeira sobre a propriedade do terreno e o empreendimento como um todo, assumido pela empresa Henryk Zylberman Engenharia Comércio e Indústria. Outra mudança se refere ao programa e ao sistema construtivo, substituído por estrutura metálica. Com a "estrutura praticamente terminada"[24] e a difusão pela imprensa da primeira obra de construção civil fabricada e montada

Palácio do Comércio, perspectiva do projeto definitivo, abr. 1955, desenho do Escritório Técnico Lucjan Korngold

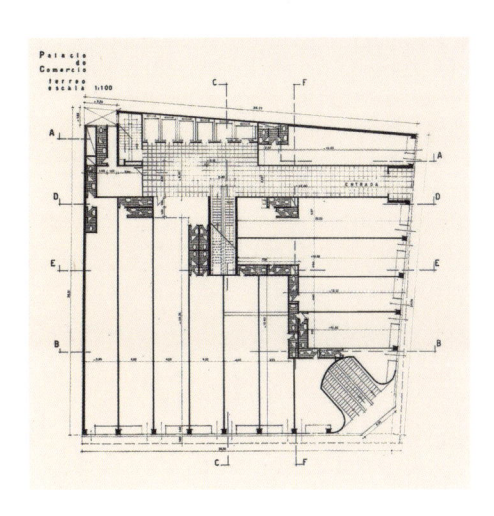

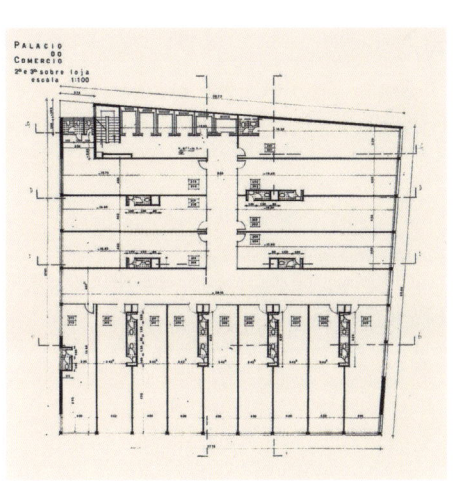

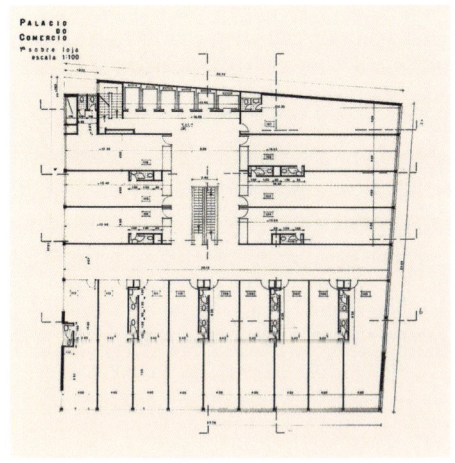

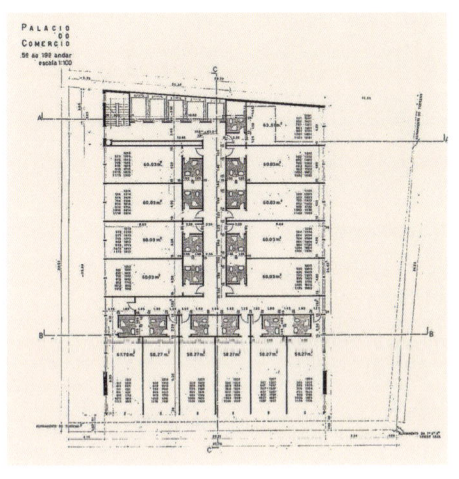

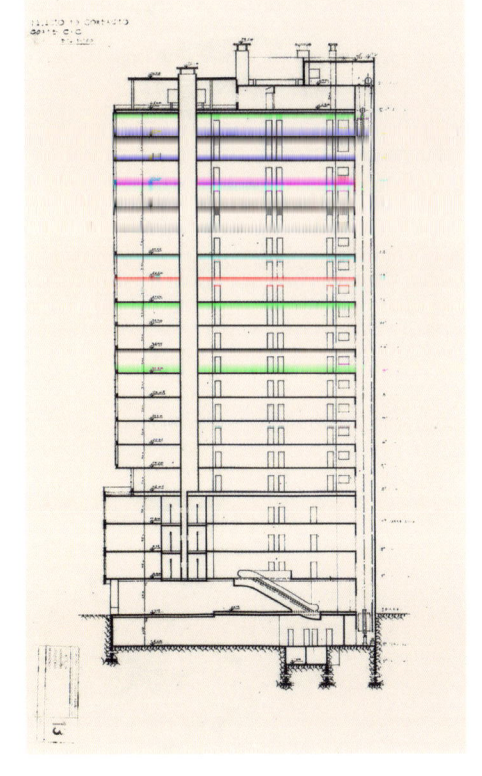

Palácio do Comércio, plantas térreo, 2ª e 3ª sobreloja, 5º ao 19º andares, corte transversal, projeto definitivo, abr. 1955, desenho de Lucjan Korngold

Palácio do Comércio, fotos de maquete e construção publicadas na revista *Acrópole* n. 224, jun. 1957

pela Companhia Siderúrgica Nacional – CSN, Zylberman deu entrada na prefeitura em 10 de julho de 1957 requerendo a substituição das plantas. Assinado por Lucjan Korngold, o memorial descritivo apontava as modificações do sistema estrutural, a renúncia aos cinco subsolos, mantendo-se apenas um, os vinte pavimentos servidos por seis elevadores no total, além dos sanitários originalmente projetados para ventilação forçada, desta feita ventilados por chaminé, observando-se que no caso de "tiragem insuficiente, será adaptado um sistema mecânico".[25]

Apesar de estar em vigor desde 4 de julho de 1957, a Lei de Zoneamento 5.261/57, que legislava sobre coeficientes de aproveitamento de lotes, densidades demográficas, e áreas mínimas por habitante,[26] o empreendedor e o arquiteto aproveitaram-se do consenso alcançado junto às entidades profissionais[27] e sancionado pelo então prefeito Ademar de Barros, segundo o qual era permitido aos processos em tramitação na Prefeitura anteriores àquela data serem liberados e "examinados frente aos diplomas vigentes na ocasião de seu ingresso [...] à luz da legislação vigente na época".[28] O contexto particular e a importância da participação da CSN facilitaram o deferimento da substituição das plantas e o reconhecimento do novo processo construtivo, assim como outros pequenos eventos que se impuseram a seguir.

O projeto e a técnica em estrutura metálica

Conforme anunciado nos principais jornais da época, o Edifício Palácio do Comércio foi o primeiro construído em estrutura metálica fabricada e montada no Brasil pela Fábrica de Estruturas Metálicas – FEM, subsidiária da CSN, em Volta Redonda. Vale lembrar que, no mesmo período, a CSN também forneceu a estrutura metálica da Garagem América, projeto de Rino Levi.[29]

Quando Korngold cogitou utilizar o mesmo sistema construtivo no CBI Esplanada, em 1946, a Companhia ainda não possuía plena capacidade de fornecer os perfis necessários. Já em 1950, os trilhos e perfis laminados da linha de perfis pesados da CSN encontravam dificuldade de comercialização pela falta de tradição em estruturas metálicas no país. Assim, por sugestão da empresa norte-americana USX-United States Steel, fabricante e fornecedora de estruturas metálicas, a FEM foi organizada em 1953 com o apoio do funcionário da CSN Roosevelt de Carvalho que, após um estágio nos EUA, organizou na fábrica de Volta Redonda um curso de detalhamento de estruturas metálicas que formou uma equipe de primeira linha, transformando-se em uma verdadeira escola no país.[30]

Nesse contexto, poder-se-ia inferir que tanto no que diz respeito ao sistema construtivo original proposto para CBI Esplanada, como aquele utilizado no Palácio do Comércio, a opção pela estrutura metálica não tenha sido somente resultado de uma avaliação técnico-financeira, mas também fruto das relações que envolviam o grupo dos poloneses e particularmente Henryk Spitzman Jordan, amigo do general e engenheiro Edmundo de Macedo Soares e Silva, presidente da CSN, e o interesse deste último em divulgar o uso da estrutura metálica. Efetivamente, Spitzman Jordan também foi sócio de Regina Feigl no terreno onde seria erguido, em estrutura metálica fornecida pela CSN, o Edifício Avenida Central, projeto do escritório Henrique Mindlin.[31] Mesmo que Spitzman Jordan tenha vendido a sua posição para Feigl, as relações entre esta última com Henryk Zylberman, o novo incorporador do Palácio do Comércio, e aquelas de Jordan com a cúpula da CSN são indicativas das conjunções que permitiram a participação da CSN nos empreendimentos em São Paulo e no Rio de Janeiro.

Após a elaboração do projeto Korngold viajou aos Estados Unidos, onde encontrou-se com os engenheiros da CSN que estavam estagiando no país.[32] O cálculo estrutural ficou sob responsabilidade do engenheiro Paulo Fragoso,[33] um dos pioneiros no cálculo de estruturas metálicas, que utilizou o sistema o sistema *composed* de vigas mistas permitindo economia de peso da ordem de 20%.[34] A mesma tecnologia alemã foi utilizada pelo engenheiro no sistema construtivo do Edifício Avenida Central no Rio de Janeiro, projeto do escritório de Henrique Mindlin.

A obra foi iniciada com a colocação das bases, assentamento de placas de apoio e grelhas de fundação sobre blocos de concreto. A montagem da estrutura, tendo como hipótese de cálculo a resistência da flexão das lajes em concreto engastadas perfeitamente nas vigas metálicas, foi iniciada em 24 de setembro de 1956 pela Sociedade Brasileira de Montagens de Máquinas Industriais – Sobrami, com auxílio de um guindaste norte-americano do tipo "guy derrick" e concluída em somente três meses.

Matéria jornalística destaca a primazia do Palácio do Comércio no uso de estrutura metálica no Brasil, publicada no jornal *O Estado de S. Paulo*, 8 mai. 1957

Edifício Palácio do Comércio, destaque à estrutura metálica produzida pela Usina Siderúrgica de Volta Redonda, anúncio no jornal paulista *Folha da Manhã*, 11 mar. 1956

Detalhe das alças de amarração do concreto das lajes ao vigamento de aço

Luís Andrade de Mattos Dias descreveu o sistema construtivo:

> A estrutura metálica compreende colunas compostas de quatro perfis "L" laminados, chapa de alma e chapas de mesa; em alguns casos de dois perfis "U" interligados por chapas reforçadas na alma e por vigas, na sua maioria de perfis "L" laminados.
> Toda a estrutura é rebitada, seja na composição das peças na fábrica, seja na interligação de montagem [...] as lajes, em geral contínuas, foram moldadas "in-loco", em formas de madeira sobre sarrafeado estendido por cima de treliças telescópicas apoiadas nas vigas [metálicas] [...]
> As estruturas internas foram revestidas com placas de gesso com vermiculita e as externas, nas fachadas, com concreto e alvenaria.[35]

Representando ao mesmo tempo a organização de um sistema construtivo e a inovação tecnológica, o Palácio do Comércio, assim como tantos outros empreendimentos homônimos pelo país desde as primeiras décadas do século 20, apresentava-se como a expressão da manifestação da livre iniciativa da construção do ideário moderno. Também nesse projeto, Rino apresenta o edifício como elemento escultórico, mantendo a composição tripartite já levada ao extremo por Adolf Loos e Paul Gerhard no concurso para o edifício do jornal *Chicago Tribune*. O arquiteto destacou a base utilizada como espaço público, definida pelos andares comerciais – subsolo, térreo em continuidade com a rua e os três primeiros pavimentos previstos com acessos mecanizados – que recebem tratamento superficial, dinâmica e ritmo próprios. A seguir, a torre

Formas de madeira sobre sarrafeado estendido por cima de treliças telescópicas apoiadas nas vigas

recuada, cujas fachadas são elaboradas com uma nova sequência rítmica, porém mantendo a continuidade com a base pelo uso de uma estreita faixa lateral que faz referência ao elemento de mesmo caráter na base, reforçando sutilmente a verticalidade do conjunto. As amplas e longas faixas de janelas, que contrastam com as faixas escuras dos parapeitos revestidos de chapa metálica escura, dramatizam a continuidade com o interior, contribuindo para destacar a variedade das texturas superficiais com seu caráter de definição direcional, lembrando as fachadas dos edifícios de escritórios contemporâneos de Gordon Bunshaft para Skidmore, Owings & Merrill – SOM.[36]

O corpo é coroado pela cobertura no terraço, em conformidade aos cinco pontos corbusianos, emprestando leveza ao conjunto, enquanto os espaços resultantes dos recuos exigidos pelas restrições legais criam possibilidades de diálogo com a cidade e os edifícios ao redor. O edifício apresenta duas entradas simétricas, sendo uma lateral com acesso ao conjunto de elevadores e à escadaria mecânica que leva aos três andares comerciais, e outra disposta na confluência das ruas 24 de Maio e Conselheiro Crispiniano.

Assim como a implantação assimétrica da torre sobre a base lembra uma das torres paradigmáticas destinadas ao trabalho terciário da modernidade, o Philadelphia Saving Fund Society – PSFS (1929-1932), a planta tipo também remete ao edifício de George Howe e William Lescaze, com o núcleo de circulação ao fundo e a distribuição modular dos escritórios, permitindo a todos os conjuntos acesso direto à iluminação e ventilação.

Ficha técnica

22 andares incluindo a casa de máquinas e um subsolo

1.350 m² de área do terreno (em 4 andares o edifício abrange toda a área do terreno, tendo os andares restantes recuos em 3 fachadas)

Áreas dos andares
4 primeiros andares com 1.500 m² no total

Andar tipo
840 m² por piso ou 12.600 m² no total

Área construída
cerca de 22.000 m²

Subsolo com escadas rolantes entre o térreo e a primeira sobreloja

Elevadores

Notas

1 Processo 73.242/55, 20 abr. 1955, p. 2.

2 Processo 58.470/54, 17 mar. 1954.

3 A data precisa da passagem da propriedade para Henryk Zylberman não foi encontrada, no entanto quando a estrutura metálica começou a ser levantada, o empreendimento já pertencia ao empresário de origem polonesa.

4 Processo 58.470/54, 17 mar. 1954, p. 6.

5 No período, o responsável pelo Escritório Técnico Lucjan Korngold era o engenheiro civil Laércio Ramos. A empresa construtora efetivamente responsável pela obra foi a Comercial e Construtora Alvear, dirigida pelo cunhado de Korngold, engenheiro Stanislaw R. Gliksman. Ver REDAÇÃO. No centro comercial de São Paulo levanta-se o primeiro edifício de estrutura metálica fabricada e montada por técnicos brasileiros.

6 Processo 58.470/54, p. 6.

7 Grifo do original. O Ato 1.000/34, 19 fev. 1939 exigia para as construções no alinhamento a altura correspondente a dez pavimentos de 3 metros de pé direito. Acima dessa altura, não deverão ultrapassar a altura máxima de cinquenta metros". Assim o edifício projetado com treze pavimentos no lugar de dez não obedeceria ao dispositivo. Entretanto, não havia ganho de área, pois o mesmo ato permitia elevar o edifício até cinquenta metros, o que representaria mais um andar, ou seja, 575m² de área sobre a qual o empreendedor deixava de obter lucros, fato que levou à aprovação da terceira solução.

8 Conforme vimos no processo do Edifício CBI Esplanada, cuja fachada Korngold também pretendia projetar em balanço, o artigo 164 do Código de Obras permitia a construção em balanço de recintos fechados desde que a soma de suas projeções não excedesse a terça parte da superfície total da fachada de cada pavimento, condição que estava atendida no projeto do Palácio do Comércio, onde somente os três primeiros andares eram projetados em balanço.

9 Processo 58.470/54, p. 8.

10 Grifo do original. Processo 58.470/54, p. 7.

11 Projeto de lei n. 10/52, artigos 5.1.8 e 5.6.2. Esses artigos informavam sobre a possibilidade de edifícios residenciais e comerciais serem dotados de garagens referindo-se ao artigo 4.8.1 que dizia respeito somente às exigências construtivas, sem tratar de sua localização.

12 Processo 58.470/54, 29 mar. 1954, p. 53.

13 Processo 60.710/51, 5 abr. 1954, p. 54-55.

14 "Essa orientação foi aprovada em caráter geral pela Administração superior, no processo citado [39.327/53]. Consta também do item 4.13.9 do projeto do Código de Obras publicado no Diário Oficial de 28 ago. 1953". Processo 58.740/54, 22 abr. 1954, p. 58-59.

15 Processo 58.470/54, 29 mai. 1954, p. 65.

16 Processo 58.740/54, 22 abr. 1954, p. 58-59.

17 Processo 58.470/54, p. 66.

18 Processo 119.707/50, p. 10.

19 Processo 73.242/55, 20 abr. 1955, p. 7.

20 Conforme Luís Andrade de Mattos Dias, a altura final da estrutura metálica alcançou 74 metros. Ver DIAS, Luís Andrade de Mattos. *Edificações de aço no Brasil*, p. 17.

21 Processo 73.242/55, 2 mai. 1955, p. 46.

22 "É interessante notar que até 1957 a legislação urbanística se referia apenas ao controle da altura dos edifícios, apesar de ter como discurso o controle da verticalização". ROLNIK, Raquel; KOWARICK, Lúcio; SOMEKH, Nadia (Org.). *São Paulo: crise e mudança*, p. 110.

23 Alvará n. 99.988.

24 Processo 204.141/57, 17 jul. 1957, p. 99.

25 Processo 204.141/57, 10 jul. 1957, p. 2.

26 A Lei 5.261/57 limitava os coeficientes de aproveitamento em seis vezes a área do terreno para uso comercial e quatro vezes para uso residencial.

27 O consenso foi alcançado entre os Departamentos de Arquitetura e Urbanismo da Municipalidade, o Sindicato das Grandes Estruturas, o Instituto de Arquitetos do Brasil, a Sociedade dos Engenheiros Municipais de São Paulo e a Comissão Orientadora do Plano Diretor.

28 Ver Despacho do Gabinete do Prefeito, Processo 117.151/57, 20 nov. 1957.

29 O projeto da Garagem América (1957) contou com a colaboração de Luiz Roberto Carvalho Franco e Roberto Cerqueira César. Ver: DIAS, Luís Andrade de Mattos. Op. cit., p. 13-16; ANELLI, Renato; GUERRA, Abilio; KON, Nelson. *Rino Levi: arquitetura e cidade*.

30 DIAS, Luís Andrade de Mattos. Op. cit., p. 9.

31 Sobre o Edifício Avenida Central, no Rio de Janeiro, ver BATISTA, Antonio José de Sena. *Arquitetos sem halo: a ação dos escritórios M.M.M. Roberto e Henrique Mindlin Arquitetos Associados*.

32 REDAÇÃO. No centro comercial de São Paulo levanta-se o primeiro edifício de estrutura metálica fabricada e montada por técnicos brasileiros (op. cit.).

33 Recifense, formado na Politécnica do Rio de Janeiro, Paulo Fragoso trabalhou com o engenheiro Emílio Baumgart, um dos pioneiros do concreto armado no país. Durante a construção de Volta Redonda, enquanto o general e engenheiro Macedo Soares permanecia em Cleveland cuidando do escritório de projeto e da compra de materiais para a CSN, ele foi responsável pelas obras de concreto armado da planta industrial. Seus primeiros projetos em estrutura metálica para a FEM foram a Garagem América, projeto de Rino Levi, e o Edifício Palácio do Comércio. O engenheiro também contribuiu com o projeto apresentado pelo escritório Rino Levi para o concurso da nova capital federal, em 1957.

34 DIAS, Luís Andrade de Mattos. Op. cit., p. 10.

35 DIAS, Luís Andrade de Mattos. Op. cit., p. 17.

36 Ver KRINSKY, Carol Herselle. *Gordon Bunshaft of Skidmore, Owings & Merrill*.

Edifício Palácio do Comércio

1956-1959 rua 24 de Maio 35,
República, São Paulo SP

Edifício Palácio do
Comércio, foto exposta na
6ª Bienal de São Paulo, set.
a dez. 1961

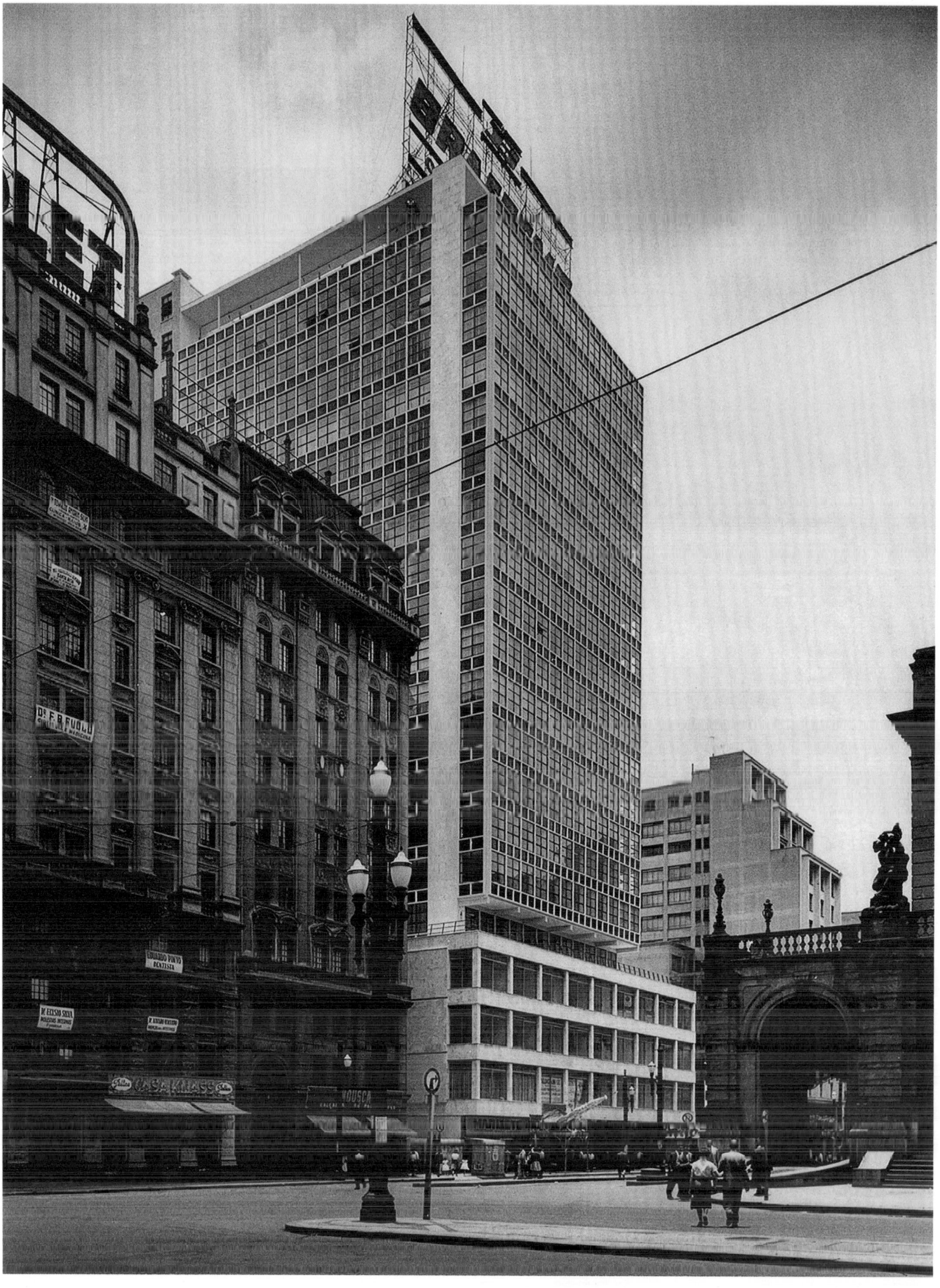

Edifício Palácio do Comércio, fotos expostas na 6ª Bienal de São Paulo, set. a dez. 1961

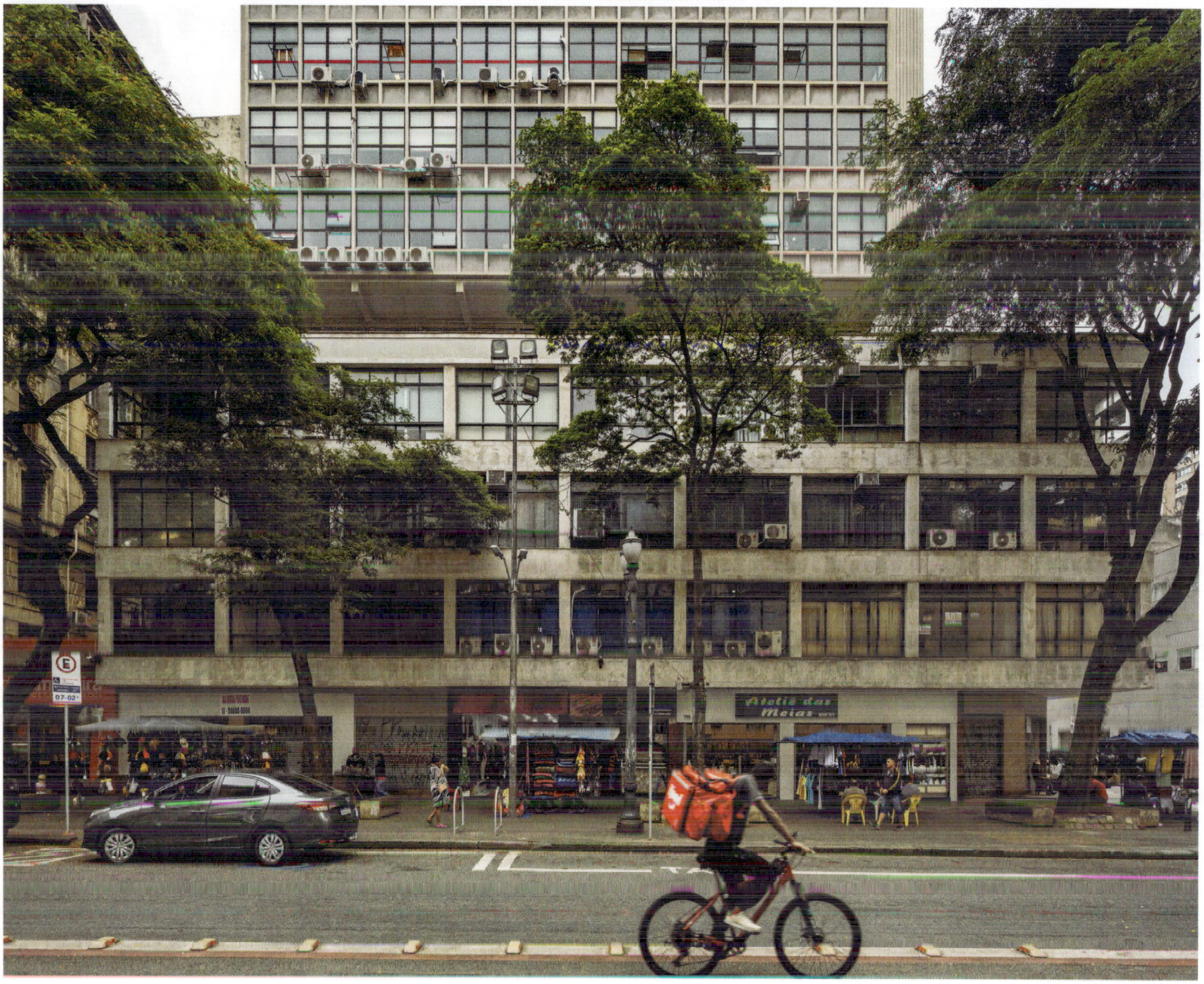
Ateliê das
Meias

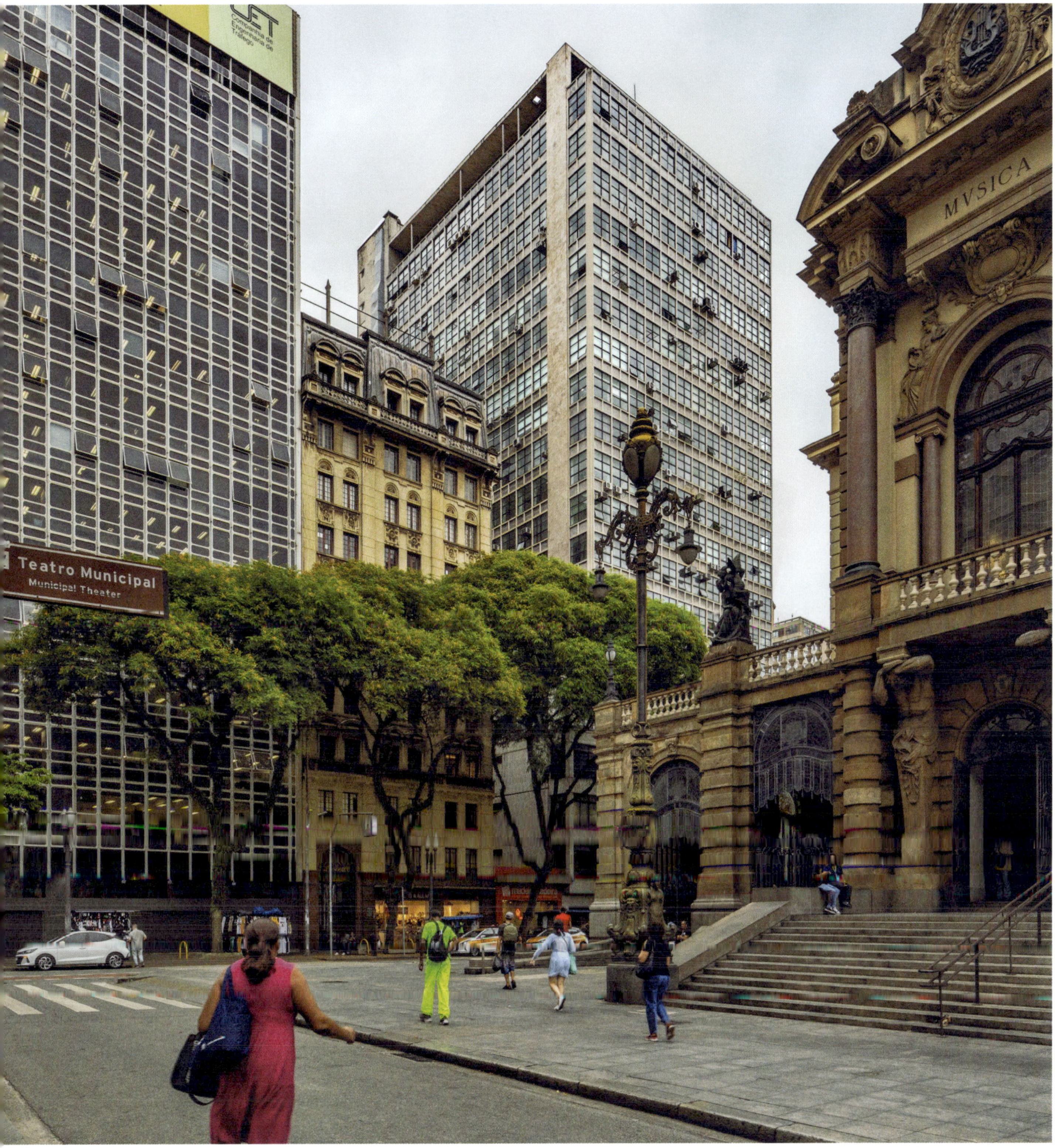
Teatro Municipal
Municipal Theater
MVSICA

Edifício Avenida Paulista, cartão postal, São Paulo, arquitetos Lucjan Korngold e Abelardo Gomes de Abreu

Edifício Avenida Paulista, plantas embasamento e tipo, São Paulo, desenhos publicados na revista *Acrópole* n. 320, ago. 1965

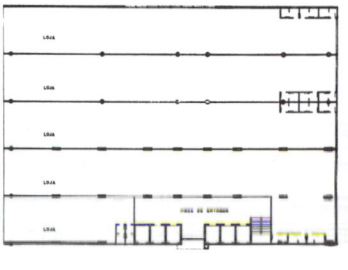

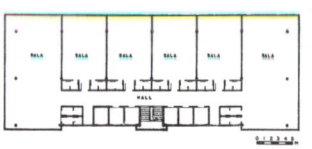

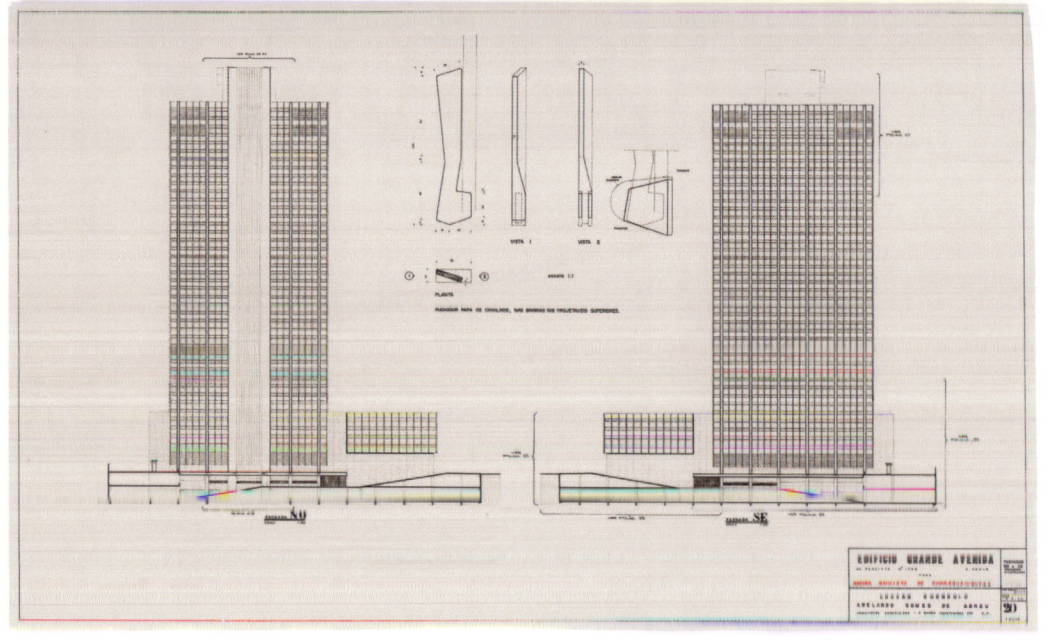

Edifício Grande Avenida, elevações, São Paulo, 1964, arquitetos Lucjan Korngold e Abelardo Gomes de Abreu

7 Lucjan Korngold e Abelardo Gomes de Abreu Arquitetos Associados

Abelardo e sua maturação profissional nos Estados Unidos

A associação entre Lucjan Korngold e Abelardo Gomes de Abreu data de 1961, tendo se mantido até 1963, ano do falecimento do arquiteto polonês. Conforme o levantamento das obras, a sociedade produziu alguns edifícios altos implantados em espaços de grande visibilidade na cidade de São Paulo. Destacam-se o Edifício Avenida Paulista, erguido entre 1960-1963, o Edifício Grande Avenida, construído entre 1962-1967 e o Edifício Gerbur, levantado entre 1965-1969. Embora alguns tenham se iniciado antes da formação da sociedade, devido a atrasos nas obras, o resultado final recebeu as contribuições projetuais de Abelardo, particularmente após o falecimento de Korngold.

Abelardo Gomes de Abreu nasceu em 9 de fevereiro de 1929 em São Paulo, descendente de uma família tradicional do interior paulista. Seus pais eram José Barros de Abreu e Maria Eliza Kenworthy Salles Gomes. Maria Eliza era neta de John Kenworthy, imigrante inglês que veio para o Brasil em 1878 como técnico de máquinas de fiações de algodão e tecelagens,[1] e adquiriu a Companhia de Fiação e Tecidos Santa Maria (1909) e a Companhia Nacional de Estamparia (1919) em Jundiaí.[2] José Barros de Abreu, industrial e empreendedor, mudou-se para São Paulo com a família, estabelecendo-se no bairro do Pacaembu. Abelardo iniciou a vida escolar em 1933 na escola alemã Deutsche Schule, frequentada pela elite local. Com a ascensão do nazismo, em 1939 a família Gomes de Abreu transfere o filho para outro colégio da elite paulista, o São Luiz, e a seguir, em 1942, como interno no Colégio Arquidiocesano. Em 1950, ele ingressou na Faculdade de Arquitetura da Universidade Mackenzie e, em 1954, já formado, iniciou sua vida profissional num pequeno escritório na rua João Adolfo 108. Auxiliado por um único desenhista, começou a projetar para familiares interessados em empreendimentos imobiliários sob o sistema de condomínios na região da cidade de São Vicente.

Além de originário de uma família paulista tradicional com articulações nas entidades de classe do empresariado industrial, o que poderia garantir comandas relevantes para o escritório, provavelmente foi a experiência de Abelardo durante seu estágio de dois anos no escritório americano Lankton-Ziegele-Terry and Associates,[3] em Peoria, Illinois, que despertou o interesse de Korngold em tê-lo como sócio. Efetivamente, desde a segunda metade da década de 1950 a produção do escritório de Korngold revela a incorporação dos desenvolvimentos projetuais americanos. Além disso, pelo menos dois dos seus grandes projetos contaram com o conhecimento tecnológico e a experiência de técnicos americanos com os quais o arquiteto trabalhou em conjunto nos EUA: as Indústrias Fontoura e o Palácio do Comércio.

Por sua vez, Abelardo vivenciou nos Estados Unidos a rotina de um escritório de porte médio, estruturado sob o modelo dos escritórios de projeto norte-americanos, cujas origens remontam ao final do século 19 e início do 20, com escritórios importantes como Burnham and Root (1873), em Chicago. Na década de 1930 os métodos de trabalho fundados na colaboração apregoada por arquitetos como Henry Hobson Richardson e, mesmo por reformistas, Walter Gropius foram sendo substituídos por um modelo organizativo voltado a especialização e a compartimentação, semelhante àquele das grandes corporações privadas e escritórios públicos,[4] assim como exemplificado na prática arquitetônica de escritórios como o Skidmore, Owings and Merrill – SOM (1936) ou o Harrison, Fouilhoux & Abramovitz (1941).

Edifício Grande Avenida em construção, Avenida Paulista, São Paulo, 1961-1967, arquitetos Lucjan Korngold e Abelardo Gomes de Abreu

Edifício Gerbur, esquina da rua São Bento 365 e rua Líbero Badaró 462, Centro, São Paulo, 1958-1969, arquitetos Lucjan Korngold e Abelardo Gomes de Abreu

Autores como Manfredo Tafuri e Francesco Dal Co identificaram essa dinâmica como os "padrões de linha de montagem" que resultaram na "arquitetura burocrática" das grandes corporações[5] sobre a qual Henry-Russell Hitchcock já havia alertado ainda em 1947, em seu conhecido artigo "The Architecture of Bureaucracy and the Architecture of Genius".[6] Os grandes escritórios ofereciam um pacote completo de projetos e serviços correlatos, do projeto arquitetônico ao estrutural, fundações, instalações, assessorias no tocante às questões tecnológicas e sistemas construtivos, até o desenho de interiores. A compartimentação implicava na passagem do projeto de um departamento a outro, com continuidade garantida por níveis de gerenciamento e controle rígidos, eficiência administrativa, além de uniformidade e previsibilidade do resultado, entendido como um documento contratual. A abordagem de Hitchcock contrapunha o objeto arquitetônico resultante do processo burocratizado e hierarquizado àquele decorrente da inspiração de um único indivíduo, necessariamente excepcional ou genial.[7]

O tema do individualismo também se colocou na arquitetura brasileira, identificado por Yves Bruand. Infelizmente, ao sugerir que o individualismo dos arquitetos brasileiros tenha sido o responsável por privilegiar os aspectos formais do projeto, o autor, muito provavelmente por conta de seus compromissos junto ao grupo dos arquitetos cariocas, fez menção unicamente a Rino Levi, qualificando-o, a partir da análise superficial de um texto de Levi publicado na revista L'Architecture d'Aujourd'hui,[8] como tendo uma concepção "aristocrática da arte".[9] Mas é fato que, salvo poucas exceções, nos escritórios brasileiros também persistiu, ao longo das décadas de 1940 e 1950, a imagem do arquiteto moderno como uma figura romântica, lutando contra uma sociedade filisteia a fim de preencher seu destino único e profético. No entanto, apesar da prerrogativa da autoria e da dinâmica do trabalho em equipe, além da concepção do arquiteto integral assim como a defendeu Levi,[10] poderíamos afirmar que, em São Paulo, o escritório Rino Levi Arquitetos Associados representou o exemplo mais próximo do modelo norte-americano, no sentido da dedicação exclusiva ao projeto buscando uma organização de trabalho e um método rigoroso que incorporava a colaboração de outras áreas do conhecimento – conforme com as equipes de trabalho colaborativo idealizadas por Walter Gropius.[11] No Rio de Janeiro, antes mesmo de sua formação definitiva em 1964, o escritório posteriormente denominado Henrique Mindlin Associados[12] também logrou reunir em torno da personalidade fecundadora do arquiteto Henrique E. Mindlin profissionais que trabalhassem como uma equipe, onde a orientação dos projetos era tal que todos os integrantes do time participassem, sem personalismos, cada qual contribuindo à sua maneira numa experiência projetual e organizativa que, ao contrário do trabalho do profissional isolado no campo da arquitetura e dependente das comandas oficiais – como era particularmente comum entre os arquitetos cariocas no mesmo período –, possibilitava atender uma maior diversidade de projetos e clientes.[13] Nesse aspecto, sem dúvida a visão inovadora promovida por Mindlin no campo da prática arquitetônica (assim como em sua divulgação) tinha como referências as suas experiências norte-americanas entre 1942 e 1944, quando teve acesso privilegiado às instituições públicas e privadas, assim como aos profissionais e escritórios de projetos mais atuantes da área de planejamento e construção.

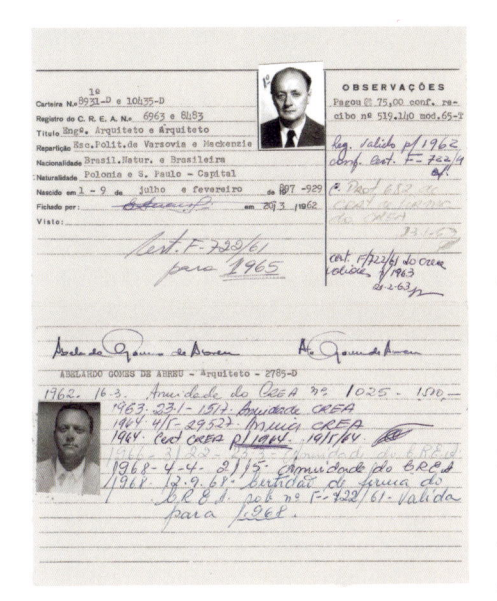

Documentos de registro na Prefeitura de São Paulo da sociedade entre Lucjan Korngold e Abelardo Gomes de Abreu e a entrada de Jan Jakob Korngold, filho de Lucjan, na parceria

A constituição da sociedade

O convite de Korngold para Abelardo se deu em 25 de abril de 1961. Abelardo fora apresentado ao arquiteto por Walter Moreira Costa, que na época gerenciava a Sespa, incorporadora do Edifício Bolsa de Mercadorias de São Paulo, que por sua vez havia sido presidida pelo pai de Abelardo no final da década de 1940. Korngold pediu a Abelardo que desenhasse algumas pranchas para o projeto da Bolsa de Mercadorias, e continuou usando seus serviços na comanda da Agência do Banco Mercantil de Campos do Jordão, incluindo desenhos e a coordenação de diversos projetos, indicando que já havia decidido atribuir-lhe novas funções.

Ao receber a proposta de sociedade, Abelardo tinha em mente a formação de um escritório exclusivamente de projetos nos moldes norte-americanos, conforme escreveu para Korngold:

> Depois de trabalhar para a Lankton-Ziegele-Terry and Associates, Peoria, Illinois, EUA, durante dois anos, constatei que no Brasil existem muitos pequenos escritórios de arquitetura e poucos grandes escritórios de arquitetura. Como são os grandes escritórios que causam os grandes impactos dentro de uma sociedade, entendo por que aqui na nossa sociedade a presença da classe dos arquitetos é de menor magnitude e se não menor ainda porque a capacidade individual de concepção e criação é brilhante.
>
> Por isso sou favorável à ideia da existência de grandes escritórios de arquitetura. Penso que eles podem realizar serviços mais completos, e que eles por sua força qualitativa desenvolvem uma consciência de necessidade profissional na opulação que o envolve, tornando-se indispensável, eliminando a pequena organização ou chamado "artezanato" [sic].[14]

O argumento de Abelardo tem como referência os grandes escritórios norte-americanos, que durante a década de 1950 dominaram o mercado sob todos os aspectos profissionais, seja pelo número e tamanho dos projetos, valor dos contratos ou número de empregados.[15] Será a partir desse raciocínio que o arquiteto, conforme artigo na *Folha da Manhã*, em 1958,[16] sugeriu que a sociedade fosse dissociada das atividades de construção do antigo escritório, permanecendo somente as atividades dedicadas ao projeto: "A real separação desses dois ramos de atividades inteiramente distintos é exigida com rigor pelo American Institute of Architects – AIA e por associações idênticas de outros países, que assim atuam porque sabem que desta distinção resulta um benefício para o proprietário individual ou coletivo representado por classes, grupos ou entidades governamentais e reciprocamente à própria classe dos arquitetos".[17]

Dessa forma, o Escritório Técnico Lucjan Korngold Arquitetura e Construções manter-se-ia em funcionamento, cuidando das comandas de construção, enquanto a nova sociedade Lucjan Korngold e Abelardo Gomes de Abreu Arquitetos Associados seria responsável por todas as operações na área do projeto de arquitetura.

Abelardo chegou a estruturar o escritório com uma capacidade de produção inicial de três projetos de edifícios completos a cada seis meses, o equivalente a aproximadamente 50 mil metros quadrados, considerando ainda a possibilidade de execução de cinco a dez trabalhos menores. Para tanto, contava com uma equipe de apenas cinco desenhistas, uma secretária, além dos dois sócios ativos. Entre 1961 e 1963, o escritório trabalhou com uma média de quatro desenhistas, entre eles a arquiteta Sarina Sonnenfeld, além dos sócios Korngold e Abelardo, que também se debruçavam na prancheta, com um pico de sete desenhistas nos períodos mais sobrecarregados.

Através do Instrumento Particular de Convenção entre Sócios, celebrado entre os dois arquitetos em 1 de julho de 1961,[18] apreende-se que naquela data já se encontravam finalizados pelo Escritório Técnico Lucjan Korngold os projetos referentes às obras do Garagem Bolsa, a Fábrica de Papel Suzano, o Centro Comercial do Bom Retiro, a Garagem e o Restaurante da Fábrica Fontoura-Wyeth e a reforma da sede do Banco Mercantil, contratos que ainda faziam jus a um saldo dos honorários que, conforme o citado instrumento, caberia exclusivamente ao Escritório Técnico Lucjan Korngold

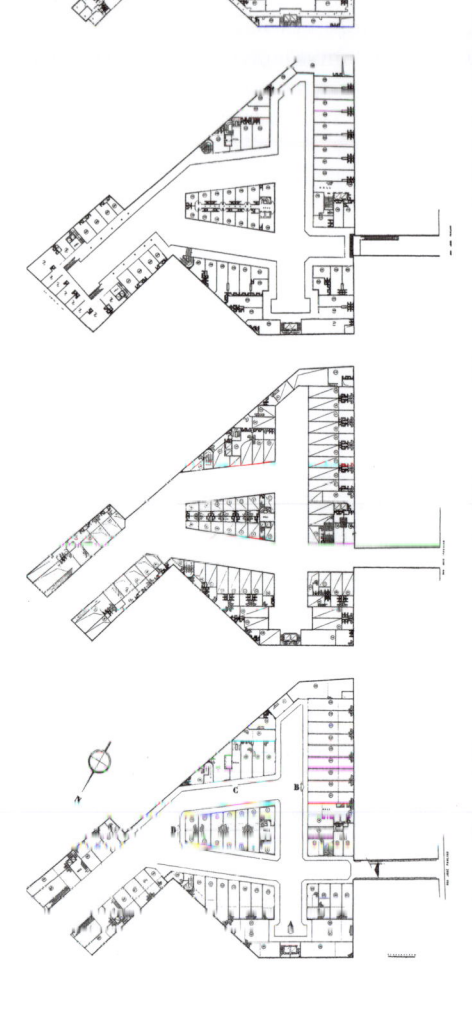

Centro Comercial do Bom Retiro, perspectiva em corte, plantas térreo, sobreloja, 2º andar, andar tipo, corte, São Paulo, desenhos publicados na revista *Acrópole* n. 253, nov. 1959

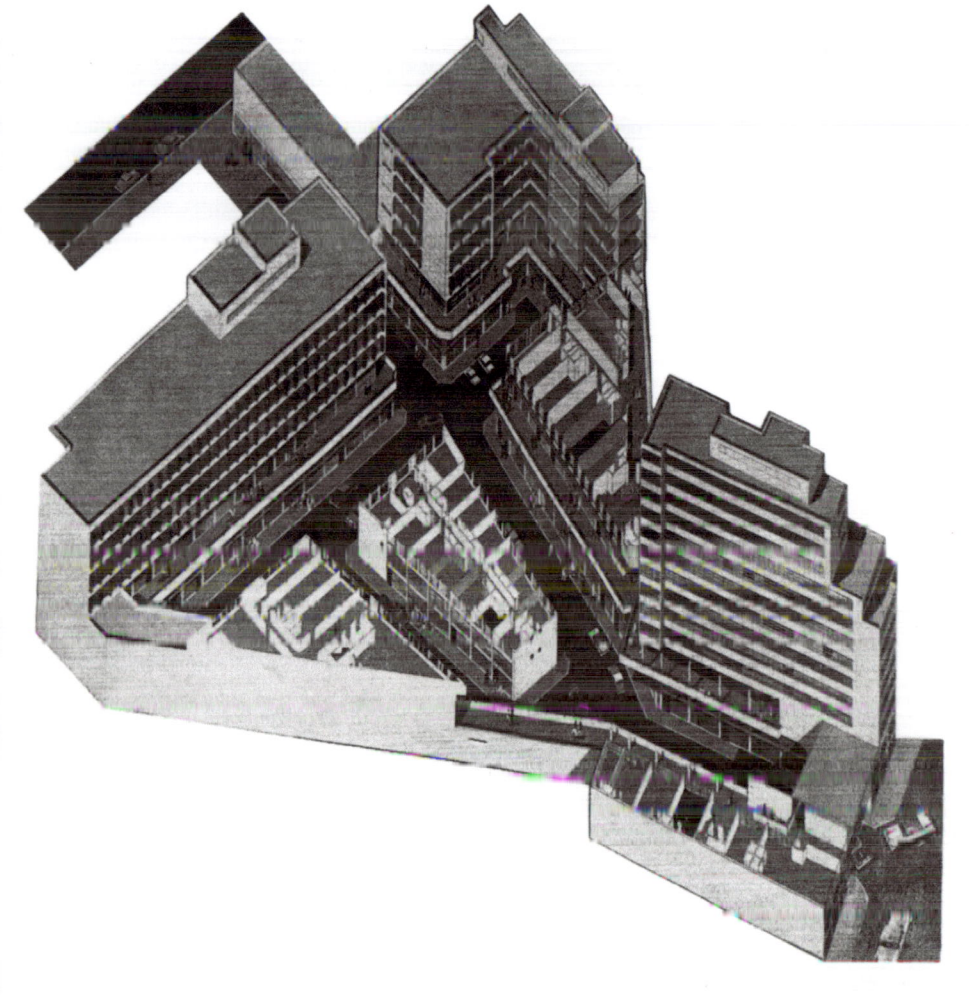

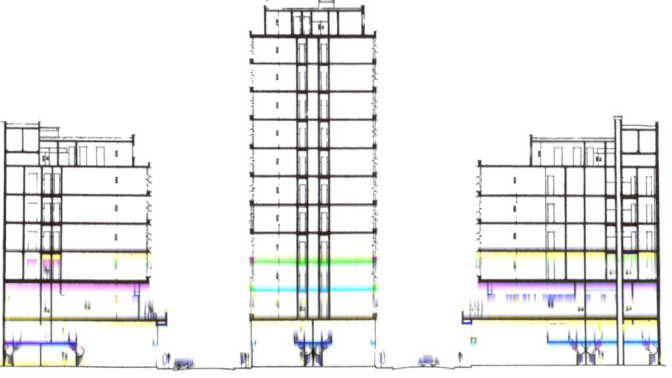

Centro Comercial do Bom Retiro, fotos da situação atual, São Paulo, 1957-1961, Escritório Técnico Lucjan Korngold

Edifício Chopin, fotos da situação atual, São Paulo, 1958-1964, arquitetos Lucjan Korngold e Abelardo Gomes de Abreu

Arquitetura e Construções. Já iniciados e em andamento, no mesmo escritório estavam os projetos do Edifício Garagem na rua Barão de Itapetininga, que apesar de ter dado entrada na prefeitura de São Paulo, não chegou a ser construído, o Banco Mercantil de Brasília,[19] o Banco Mercantil de Campos do Jordão, o Edifício Chopin na rua Rio de Janeiro, o Edifício Bolsa de Mercadorias e a Galeria Direita-José Bonifácio, que seriam transferidos para a nova sociedade na proporção estabelecida no contrato social para serviços já iniciados, ou seja, 60% para Korngold e 40% para Abelardo. Com exceção da Galeria Direita-José Bonifácio, Abelardo envolveu-se com todos os demais projetos. Por outro lado, os planos da Fundação das Casas Populares, trazido por Abelardo Gomes, entraria na sociedade na proporção inversa, 40% para Korngold e 60% para Abelardo, enquanto os novos projetos da sociedade seriam repartidos igualmente entre ambos os sócios.

Após o falecimento de Korngold, em 1963, Abelardo Gomes de Abreu e Jan Korngold continuaram com a empresa até seu encerramento em janeiro de 1972, quando Abelardo abriu o seu próprio escritório que, a partir de 1975, com a entrada da arquiteta Ana Maria Silva, receberia o nome de Silva de Abreu Arquitetos Associados. Vale observar que a participação de Abelardo desde o final da década de 1950 nos congressos da União Internacional dos Arquitetos – UIA[20] e especialmente a sua atuação junto aos órgãos da classe e organismos do setor[21] – não somente na definição do escopo da prática profissional, mas também na promoção da racionalização dos métodos construtivos e da industrialização da construção[22] – também incidiram sobre a prática projetual do escritório, mesmo depois na ausência de Korngold.

Assim como Korngold foi acolhido em sua chegada ao Brasil nos inícios da década de 1940 por escritórios de arquitetura nacionais, seu escritório também acolheu profissionais imigrantes refugiados, particularmente entre as décadas de 1940 e 1950, lembrando da presença da arquiteta de origem romena Sarina Oeriu Sonnenfeld, recebida no escritório em 1961, logo após sua chegada ao Brasil. Diplomada pela Universidade Ion Mincu de Arquitetura e Urbanismo de Bucareste em 1953, Sarina e seu marido Edgar Sonnenfeld começaram no país prestando serviços para Korngold, tendo trabalhado no projeto do Edifício Fabíola na rua Bahia, de propriedade de Korngold e Henryk Zylberman.

Poucos meses depois da entrada de Abelardo na sociedade, Sarina foi contratada e logo passou à chefia dos projetos, onde permaneceu até 1965. Entre 1968 e 1970, trabalhou como chefe da seção de arquitetura do Escritório de Construção Paulo Wysling e Antonio F. Gomes no projeto de diversas indústrias e algumas residências. Em 1970 assumiu o mesmo cargo na Companhia Brasileira de Habitações – Hindi, onde desenvolveu inúmeros projetos de edifícios residenciais, no espírito da racionalização e padronização de projetos, trazendo referências de sua produção arquitetônica do pós-guerra na Romênia comunista. Na época, ambos arquitetura e arquitetos abraçaram o projeto tecnocrático e ideológico da modernidade urbana, em que o tema da habitação se apresentou como a grande arena na qual os valores socialistas foram testados e amadurecidos na produção de projetos-tipo estandardizados de habitação coletiva.[23]

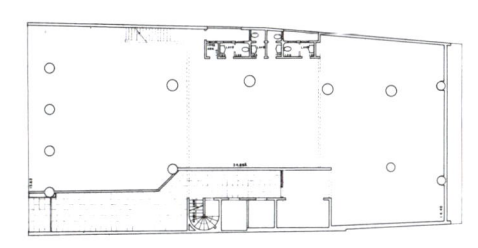

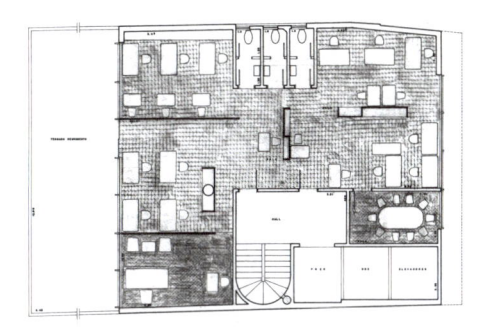

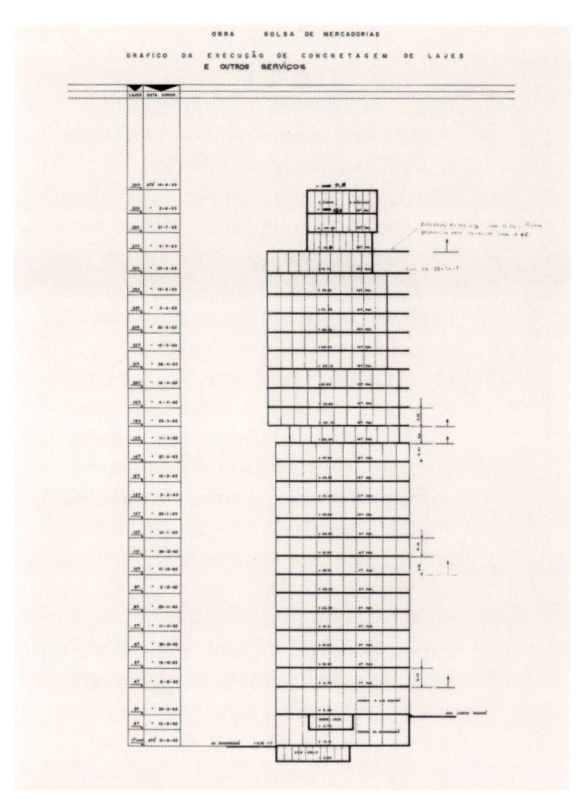

Edifício Bolsa de Mercadorias, plantas térreo, 24º andar e 25º andar, e corte, São Paulo, 1960-1962, arquitetos Lucjan Korngold e Abelardo Gomes de Abreu

Banco Mercantil, plantas, Campos do Jordão, 1960, arquitetos Lucjan Korngold e Abelardo Gomes de Abreu

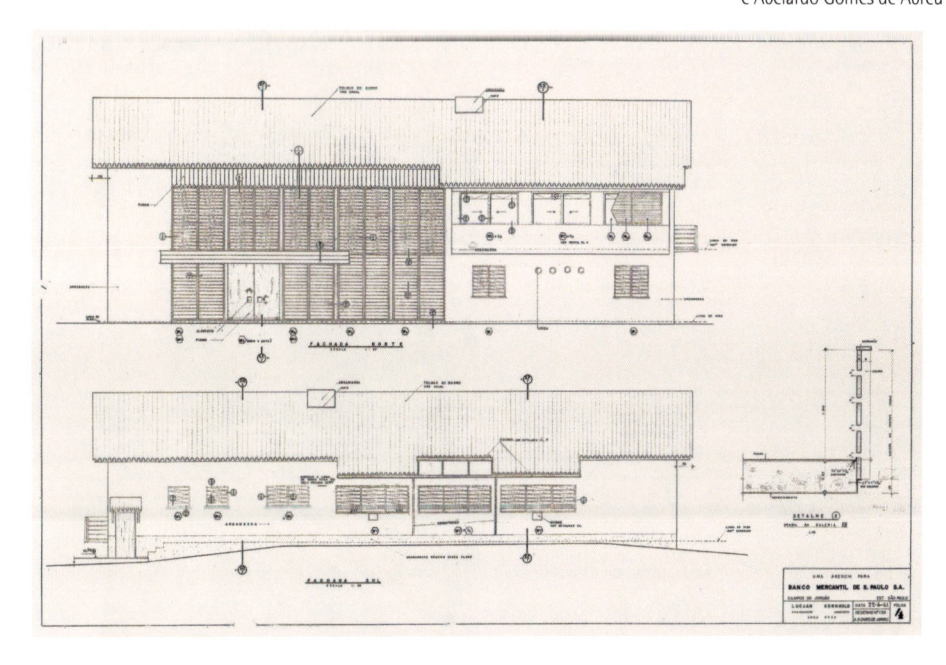

Os edifícios desenvolvidos pela sociedade

Entre os edifícios executados no período da sociedade destacamos dois casos de estudo, os Edifícios Avenida Paulista e Grande Avenida, entendidos como representativos dos grandes edifícios corporativos que ocuparam a avenida Paulista entre as décadas de 1960 e 1970.

Vale observar que esses dois edifícios se distinguem do Edifício Wilson Mendes Caldeira, construído pouco menos de dois anos antes e cujos incorporadores, os irmãos Mendes Caldeira (através da Cia. Internacional de Capitalização e da Bolsa de Imóveis), eram os mesmos do Edifício Grande Avenida. Efetivamente, para além da retórica da agenda corporativa, a marca do principal arquiteto envolvido em cada um desses projetos pode ser facilmente reconhecida: a composição clássica realizada por Korngold no Avenida Paulista, a perspectiva racional e tecnológica de Abelardo, evidenciada no projeto do Grande Avenida, e a concepção de Jorge (Jerzy) Zalszupin do edifício como objeto plástico, impressa no projeto do Mendes Caldeira que operou junto a Korngold. Entre os demais edifícios altos produzidos pelo escritório, é a este último que melhor se aplica a original observação de Lewis Mumford no tocante ao "edifício que se mostra simultaneamente como sua própria vitrine e seu cartaz".[24] De fato, com a gigantesca estrela da Mercedes-Benz montada na sua cobertura, o Mendes Caldeira representou um sistema comunicativo poderoso que poderia ser referido às categorias sugeridas por Venturi, Scott Brown e Izenour na década seguinte[25] entre o objeto escultórico, *duck*, e a arquitetura decorada, *decorated shed*. Similarmente, o registro fotográfico da triste fortuna do edifício, implodido somente quinze anos após a inauguração, tornou-se a representação da fragilidade das políticas urbanas na cidade.[26]

Edifício Avenida Paulista, anúncio na revista *Acrópole* n. 32, ago. 1965

Edifício Wilson Mendes Caldeira, Praça da Sé, São Paulo, 1945, arquitetos Francisco Beck e Lucjan Korngold

Sequência de fotos da implosão do Edifício Wilson Mendes Caldeira, São Paulo, 16 nov. 1975

O Edifício Avenida Paulista

O Edifício Avenida Paulista foi empreendido por um grupo de empresários capitaneados por Philipp Hess, diretor da Sociedade Civil Philipp Hess. O processo foi protocolado na prefeitura municipal em 20 de setembro de 1960,[27] portanto antes da sociedade formada entre Korngold e Abelardo. A torre, projetada em posição excêntrica sobre uma base horizontal intermediária de três pavimentos, permitia uma transparência na esquina do lote defronte à avenida Paulista, artifício também operado no Edifício Banco Sul-Americano do Brasil, na mesma avenida, pelo escritório Rino Levi Arquitetos Associados, no mesmo período (1960-1963). Ambos projetos tinham como referência a implantação do Edifício Lever House (1951-1952), projetado por SOM sob a responsabilidade de Gordon Bunshaft, que, assim como o contemporâneo Edifício da sede das Nações Unidas, projetado e construído entre 1947 e 1952 sob a coordenação do arquiteto Wallace K. Harrison,[28] recebeu o imediato reconhecimento internacional como a nova imagem da arquitetura comercial da cidade de Nova York.[29]

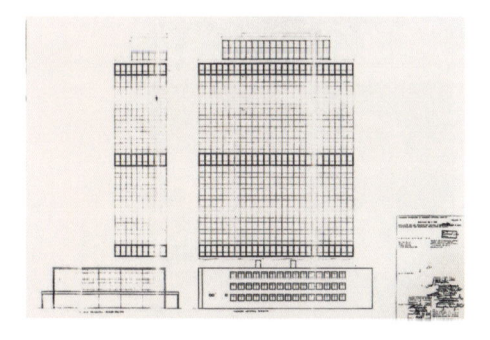

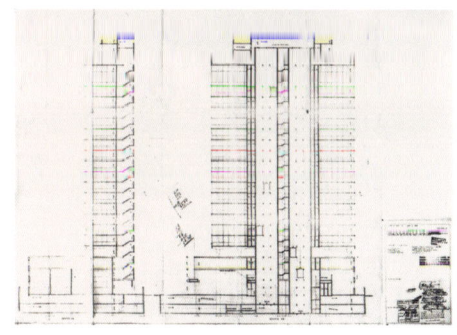

Em artigo publicado na revista *The Architectural Review*, em 1959, Reyner Banham questionava as razões pelas quais "o público ficou menos surpreso com a Lever House do que o *milieu* profissional da arquitetura"; para o arquiteto e historiador inglês "isso era lógico, pois um corpo massivo de máquinas formadoras de opinião não lhes dizia, desde meados dos anos 1920, que a arquitetura moderna era apenas um monte de caixas de vidro? Os arquitetos, por outro lado, sabiam que entre a lenda do vidro e o fato realizado havia se estabelecido um grande abismo – um abismo da amplitude de quarenta anos e tão profundo quanto a indústria da construção".[30]

Edifício Avenida Paulista, corte, fachada principal e fachada lateral direita, São Paulo, 1960-1963

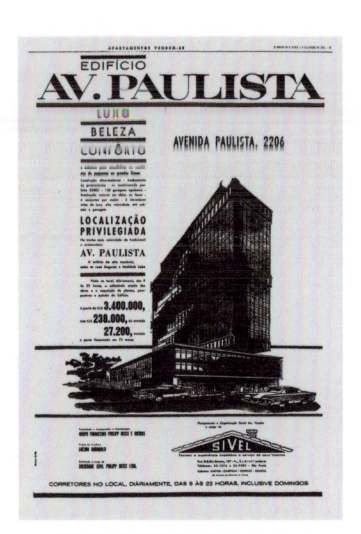

Edifício Avenida Paulista, anúncio no jornal *O Estado de S. Paulo*, 7 jan. 1962

Edifício Grande Avenida, anúncio no jornal *O Estado de S. Paulo*, 10 jun. 1962

O fato é que a concretização das visões de uma arquitetura de vidro, prenunciada por Paul Scheebart em seu *Glasarchitektur* (1914),[31] exigiu um desenvolvimento tecnológico tanto no campo dos materiais como no campo do cálculo estrutural: o hiato mencionado por Banham para se alcançar a profecia da transparência sugerida pelos projetos de Friedrichstrasse (1921) e do arranha céu de vidro (1922) de Ludwig Mies van der Rohe.

Se, conforme Mumford, Lever House não foi o primeiro edifício de vidro, tendo como antecedentes o Palácio de Cristal de Joseph Paxton (1851) e o Daily Express (1932) de Ellis e Clark com Owen Williams, ele foi o primeiro no qual novas funções, novos materiais e um novo sistema construtivo foram associados a um plano moderno.[32] Sua tipologia foi organizada a partir de uma lâmina vertical suspensa sobre uma lâmina horizontal, formando um pavimento intermediário, ambas envolvidas por uma superfície vítrea combinando painéis transparentes e *spandrels,* ou painéis de vidro cegos (produzidos com uma tecnologia específica), que encobriam uma estrutura em aço. Essa mesma tipologia foi incorporada no Brasil com algumas variações, além do uso do concreto armado como sistema construtivo, por outros arquitetos paulistas na própria avenida Paulista, como David Libeskind, autor do projeto do Conjunto Nacional (1955-1962), Pedro Paulo de Mello Saraiva e Miguel Juliano, no Edifício Palácio 5ª Avenida (1958),[33] bem como Salvador Candia e Giancarlo Gasperini, no Conjunto Galeria Metrópole (1960), no centro da cidade de São Paulo. Outro exemplo, este no Rio de Janeiro, é o já reconhecido Edifício Avenida Central (1955-1957), do escritório Henrique Mindlin, Giancarlo Palanti e Arquitetos Associados, que além do uso da estrutura de aço produzida pela CSN, assim como os edifícios paulistas, rompia o *continuum* edificado do Plano Pereira Passos na avenida Rio Branco, com sua fachada de vidro e aço em tons azul-esverdeados, sem deixar dúvidas quanto à sua inspiração primeira.[34]

É bem verdade que o projeto do Avenida Paulista não exibe a transparência ou a continuidade do embasamento aberto nas direções Norte, Sul e Leste da Lever House, que permitia a permeabilidade entre o espaço público e o privado.[35] Ao mesmo tempo, Korngold emprega amplamente o conceito da *curtain wall*, a fachada envidraçada, sob a influência americana. Mantendo a referência à composição tripartite, a continuidade da lâmina vertical é quebrada por três faixas: a primeira suspensa sobre os pilotis do pavimento intermediário, a segunda à meia altura, e a terceira funcionando como coroamento, lembrando os pavimentos de transição, abrigando os serviços e sistemas mecânicos introduzidos pela equipe de Wallace Harrison na sede das Nações Unidas, ou por Gropius e The Architects Collaborative – TAC no Edifício da Reitoria da Universidade de Bagdá (1957-1961), assim como no Edifício Pan Am de Nova York (1958-1963), atual Edifício MetLife.

O cuidado observado por Korngold na implantação e no programa dos seus edifícios altos mais importantes no espaço da cidade, exemplificado no CBI e justificado em seu artigo de 1943, publicado na Acrópole, fez parte dos questionamentos do pós-guerra compartilhados e interpretados por arquitetos urbanistas e historiadores a partir de lentes distintas, como indicaram as discussões realizadas nos Congressos Internacionais de Arquitetura Moderna – Ciam a partir do encontro de Hoddesdon (1951) e confirmando o novo espírito humanista.[36] Enquanto Mumford reconhecia a presença luminosa do arranha-céu distribuído pelo tecido da cidade, ele também discutiu a problemática das áreas urbanas dominadas por edifícios altos criando um espaço "singularmente desagradável, gigantesco, assustadoramente uniforme, desprovido de qualquer conteúdo humano".[37] Por outro lado, elaborando sobre a mesma questão a partir de uma perspectiva altamente crítica, em função de sua própria formação e agenda, os arquitetos Manfredo Tafuri e Francesco Dal Co sugeriram que a tendência internacional no sentido da simplificação das fórmulas do estilo internacional, ou a "arquitetura da burocracia" como a nominaram, resultara da reorganização profissional em torno dos grandes escritórios e sua dinâmica, produzindo "edifícios tão anônimos quanto os interesses arquitetônicos que os ergueram".[38] A crítica dos historiadores italianos recaiu sobre a própria hipótese da "grande cidade" de Ludwig Hilberseimer, entendida como uma "cidade sem qualidades",[39] mas que originalmente havia sido elaborada pelo arquiteto e urbanista alemão justamente para fazer face à cidade dos arranha-céus norte-americana submetida ao capital,[40] que Tafuri e Dal Co também condenaram. A mesma percepção levaria os historiadores italianos a identificar os edifícios de vidro e aço como "versões de um esperanto arquitetônico, que permaneceram intocadas pelo tempo e lugar: fantasmas de vidro populando o panorama urbano de Boston a Tóquio e Johannesburgo, de Montreal a Berlim e Estocolmo [...] falando de um destino coletivo inescapável".[41]

Nesse contexto, mesmo com uma produção voltada essencialmente para o mercado imobiliário, Korngold manteve um olhar cuidadoso para com a paisagem do entorno e, portanto, para o diálogo do edifício no espaço da cidade, conforme também se reconhece no Edifício Grande Avenida.

Foto de assinaturas do contrato entre diretores do Grupo Paulista de Empreendimentos – GPD, Nelson Mendes Caldeira e Stefan Neuding, da Severo Villares, engenheiro Roberto Pereira de Almeida e os arquitetos Lucjan Korngold e Abelardo Gomes de Abreu, figurando igualmente os senhores Carlos Alberto Montezuma e Wilson Mendes Caldeira, diretores da Bolsa de Imóveis, a quem coube a coordenação do empreendimento imobiliário, e os engenheiros Roberto Barros Lima e Pietro Candreva

O Edifício Grande Avenida

Nesse sentido, no Edifício Grande Avenida os arquitetos recuaram a torre, paralela à avenida Paulista, para os fundos da base, de modo a possibilitar respiros e provocar outras relações no espaço, ao mesmo tempo que evitavam a limitação da altura e o escalonamento. Situado no número 1.748 da avenida Paulista, a planta da torre é compacta, com o núcleo de circulação deslocado para a lateral direita.

Assim como já havia ocorrido no Avenida Paulista, a fachada do edifício foi projetada como uma parede cortina, ou *curtain wall*, independente da estrutura do edifício, composta por uma estrutura de alumínio com elementos de vedação fixada à estrutura por chumbadores de aço inseridos nas lajes durante a concretagem. Sem a tecnologia das superfícies vítreas americanas, os elementos de vedação foram compostos externamente por chapas enegrecidas na fabricação, um núcleo isolante, e, pelo lado interno, por chapas de cimento amianto fornecidas pela Eternit, em sua cor natural. As chapas funcionavam como *spandler*, introduzindo o elemento cor na fachada e ocultando a espessura das lajes, formando um peitoril resistente.[42] Lamentavelmente, em consequência dos dois incêndios sofridos ao longo de sua história, essa fachada foi descaracterizada, com a retirada de grande parte da superfície vítrea e sua substituição por concreto, conforme sugestão do engenheiro calculista José Carlos de Figueiredo Ferraz, na época um de seus condôminos.

O empreendimento do Grande Avenida foi levado a cabo pelo Grupo Paulista de Empreendimentos – GPE. O seu projeto financeiro previa a formação de uma sociedade constituída por cinco quotas, na qual os quotistas[43] seriam os donos e orientadores da incorporação.

Entre setembro e outubro de 1961 os arquitetos convidaram os escritórios de cálculo estrutural mais conhecidos da cidade para enviaram suas propostas de orçamento. Eram eles o Escritório Técnico Júlio Kassoy e Mário Franco, o Escritório Técnico Oswaldo Moura Abreu, Waldemar Tietz e Nelson de Barros Camargo, o engenheiro José Carlos de Figueiredo Ferraz, o engenheiro Roberto R. Zuccolo, o engenheiro David Teixeira da firma Stecil Projeto de Estruturas Sociedade Técnica de Engenharia Civil, o engenheiro Arthur Luiz Pitta, o Escritório Técnico J. B. Renato Baudino, além do jovem engenheiro Pietro Candreva, apresentado por Abelardo, que acabou assumindo o encargo do cálculo do projeto.[44]

O projeto original aprovado na prefeitura em 1962[45] descrevia o edifício com cerca de 18 mil metros quadrados de área construída, com dois subsolos; térreo com vitrines, lojas e entrada principal com duas escadas de acesso; sobrelojas com salas com sanitários privativos e servidas por elevadores e escada; um andar intermediário com salas, sanitários privativos e uso exclusivo do terraço; dezessete andares com conjuntos de escritórios ou consultórios, sendo que a partir do 11º pavimento cada andar apresentaria nove unidades com sanitários privativos; um ático com um conjunto de escritórios com sanitário, além da caixa d'água superior, a casa de máquinas e a torre de refrigeração.

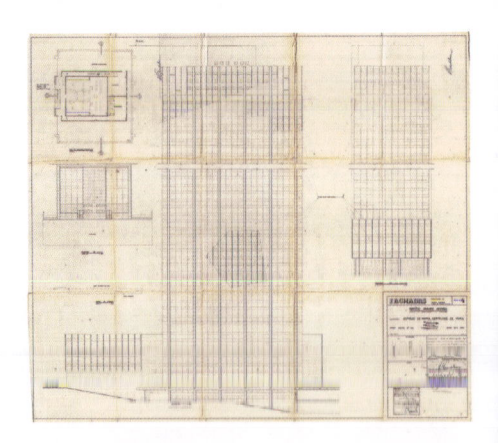

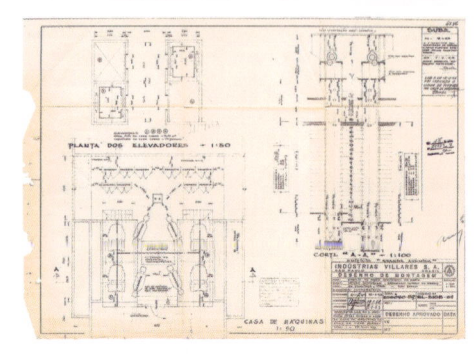

Edifício Grande Avenida, detalhes técnicos de fachada e elevadores, São Paulo, 1963

Edifício Grande Avenida, perspectiva do estudo preliminar, São Paulo, 1961

A obra foi iniciada em setembro de 1961, com os serviços de nivelamento do terreno de 2.262 metros quadrados executados pela Construtora Paulo Izzo, tendo Maurício Plut como responsável técnico. A construtora havia sido parceira do escritório em outros empreendimentos, como os edifícios Mendes Caldeira e Avenida Paulista. Entretanto, apesar da antiga parceria, a obra seria executada pela Construtora Severo e Villares S.A.

As atas das reuniões dos cotistas do GPE documentavam o desenvolvimento do empreendimento, os contratos junto aos projetistas e a construtora, e o plano da incorporação, que previa duas etapas para as vendas de áreas.

Em outubro de 1962, conforme indica a correspondência entre o calculista Pietro Candreva e os arquitetos, as obras das fundações, para as quais havia sido previsto o uso de tubulões, encontravam-se bastante adiantadas; data também desse período o contrato feito entre o condomínio e a emissora de televisão Record para a instalação de sua torre de transmissão de 70 metros de altura. Os acréscimos de esforços acarretados pela instalação da torre foram absorvidos no redimensionamento dos pórticos dos últimos cinco andares abaixo da torre.

Em março de 1963, após o falecimento de Lucjan Korngold, foi registrado em ata de reunião uma nota de consternação pelo falecimento do arquiteto, cuja "competência, previsão e senso artístico" haviam possibilitado, juntamente com a colaboração de seu associado Abelardo Gomes de Abreu, o projeto que já havia colhido inúmeros elogios "por sua simplicidade, elegância e proporções [...], [tornando] o edifício um dos mais favorecidos e valorizados jamais construídos no Brasil". No mesmo período, as obras encontravam-se na fase inicial das concretagens e a Indústria e Comércio Ajax S.A., fornecedora das esquadrias, já havia instalado um modelo no canteiro a fim de sujeitá-lo ao exame dos técnicos e condôminos.

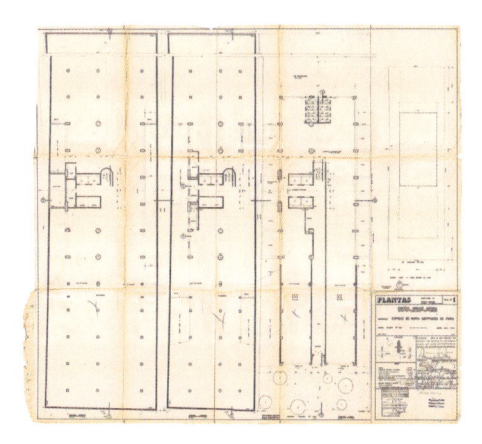

Edifício Grande Avenida, plantas subsolo, andar térreo, sobreloja, cobertura e andar tipo, cortes, São Paulo, 1963

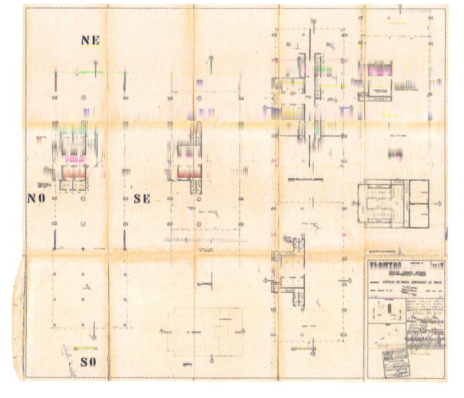

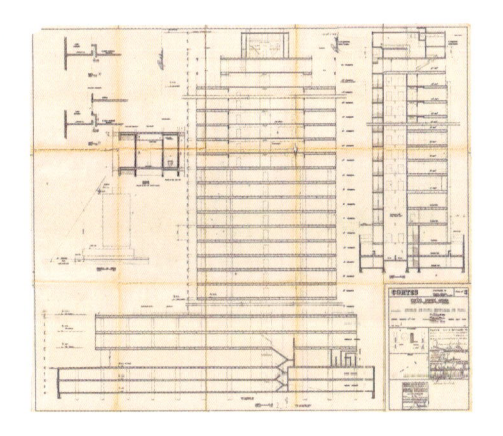

Apesar do projeto financeiro inicial prever o início das vendas somente após o término da estrutura de concreto, já em março de 1963 estavam presentes entre os condôminos o grupo Eternit do Brasil Cimento Amianto e Germaine Lucie Burchard, princesa Sanguszko, compondo a comissão fiscal juntamente com o grupo Lamsa Laminação e Artefatos de Metais, a Rádio Record, o arquiteto Victor Reif, o futuro governador Laudo Natel, além de Nelson Mendes Caldeira, Stefan Neuding e o grupo GTE. As atas esclarecem que as vendas estavam a cargo da Bolsa de Imóveis, de propriedade dos Mendes Caldeira.

Após dois projetos modificativos,[46] o edifício finalizado apresentava 25 pavimentos distribuídos em dois pavimentos de subsolos, duas lojas, duas sobrelojas e dezenove andares – sendo dezessete tipo e os dois últimos ático. A altura final do edifício alcançou os 80 metros.

O Grande Avenida foi o derradeiro desenvolvimento projetual de Korngold, que faleceu no início da construção, seguido em 1967 pelo empreendedor Stefan Marek Neuding, encerrando assim a história da fecunda parceria entre dois imigrantes, um arquiteto e um empreendedor de mesmas origens que, apesar das vicissitudes do exílio forçado, lutaram cada qual a seu modo pela inserção no espaço cultural brasileiro

Notas

1
Ver ABREU, Abelardo Gomes de. *88 anos de vida*, p. 33-50; DEAN, Warren. *A Industrialização de São Paulo*, p. 36.

2
Ver LLOYD, Reginald; FELDWICK, Walter; DELANEY, L. T.; EULALIO, Joaquim; WRIGHT, Arnold. *Impressões do Brasil no século vinte: sua história, seu povo, comércio, indústrias e recursos*.

3
O arquiteto trabalhou na firma Lankton-Ziegele-Terry and Associates entre 1956 e 1958. A firma criada na década de 1930 era dedicada a projetos de edifícios corporativos, instituições educacionais, edifícios hospitalares, edifícios públicos, clubes, edifícios religiosos, prisões, estações de polícia e bombeiros, além de instalações industriais.

4
BOYLE, Bernard Michael. Architectural Practice in America, 1865-1965: Ideal and Reality, p. 309-344; KUBO, Michael. The Concept of the Architectural Corporation, p. 37-48

5
TAFURI, Manfredo; DAL CO, Francesco. *Modern Architecture: History of World Architecture*, p. 339-340.

6
HITCHCOCK, Henry-Russell. The Architecture of Bureaucracy and the Architecture of Genius, p. 3-6.

7
Idem, ibidem; BOYLE, Bernard Michael. Op. cit., p. 331.

8
Ver LEVI, Rino. L'architecture est un art et une science, p. 50-51.

9
BRUAND, Yves. *Arquitetura contemporânea no Brasil*, p. 24.

10
ANELLI, Renato; GUERRA, Abilio; KON, Nelson. *Rino Levi: arquitetura e cidade*, p. 277-279.

11
Em junho de 1955, no texto que acompanhava a apresentação da fábrica de produtos farmacêuticos Fontoura, para revista *Habitat*, Korngold mencionou a equipe multidisciplinar envolvida nos estudos preliminares do projeto, associando-a ao *team* ideal sugerido por Gropius durante sua conferência em São Paulo. KORNGOLD, Lucjan. Arquitetura industrial: conjunto de indústrias farmacêuticas, p. 15-21; BARNETT, Jonathan. An Unpublished Interview with Walter Gropius, December 1960, p. 408. Ver GROPIUS, Walter. A posição do arquiteto dentro de nossa sociedade industrial, p. 117-130.

12
O escritório foi inicialmente nomeado Henrique E. Mindlin, Giancarlo Palanti e Arquitetos Associados S.C. Ltda., a seguir, com a saída de Palanti, ficou Henrique E. Mindlin e Arquitetos Associados e, finalmente, Henrique Mindlin Associados.

13
YOSHIDA, Celia Ballario; ANTUNES, Maria Cristina Almeida; MUNIZ, Maria Izabel Perini; SAHIHI, Venus. *Henrique Ephim Mindlin: o homem e o arquiteto*, p. 19; BATISTA, Antonio José de Sena. *Arquitetos sem halo: a ação dos escritórios M.M.M. Roberto e Henrique Mindlin Arquitetos Associados*, p. 166-207.

14
Correspondência Abreu-Korngold, 26 abr. 1961.

15
BOYLE, Bernard Michael. Op. cit., p. 332-333.

16
ABREU, Abelardo Gomes de. Pontos de vista a respeito do exercício profissional da arquitetura no Brasil: considerações de um arquiteto nascido e formado em nosso país e ora em atividade nos Estados Unidos. O texto era parte de um Relatório Coordenador solicitado pela Fundação da Casa Popular do Governo Federal do Brasil.

17
Correspondência Abreu-Korngold, 26 abr. 1961.

18
Trata-se do documento "Instrumento particular de convenção entre sócios", produzido pelo escritório Nardy, Almeida & Camargo.

19
A documentação do projeto do Banco Mercantil de Brasília não foi encontrada, acreditando-se que o projeto não tenha sido executado.

20
O arquiteto participou do 7º Congresso da UIA em Havana, Cuba (1963), do 9º Congresso em Praga, na então Tchecoslováquia (1967), e do 13º Congresso no México (1970).

21
Abelardo atuou junto a órgãos da classe como o Instituto dos Arquitetos do Brasil - IAB, onde chegou a presidente do Departamento São Paulo (1968-1969), e organismos como o Conselho de Defesa do Patrimônio Histórico, Artístico e Paisagístico do Estado de São Paulo - Condephat (1969-1970), a Comissão Permanente do Código de Obras da Prefeitura de São Paulo e a Associação Brasileira de Normas Técnicas - ABNT Em 1968, o arquiteto atuou como diretor técnico da Companhia Metropolitana da Habitação da prefeitura Municipal de São Paulo - Cohab-SP.

22
Já na década de 1970, Abelardo atuou como consultor na área de planejamento das empresas Rodrigues Lima e Construtora e Protendit Construções e Comércio, ligadas a construção industrializada.

23
MAXIM, Juliana. *The Socialist Life of Modern Architecture. Bucharest, 1949-1964*, p. 3.

24
MUMFORD, Lewis. La tour de verre, p. 76.

25
VENTURI, Robert; SCOTT BROWN, Denise; IZENOUR, Steven. *Learning from Las Vegas*.

26
A implosão do Mendes Caldeira foi a primeira ocorrida no Brasil.

27
Processo 140.984/60, 20 set. 1960, p. 5-6.

28
NEWHOUSE, Victoria. *Wallace K. Harrison, Architect*, p. 114-143. A equipe chefiada por Wallace K. Harrison era formada por arquitetos como Oscar Niemeyer, Sven Markelius, Le Corbusier, além de outros nomes provenientes da Bélgica, URSS, Suíça, Canadá, China, Reino Unido, Austrália e Uruguai, assistidos por um grande número de consultores.

29
KRINSKY, Carol Herselle. *Gordon Bunshaft of Skidmore, Owings & Merrill*, p. 18-19.

30
BANHAM, Reyner. The Glass Paradise, p. 32-38. Originalmente publicado na *Architectural Review*, v. 125, n. 745, fev. 1959, p. 87-89.

31
SCHEERBART, Paul. *L'architecture de verre*.

32
MUMFORD, Lewis. La tour de verre (op. cit.), p. 85.

33
FUJIOKA, Paulo Yassuhide. *O edifício Itália e a arquitetura dos edifícios de escritórios em São Paulo*, p. 65-69.

34
A respeito do Edifício Avenida Central, ver BATISTA, Antonio José de Sena. Op. cit.; CZAJKOWSKI, Jorge (Org.). *Guia da arquitetura moderna no Rio de Janeiro*, p. 39; GUIMARAENS, Cêça. *Paradoxos entrelaçados: as torres para o futuro e a tradição nacional*, p. 243-244.

35
MUMFORD, Lewis. La tour de verre (op. cit.), p. 75-76.
36
STRAUVEN, Francis. *Aldo van Eyck: the Shape of Relativity*; RISSELADA, Max; VAN DEN HEUVEL, Dirk (Org.). *Team 10: in Search of a Utopia of the Present, 1953-1981*; FALBEL, Anat. In the Path of the "In-Between": From Buber to van Eyck and from Amsterdam to São Paulo.
37
MUMFORD, Lewis. Babel en Europe, p. 143.
38
TAFURI, Manfredo; DAL CO, Francesco. Op. cit., p. 339-340.
39
Idem, ibidem, p. 339.
40
HILBERSEIMER, Ludwig. *La arquitectura de la gran ciudad*, p. 62-68.
41
TAFURI, Manfredo; DAL CO, Francesco. Op. cit., p. 339.
42
ETERNIT. *Eternit na arquitetura contemporânea brasileira*.
43
Conforme ata da quarta reunião dos quotistas do OPE a sociedade limitada representada por Rogério Giorgi do Cotonifício Guilherme Giorgi S.A.; Stefan Neuding da Velsten S.A.; Robin Lakeland da Loranex S.A.; Pedro Rodrigues Mendes representando a Indústria Villares S.A. e Nelson Mendes Caldeira e Wilson Mendes Caldeira, representantes do Consórcio Nacional de Terrenos.

44
Nascido em 1933 em Civita, na Itália, Pietro Candreva chegou ainda menino no Brasil. O engenheiro formou-se na Escola Politécnica da Universidade de São Paulo em 1953, diplomando-se em 1957. Candreva iniciou-se como calculista no Escritório Técnico Franco Rocha, onde continuou a trabalhar logo após a formatura. Em 1958 foi convidado pelo reconhecido calculista brasileiro Telêmaco H. de Macedo van Langendonck a lecionar na Politécnica, como assistente da cadeira de Resistência dos Materiais e Estabilidade das Construções. Ele ainda deu aulas na Faculdade Industrial da Pontifícia Universidade Católica de São Paulo e na Escola de Engenharia do Instituto Tecnológico Mauá de São Paulo. No período de sua contratação como calculista do Edifício Grande Avenida, ele já possuía um curriculum no qual constavam mais de 65 projetos de estruturas.
45
Processo 188.686/61, aprovado no alvará 179.481/62, 23 abr. 1962.
46
Processo 74.834/65, Processo 74.834/65.

Centro Comercial do Bom Retiro

1957-1961 rua José Paulino 226 e
rua Ribeiro de Lima 453,
Bom Retiro, São Paulo SP

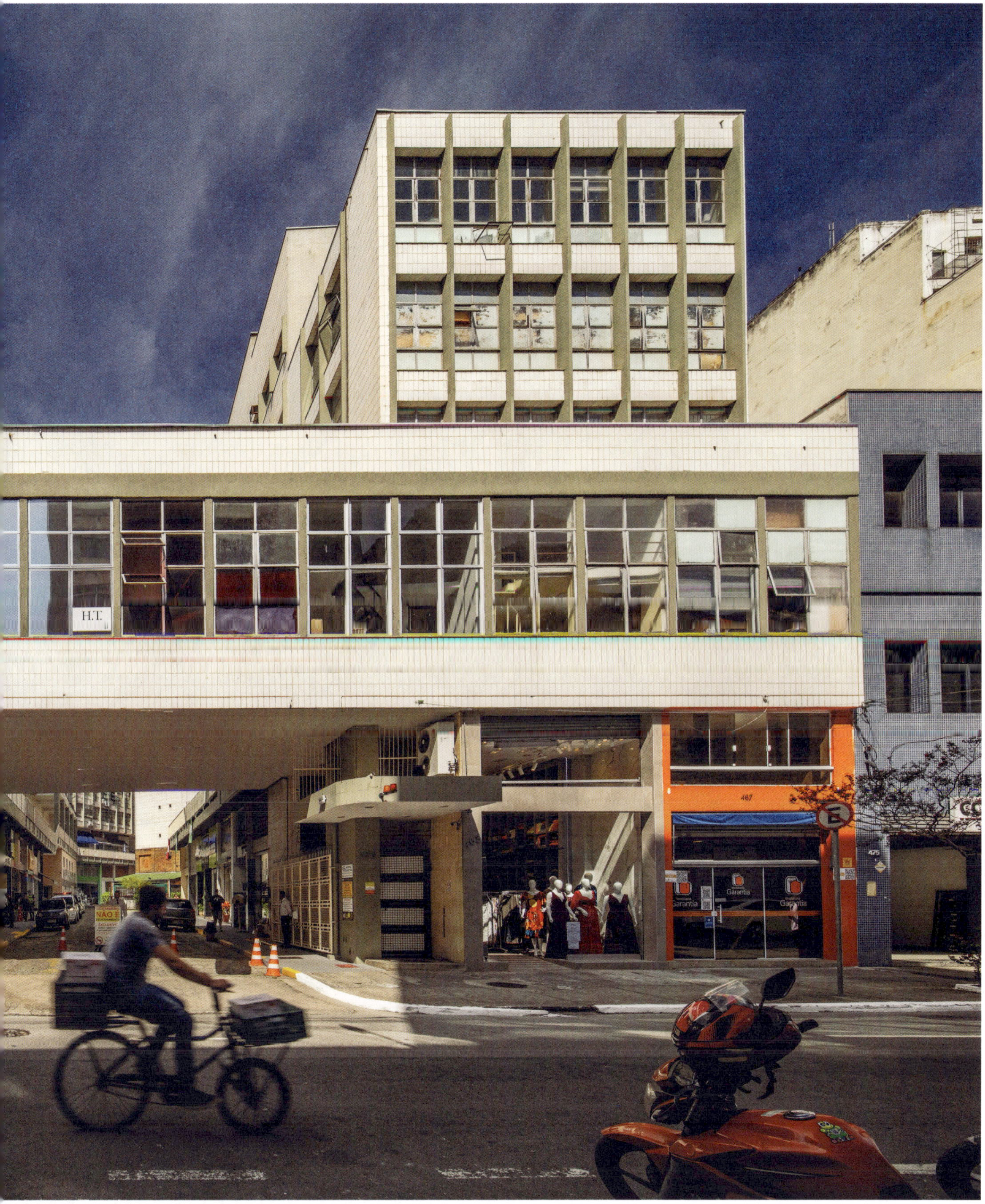

H.T.
467
Garantia

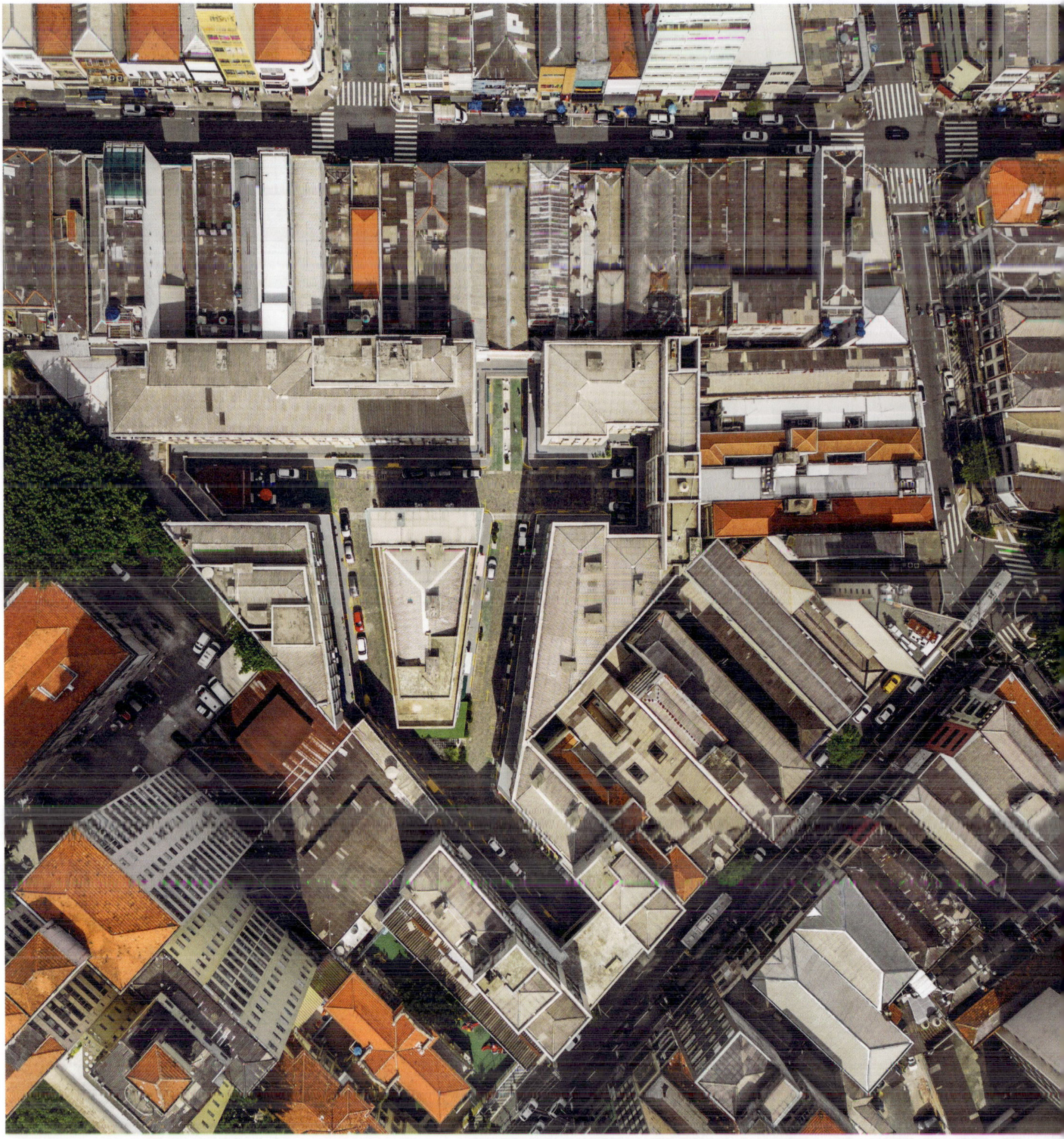

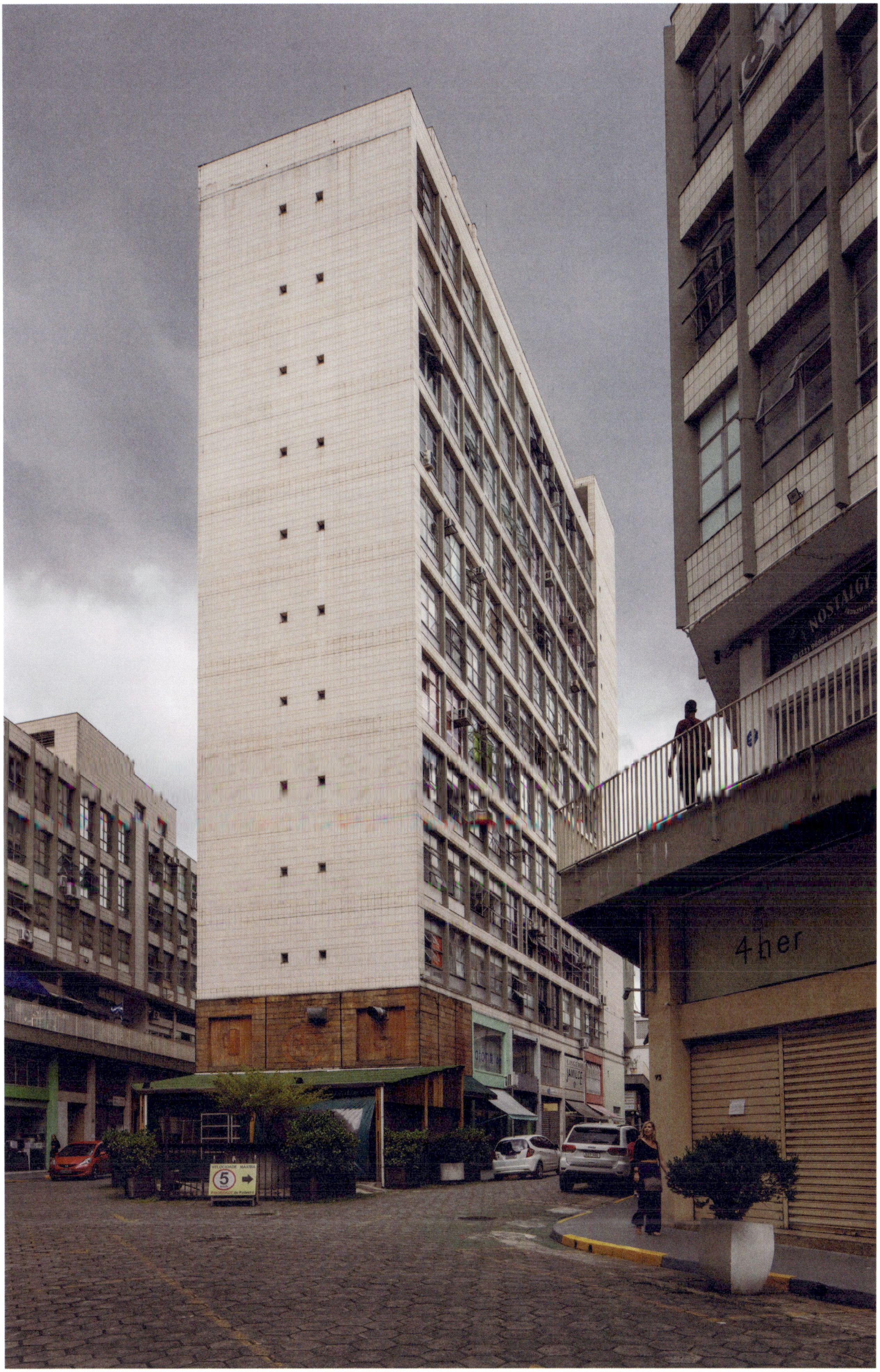
4her

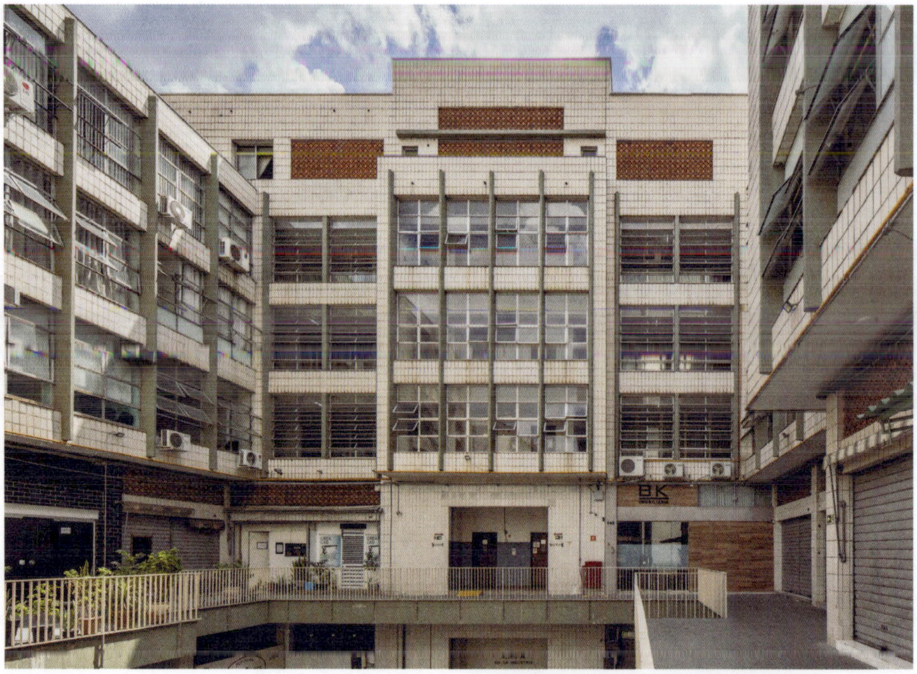

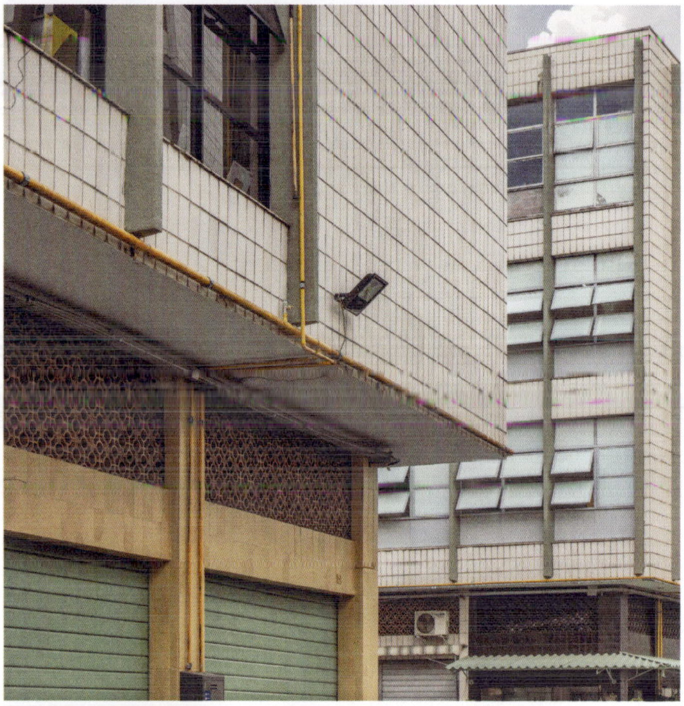

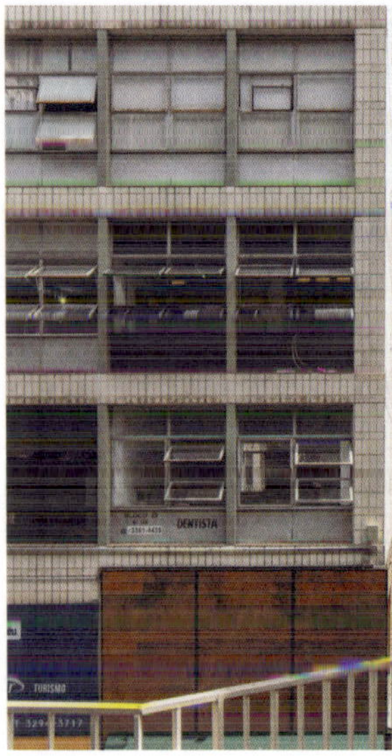

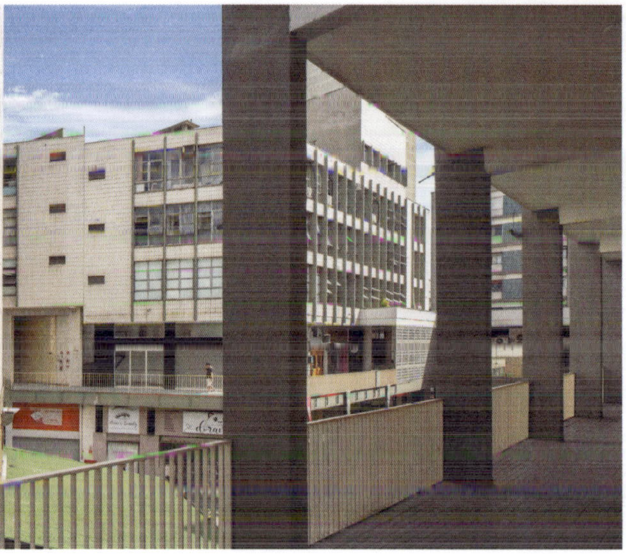

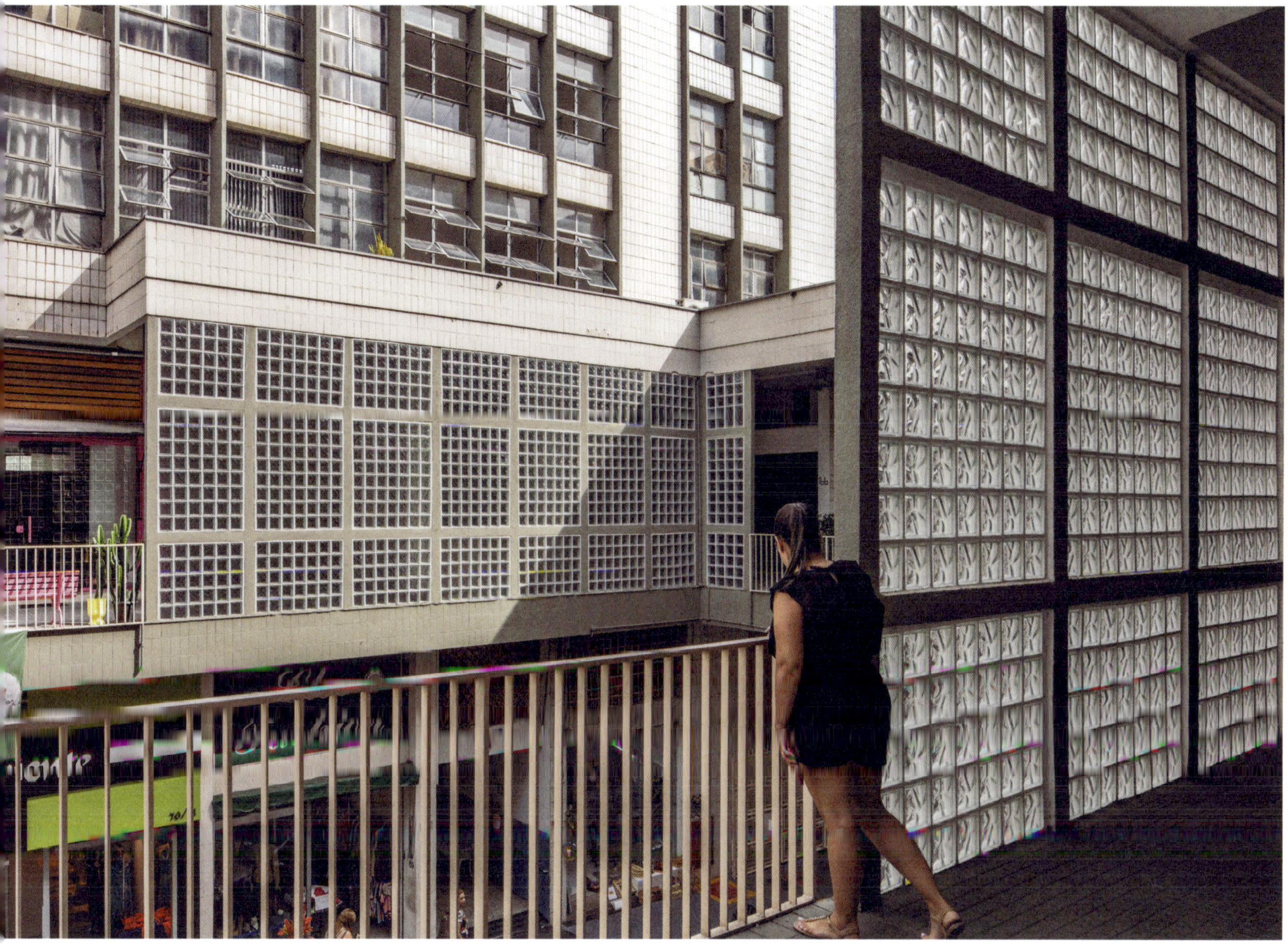

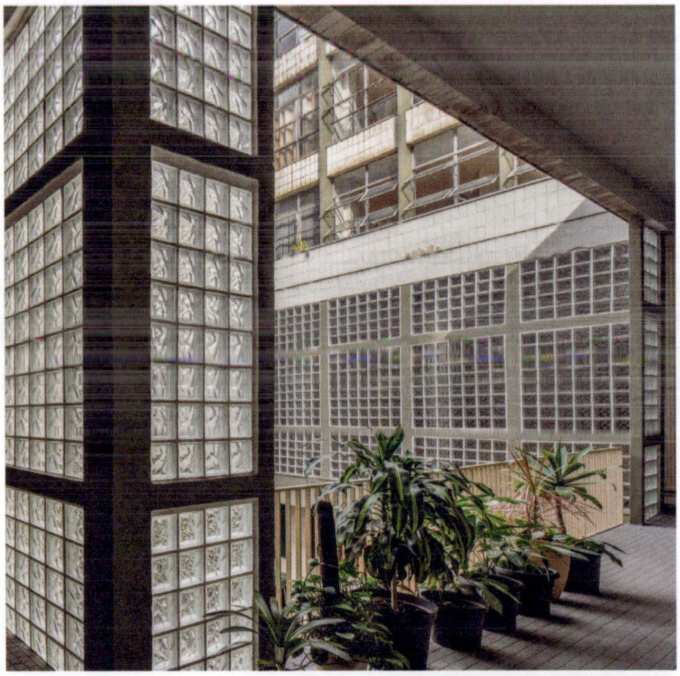

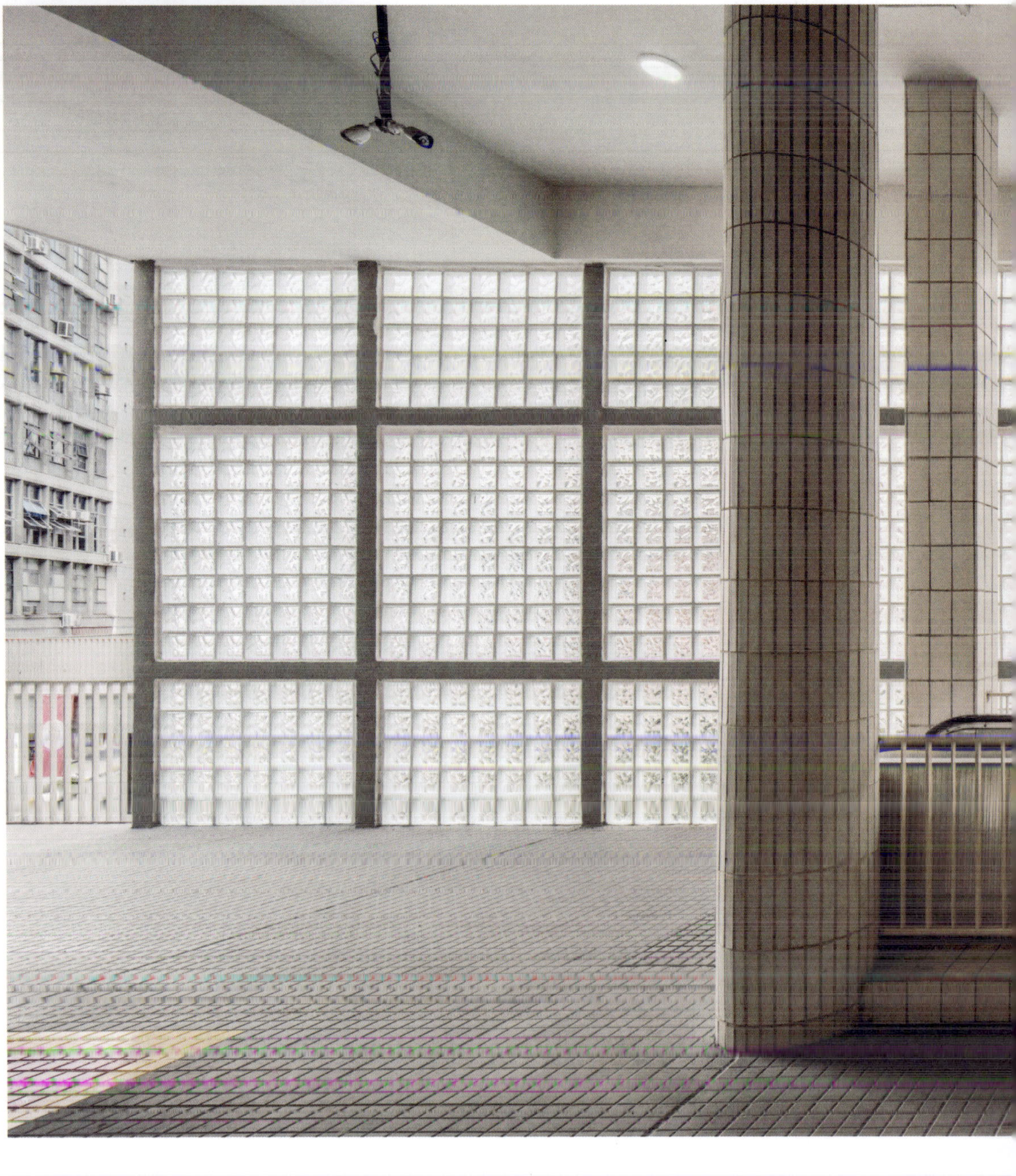

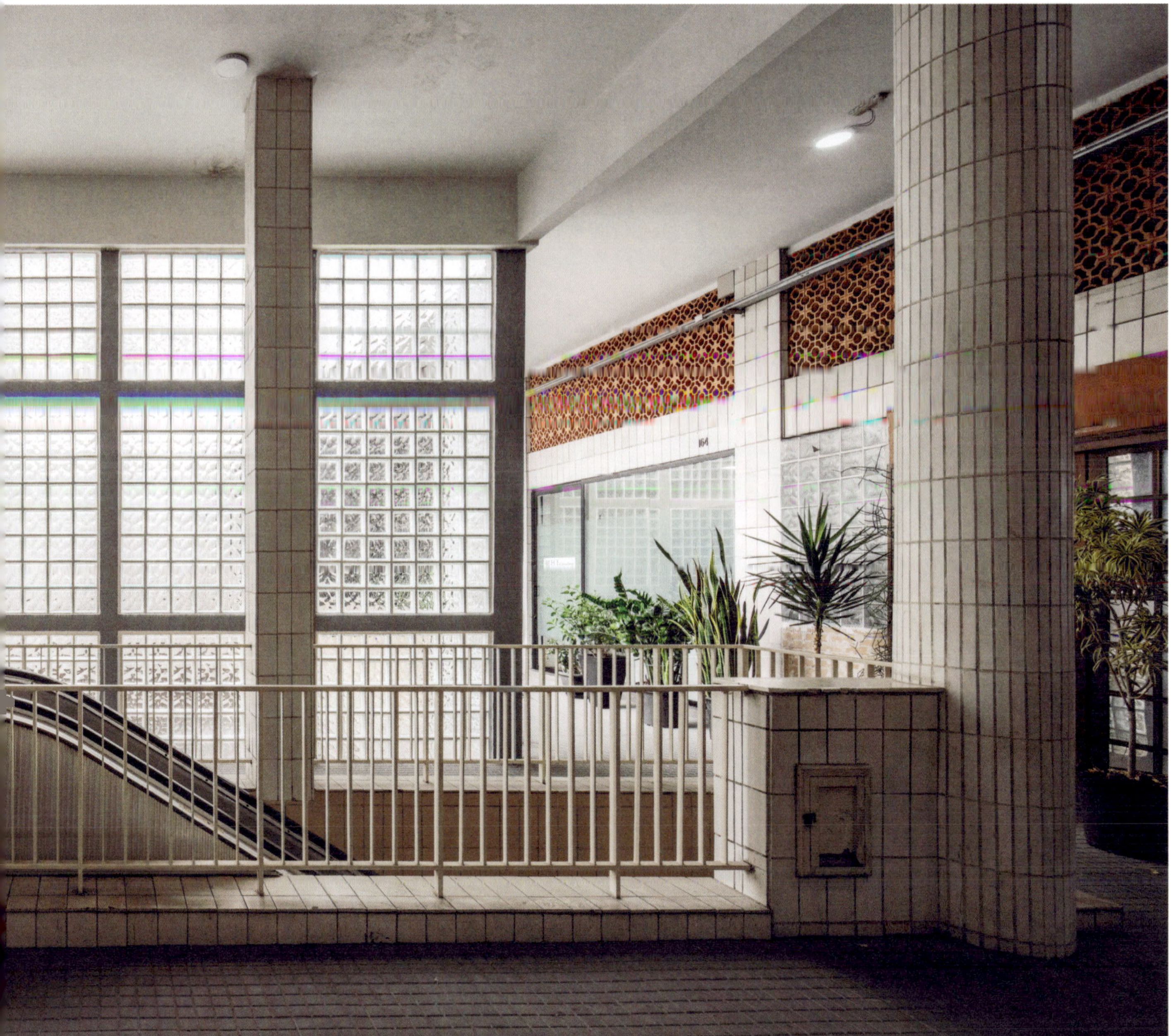

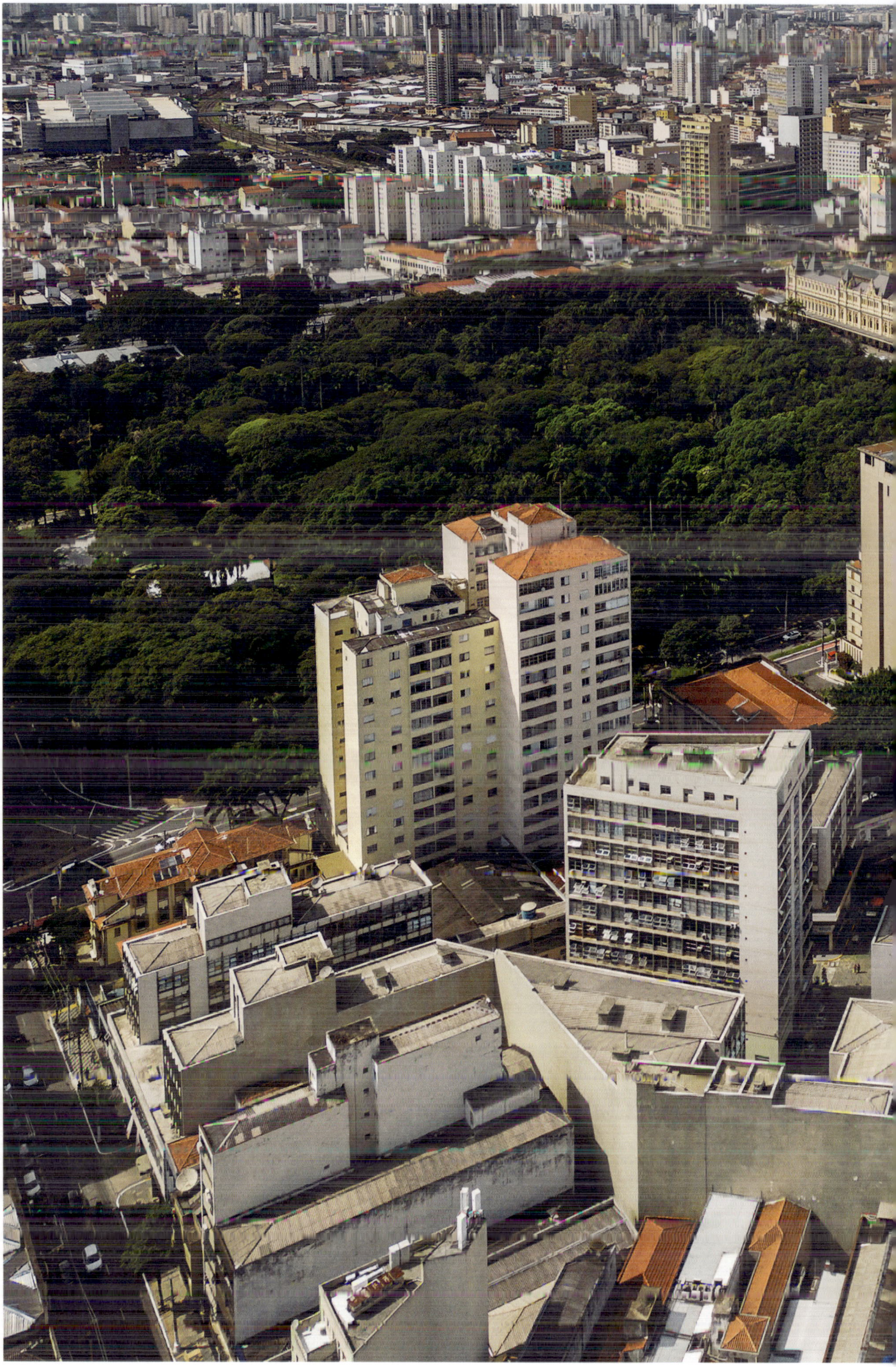

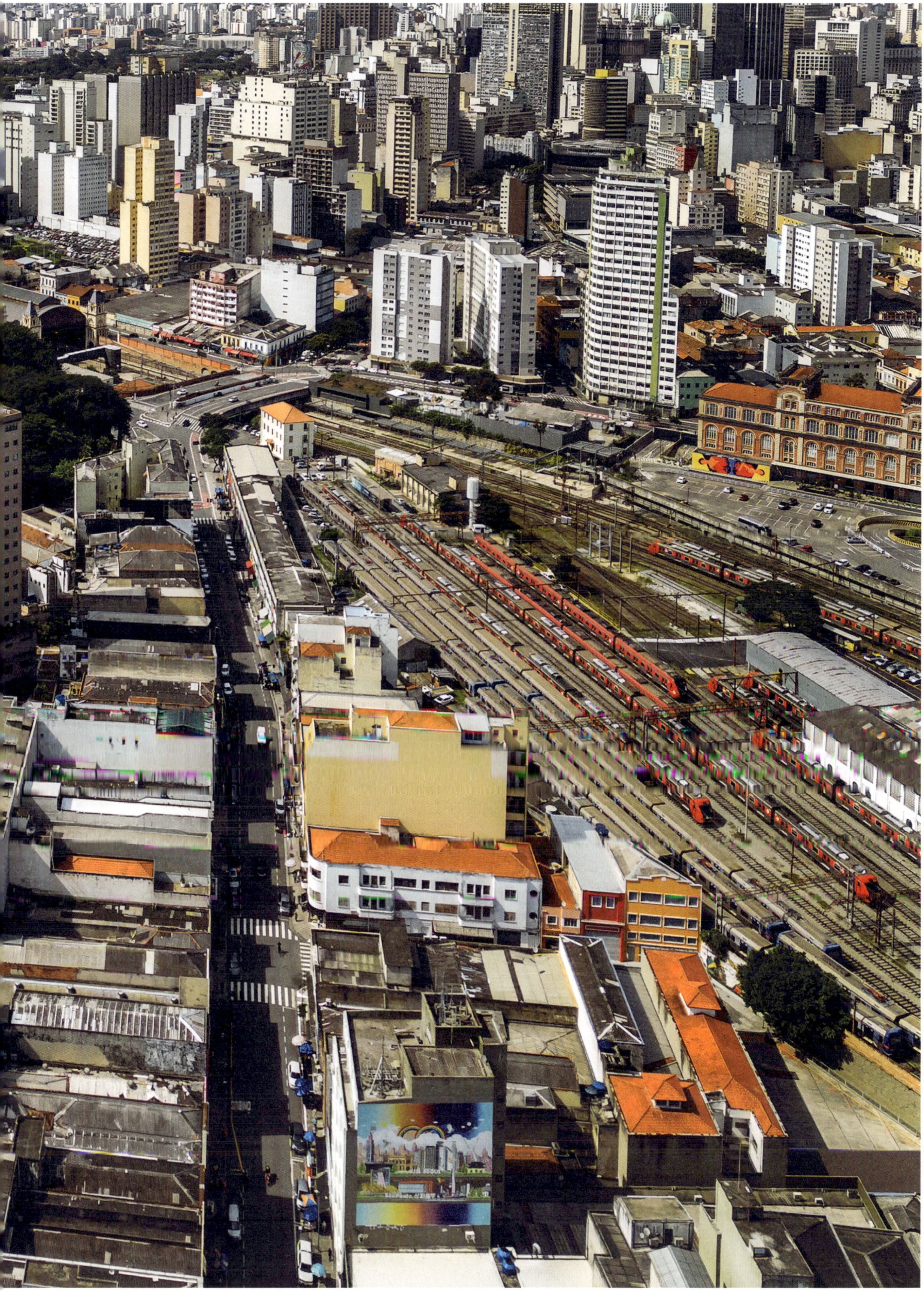

Conclusão

Lucjan Korngold e o olhar sobre a arquitetura brasileira

Em uma entrevista dada ao arquiteto polonês Jorge Piotrowski, formado em Cracóvia, em 1002,[1] Korngold respondeu à questão colocada por seu interlocutor a respeito da influência da arquitetura brasileira na arquitetura internacional do seguinte modo:

> Ao discorrer sobre a arquitetura moderna no Brasil, devemos enfatizar o talento plástico dos brasileiros que se mostrou desde o século 17, na monumental escultura religiosa do Barroco e nas pequenas formas folclóricas, como as imagens santas nos oratórios das fazendas. Não há outro país com um passado tão rico e tantos talentos nas diversas manifestações artísticas. A compreensão do desabrochar da arquitetura brasileira, nos últimos 25 anos, deve ser feita a partir da análise do início das primeiras conquistas internacionais que resultaram nas grandes mudanças do tratamento dos problemas arquitetônicos e da criação da arquitetura do século 20. Refiro-me à arquitetura do século 20, e não à arquitetura moderna, pois cada arquitetura é moderna a seu tempo.
>
> A chamada arquitetura moderna foi criada no século 19 em Chicago, onde foi construído o primeiro esqueleto de ferro, sendo que devemos considerar Richardson, Sullivan e Wright como seus criadores mais importantes. Como acontece frequentemente, a carreira de Wright não começou na América, mas na Europa, com a publicação em 1910, pela editora Wasmuth, do livro ilustrado com os projetos residenciais para os subúrbios de Chicago [Prairie Houses]. O livro tornou-se um grande sucesso, e os arquitetos europeus, especialmente os holandeses, utilizaram as concepções de Wright, desenvolvendo-as. Um pequeno grupo de arquitetos conhecidos, começou a divulgar suas ideias, uma tarefa difícil na conservadora Europa, plena de belezas clássicas. Como resultado, surgem na Europa duas correntes que se divulgam pelo mundo.
>
> Assim como a arquitetura bizantina pode ser representada por um edifício, a Igreja de Santa Sofia em Constantinopla, a França pode ser representada pela obra de Le Corbusier que, com seu talento para escrever e sua sabedoria, desenvolveu algumas teorias que divulgadas através de seus escritos, tiveram um papel decisivo na formação de uma geração de jovens arquitetos. Entretanto, como um artista de carne e osso, suas inesperáveis e geniais soluções arquitetônicas mantinham uma distância em relação às suas teorias. Le Corbusier foi um típico *kaznodzicja* [pregador], no sentido de pregar aquilo que efetivamente não fazia.
>
> A segunda fonte a ser considerada é a Alemanha, que adotou as teorias corbusianas literalmente, tentando aplicá-las na arquitetura. Donde surge a arquitetura seca, racional, construtivista e fria.
>
> Os Estados Unidos da América foram o país que apresentou as melhores condições para o desenvolvimento da arquitetura moderna, seja pela sua riqueza, seja pelo alto nível técnico. O país que tudo abraça, recebeu um esquadrão de conhecidos arquitetos europeus forçados a imigrar da Europa e principalmente da Alemanha. Graças às universidades e as instituições científicas que a América colocou à disposição desses arquitetos, sua influência sobre as novas gerações e as novas formas da

arquitetura americana tornou-se decisiva. Grandes obras, e um nível técnico elevado, fizeram com que a arquitetura fundamentada nas teorias racionalistas alemãs conquistasse a América.

O esvaziamento da Europa trouxe um grande desenvolvimento para a América do Sul, onde surgiram novas e vigorosas fontes para a arquitetura, em especial no Brasil, que assume o papel mais importante no hemisfério. É compreensível que a psicologia latina de Le Corbusier tenha encontrado um terreno mais fértil no Brasil que as ideias da Bauhaus...

A arquitetura brasileira soube relacionar a expressão plástica do edifício com o clima local, modelando no concreto armado – até então tido como material um tanto rígido – formas sugestivas e cheias de expressão. Uma das primeiras obras-primas brasileiras puras foi o Pavilhão para a Exposição Mundial de 1939, de Nova York, projetado por Oscar Niemeyer, depois de Lúcio Costa, vencedor do concurso para o projeto, ter desistido em favor de seu colega. O desenvolvimento da forma arquitetônica no Brasil – a riqueza do claro-escuro e a liberdade das linhas e dos planos – vai, por vezes, de encontro à evolução no sentido da função, privilegiando somente a forma. Nos Estados Unidos da América, ao contrário, as prerrogativas são as conquistas técnicas. O objetivo de todas as artes, e a arquitetura entre elas, é levar o homem a um estado emocional. As duas orientações, a brasileira e a americana, pretendem alcançar a mesma finalidade por caminhos distintos. O caminho brasileiro passa pelo sentimento, atingindo os homens pelas proporções, enquanto a americana atua sobre a razão, provocando admiração pela beleza da técnica, dos materiais e da audácia das soluções estruturais. É preciso dizer que após certo tempo, talvez como resultado do esgotamento de certas soluções repetidas infinitamente, ocorreu uma reação recíproca entre as duas tendências. Entretanto, nos Estados Unidos da América, a arquitetura moderna nunca foi uma profissão de fé, mas simplesmente uma moda superficial que se tornou monótona. Por sua vez, no Brasil, a concepção da forma pela forma, também se esgotou, de modo que o país importou dos Estados Unidos a forma técnica seca. Contudo, é importante sublinhar que o desenvolvimento da arquitetura brasileira foi importante para a arquitetura internacional, influenciando-a de maneira concreta, como por exemplo no projeto da Universidade de Jerusalém[2] [...]. Outro exemplo constitui uma das mais conhecidas obras de Le Corbusier, Chandigarh, onde se observa grandes influências da arquitetura brasileira. Tanto nos Estados Unidos como no Brasil, muitas vezes o princípio mais importante da arquitetura – o que diz respeito à harmonização entre a forma, a função e a construção – foi muitas vezes negligenciado. A escola polonesa de arquitetura jamais afastou-se desse princípio – e disso podemos nos orgulhar.

Em seu estudo sobre Erich Mendelsohn,[3] Bruno Zevi indagou se as imigrações forçadas às quais o arquiteto foi submetido não teriam resultado numa crise de sua própria fantasia, justificável do ponto de vista psicológico, visto que a liberdade europeia havia sido interrompida e uma vida profissional plena de urgências irrealizadas havia sido substituída por um recomeço incerto e de futuro desconhecido.[4]

Segundo Zevi, a mesma crise teria afetado outros arquitetos, como Walter Gropius e Mies van der Rohe, aos quais fora imposta uma escolha fundamental: "defender com veemência o próprio patrimônio, acreditando ser ele fecundo e provocativo mesmo em um ambiente estranho; ou então assimilar a cultura de um novo país, nela confundir-se, reinterpretando-a. [...] Enquanto Mies seguiu a primeira alternativa, permanecendo alemão e imune a qualquer contaminação do pragmatismo americano, Gropius seguiu a segunda alternativa associando-se a outros arquitetos, como Maxwell Fry na Inglaterra e Marcel Breuer nos Estados Unidos".[5]

A lucidez de Korngold sobre a cultura arquitetônica de seu tempo e a brasileira em particular, bem como o papel dos deslocamentos e imigrações contemporâneas no processo das transferências culturais, sugere que o arquiteto, apesar das vicissitudes e do estranhamento sempre presente em sua trajetória, seguiu a segunda alternativa identificada por Zevi. A sua clareza sobre a sensibilidade barroca, manifesta sob uma chave universal tanto nos espaços urbanos como nas expressões da moderna arquitetura brasileira, parece ecoar as elaborações de contemporâneos como Gillo Dorfles que da mesma forma identificou e traduziu a obra dos arquitetos Oscar Niemeyer, Alvar Aalto e o italiano Carlo Mollino como neobarroco.[6]

Efetivamente, a sua percepção da cultura local se fez presente desde o seu primeiro artigo publicado em 1943, na revista *Acrópole*.[7] Ao mesmo tempo, observa-se o fascínio particular exercido pela herança do barroco brasileiro no arquiteto, que colecionou com paixão imagens e oratórios e, encantado pela riqueza do mobiliário colonial, transformou móveis coloniais em objetos do cotidiano, reaproveitando peças de antigas fazendas que em suas mãos se tornavam mesas, consoles e pedestais. Quando o cliente assim lhe permitia, ele introduzia esses objetos de arte que criavam e definiam as identidades dos espaços interiores, assim como exemplificado na residência projetada para o amigo Henryk Landsberg, na Gávea, Rio de Janeiro.

O reconhecimento simultâneo das formas tradicionais da arte e da arquitetura brasileira, bem como dos desenvolvimentos da arquitetura americana do pós-guerra, resultaram numa síntese pessoal, cuja elaboração o arquiteto parece justificar em seu texto, acompanhando a crítica arquitetônica do período às extensões do estilo internacional propostas na obra americana de Mies van der Rohe, cujo esgotamento foi indicado por historiadores como William Jordy,[9] ou mesmo Sibyl Moholy-Nagy,[8] e reconhecido pelo próprio Henry-Russell Hitchcock em 1961. Efetivamente, no artigo que encerrava o volume especial da revista *Zodiac*, dedicado à América,[10] o crítico americano, responsável pela introdução do estilo internacional na América em 1932,[11] destacava que mesmo que as inovações tecnológicas no campo da construção pudessem ser projetadas para as próximas décadas, o futuro da arquitetura, e particularmente da americana, parecia pouco claro, comparado com a convergência dos desenvolvimentos que levaram ao estilo internacional nos anos 1930, e as diversas possibilidades que se apresentavam naquele momento, *"tantas quanto o número de destacados arquitetos, ou até mais, pois alguns entre os importantes arquitetos americanos já partiram na direção, não de um, mas de múltiplos novos marcos"*.[12]

Vale observar a significativa menção de Korngold à influência de Frank Lloyd Wright sobre os holandeses, cuja obra o então jovem arquiteto vinha acompanhando da Polônia, conforme sugere o projeto da residência Szatensztejn, em Skolimow, em parceria com Henryk Blum, com claras referências à obra de J. J. P. Oud, e em particular às casas operárias em Hoek van Holland (1924-1927).

Efetivamente, se por um lado, a obra do mestre americano já havia sido reconhecida na Polônia desde o final da década de 1920 por arquitetos como Jan Koszczyc Witkiewicz,[13] cuja obra foi emulada por Korngold, talvez para além da leitura do *Space Time and Architecture: the Growth of a New Tradition* (1941) de Giedion,[14] o encontro com Neutra e posteriormente a leitura do *Survival through Design* (1954) o tenha aproximado ainda mais dos escritos de Wright.

O comentário de Korngold a respeito de Le Corbusier e as diferenças entre a sua produção teórica e projetual não impede o reconhecimento da importância do mestre e a influência corbusiana em sua própria produção desde os projetos poloneses, conforme testemunha o escultórico volume na fachada posterior da residência Lubinski em Varsóvia, reelaborando os jogos propostos na fachada da Vila Stein (1928). E se ainda na Polônia do entreguerras a incidência corbusiana intermediou os diálogos com a importante produção tcheca e húngara,[15] no Brasil ela continuou presente e mediada pela arquitetura carioca nas fachadas de projetos paulistas e cariocas como o Thomas Edison ou o CBI Esplanada, este último contem plado ainda com os inusitados pórticos no coroamento.

O mencionado "caminho brasileiro das proporções" também fez parte da lógica projetual do arquiteto dedicado ao tratamento escultórico dos seus objetos arquitetônicos, nos quais a busca pelo volume ideal subordina os interiores, particularmente no caso dos edifícios comerciais como o Palácio do Comércio, sobre o qual o arquiteto se debruçou longamente explorando as relações entre base e fuste. O contrário podia ocorrer nos projetos residenciais, com os interiores traindo o volume ideal. Nestes últimos, o arquiteto manteve a herança da maturação sob a atmosfera das vanguardas europeias, mesmo que por vezes, como se deu na residência Neuding, uma laje de curvas sinuosas insinua-se na fachada principal, como se fora o carimbo da brasilidade assumido pelo arquiteto e seu contratante juntamente com a introdução de um paisagismo tropical.

Lucjan Korngold foi testemunha e partícipe das experimentações das vanguardas modernas desde o funcionalismo de raízes cubistas, o modernismo de raízes regionalistas dedicado à criação de uma linguagem nacional, até a questão da monumentalidade moderna na sua reelaboração das discussões da década de 1930. A experimentação e o amadurecimento profissional alcançados na Polônia ao longo dos mais de setenta projetos de diferentes escalas, da cidade ao móvel, o capacitou para os desafios projetuais, técnicos e as complexidades dos grandes empreendimentos assumidos no Brasil.

Frente ao crescimento industrial das décadas entre 1940 e 1960, arquitetos imigrantes como Lucjan Korngold confrontaram os problemas urbanos de um país em desenvolvimento operando programas modernos – cinemas, teatros, hospitais, escolas, universidades, novas tipologias para edifícios comerciais, residenciais e indústrias – com os instrumentos teóricos engendrados pelas vanguardas europeias, os debates produzidos no interior do Ciam do pós-guerra, assim como as inovações tecnológicas da indústria da construção americana, deixando sua marca pessoal na paisagem urbana.

No entanto, se o diálogo entre imigrantes e nacionais sobre a materialidade do espaço da cidade surtiu efeito, no âmbito cultural e, em particular, historiográfico, o seu reconhecimento seria possível somente algumas décadas depois, quando do consenso de que uma expressão nacional é de fato a reunião de muitas vertentes e sedimentações de outras nacionalidades, ou como escreveu o refugiado Sigfried Giedion nos Estados Unidos ainda em 1950: "nenhum país, nenhum movimento, nenhuma personalidade única pode ser reivindicado como o criador da arquitetura contemporânea. As tendências vão e voltam, de um país, um movimento, uma personalidade, para outra, e se entrelaçam em um padrão sutil que retrata a expressão emocional do período."[16]

Notas

1
BARUCKI, Tadeusz. *Ameryka, Ameryka*.
2
Korngold provavelmente fazia referência às obras do final da década de 1950 projetadas por David Resnick, o arquiteto brasileiro formado na Universidade do Brasil e colaborador de Oscar Niemeyer antes de imigrar para Israel. Junto ao arquiteto Heinz Rau, Resnick projetou o atual edifício Manchester pertencente ao Instituto de Matemática Einstein (1958), no campus Givat Ram, o edifício do Centro Amir (1958), e a Sinagoga Rabino Dr. I. Goldstein (1957) todos em Jerusalém. FALBEL, Anat. *David Resnick arquitetura e utopia*, p. 47-51.
3
ZEVI, Bruno. *Arquitetura e judaísmo: Mendelsohn*, p. 93.
4
Idem, ibidem, p. 93.
5
Idem, ibidem, p. 93.
6
DORFLES, Gillo, *Barrocco nell'architettura moderna*, p. 9-38.
7
KORNGOLD, Lucjan. *Paris, Haussmann, Rio de Janeiro e o concurso do Itamaraty*, p. 445-451.
8
JORDY, William H. *The Place of Mies in American Architecture*, p. 29-33; JORDY, William H. *The Laconic Splendor of the Metal Frame: Ludwig Mies van der Rohe's 860 Lake Shore Drive Apartments and his Seagram Building*, p. 221-277.
9
MOHOLY-NAGY, Sibyl. *The Diaspora*, p. 24-26.
10
HITCHCOCK, Henry Russell. *Looking Forward*, p. 187.
11
HITCHCOCK, Henry-Russell; JOHNSON, Philip. *Le Style International*.
12
Grifo nosso.
13
Ver LESNIAKOWSKA, Marta. *Jan Koszczyc Witkiewicz (1881-1958): i budowanie w jego czaszch* [Jan Koszczyc Witkiewicz (1881-1958) e a construção em sua época], p.10. Considerando Wright como seu *pai espiritual*, Witkiewicz incorporou os princípios wrightianos da integração do edifício com a natureza e o ambiente, a honestidade dos materiais e dos métodos e a liberdade do espaço e da forma interior e exterior.
14
GIEDION, Sigfried. *Space, Time and Architecture: The Growth of a New Tradition*.
15
Nesse aspecto, vale lembrar do uso que Korngold faz das chapas de cimento amianto para enriquecer as texturas das fachadas do conjunto de edifícios da rua São Carlos do Pinhal, do mesmo modo que as utilizou o prolífico arquiteto húngaro Farkas Molnár, falecido durante a guerra, em sua casa à rua Mese, Budapeste, em 1937.
16
GIEDION, Sigfried. *The New Regionalism*, p. 138.

A obra de Lucjan Korngold integrada à paisagem urbana de São Paulo, foto Heter Scheier

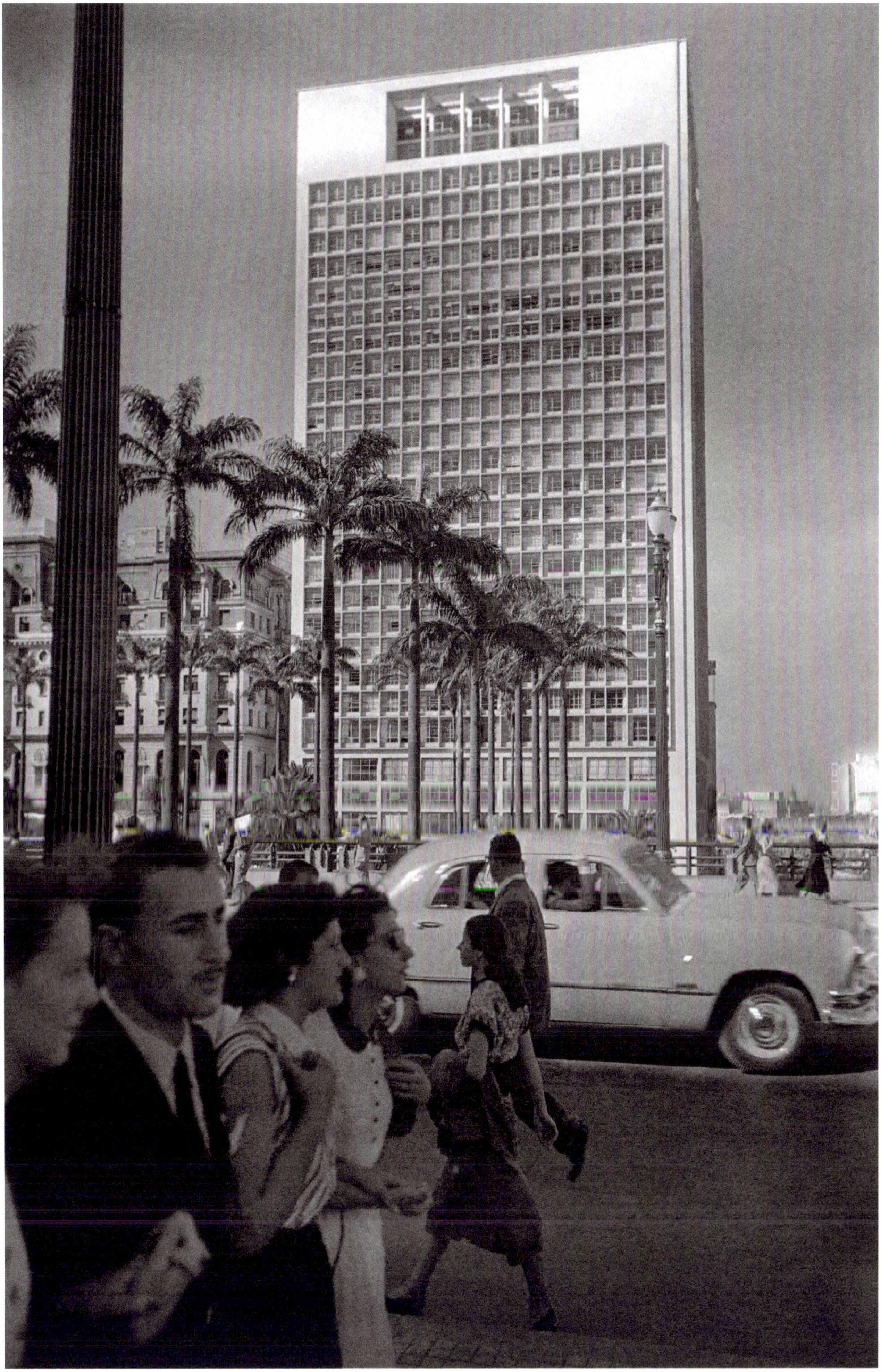

Lista de obras

Em preto
obras construídas
Em azul
obras não construídas

Polônia

1920
Colônia para trabalhadores suburbanos, proprietário: Conselho Distrital dos Sindicatos Poloneses de Varsóvia; com Henryk Oderfeld – projeto de concurso, organizado pelo Círculo de Arquitetos de Varsóvia, Varsóvia (ficou em 2º lugar)

1924
Distribuidora e armazém de seda, proprietário: desconhecido; com Jerzy Gelbard e Edward Seidenbeutel – design de interiores, Varsóvia

1927
Sede do Ministério de Obras Públicas e Banco de Desenvolvimento Polonês, proprietário: Secretaria de Obras Públicas; com Jerzy Gelbard e Roman Sigalin – projeto de concurso para edifício institucional, organizado pela Associação dos Arquitetos Poloneses, rua Jerozolimskie 7, Varsóvia

1928
Instituição psiquiátrica, proprietário: Direção Distrital de Obras Públicas da Voivodia de Varsóvia; com Jerzy Gelbard, Grzegorz Sigalin e Roman Sigalin – projeto de concurso para edifício institucional, Gostynin (ficou em 2º lugar)

1929
1929-1931 *Sede da Assicurazioni Generali na Polônia "Polonia"*, proprietário: Assicurazioni Generali di Trieste; com Henryk Blum – requalificação do edifício para edifício institucional, rua Dabrowskiego 1, Varsóvia

1930
Complexo Escola, Delegacia da Polícia do Estado, apartamento para oficiais, proprietário: Sociedade Anônima Syrena – edifício institucional, rua Krochmalna 56, Varsóvia

1930-1932 *Residência Stanislaw Margulies* (segundo proprietário: Andrzej Rotwand); com Henryk Blum – rua Chocimska 8 e 10, Varsóvia

1932
Residência unifamiliar de baixo custo (lote 1), proprietário: Empresa de Construção S. Rulski e J. Pienkowski; com Piotr M. Lubinski – exposição "Moradia de baixo custo", organizada pela Sociedade Polonesa para o melhoramento da moradia – PTRM, entre as ruas Barcicka, Twardowska, Ceglowska, Grebalowska, Varsóvia

Residência unifamiliar de baixo custo (lote 10), proprietário: Sociedade Nacional de Construção Katebe; com Piotr M. Lubinski – exposição "Moradia de baixo custo", organizada pela Sociedade Polonesa para o melhoramento da moradia – PTRM – entre as ruas Barcicka, Twardowska, Ceglowska, Grebalowska, Varsóvia.

Projeto de cadeira para a Fábrica de móveis Konrad Jarnuszkiewicz I S-ka; com Piotr M. Lubinski – exposição "Moradia de baixo custo", Varsóvia

1933
Projeto de móveis de dormitórios, proprietário: Fabricante de móveis Telesfor Rynski; com Henryk Blum – Varsóvia

1933-1934 *Residência Wladyslaw Szatensztejn (Villa Allora)*; com Henryk Blum – rua Królewska 7, atual Uzdrowiskowa 7, Królewska Góra, Skolimów-konstancin

1933-1934 *Residência Henryk vel Chil-Abram Pfeffer*; com Henryk Blum – vila de Wieliszew

1934
1934-1935 *Residência Maria Rachela Arenstein (Villa Mira)*; com Henryk Blum – rua Cieszynska 5, Otwock-Śródborów

1935

Residência Stefan Zeranski; com Piotr M. Lubinski – rua Obrońców 1A, Varsóvia

Residência Tadeusz Lepkowski; com Piotr M. Lubinski – projeto arquitetônico e interiores, rua Francuska 2, Varsóvia

Residência Zofia Zochowska; com construtora S. Rulski – rua Sloneczna 15, Varsóvia

Showroom do Studio Philco; proprietário: Studio Philco; com Piotr M. Lubinski – design de interiores, Varsóvia

1935-1936 *Condomínio residencial* para funcionários, proprietário: Fábrica de munição Pocisk Sp. Akc.; com construtora Escritório Técnico e de Construção do Eng. Wladyslaw Czarnocki – rua Grochowska 31 atual Grochowska 320 e rua Kamionkowska 18, Varsóvia

1935-1936 *Edifício residencial*, proprietário: Wladyslaw Jósef Szatensztejn; com construtora Irmãos M. e J. Lichtenbaum – rua Filtrowa 64, Varsóvia

1935-1936 *Edifício residencial*, proprietário: Stanislaw Margulies – rua Rakowiecka 39A, Varsóvia

1935-1936 *Edifício residencial*, proprietário: Oskar Robinson; com construtora W. Filanowicz e B. Suchowolski Escritorio de Engenharia e Construção – rua Marszalkowska 18, Varsóvia

1936
Residência Simon Rykwert – rua Mysliwska 2, Otwock-Soplicowo

Projeto de interiores para a joalheria, proprietário: Joalheria Jubilart – rua Krédytowa 18 e rua Marszalkowska 152, Varsóvia

Edifício residencial, proprietário: Karol Sachs: com construtora: Irmãos M. e J. Lichtenbaum – rua Narbutta 26, Varsóvia

Edifício residencial, proprietários: P. Koprowski e W. Salowiejczyk – rua Opoczynska (lote 202), endereço atual desconhecido, Varsóvia

Edifício residencial, proprietário: Fábrica Nacional Telefunken, Rene Kuhn-Bubna; com construtora: Escritório de Engenharia e Construção W. Filanowicz e B. Suchowolski – rua Nabielaka 11, Varsóvia

Residência, proprietário: desconhecido – rua Wachocka 8, Saska Kepa, Varsóvia

1936-1937 Edifício residencial proprietários W. Weiss e Sr. e Sra. Rosenheim, com construtora Companhia de Obras de Engenharia e Construção Eng. W. Hanna – rua Bartoszewicza 1A, Varsóvia

1936-1937 Edifício residencial, proprietário: Eng. Witold Czaplicki (sócio da "Pocisk"); com Alfons Gravier, construtora: Escritório Técnico e Construção Eng. Wladyslaw Czarnocki – rua Udyńca 21, Varsóvia

1936-1937 Edifício residencial, proprietário: Oskar Robinson; com construtora: Escritório de Engenharia e Construção W. Filanowicz e B. Suchowolski – rua Wiejska 12, atual 16, Varsóvia

1936-1937 Edifício residencial, proprietário: Stanislaw Margulies; com construção: Companhia de Obras de Engenharia e Construção Eng. W. Hanna – rua Raszynska 3, Varsóvia

1936-1937 Edifício residencial, proprietário: Oskar Robinson; com construtora: Escritório de Engenharia e Construção W. Filanowicz e B. Suchowolski – rua Koszykowa 10, Varsóvia.

Residência Wladyslaw *Rotstein*; com construtora: F Jaglowski – rua Kryniczna 6, Saska Kepa, Varsóvia

Edifício residencial, proprietário: Witold Szpilfogiel, Eng. L. Kinman; com Escritório de Engenharia e Construção W. Filanowicz e B. Suchowolski – rua Narbutta 20, Varsóvia

1936-1939 Complexo residencial com 4 edifícios, proprietário: Józef e Tadeusz Lepkowski, Companhia "Auto-Service"; com Piotr M. Lubinski, construtora: Sociedade Técnica e Construção de Varsóvia – rua Salezego 2 e 4, rua Wybrzeze Ksciuszkowskie 17 e 19, Varsóvia

1937
Edifício industrial, proprietário: Fábrica Nacional Telefunken; com construtora: Companhia Construtora S. Pronaszko e B. Brudzinski – edifício de escritórios e armazéns, rua Owsiana 14, Varsóvia

Edifício residencial para funcionários, proprietário: Indústria Química Polonesa Nitrati, com construtora: Companhia Construtora S. Pronaszko e B. Brudzinski – rua Zelazna 56, Varsóvia

Edifício Garagem, proprietário: Rene Kuhn-Bubna; com construtora F. Jaglowski – rua Nabielaka 11, Varsóvia

1937-1938 Edifício residencial, proprietário: Companhia Drago e Mieczyslaw Zagajski; com construtora: Escritório de Engenharia e Construção W. Filanowicz e B. Suchowolski – avenida Niepodleglosci 130, esquina com rua Ligockiej, Varsóvia

1937-1938 Edifício residencial, proprietário: J. Czyz; com construtora: Escritório de Engenharia e Construção B. Suchowolski – rua Lindleya 14A, Varsóvia

1937-1938 Edifício residencial, proprietário: Rabinowicz; com B. e E. Suchowolscy – avenida Niepodleglosci 120, Varsóvia

1937-1938 Residência Lucjan Korngold; com construtora F. Jaglowski – rua Królowej Aldony 3, Saska Kepa, Varsóvia

1938
Residência Mieczyslaw Guranowski; com paisagista J. Zakolski – rua Zakopianska 11, Varsóvia.

Edifício industrial, proprietário: Indústria de Guias de Varsóvia – rua Podchorazych 39, Varsóvia

Edifício residencial, proprietário: Stanislaw Margulies; com construtora: Companhia de Construção Przemysl i Budowa – rua Na Skarpie, atual Bartoszewicza 11, Varsóvia

Edifício residencial, proprietários: Sra. Elson e Sr. Elson – avenida Niepodleglosci 149A, Varsóvia

Edifício residencial, proprietário: P. Koprowski, Irmãos M. e J. Lichtenbaum, com construtora: Irmãos M. e J. Lichtenbaum – avenida Niepodleglosci 151, Varsóvia (não identificado)

Edifício residencial, proprietário: Oskar Robinson; com construção Escritório de Engenharia e Construção B. e E. Suchowolscy – rua Opoczynska 10, Varsóvia

Edifício residencial, proprietário: Z. Taube, J. Lozinski, H. Safier, Lucjan Korngold; com construção Escritório de Engenharia e Construção B. e E. Suchowolscy – avenida Niepodleglosci 133, Varsóvia (não completado)

Edifício residencial, proprietário: P. Trubshaw e eng. Einzinger; da Companhia e Construtora Br. E. Suchowolscy – rua Miedzeszynska com rua Jakubowska, Varsóvia (não identificado)

Edifício residencial, proprietário: Escritório de Engenharia e Construção B. e L. Suchowolscy; com Escritório de Engenharia e Construção B. e E. Suchowolscy – avenida Niepodleglosci (lote 2), Varsóvia (não identificado)

Edifícios residenciais, proprietário: Karol Luniak; com Escritório de Engenharia e Construção B. e E. Suchowolscy – avenida Niepodleglosci 84, 86, 88 (lotes 3, 4, 5), Varsóvia (não completado)

Edifício residencial, proprietário: Szymon Rykwert, Zetwest; com construtora Companhia J. Wegemeister – avenida Grójecka 82, Varsóvia

1938-1939 Complexo de edifícios garagem e serviços mecânicos, proprietário: Companhia "Auto-Service"; com Piotr M. Lubinski, estrutura de concreto armado: Empresa de Engenharia e Construção F. Oppman, H. Kozlowski, construção: Construtora F. Jaglowski – rua Towarowa 33, Varsóvia

Brasil

1941
Salão Helena Rubinstein, proprietária: Helena Rubinstein – projeto e decoração, salão de beleza, avenida Rio Branco 311, Centro, Rio de Janeiro, RJ

1941-1942 Residência Herman Pikielny; projeto e construção: com Escritório Técnico Francisco Matarazzo Neto – rua Itatiara/Itápolis 54, atual rua Armando Penteado 304, Pacaembu, São Paulo SP

1941-1942 Edifício Ítalo-Brasileiro, proprietário: Banco Italo-Brasileiro (posterior Banco Nacional da Cidade de São Paulo); projeto e construção: com Escritório Francisco Matarazzo Neto – edifício de escritórios, rua São Bento 341, Centro, São Paulo SP

1942
Sede do Ministério das Relações Exteriores, proprietário: Ministério das Relações Exteriores, com Escritório Francisco Matarazzo Neto – projeto de concurso para edifício institucional, Palácio Itamaraty, avenida Visconde da Gávea com avenida Marechal Floriano, Rio de Janeiro RJ

1942-1943 *Edifício Central* atual *Edifício Conde Luiz Eduardo Matarazzo*, proprietário: Companhia Passagem Central; com Wladimir Alves de Souza e Escritório Francisco Matarazzo Neto – edifício de escritórios, rua Boa Vista 99 e rua 15 de Novembro 212, Centro, São Paulo SP

1943
Edifício Santa Amália, proprietário: André Matarazzo Filho; projeto e construção: com Escritório Francisco Matarazzo Neto – edifício residencial, rua Piauí 760, Higienópolis, São Paulo SP

Residência Júlio Pevsner, projeto e construção: Escritório Técnico de Engenharia e Arquitetura Francisco Beck e Lucjan Korngold – rua Duartina 351, Sumaré SP

1944

1944-1947 *Edifício do Banco Continental* atual *Edifício Vista Alegre*, proprietários: Paulo Cochrane Suplicy, André Matarazzo Filho, Banco Continental de São Paulo, Casas Eduardo de Calçados e Chapéus, Cia Nacional de Anilinas Com. e Indústria, Cia Campineira de Armazéns Gerais, Cia Fiação de Tecidos N. Senhora do Carmo, Hugo Borghi, Américo Fischer, Roberto de Mesquita Sampaio Junior, Maria do Carmo Sampaio Meytre, Hyginia Elvira Franco de Sá Machado, Ivone Franco de Sá, Francisco Scarpa, Paulo da Silva Gordo e Pedro Paulo Corrêa; projeto e construção: Escritório Técnico de Engenharia e Arquitetura Francisco Beck e Lucjan Korngold – edifício de escritórios, rua General Carneiro 115, esquina com Viaduto Boa Vista 48 e 60, atual rua Boa Vista 76, São Paulo SP

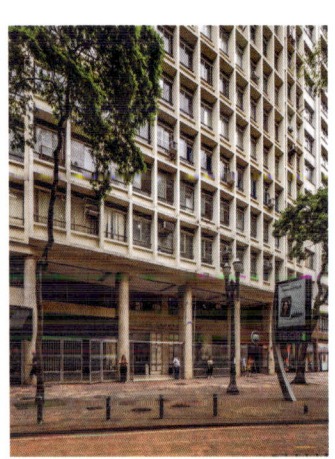

1944-1948 *Edifício Thomas Edison*, proprietários: Roman Landau, Szymon Raskin e outros; projeto e construção: Escritório Técnico de Engenharia e Arquitetura Francisco Beck e Lucjan Korngold – edifício de escritórios, rua Marconi s/n, atual praça Dom José Gaspar 30, República, São Paulo SP

1945
Residência Szymon Leirner, Escritório Técnico de Engenharia e Arquitetura Francisco Beck e Lucjan Korngold – edifício unifamiliar, rua São Salvador 99, São Paulo SP

Edifício Mendes Caldeira, proprietários: Germaine Lucie Burchard, Edmond Issa Maluf e Bolsa de Imóveis do Estado de São Paulo; Escritório Técnico de Engenharia e Arquitetura Francisco Beck e Lucjan Korngold; construção: Arquitetura e Construções Luz-Ar – edifício de escritórios, avenida Ipiranga 154, República, São Paulo SP

Hotel no Guarujá, proprietário: Edmond Maluf; Escritório Técnico de Engenharia e Arquitetura Francisco Beck e Lucjan Korngold – edifício hoteleiro, Guarujá SP

Residência, arquitetos Francisco Beck e Lucjan Korngold – Jardim América, São Paulo SP

1945-1947 *Edifício Alois*, proprietário, projeto e construção: Elijass Gliksmanis; Escritório Técnico de Engenharia e Arquitetura Francisco Beck e Lucjan Korngold – edifício de escritórios, rua 7 de Abril 252, República, São Paulo SP

Edifício de escritórios, proprietária: Germaine Lucie Burchard; Escritório Técnico Lucjan Korngold Engenharia e Construções – rua Direita 191, Centro, São Paulo SP

1946

1946-1951 *CBI Esplanada*, proprietários: Germaine Lucie Burchard, Henryk Alfred Spitzman Jordan, Nelson Mendes Caldeira, Octávio Guinle e Eduardo Guinle Filho; Escritório Técnico Lucjan Korngold Engenharia e Construções; construção: Sociedade Comercial e Construtora – edifício de escritórios, rua Formosa 367 e Parque do Anhangabaú, São Paulo SP

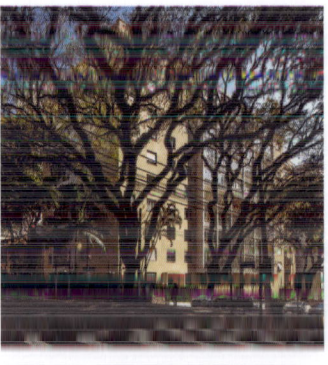

1946-1949 *Edifício Higienópolis*, proprietários: Christian Gustav Sigismund von Bulow, Roberto de Mesquita Sampaio Júnior e Stefan Marek Neuding; Escritório Técnico Lucjan Korngold Engenharia e Construções; construção: Companhia Nacional de Comércio e Engenharia – edifício residencial, rua Sabará 76 e 106, Higienópolis, São Paulo SP

Edifício residencial, proprietário: José Coelho Pamplona; Escritório Técnico Lucjan Korngold Engenharia e Construções – rua Frei Caneca 1032-1042, Consolação, São Paulo SP

Edifício residencial, proprietário: José Coelho Pamplona; projeto e construção: Escritório Técnico Lucjan Korngold Engenharia e Construções – rua Turiassu 205, Perdizes, São Paulo SP

Edifício Rio Claro, proprietários: Lucjan Korngold, Stefan Marek Neuding; projeto e construção: Escritório Técnico Lucjan Korngold Engenharia e Construções – edifício de escritórios, rua Quirino de Andrade 219, Centro, São Paulo SP

1947
Edifício residencial, proprietários: Adolf Neuding, Alfred Herman, Henryk Zylberman Stefan Marek Neuding, Josef Odesser, Kazimierz Zylber, Lucjan Korngold, Mary Odesser, Samuel Glogowski, Wladyslaw Fenigstejn; Escritório Técnico Lucjan Korngold Engenharia e Construções – rua Alagoas 162, Higienópolis, São Paulo SP

Edifício de escritórios, proprietária: Germaine Lucie Burchard; Escritório Técnico Lucjan Korngold Engenharia e Construções – avenida São Luiz, República, São Paulo SP

Residência; Escritório Técnico Lucjan Korngold Engenharia e Construções – Rio de Janeiro RJ

Residência Walter Havelland, Escritório Técnico Lucjan Korngold Engenharia e Construções – rua Estados Unidos 117, Jardim Paulista, São Paulo SP

Faculdade Nacional de Arquitetura da Universidade do Brasil, com Waldimir Alves de Souza – projeto de concurso (medalha de ouro e diploma no VI Congresso Pan-Americano dos Arquitetos no Peru)

250

1947-1952 *Edifício São Vicente*, proprietários: Roman Landau, Szymon Raskin; projeto e construção: Escritório Técnico Lucjan Korngold Engenharia e Construções – edifício residencial, rua São Vicente de Paulo 501, Santa Cecília, São Paulo SP

1948

Residência Elza e Izydor Kleinberger; Escritório Técnico Lucjan Korngold Engenharia e Construções – rua Ubatuba, Pacaembu, São Paulo SP

Residência Ellen e Fred Leipziger; projeto e construção: Escritório Técnico Lucjan Korngold Engenharia e Construções – rua Cuba 354 e rua Chile, Jardim América, São Paulo SP

1948-1949 *Escritório no Edifício América*, atual *Edifício Martinelli*; proprietário: Escritório Levy; projeto e construção: Escritório Técnico Lucjan Korngold Engenharia e Construções – reforma de interiores, rua São Bento 405, Centro, São Paulo SP

1950

Residência Nella Rosina Victorina Amato; projeto e construção: Escritório Técnico Lucjan Korngold Engenharia e Construções – reforma de edifício unifamiliar, avenida Pacaembu 1064, Pacaembu, São Paulo SP

Residência Walter Auberkorn; Escritório Técnico Lucjan Korngold Engenharia e Construções – rua Bento de Andrade 444, Jardim Paulista, São Paulo SP

Edifício Senlis, proprietário: Roman Sanguszko; projeto e construção: Escritório Técnico Lucjan Korngold Engenharia e Construções – edifício residencial, alameda Barão de Limeira 1022, Campos Elísios, São Paulo SP

Residência Stefan Marek e Verônica Neuding; projeto e construção: Escritório Técnico Lucjan Korngold Engenharia e Construções – rua Espanha 252, Jardim Europa, São Paulo SP

Edifício Mara, proprietário: Hotéis Mara; projeto e construção: Escritório Técnico Lucjan Korngold Engenharia e Construções – reforma no pavimento térreo de edifício residencial, rua Brigadeiro Tobias 247, Santa Ifigênia, São Paulo SP

1950-1952 *Edifício residencial*, proprietário: Francisco Bergamo Sobrinho; Escritório Técnico Lucjan Korngold Engenharia e Construções – rua Carneiro Leão 660 e 680, Brás, São Paulo SP

Residência David Zejger; Escritório Técnico Lucjan Korngold Engenharia e Construções; construção Escritório Técnico Bernardo Rzezak – rua São Salvador 127, São Paulo SP

1951

Residência Fritz Blankenstein, Escritório Técnico Lucjan Korngold Engenharia e Construções – Suzano SP

Residência Filip Riwczes, projeto e construção: Escritório Técnico Lucjan Korngold Engenharia e Construções – Jardim Paulista, São Paulo SP

Residência Menucha Kursanskis; projeto e construção: Escritório Técnico Lucjan Korngold Engenharia e Construções – reforma de edifício unifamiliar, rua Atibaia 251, Pacaembu, São Paulo SP

Residência Sofia Fleischer, projeto e construção: Escritório Técnico Lucjan Korngold Engenharia e Construções – rua Bento de Andrade 458, Jardim Paulista, São Paulo SP

Residência Marion Féis (segundo proprietário: Heinz Fuchs); projeto e construção: Escritório Técnico Lucjan Korngold Engenharia e Construções – rua dos Miranhas 109, Vila Madalena, São Paulo SP

Residência Herbert Schier; projeto e construção: Escritório Técnico Lucjan Korngold Engenharia e Construções – rua Iquitos 152, Vila Madalena, São Paulo SP

Edifício residencial, proprietário: Izydor Kleinberger, Escritório Técnico Lucjan Korngold Engenharia e Construções – rua dos Palmares 188, Vila Buarque, São Paulo SP

Planta Industrial, proprietário: Cotonifício Adelina; Escritório Técnico Lucjan Korngold Engenharia e Construções – reforma, rua do Cortume 196, Água Branca, São Paulo SP

Edifício Intercap RJ, proprietário: Companhia Internacional de Capitalização – Intercap; Escritório Técnico Lucjan Korngold Engenharia e Construções – edifício de escritórios, rua da Assembleia 93, esquina com avenida Rio Branco, Centro, Rio de Janeiro RJ

Edifício Capital, proprietário: Companhia Industrial, Construção e Participação – Cincopa; Escritório Técnico Lucjan Korngold Engenharia e Construções – edifício de escritórios, avenida Almirante Barroso 22, esquina com avenida Treze de Maio, Centro, Rio de Janeiro RJ

1951-1954 *Edifício Germaine* (depois Hotel Marian Palace, atual Edifício Germaine Burchard), proprietária: Germaine Lucie Burchard; Escritório Técnico Lucjan Korngold Engenharia e Construções – reforma com aumento de área na cobertura e térreo, edifício residencial, avenida Conceição 63 e 73, atual avenida Cásper Líbero 79, Centro, São Paulo SP

1951-1955 *Edifício Intercap SP*, proprietário: Bolsa de Imóveis do Estado de São Paulo; projeto e construção: Escritório Técnico Lucjan Korngold Engenharia e Construções – edifício residencial, praça da República 107, República, São Paulo SP

1951-1955 *Edifício Barão de Jaguará*, proprietários: Dinorah Laraya, João Laraya; projeto e construção: Escritório Técnico Lucjan Korngold Engenharia e Construções – edifício residencial, Viaduto 9 de Julho 160, Centro, São Paulo SP

1952

Residência Jeanne Herta Keppich; projeto e construção: Escritório Técnico Lucjan Korngold Engenharia e Construções – avenida Rouxinol, entre rua Tuim e Inhambu, Moema, São Paulo SP

Residência Wilson Mendes Caldeira; projeto e construção: Escritório Técnico Lucjan Korngold Engenharia e Construções – reforma, rua Feliciano Maia 97, Moema, São Paulo SP

Edifício residencial, proprietário: Consórcio Nacional de Terrenos; Escritório Técnico Lucjan Korngold Engenharia e Construções – rua Maria Figueiredo 207, Paraíso, São Paulo SP

Edifício residencial, proprietário: B. Dannemann Materiais Elétricos para Indústrias; Escritório Técnico Lucjan Korngold Engenharia e Construções – rua Pirineus 73 e avenida Angélica 141, Higienópolis, São Paulo SP

1952-1955 *Edifício Pacaembu*, proprietária: Germaine Lucie Burchard; projeto e construção: Escritório Técnico Lucjan Korngold Engenharia e Construções – edifício residencial, avenida General Olímpio da Silveira 528, Pacaembu, São Paulo SP

1952-1955 *Indústrias Farmacêuticas Fontoura-Wyeth*, atual Fábrica da Colgate, proprietário: Indústria Fontoura; Escritório Técnico Lucjan Korngold Engenharia e Construções, construtora: Construtora França-Ferraz – conjunto de edifícios fabris em planta industrial, rodovia Anchieta s/n, km 14, Rudge Ramos, São Bernardo do Campo SP

1952-1957 *Condomínio Três Barões*: *Edifício Barão de Jundiaí*, *Edifício Barão da Bocaina*, *Edifício Barão do Pinhal*, proprietário: Stephen Feher; projeto assinado por Claudio Bevilacqua; construção: Escritório Técnico Bresslau & Bastian – edifício residencial, avenida Angélica 1260, Higienópolis, São Paulo SP

1953
Residência Ernst Mayer; projeto e construção: Escritório Técnico Lucjan Korngold Engenharia e Construções – rua Capitão Antônio Rosa 66, São Paulo SP

Residência Kurt Mehler; projeto e construção: Escritório Técnico Lucjan Korngold Engenharia e Construções – rua Bolívia 128, São Paulo SP

Centro Abastecedor de São Paulo, proprietário: Consórcio Nacional de Terrenos; Escritório Técnico Lucjan Korngold Engenharia e Construções – centro de abastecimento, rua Monsenhor de Andrade esquina com rua Américo Brasiliense (atual rua Rodrigues dos Santos 100-653), Brás, São Paulo SP

1953-1955 Edifício Ariona, proprietário: Leon Feffer; projeto e construção: Escritório Técnico Lucjan Korngold Engenharia e Construções – edifício residencial, avenida Paulista 1793, Bela Vista, São Paulo SP (demolido)

1953-1955 Edifício Yemanjá, proprietários: Julio Goicheberg, Leon Feffer e Rubens Sverner; projeto e construção: Escritório Técnico Lucjan Korngold Engenharia e Construções, edifício residencial, rua Martins Fontes 175, Centro, São Paulo SP

1953-1956 Hotel Samambaia, atual Edifício Samambaia, proprietários: Julio Teperman, Leon Feffer e outros; projeto e construção: Escritório Técnico Lucjan Korngold Engenharia e Construções – rua 7 de Abril 412 e 424, República, São Paulo SP

1954
Sinagoga, proprietário: Congregação Israelita Paulista – CIP; Escritório Técnico Lucjan Korngold Engenharia e Construções – projeto de concurso para edifício religioso, rua Antônio Carlos 653, São Paulo SP

Residência Henryk Landsberg; Escritório Técnico Lucjan Korngold Engenharia e Construções – Gávea, Rio de Janeiro RJ

Hotel, proprietária: Marjory da Silva Prado; Escritório Técnico Lucjan Korngold Engenharia e Construções – praça da República 78-96, São Paulo SP

Edifício Fontoura, proprietário: Cândido Fontoura; Escritório Técnico Lucjan Korngold Engenharia e Construções; construção: Construtora França-Ferraz – edifício residencial, rua Augusta 1977, Cerqueira César, São Paulo SP

Residência Mario e Vera Ferraz França; Escritório Técnico Lucjan Korngold Engenharia e Construções; construção: Construtora França-Ferraz – rua 10 de Novembro 10, São Paulo SP

1954-1962 Grande Municipal Hotel, atual Paço Municipal; Escritório Técnico Lucjan Korngold Engenharia e Construções; construção: Escritório de Engenharia Joaquim Procópio de Araújo – rua Episcopal 1575, esquina com rua Major José Inácio, São Carlos SP (descaracterizado)

1955
Edifício Saratoga; Escritório Técnico Lucjan Korngold Engenharia e Construções – edifício residencial, avenida Vieira Souto 402, Rio de Janeiro RJ

Edifício Sespa, atual Edifício Nacional, proprietários: Argemiro Meirelles, Sociedade Exportadora Santista de Produtos Agrícolas – Sespa; projeto e construção: Escritório Técnico Lucjan Korngold Engenharia e Construções – edifício de escritórios, rua Coronel Xavier de Toledo 123, República, São Paulo SP

Edifício de escritórios, proprietário: Sociedade Anônima Indústrias Votorantim; projeto e construção: Escritório Técnico Lucjan Korngold Engenharia e Construções – reforma com aumento de área, rua 15 de Novembro 317, Centro, São Paulo SP

Residência Benjamin e Dinah Moura de Castro; Escritório Técnico Lucjan Korngold Engenharia e Construções, rua Sílvia Celeste de Campos 510, Alto de Pinheiros, São Paulo SP

Residência Aluzia Helena Reid; projeto e construção: Escritório Técnico Lucjan Korngold Engenharia e Construções – rua Áustria 442, Jardim Europa, São Paulo SP

Edifício Flamengo, proprietário: Flamengo S.A. (Marcos Mizne); Escritório Técnico Lucjan Korngold Engenharia e Construções – edifício de escritórios, avenida Ipiranga 354, São Paulo SP

Planta industrial, proprietária: Companhia Suzano de Papel e Celulose (Leon Feffer); Escritório Técnico Lucjan Korngold Engenharia e Construções – Suzano SP

1955-1956 Condomínio Comercial, proprietário: Consórcio Nacional de Terrenos; Escritório Técnico Lucjan Korngold Engenharia e Construções; construção: Escritório Técnico Bresslau & Bastian – edifícios comerciais, rua "A", a 40 metros da rua Santa Rosa, Pari, São Paulo SP

1955-1961 Edifício sede da Companhia de Seguros Gerais Piratininga atual Edifício da Reitoria da Unesp, proprietário: Sociedade Exportadora Santista de Produtos Agrícolas – Sespa; projeto e construção: Escritório Técnico Lucjan Korngold Engenharia e Construções – edifício de escritórios, rua Quirino de Andrade 215, Centro, São Paulo SP

1955-1960 Edifício Bolsa de Cereais, proprietários: Diogo Aguiar de Barros e Fernando Monteiro; Escritório Técnico Lucjan Korngold Engenharia e Construções; construção: Engenharia Arquitetura Construções Severo e Villares – edifício de escritórios, avenida Senador Queirós 611, Centro, São Paulo SP

1956
Residência Alfred e Esther Klabin Landau; projeto e construção: Escritório Técnico Lucjan Korngold Engenharia e Construções – rua Bucareste 207, Jardim Europa, São Paulo SP (demolida)

Residência Jacob e Ellen Estel Tabacow; projeto e construção: Escritório Técnico Lucjan Korngold Engenharia e Construções – rua Bauru 445, Pacaembu, São Paulo SP

1956-1959 Edifício Palácio do Comércio, Romeu Nunes seguido de Henryk Zylberman; Escritório Técnico Lucjan Korngold Engenharia e Construções; construção: Henryk Zylberman Engenharia Comércio e Indústrias – edifício de escritórios com comércio, rua 24 de Maio 35, República, São Paulo SP

1956-1962 Hospital Ilha de Santo Amaro; Escritório Técnico Lucjan Korngold Engenharia e Construções – edifício hospitalar, rua Quinto Bertoldi 40, Vila Maia, Guarujá SP

1957
Residência Eugênia e Lucjan Korngold; Escritório Técnico Lucjan Korngold Engenharia e Construções – reforma, rua Angatuba 196, Pacaembu, São Paulo SP

Edifício Palácio Champs Elysées, proprietário: Companhia Industrial, Construção e Participação – Cincopa; Escritório Técnico Lucjan Korngold Engenharia e Construções – edifício residencial, avenida Atlântica 2856, Copacabana, Rio de Janeiro

1957-1960 *Garagem Cogeral*, proprietário: Elijass Gliksmanis; projeto e construção: Escritório Técnico Lucjan Korngold Engenharia e Construções – edifício residencial e garagem, rua Álvaro de Carvalho 172 e 184, Centro, São Paulo SP

1957-1961 *Centro Comercial do Bom Retiro*, proprietários: Benjamin Citron, Charles Wolkoviez, Jacob Lerner, Ervin Citron, Filip Citron e José Sobolh; Escritório Técnico Lucjan Korngold Engenharia e Construções; construção: Construtora Leich – edifícios de escritórios e galeria comercial, rua José Paulino 226 e rua Ribeiro de Lima 153, Bom Retiro, São Paulo SP

1958
Edifício Estrela do Mar, Escritório Técnico Lucjan Korngold Engenharia e Construções – edifício residencial, avenida Marechal Deodoro da Fonseca 222, Guarujá SP

1958-1968 *Edifício Wilson Mendes Caldeira*, proprietário: Companhia Internacional de Capitalização – Intercap; Escritório Técnico Lucjan Korngold Engenharia e Construções e Jorge (Jerszy) Zalszupin; construção: Construtora Paulo Izzo – edifício de escritórios, rua Santa Tereza 20, Sé, São Paulo SP (implodido)

1958-1964 *Edifício Chopin*, proprietária: Germaine Lucie Burchard, Companhia para Expansão da Construção – Coexco; Escritório Técnico Lucjan Korngold Engenharia e Construções, a seguir Lucjan Korngold e Abelardo Gomes de Abreu Arquitetos Associados; construção: Arquitetura e Construções Luz-Ar – edifício residencial, rua Rio de Janeiro 212, Higienópolis, São Paulo SP

1958-1969 *Edifício Gerbur*, proprietária: Germaine Lucie Burchard; Escritório Técnico Lucjan Korngold Engenharia e Construções, e a seguir Lucjan Korngold e Abelardo Gomes de Abreu Arquitetos Associados; construção: Arquitetura e Construções Luz-Ar – edifício de escritórios e galerias, rua São Bento 365 e rua Líbero Badaró 462, Centro, São Paulo SP

1959
Residência Joaquim Gonçalves Júnior; Escritório Técnico Lucjan Korngold Engenharia e Construções – avenida República do Líbano 385, Vila Mariana, São Paulo SP

1960
Garagem Bolsa, proprietário: Administradora e Comercial Major; Escritório Técnico Lucjan Korngold Engenharia e Construções – edifício garagem, rua Miguel Carlos 106, Santa Ifigênia, São Paulo SP

1960-1962 *Edifício Bolsa de Mercadorias*, proprietário: Bolsa de Mercadorias de São Paulo; Escritório Técnico Lucjan Korngold Engenharia e Construções – edifício de escritórios, rua Líbero Badaró 471 e Parque Anhangabaú 386, São Paulo SP

1960-1963 *Edifício Avenida Paulista*, proprietários: Antônio Carlos Gonçalves Canton, George Bleier, Hedwig Heiss, Lilia B. da Motta, Lívia Agnes Bleier, Maria Conceição B. Peres, Pegasus Administração, Comércio e Indústria, Philipp Heiss, Reynaldo Giannattazio da Motta; Escritório Técnico Lucjan Korngold Engenharia e Construções; construção: Sociedade Civil Philipp Heiss – edifício de escritórios, avenida Paulista 2022, São Paulo SP

Banco Mercantil, agência Campos do Jordão; Lucjan Korngold e Abelardo Gomes de Abreu Arquitetos Associados – avenida Januário Miraglia 1128, esquina com rua São Vicente de Paula, Campos do Jordão SP

Banco Mercantil, agência Brasília; Lucjan Korngold e Abelardo Gomes de Abreu Arquitetos Associados – Brasília DF

1960-1961 *Edifício de escritórios*, proprietários: George Bleier, Hedwig Heiss, Luiz Canton, Philipp Heiss, Reynaldo Giannattazio da Motta e Sérgio Menezes de Góis; Escritório Técnico Lucjan Korngold Engenharia e Construções; construção: Sociedade Civil Philipp Heiss – rua Dr. Teodoro Baima 29, República, São Paulo SP

1960-1963 *Edifício Fabíola*, proprietários: Lucjan Korngold, Eugênia Korngold, Henryk Zylberman Engenharia Comércio e Indústria; Escritório Técnico Lucjan Korngold Engenharia e Construções, construção: Henryk Zylberman Engenharia Comércio e Indústrias – edifício residencial, rua Piauí 900, Higienópolis, São Paulo SP

Edifício Las Brisas, proprietário: Nelson Mendes Caldeira; Lucjan Korngold e Abelardo Gomes de Abreu Arquitetos Associados – Guarujá SP

1961
Edifício Galeria, proprietária: Germaine Lucie Burchard; Escritório Técnico Lucjan Korngold Engenharia e Construções – edifício de escritórios e galeria, rua Direita 201 e rua José Bonifácio 140, Centro, São Paulo SP

1961-1967 *Edifício Grande Avenida*, proprietário: Grupo Paulista de Empreendimentos – GPE; Lucjan Korngold e Abelardo Gomes de Abreu Arquitetos Associados; construção: Paulo Izzo e Construtora Gerero e Villares – edifício de escritórios com comércio, avenida Paulista 1748, São Paulo SP

Residência Jair Carvalho Monteiro, Lucjan Korngold e Abelardo Gomes de Abreu Arquitetos Associados – avenida Morumbi, São Paulo SP

Edifício Peugeot; com Abelardo Gomes de Abreu, Sarina Sonnenfeld e Edgar Sonnenfeld, Buenos Aires – projeto de concurso (ficou em 13º lugar)

1962
Condomínio Porta do Sol Yacht Club, proprietários: Nelson Mendes Caldeira e Wilson Mendes Caldeira; Lucjan Korngold e Abelardo Gomes de Abreu Arquitetos Associados – edifício residencial, São Vicente SP

1963
Edifício Garagem, proprietário: Henryk Zylberman; Escritório Técnico Lucjan Korngold Engenharia e Construções – rua Barão de Itapetininga, República, São Paulo SP

Bibliografia

Livros e artigos

ABREU, Abelardo Gomes de. *88 anos de vida*. São Paulo, Scortecci, 2017.

ADORNO, Theodor W. *Minima moralia. meditazioni della Vita Offesa*. Turim, Einaudi, 1979.

ADORNO, Theodor W. Scientific Experiences of a European Scholar in America. In FLEMING, Donald; BAILYN Bernard (Org.). *The Intellectual Migration: Europe and America, 1930-1960*. Cambridge, Harvard University Press, 1969, p. 338-370.

AFONSO, Rui; KOIFMAN, Fábio. Julian Tuwim in France, Portugal, and Brazil, 1940-1941. *Polish American Studies*, v. 74, n. 2, Champaign, University of Illinois Press/Polish American Historical Association, outono 2017, p. 50-64.

AGREST, Diane. Le ciel est la limite. *L'Architecture d'Aujourd'hui*, n. 178 (Vie et mort des gratte-ciel), Paris, mar./abr. 1975, p. 55-64.

AKCAN, Esra. *Architecture in Translation: Germany, Turkey, and the Modern House*. Londres, Duke University Press, 2012.

ALCALÁ-ZAMORA, Niceto. *441 días... Un viaje azaroso desde Francia a la Argentina*. Buenos Aires, Sopena, 1942.

ALMEIDA, Moracy Amaral e. *Pilon, Heep, Korngold e Palanti: edifícios de escritórios (1930-1960)*. Orientadora Helena Ayoub. Dissertação de mestrado. São Paulo, FAU USP, 2015.

ALSAYYAD, Nezar (Org.). *Hybrid Urbanism: on the Identity Discourse and the Built Environment*. Westport, Praeger, 2001.

AMARAL, Tarsila (1936). Gregório Warchavchik. *Tarsila cronista*. Organização Aracy Amaral. São Paulo, Edusp, 2001, p. 109-112.

AMARAL, Tarsila (1936). Lasar Segall. *Tarsila cronista*. Organização Aracy Amaral. São Paulo, Edusp, 2001, p. 106-109.

ANDERSON, Benedict. *L'imaginaire national: réflexions sur l'origine et l'essor du nationalisme*. Paris, La Découverte, 2002.

ANDRADE, Carlos Roberto de. De Viena a Santos, Camillo Sitte e Saturnino de Brito. In SITTE, Camillo. *A construção das cidades segundo seus princípios artísticos*. Organização Carlos Roberto Monteiro de Andrade. Tradução Ricardo Ferreira Henrique. São Paulo, Ática, 1992, p. 206-233.

ANDRIEUX, Jean-Yves; CHEVALLIER, Fabienne; NEVANLINNA, Anja Kervanto (Org.). *Idée nationale et architecture en Europe, 1860-1919. Finlande, Hongrie, Roumanie, Catalogne*. Rennes, Presses Universitaires de Rennes, 2006.

ANELLI, Renato; GUERRA, Abilio; KON, Nelson. *Rino Levi: arquitetura e cidade*. São Paulo, Romano Guerra, 2001.

ANELLI, Renato; SANCHES, Aline Coelho. A flexibilidade da planta livre moderna para novos usos: transformando o Grande Hotel São Carlos em Paço Municipal. *11° Seminário Docomomo Brasil. O campo ampliado do movimento moderno*. Recife, Docomomo Brasil, 2016, p. 1-21.

ARANHA, Oswaldo. Relatório apresentado ao presidente da República dos Estados Unidos do Brasil pelo Ministro de Estado das Relações Exteriores relativo ao ano de 1939. Rio de Janeiro, Ministério das Relações Exteriores/Imprensa Nacional, 1943.

ARAÚJO, Emanoel (Org.). *Um certo ponto de vista: Pietro Maria Bardi 100 anos*. Catálogo de exposição. São Paulo, Instituto Bardi/Pinacoteca do Estado de São Paulo, 2000.

ARENDT, Hannah. *As origens do totalitarismo*. São Paulo, Companhia das Letras, 1989.

ARTIGAS, Vilanova. A semana de 22 e a arquitetura. In XAVIER, Alberto (Org.). *Depoimento de uma geração: arquitetura moderna brasileira*. São Paulo, Pini/Asbea/Fundação Vilanova Artigas, 1987, p. 272-273.

ASSOCIAÇÃO DOS ANTIGOS ALUNOS DA ESCOLA POLITÉCNICA. *Os engenheiros politécnicos e sua escola*. São Paulo, Fundação Vanzolini, 1995.

ATHAYDE, Austregésilo de. Prefácio. In FISCHLOWITZ, Estanislau. *Cristoforo Arciszewski*. Rio de Janeiro, Ministério da Educação e Cultura/Serviço de Documentação, 1959, p. 9-14.

ATIQUE, Fernando. Articulações profissionais: os Congressos Pan-Americanos de Arquitetos e o amadurecimento de uma profissão no Brasil, 1920-1940. In GOMES, Marco Aurélio A. de Filgueiras (Org.). *Urbanismo na América do Sul: circulação de ideias e constituição do campo, 1920-1960*. Salvador, Edufba, 2009, p. 41-91.

ATIQUE, Fernando. Congresso pan-americano de arquitetos: ethos continental e herança europeia na formulação do campo do planejamento (1920-1960). *Urbana*. v. 6, n. 1, Campinas, 2014, p. 14-32.

AUERBACH, Erich. *Figura*. São Paulo, Ática, 1997.

AUERBACH, Erich. *Mimesis*. São Paulo, Perspectiva, 2013.

AUERBACH, Erich (1952). Philology and "Weltliteratur". *The Centennial Review*, v. 13, n. 1, East Lansing, Michigan State University, press, inverno, p. 1-17.

AVIDAN, Moshe; NESHAMIT, Sara; TRUNK, Isaiah. Poland. *Encyclopaedia Judaica*. Jerusalém, Keter Publishing House, v. 13, 1971, p. 709-777.

AZEVEDO, Aroldo de (Org.). *A cidade de São Paulo: estudos de geografia urbana: a evolução urbana*. Volume 2. São Paulo, Companhia Editora Nacional, 1958.

BAILEY, Gauvin Alexander. *Art on the Jesuit Missions in Asia and Latin America 1542-1773*. Toronto, University of Toronto Press, 2001.

BAILEY, Gauvin Alexander. Asia in the Arts of Colonial Latin America. In RISHEL, Joseph J.; STRATTON-PRUITT, Suzanne (Org.). *The Arts in Latin America 1492-1820*. Filadélfia, Philadelphia Museum of Art, 2006, p. 57-69.

BALDUS, Herbert. Adolf Bastian. *Revista de Antropologia*, n. 14, São Paulo, dez. 1966, p. 125-130.

BALIBAR, Étienne. At the Borders of Europe. *We, the People of Europe? Reflections on Transnational Citizenship*. Princeton, Princeton University Press, 2004, p. 1-10.

BALIBAR, Étienne. *Race, nation, classe: les identités ambiguës*. Paris, La Découverte/Poche, 1997.

BANHAM, Reyner. *A Concrete Atlantis: U.S Industrial Building and European Modern Architecture 1900-1925*. Cambridge, The MIT Press, 1986.

BANHAM, Reyner. History and Psychiatry. *Architectural Review*, v. 127, n. 759, Londres, mai. 1960, p. 326-332.

BANHAM, Reyner. History under Revision. *The Architectural Review*, v. 127, n. 759, Londres, mai. 1960, p. 325.

BANHAM, Reyner (1959). The Glass Paradise. In BANHAM, Reyner. *A Critic Writes: Essays by Reyner Banham*. Organização Mary Banham, Paul Barker, Sutherland Lyall e Cedric Price. Berkeley, University of California Press, 1999, p. 32-38. Publicação original: BANHAM, Reyner. The Glass Paradise. *The Architectural Review*, v. 125, n. 745, Londres, fev. 1959, p. 87-89.

BANHAM, Reyner. *Teoria e projeto na primeira era da máquina*. São Paulo, Perspectiva, 1979.

BARBOSA, Marcelo. *A obra de Adolf Franz Heep no Brasil*. Orientador Ubyrajara Gonsalves Gilioli. Dissertação de mestrado. São Paulo, FAU USP, 2002.

BARBOSA, Marcelo. *Adolf Franz Heep: um arquiteto moderno*. São Paulo, Monolito, 2018.

BARBUY, Heloisa. *A cidade-exposição: comércio e cosmopolitismo em São Paulo, 1860-1914*, São Paulo, Edusp, 2006.

BARDI, Lina Bo (1957). *Contribuição propedêutica ao ensino da teoria da arquitetura*. São Paulo, Instituto Bardi, 2002.

BARDI, Lina Bo. Correspondência. *Habitat*, n. 3, São Paulo, abr./mai./jun. 1951, p. 87.

BARDI, Pietro Maria. Gregori Warchavchik (1896-): biografia. In BARDI, Pietro Maria (Org). *Warchavchik e as origens da arquitetura moderna no Brasil*. Catálogo de exposição. São Paulo, Masp, 1971.

BARDI, Pietro Maria. *História da arte brasileira: pintura, escultura, arquitetura, outras artes*. São Paulo, Melhoramentos, 1975.

BARDI, Pietro Maria. *The Arts in Brazil: a New Museum at São Paulo del Brasile*. Milão, Edizioni del Milione, 1956.

BARNETT, Jonathan. An Unpublished Interview with Walter Gropius, December 1960. *Journal of the Society of Architectural Historians*, v. 77, n. 4, Berkeley/Chicago, University of California Press/Society of Architectural Historians, dez. 2018, p. 406-409.

BARRON, Stephanie; ECKMANN, Sabine (Org.). *Exiles + Emigrés: the Flight of European Artists from Hitler*. Los Angeles, Los Angeles County Museum of Art/Harry Abrams Publishers, 1997.

BARROS, Orlando de. *O preconceito e educação no governo Vargas (1930-1945)*. Capanema, um episódio de intolerância no Colégio Pedro II. *Cadernos avulsos da Biblioteca do Professor do Colégio Pedro II*, n. 8, Rio de Janeiro, Colégio Pedro II, 1987.

BARROS, Orlando de. Um episódio de antissemitismo no Colégio Pedro II durante a Segunda Guerra Mundial. In FALBEL, Anat; MILGRAM, Avraham; KOIFMAN, Fábio (Org.). *Judeus no Brasil: história e historiografia. Ensaios em homenagem a Nachman Falbel*. Rio de Janeiro, Garamond, 2021, p. 157-183.

BARROSO, Gustavo. *A sinagoga paulista*. Rio de Janeiro, ABC, 1937.

BARROSO, Gustavo. *História secreta do Brasil*. São Paulo, Companhia Editora Nacional, 1937.

BARROSO, Gustavo. *Judaísmo, maçonaria e comunismo*. Rio de Janeiro, Civilização Brasileira, 1937.

BARUCKI, Tadeusz. Ameryka, Ameryka. *Architektura*, n. 4, Varsóvia, 1987, p. 17-56.

BATISTA, Antonio José de Sena. *Arquitetos sem halo: a ação dos escritórios M.M.M. Roberto e Henrique Mindlin Arquitetos Associados*. Orientador João Masao Kamita. Tese de doutorado. Rio de Janeiro, Departamento de História PUC-Rio, 2013.

BENSON, Timothy O. (Org.). *Central European Avant-Gardes: Exchanges and Transformation, 1910-1930*. Cambridge, The MIT Press/Los Angeles County Museum of Art, 2002.

BENSON, Timothy O.; FORGÁCS, Éva. *Between Worlds: a Sourcebook of Central European Avant-Gardes, 1910-1930*. Cambridge, The MIT Press/Los Angeles County Museum of Art, 2002.

BENTON, Charlotte. *A Different World: Émigré Architects in Britain: 1928-1958*. Londres, Riba Heinz Gallery, 1995.

BENTON, Tim. Building Utopia. In WILK, Christopher (Org.). *Modernism: Designing a New World, 1914-1939*. Londres, V&A Publications, 2006, p. 149-223.

BERRINI JÚNIOR, Luiz Carlos. São Paulo, cidade dispersa. *Revista do Instituto de Engenharia*, v. 8, n. 91, São Paulo, mar. 1950, p. 317-322.

BERRINI JÚNIOR, Luiz Carlos. São Paulo, cidade dispersa (continuação). *Revista do Instituto de Engenharia*, v. 9, n. 99, São Paulo, nov. 1950, p. 119-122.

BHABHA, Homi K. DissemiNação: o tempo, a narrativa e as margens da nação moderna. *O local da cultura*. Belo Horizonte, Editora UFMG, 2005, p. 198-238.

BIANCHI, Paola D. (Org.). *I classici dell'architettura moderna*. Roma, Donzelli, 2002.

BLAU, Eve; PLATZER, Monika. *Shaping the Great City. Modern Architecture in Central Europe, 1890-1937*. Munique, Prestel, 1999.

BLOC, Andre. Ayons confiance dans l'architecture contemporaine. *L'Architecture d'Aujourd'hui*, n. 42-43 (Brésil), Paris, ago. 1952, p. 2.

BOESIGER, Willy. *Richard Neutra: Buildings and Projects*. Zurique, Girsberger, 1951.

BORECKA, Emilia. *Portret Warszawy lat miedzywojennych* [Retrato de Varsóvia nos anos entreguerras]. Varsóvia, Arkady, 1974.

BORGHI, Hugo. *A força de um destino*. Rio de Janeiro, Forense Universitária, 1995.

BORRIES-KNOPP, Mechthild (Org.). *Building Paradise: Exile Architecture in California*. Villa Aurora Architecture Symposium 2003. Berlim, Kreis der Freunde/Förderer der Villa Aurora, 2004.

BOYER, M. Christine. *The City of Collective Memory: Its Historical Imagery and Architectural Entertainments*. Cambridge, The MIT Press, 1994.

BOYLE, Bernard Michael. Architectural Practice in America, 1865-1965: Ideal and Reality. In KOSTOF, Spiro (Org.). *The Architect: Chapters in the History of the Profession*. Berkeley, University of California Press, 2000, p. 309-344.

BOZDOGAN, Sibel. *Modernism and Nation Building: Turkish Architectural Culture in the Early Republic*. Seattle, University of Washington Press, 2001.

BRANDÃO, Claudio Roberto Comas; AMORA, Ana Albano. Dois palácios, uma função em dois tempos: o Itamaraty no Rio de Janeiro e em Brasília. *Arquitextos*, ano 20, n. 240.01, São Paulo, Vitruvius, mai. 2020.

BRESSER-PEREIRA, Luiz Carlos. Origens étnicas e sociais do empresariado paulista. *RAE – Revista de Administração de Empresas*, v. 4, n. 11, São Paulo, jun. 1964, p. 86-106.

BRILL, Alice (Org.). *Erich Brill: pintor e viajante*. Catálogo de exposição. São Paulo, Pinacoteca do Estado, 1995.

BRITO, Mônica Silveira. *A participação da iniciativa privada na produção do espaço urbano. São Paulo, 1890-1911*. Orientadora Margarida Maria de Andrade. Dissertação de mestrado. São Paulo, FFLCH USP, 2000.

BRUAND, Yves. *Arquitetura contemporânea no Brasil*. São Paulo, Perspectiva, 1981.

BRYKOWSKIEJ, Marii. *Oskara Sosnowskiego Świat Architektury: Tworczosc i Dziela* [O mundo da arquitetura de Oskar Sosnowski: criatividade e trabalho]. Varsóvia, Oficyna Wydawnicza Politechniki Warszawskiej, 2004.

BUBER, Martin. *Between Man and Man*. Abingdon, Routledge, 2002.

BUECKEN, Francisco J. Feira de Leipzig e as autoestradas do Reich. *Revista da Diretoria de Engenharia*, ano 4, n. 4, Rio de Janeiro, Prefeitura do Distrito Federal, jul. 1937, p. 249-252.

BUENO, Beatriz Piccolotto Siqueira. *Aspectos do mercado imobiliário em perspectiva histórica: São Paulo, 1809-1950*. São Paulo, Edusp, 2016.

BURGI, Sergio (Org.). *Flieg: indústria, arquitetura e arte na obra fotográfica de Hans Gunter Flieg, 1940-1980*. São Paulo, IMS, 2014.

BUZZAR, Miguel Antonio. *João Batista Vilanova Artigas: elementos para a compreensão de um caminho da arquitetura brasileira, 1938-1967*. São Paulo, Senac/Editora Unesp, 2014.

CAIN, Larissa. *Ghettos en révolte: Pologne 1943*. Paris, Autrement, 2003.

CAIRES, Daniel Rincon. *Lasar Segall e a perseguição ao modernismo: arte degenerada na Alemanha e no Brasil*. Orientador Francisco Alambert. Dissertação de mestrado. São Paulo, FFLCH USP, 2019.

CALABI, Donatella; CHRISTENSEN, Stephen Turk (Org.). *Cultural Exchange in Early Modern Europe: Cities and Cultural Exchange in Europe, 1400-1700*. Cambridge, Cambridge University Press, 2007.

CALABI, Donatella. *Parigi anni Venti: Marcel Poëte e le origini della storia urbana*. Veneza, Marsilio, 1997.

CALABI, Donatella. *The Market and the City: Square, Street and Architecture in Early Modern Europe*. Abingdon, Routledge, 2016.

CALDEIRA, Nelson Mendes. As capitais da América. *Boletim do Departamento Estadual de Estatística*, n. 2, São Paulo, fev. 1941, p. 25-43.

CALDEIRA, Nelson Mendes. Aspectos da evolução urbana de São Paulo. *Boletim do Departamento Estadual de Estatística*, ano 1, n. 6, São Paulo, Seade, jun. 1939, p. 23-54.

CALDEIRA, Nelson Mendes. Construções no Rio e São Paulo. *Observador Econômico e Financeiro*, ano 4, n. 47, Rio de Janeiro, dez. 1939, p. 167-172.

CALDEIRA, Nelson Mendes. São Paulo a noite. *Anuário de São Paulo*, São Paulo, jan./fev. 1951, p. 16-20.

CALDEIRA, Nelson Mendes. São Paulo entre as grandes cidades do mundo. *Digesto Econômico*, n. 11, São Paulo, out. 1945, p. 19-23.

CALINESCU, Matei. *Five Faces of Modernity: Modernism, Avant-Garde, Decadence, Kitsch, Postmodernism*. Durham, Duke University Press, 1987.

CAMARGO, Odécio Bueno de (1946). *Jules Martin: artista, patriota, empreendedor*. São Paulo, Edicon, 1996.

CAMPBELL, Malcom. Robert Chester Smith e a Universidade de Pennsylvania. In SALA, Dalton (Org.). *Robert C. Smith (1912-1975): a investigação na história de arte / Research in History of Art*. Catálogo de exposição. Lisboa, Fundação Calouste Gulbenkian, 2000, p. 134-145.

CAMPOS, Eudes. O historiador Yan de Almeida Prado (1898-1987) e a antiga arquitetura de São Paulo. São Paulo, Arquipelistana, 2010.

CANETTI, Elias. Hermann Broch. *La Conciencia de las palabras*. Cidade do México, Fondo de Cultura Económica, 2001, p. 17.

CARDIM FILHO, Carlos Alberto Gomes. Notas da censura de fachadas. *Revista Politécnica*, ano 30, v. 13, São Paulo, Grêmio Politécnico, jul./ago. 1933, p. 163-168.

CARDIM FILHO, Carlos Alberto Gomes. Por que arquitetura moderna? *Acrópole*, ano 11, n. 121, São Paulo, mai. 1948, p. 21-24.

CARNEIRO, José Fernando. *Imigração e colonização no Brasil*. Rio de Janeiro, Faculdade Nacional de Filosofia, Universidade do Brasil, 1950.

CARO, Robert A. *The Power Broker: Robert Moses and the Fall of New York*. Nova York, Vintage, 1975.

CARRILHO, Marcos J. Edifício Vista Alegre. *14° Seminário Docomomo Brasil. O moderno em movimento: usos, reusos, novas cartografias*. Belém, 2021, p. 1-21.

CARVALHO, Alberto Monteiro de. Fotografias e comentários de viagens – Berlim. *Arquitetura e Urbanismo*, ano 1, n. 4, Rio de Janeiro, Instituto de Arquitetos do Brasil, jul./ago. 1936, p. 35-62.

CARVALHO, Alberto Monteiro de. Fotografias e comentários de viagens – Berlim. *Arquitetura e Urbanismo*, ano 1, n. 5, Rio de Janeiro, Instituto de Arquitetos do Brasil, set./out. 1936, p. 151-162.

CARVALHO, Alberto Monteiro de. Fotografias e comentários de viagens – Berlim. *Arquitetura e Urbanismo*, ano 1, n. 6, Rio de Janeiro, Instituto de Arquitetos do Brasil, nov./dez. 1936, p. 210-215.

CASTELLO BRANCO, Ilda Helena Diniz de. *Arquitetura no centro da cidade: edifícios de uso coletivo, São Paulo 1930-1950*. Orientador Eduardo Corona. Dissertação de mestrado. São Paulo, FAU USP, 1988.

CAVALCANTI, Lauro. *As preocupações do belo*. Rio de Janeiro, Taurus, 1995.

CHOAY, Françoise (2002). Camillo Sitte, Der Städtebau nach Seinen Künstlerischen Grundsätzen, 1889: uno statuto antropologico dello spazio urbano. In DI BIAGI, Paola (Org.). *I classici dell'urbanistica moderna*. Roma, Donzelli, 2009, p. 3-16.

CHOAY, Françoise. Introduction. In GIOVANNONI, Gustavo. *L'urbanisme face aux villes anciennes*. Paris, Seuil, 1998, p. 7-32.

COHEN, Jean-Louis. *André Lurçat 1894-1970: autocritique d'un moderne*. Liège, Mardaga/Institut Français d'Architecture, 1995.

COHEN, Jean-Louis. *Scenes of the World to Come: European Architecture and the American Challenge 1893-1960*. Paris, Flammarion, 1995.

COHEN, Jean-Louis; CABOT, Roberto; GIRE, Jean (Org.). *Joseph Gire: a construção do Rio de Janeiro moderno*. Rio de Janeiro, Casa da Palavra, 2014.

COHEN, Jean-Louis; DAMISCH, Hubert (Org.). *Américanisme et modernité: l'idéal américain dans l'architecture*. Paris, EHESS/Flammarion, 1993.

COHEN, Jean-Louis; ELEB, Monique. The Whiteness of the Surf: Casablanca. *ANY: Architecture New York*, n. 16, Nova York, 1996, p. 16-19.

COHEN, Jean-Louis; FRANK, Hartmut. Interférences: l'architecture en partage. *Interférences/Interferenzen. Architecture Allemagne-France 1800-2000*. Estrasburgo, Éditions des Musées de Strasbourg, 2013, p. 19-21.

COLLINS, Christiane Crasemann. *Werner Hegemann and the Search for Universal Urbanism*. Nova York, W.W. Norton, 2005.

COLOMINA, Beatriz. Collaborations: The Private Life of Modern Architecture. *Journal of the Society of Architecture Historians*, v. 58, n. 3, Berkeley, University of California Press; Chicago, Society of Architectural Historians, set. 1999, p. 462-471.

CORATO, Aline Coelho Sanches. *A obra e a trajetória de Giancarlo Palanti: Itália e Brasil*. Orientador Renato Anelli. Dissertação de mestrado. São Carlos, EESC USP, 2004.

CORONA, Eduardo (Org.). *Eternit na arquitetura contemporânea brasileira*. Catálogo. São Paulo, Eternit do Brasil Cimento Amianto S.A, 1967.

CORREIA, Telma de Barros; ALMEIDA, Caliane Christie Oliveira de. Habitação econômica no Brasil: o Idort e sua revista, 1932-1960. *Risco*, n. 17, n. 1, São Carlos, IAU USP, jul. 2013, p. 35-49.

CÔRTES, Geraldo de Menezes. Migração e colonização no Brasil. *Revista do Serviço Público*, ano 27, v. 2, n. 1, Rio de Janeiro, Departamento Administrativo do Serviço Público, abr. 1954, p. 55-84.

COSER, Lewis A. *Refugee Scholars in America: Their Impact and Their Experiences*. New Haven, Yale University Press, 1984.

COSTA, Lúcio. À guisa de sumário. *Registro de uma vivência*. São Paulo, Empresa das Artes, 1995, p. 11-20.

COSTA, Lúcio (1948). Depoimento. *Registro de uma vivência*. São Paulo, Empresa das Artes, 1995, p. 198-200.

COSTA, Lúcio (1951). Depoimento de um arquiteto carioca. *Sobre arquitetura*. Organização Alberto Xavier e Ana Paula Canez. 2ª edição. Porto Alegre, UniRitter, 2007, p. 169-201.

COSTA, Lúcio. Imprévu et importance de la contribution des architectes brésiliens au développement actuel de l'architecture contemporaine. *L'Architecture d'Aujourd'hui*, n. 42-43 (Brésil), Paris, ago. 1952, p. 1-7.

COSTA, Lúcio (1985). J.F.L. – Lelé. *Registro de uma vivência*. São Paulo, Empresa das Artes, 1995, p. 434.

COSTA, Lúcio (1929). O Aleijadinho e a arquitetura tradicional. *Sobre arquitetura*. Organização Alberto Xavier e Ana Paula Canez. 2ª edição. Porto Alegre, UniRitter, 2007, p. 13-16.

COSTA, Lúcio. Opção, recomendações e recado. *Registro de uma vivência*. São Paulo, Empresa das Artes, 1995, p. 382.

COSTA, Lúcio. *Registro de uma vivência*. São Paulo, Empresa das Artes, 1995.

COSTA, Lúcio (1962). *Sobre arquitetura*. Organização Alberto Xavier e Ana Paula Canez. 2ª edição. Porto Alegre, UniRitter, 2007.

COSTA, Lúcio. Tradição local. *Registro de uma vivência*. São Paulo, Empresa das Artes, 1995, p. 450-454.

CRITELLI, Fernanda. *Richard Neutra e o Brasil*. São Paulo, Romano Guerra, 2022.

CROSET, Pierre-Alain (Cur.). *Rassegna*, ano II, n. 3 (I clienti di Le Corbusier), Milão/Bolonha, jul. 1980.

CROWLEY, David. National Modernisms. In WILK, Christopher (Org.). *Modernism: Designing a New World, 1914-1939*. Londres, V&A Publications, 2006, p. 341-373.

CZAJKOWSKI, Jorge (Org.). *Guia da arquitetura moderna no Rio de Janeiro*. Rio de Janeiro, Casa da Palavra/Prefeitura da Cidade do Rio de Janeiro, 2000.

CZAJKOWSKI, Jorge; GRINBERG, Piedade Epstein (Org.). *Rio capital da beleza: Bruno Lechowski (pinturas)*. Rio de Janeiro, Centro de Arquitetura e Urbanismo do Rio de Janeiro, 1999.

CZAPELSKI, Marek. *Bohdan Pniewski: warszawski architect XX wieku*. Varsóvia, Wydawnictwa Uniwersytetu Warszawskiego, 2008.

CZERNER, Olgierd. Formal Directions in Polish Architecture. In LESNIKOWSKI, Wojciech (Org.). *East European Modernism: Architecture in Czechoslovakia, Hungary and Poland Between the Wars 1919-1939*. Nova York, Rizzoli, 1996, p. 181-199.

CZERNER, Olgierd; LISTOWSKI, Hieronim (Org.). *Avant-garde polonaise: urbanism-architecture 1918-1939*. Varsóvia, Moniteur-Interpress/Archives d'Architecture Moderne, 1981.

D'ELBOUX, Roseli Maria Martins. *Joseph-Antoine Bouvard no Brasil. Os melhoramentos de São Paulo e a criação da Companhia City: ações interligadas*. Orientadora Maria Cristina da Silva Leme. Tese de doutorado. São Paulo, FAU USP, 2015.

D'HORTA, Vera (Org.). *Lasar Segall (1891-1957), corpo presente: a convicção figurativa na obra de Lasar Segall*. Rio de Janeiro, Pinakotheke, 2007.

D'HORTA, Vera; CAMARGO, Pierina; ESTEVES, Rosa (Org.). *Navio de emigrantes*. Apresentação Jorge Schwartz. São Paulo, Museu Lasar Segall/Ioesp, 2008.

DABROWSKI, Jacek. Telefunken Factory in Kamionek in Warsaw, *Journal of Heritage Conservation*, n. 51, Varsóvia, 2017, p. 7-14.

DAUFENBACH, Karine. *A modernidade em Hans Broos*. São Paulo, Annablume, 2021.

DEAN, Warren (1969). *A industrialização de São Paulo*. Rio de Janeiro, Bertrand Brasil, 1991.

DEAN, Warren. *São Paulo's Industrial Élite, 1890-1960*. Tese de doutorado. Gainesville, Universidade da Flórida, 1964.

DECCKER, Zilah Quezado. *Brazil Built: The Architecture of the Modern Movement in Brazil*. Londres/Nova York, Spon Press, 2001.

DEHAN, Philippe. *Jean Ginsberg, 1905-1983: une modernité naturelle*. Paris, Connivences, 1987.

DEHAN, Philippe. *Jean Ginsberg: la naissance du logement modern*. Paris, Éditions du Patrimoine, 2019.

DENNY, Philip Wallheim. Charles. Reconsidering Hilberseimer's Chicago. *Urban Planning*, n. 5, n. 0, Lisboa, jun. 2020, p. 243-248.

DERRIDA, Jacques. *O monolinguismo do outro ou a prótese de origem*. Porto, Campo das Artes, 2001.

DIAS, Luís Andrade de Mattos. *Edificações de aço no Brasil*. São Paulo, Zigurate, 1999.

DOGRAMACI, Burcu; SCHÄTZKE, Andreas (Org.). *A Home of One's Own: Émigré Architects and their Houses, 1920-1960*. Sttutgart, Axel Menges, 2019.

DORFLES, Gillo. *Barocco nell'architettura moderna*. Milão, Politecnica Tamburini, 1951.

DOURADO, Guilherme Mazza. Dois dedos de prosa: a correspondência de Roberto Burle Marx. *Arquitextos*, ano 18, n. 208.00, São Paulo, Vitruvius, set. 2017.

DOURADO, Guilherme Mazza. *Folhas em movimento: cartas de Burle Marx*. São Paulo, Luste, 2022.

DUBLIN, Thomas (Org.). *Immigrant Voices: New Lives in America 1773-1986*. Urbana, University of Illinois Press, 1993.

DUKER, Abraham G. Jews in Poland. *Current History (1916-1940)*, v. 45, n. 3, Oakland, University of California Press, dez. 1936, p. 62-67.

DURAND, José Carlos. *Arte, privilégio e distinção: artes, arquitetura e classe dirigente no Brasil, 1855-1985*. São Paulo, Perspectiva/Edusp, 1989.

DZIEWULSKA, Zofia. Gród Mieszkalny (O jardim de estar). *Arkady*, ano 1, n. 3, Varsóvia, jul. 1935, p. 133-139.

ELHANANI, Aba. *HaMaavak LaHatzmaut shel HaAdrichalut Halsraelit ba Mea Ha'20* [A luta pela independência: a arquitetura israelense no século 20]. Tel Aviv, Misrad Ha'Bitachon, 1998.

ELIAKIM, Tzadik. Planification Urbaine de Tel Aviv jusqu'à 1948. In METZGER-SZMUK, Nitza (Org.). *Dwelling on the Dunes: Tel Aviv, Modern Movement and Bauhaus Ideals / Des maisons sur le sable: Tel Aviv, mouvement moderne et esprit Bauhaus*. Paris, L'Éclat, 2004, p. 17-23.

ÉPRON, Jean-Pierre. *Comprendre l'éclectisme*. Paris, Norma/Institut Français d'Architecture, 1997.

ESPAGNE, Michel. *Les transferts culturels franco-allemands*. Coleção Perspectives germaniques. Paris, Presses Universitaires de France, 1999.

ETTINGER, Elzbieta. *Rosa Luxemburgo*. Rio de Janeiro, Jorge Zahar, 1996.

ETTINGER, Shmuel. The Modern Period: Demographic Changes and Economic Activity in the Nineteenth Century. In BEN-SASSON, Haim Hillel (Org.). *A History of the Jewish People*. Cambridge, Harvard University Press, 1976, p. 741-789.

ETTINGER, Shmuel. The Modern Period: Integration into the Non Jewish World in the Nineteenth Century. In BEN-SASSON, Haim Hillel (Org.). *A History of the Jewish People*. Cambridge, Harvard University Press, 1976, p. 826-833.

FALBEL, Anat. A House of One's Own as the Space of the In-Between: Gregori Warchavchik in Brazil. In DOGRAMACI, Burcu; SCHÄTZKE, Andreas (Org.). *A Home of One's Own: Émigré Architects and Their Houses, 1920-1960*. Sttutgart, Axel Menges, 2019, p. 67-76.

FALBEL, Anat. A presença do outro nas primeiras décadas do século 20 no Rio de Janeiro: a formação de uma perspectiva historiográfica. In CABRAL, Maria Cristina; PARAÍZO, Rodrigo Cury (Org.). *Presença estrangeira: arquitetura no Rio de Janeiro, 1905-1942*. Rio de Janeiro, Rio Books, 2018, p. 11-35.

FALBEL, Anat. Bruno et Lina: entre discussions et disputes... comme de veritables amis. In CRICONIA, Alessandra; ESSAIAN, Elisabeth (Org.). *Lina Bo Bardi enseignements partagés*. Catálogo de exposição. Paris, Archibooks et Sautereau, 2017, p. 51-65.

FALBEL, Anat. Cartas da América: arquitetura e modernidade. In SEGRE, Roberto; AZEVEDO, Marlice; COSTA, Renato Gama-Rosa; ANDRADE, Inês El-Jaick (Org.). *Arquitetura + arte + cidade: um debate internacional*. Rio de Janeiro, Viana & Mosley/Prourb, 2010, p. 120-135.

FALBEL, Anat. David Reznik: arquitetura e utopia. *Revista do Centro da Cultura Judaica*, São Paulo, ano 4, n. 13, set./out./nov. 2005, p. 47-51.

FALBEL, Anat. Dois momentos de imigração e urbanismo em São Paulo. *Desígnio*, v. 1, São Paulo, mar. 2004, p. 137-146.

FALBEL, Anat. El Ciam y la ciudad funcional en América Latina entre 1930 y 1940. *Arquitectónica*, n. 19-19, Cidade do México, 2010, p. 135-146.

FALBEL, Anat. Entre o regional e o universal, o olhar estrangeiro de Gregori. In ITAÚ CULTURAL (Org.). *Ocupação Gregori Warchavchik*. Catálogo de exposição. São Paulo, Itaú Cultural, 2019, p. 48-63.

FALBEL, Anat. Erich Mendelsohn: a crise do movimento moderno e a crítica historiográfica. In BRONSTEIN, Laís; OLIVEIRA, Beatriz; LASSANCE, Guilherme; ROCHA PEIXOTO, Gustavo (Org.). *Leituras em teoria da arquitetura: autores* Volume 4. Rio de Janeiro, Rio Books, 0, 50-70.

FALBEL, Anat. Gio Ponti and the Prediction about Italian Architecture in Brazil. In CASCIATO, Maristella; IRACE, Fulvio (Org.). *Gio Ponti: Loving Architecture*. Florença, Forma/Roma, MAXXI, 2019, p. 118-155.

FALBEL, Anat. Imigração e urbanização na cidade de São Paulo. *Revista de Estudos Judaicos*, v. 8, Lisboa, Associação Portuguesa de Estudos Judaicos, 2005, p. 26-33.

FALBEL, Anat. Immigrant Architects in Brazil: A Historiographical Issue. *Docomomo Journal*, n. 34, Paris, mar. 2006, p. 58-65.

FALBEL, Anat. In the Path of the "In-Between": From Buber to van Eyck and from Amsterdam to São Paulo. In TOSTÕES, Ana; KOSELJ, Natasa (Org.). *Metamorphosis: The Continuity of Change*. Volume 1. Ljubljana, Docomomo International/Docomomo Slovenia, 2018, p. 609-617.

FALBEL, Anat. Lewis Mumford and the Quest for a Jewish Architecture. In QUEK, Raymond; DEANE, Darren; BUTLER, Sarah (Org.). *Nationalism and Architecture*. Surrey, Ashgate, 2012, p. 67-80.

FALBEL, Anat. *Lucjan Korngold: a trajetória de um arquiteto imigrante*. Orientador Paulo Bruna. Tese de doutorado. São Paulo, FAU USP, 2003.

FALBEL, Anat. Orações além-mar: sinagogas no Brasil. *Revista de Estudos Judaicos*, v. 8, Lisboa, Associação Portuguesa de Estudos Judaicos, 2005, p. 40-49.

FALBEL, Anat. Questions on Space and Intersections in the Historiography of Modern Brazilian Architecture. *ABE Journal*, n. 7, 15 set. 2015.

FALBEL, Anat. São Paulo: dois momentos na arquitetura sinagogal. *Boletim Informativo Arquivo Histórico Judaico Brasileiro*, v. 27, São Paulo, 2003, p. 32-36.

FALBEL, Anat. Sobre utopia e exílios na América Latina. *Politeia: História e Sociedade*, v. 9, n. 1, Vitória da Conquista, 2009, p. 107-140.

FALBEL, Anat. Women Engineers in Brazil: at the Crossroads of Feminism and Femininity. In CASCIATO, Maristella; CIORRA, Pippo (Org.). *Technoscape: The Architecture of Engineers*. Florença, Forma, 2022, p. 144-151.

FALBEL, Anat; MILGRAM, Avraham; KOIFMAN, Fábio (Org.). *Judeus no Brasil: história e historiografia. Ensaios em homenagem a Nachman Falbel*. Rio de Janeiro, Garamond, 2021.

FALBEL, Anat; OHNO, Celso. *CBI-Esplanada: memória e futuro de um edifício moderno em São Paulo*. São Paulo, Condomínio CBI Esplanada, s/d.

FALBEL, Nachman. A contribuição dos imigrantes israelitas ao desenvolvimento brasileiro. *Judeus no Brasil: estudos e notas*. São Paulo, Humanitas/Edusp, 2008, p. 141-149.

FALBEL, Nachman. A imigração Israelita à Argentina e ao Brasil e a colonização agrária. *Judeus no Brasil: estudos e notas*. São Paulo, Humanitas/Edusp, 2008, p. 177-204.

FALBEL, Nachman. Jewish Agricultural Settlement in Brazil. *Judeus no Brasil: história e historiografia. Jewish History*, v. 21, n. 3/4, 2007, p. 325-340.

FALBEL, Nachman. *Judeus no Brasil: estudos e notas*. São Paulo, Humanitas/Edusp, 2008.

FALBEL, Nachman. Oswald Boxer e o projeto de colonização de judeus no Brasil. *Judeus no Brasil: estudos e notas*. São Paulo, Humanitas/Edusp, 2008, p. 205-209.

FALBEL, Nachman. *The Double Sword of Integration: the Jewish Community of Brazil*. Jerusalém, Institute of the World Jewish Congress, 2001.

FARIAS, Agnaldo. *A arquitetura eclipsada: notas sobre história e arquitetura a propósito da obra de Gregori Warchavchik, introdutor da arquitetura moderna no Brasil*. Orientador Nicolau Sevcenko. Dissertação de mestrado. Campinas, IFCH Unicamp, 1990.

FARYNA-PASZKIEWICZ, Hanna. *Geometria wyobrazni: szkice o architekturze dwudziestolecia miedzywojennego* [Geometria da imaginação: esboços sobre a arquitetura do período entre guerras]. Gdansk, Slowo/Obraz Terytoria, 2003.

FARYNA-PASZKIEWICZ, Hanna. *Saska Kepa 1918-1939*. Varsóvia, Polska Akademia Nauk/Instytut Sztuki, 1989.

FARYNA-PASZKIEWICZ, Hanna. *Saska Kepa*. Varsóvia, Murator, 2001.

FEFFER, Leon. *25 anos de consulado: crônica de atividades a serviço de Israel e da Comunidade*. São Paulo, Leon Feffer, 1982.

FERNANDES, Neusa. *A Inquisição em Minas Gerais no século 18*. Rio de Janeiro, Eduerj, 2000.

FERNANDES, Neusa. A inquisição em Minas Gerais. In FALBEL, Anat; MILGRAM, Avraham; KOIFMAN, Fábio (Org.). *Judeus no Brasil: história e historiografia. Ensaios em homenagem a Nachman Falbel*. Rio de Janeiro, Garamond, 2021, p. 58-73.

FERRAZ, Geraldo. *Warchavchik e a introdução da nova arquitetura no Brasil 1925-1940*. São Paulo, Masp, 1965.

FICHER, Sylvia. Edifícios altos no Brasil. *Espaços e Debates*, n. 37, São Paulo, 1994, p. 61-76.

FICHER, Sylvia. *Ensino e profissão: o curso de engenheiro-arquiteto da escola Politécnica de São Paulo*. Orientador Paulo Emílio Vanzolini. Tese de doutorado, São Paulo, FFLCH USP, 1989.

FICHER, Sylvia. *Os arquitetos da Poli: ensino e profissão em São Paulo*. São Paulo, Edusp, 2005.

FIJALKOW, Yankel. *Sociologie de la ville*. Coleção Repères. Paris, La Découverte, 2004.

FLEMING, Donald; BAILYN Bernard (Org.). *The Intellectual Migration: Europe and America, 1930-1960*. Cambridge, Harvard University Press, 1969.

FLETCHER, Banister; FLETCHER, Banister Flight (1896). *A History of Architecture on the Comparative Method: for the Student, Craftsman and Amateur*. 11ª edição. Nova York, Charles Scribners' Sons, 1943.

FLIEG, Hans Gunter. *Arquivo fotográfico*. Cadernos de fotografia, v. 3. São Paulo, Secretaria de Estado da Cultura/Ioesp, 1980.

FLINT, Anthony. *Wrestling with Moses: How Jane Jacobs Took on New York's Master Builder and Transformed the American City*. Nova York, Random House, 2009.

FILIPOWICZOWA, Wanda. Kominek (Lareira). *Arkady*, ano 1, n. 6, Varsóvia, set. 1935, p. 259-268.

FOCILLON, Henri. *The Art of the West in the Middle Ages: Romanesque Art*. Volume 1. Oxford, Phaidon, 1963.

FOCILLON, Henri. *The Life of Forms in Art*. Nova York, Zone Books, 1992.

FOUCAULT, Michel. Of Other Spaces: Utopias and Heterotopias. In OCKMAN, Joan (Org.). *Architecture Culture 1943-1968: a Documentary Anthology*. Nova York, Rizzoli, 1993, p. 419-426.

FRANCK, Alison Fleig. *Oil Empire: Visions of Prosperity in Austrian Galicia*. Cambridge, Harvard University Press, 2007.

FRANCO, Afonso Arinos de Mello. *Preparação do nacionalismo: carta aos que têm vinte anos*. Rio de Janeiro, Civilização Brasileira, 1934.

FREYRE, Gilberto (1933). *Casa-grande e senzala*. Rio de Janeiro, José Olympio, 1978.

FRIDMAN, Alice. The Way You Do the Things You Do. *Journal of the Society of Architecture Historians*, v. 58, n. 3, Berkeley/Chicago, University of California Press/Society of Architectural Historians, set. 1999, p. 406-413.

FRIEDMAN, Philip. Polish Jewish Historiography between the Two Wars (1918-1939). *Jewish Social Studies*, v. 11, n. 4, Bloomington, Indiana University Press, out. 1949, p. 373-408.

FUJIOKA, Paulo Yassuhide. *O edifício Itália e a arquitetura dos edifícios de escritórios em São Paulo*. Orientador Eduardo de Almeida. Dissertação de mestrado. São Paulo, FAU USP, 1996.

GAENSLY, Guilherme. *Guilherme Gaensly*. Textos de Boris Kossoy, Rubens Fernandes Junior e Hugo Segawa. São Paulo, Cosac Naify, 2011.

GAENSLY, Guilherme. *São Paulo, 1900*. Texto Boris Kossoy. São Paulo, Kosmos/CBPO, 1988.

GAITE, Arnoldo. *Wladimiro Acosta*. Buenos Aires, Nobuko, 2007.

GARRIDO, Henry Vicente (Org.). *Arquitecturas desplazadas: arquitecturas del exilio español*. Madrid, Ministerio de Vivienda, 2007.

GATI, Catharine. Perfil de arquiteto: Franz Heep. *Projeto*, n. 97, São Paulo, mar. 1987, p. 97-104.

GIBBON, Edward. *Declínio e queda do império romano*. São Paulo, Companhia de Bolso, 2005.

GIEDION, Sigfried. Brésil et l'architecture contemporaine. *L'Architecture d'Aujourd'hui*, n. 42-43 (Brésil), Paris, ago. 1952, p. 3.

GIEDION, Sigfried. *L. Moholy-Nagy*. Londres, London Gallery, 1937.

GIEDION, Sigfried (1941). *Space, Time and Architecture: the Growth of a New Tradition*. Cambridge, Harvard University Press, 1997.

GIEDION, Sigfried (1964). The New Regionalism. *Architecture You and Me: The Diary of Development*. Cambridge, Harvard University Press, 1958, p. 138-151.

GIOVANNONI, Gustavo. I principi del Diradamento. *Dal Capitello alla Città*. Organização Guido Zucconi. Milão, Jaca Book, 1997, p. 151-156.

GIOVANNONI, Gustavo. *L'urbanisme face aux villes anciennes*. Paris, Seuil, 1998.

GOLDBERGER, Paul. Architecture View: Tel Aviv, Showcase of Modernism, is Looking Frayed. *New York Times*, seção 2, Nova York, 25 nov, 1984, p. 27.

GOLDMAN, Pe'era. Tel Aviv: Transformation of a Suburb into a City 1906-1935. In NERDINGER, Winfried (Org.). *Tel Aviv: Modern Architecture, 1930-1939*. Tübingen, Wasmuth, 1994, p. 16-23.

GOODWIN, Philip L. *Brazil Builds: Architecture New and Old, 1652-1942*. Catálogo de exposição. Nova York, MoMA, 1943.

GORELIK, Adrián. La production de la ville latino-américaine. *Problèmes d'Amérique Latine*, v. 110, n. 3, Pau, 2018, p. 17-37.

GREENOUGH, Horatio (1947). *Form and Function: Remarks on Art, Design and Architecture*. Organização Harold A. Small. Los Angeles, University of California Press, 1966.

GROPIUS, Walter. A posição do arquiteto dentro de nossa sociedade industrial. *Bauhaus: novarquitetura*. São Paulo, Perspectiva, 1974, p. 117-130.

GUIMARAENS, Cêça. *Paradoxos entrelaçados: as torres para o futuro e a tradição nacional*. Rio de Janeiro, Editora UFRJ, 2002.

GUTIÉRREZ, Ramón (Org.) *Los Palanti: su trayectoria en Italia, Argentina, Uruguay y Brasil*. Buenos Aires, Cedodal, 2015.

GUTIÉRREZ, Ramón; TARTARINI, Jorge; STAGNO, Rubens. *Congresos Panamericanos de Arquitectos 1920-2000*. Buenos Aires, Cedodal, 2007.

HARRINGTON, Mona. Loyalties: Dual and Divided. In WALZER, Michael; KANTOWICZ, Edward T.; HIGHAM, John; HARRINGTON, Mona (Org.). *The Politics of Ethnicity*. Cambridge, Harvard University Press, 1982, p. 93-138.

HART, Mitchell B. Mobile Modernity: Germans, Jews, Trains. By Todd Samuel Presner (book review). *Journal of Modern History*, v. 81, n. 2, Chicago, The University of Chicago, jun. 2009, p. 464-465.

HAYS, K. Michael. *Modernism and the Posthumanist Subject: the Architecture of Hannes Meyer and Ludwig Hilberseimer*. Cambridge, The MIT Press, 1992.

HEALY, Patsy; UPTON, Robert (Org.). *Crossing Borders: International Exchange and Planning Practices*. Abingdon, Routledge, 2010.

HEINZE-GREENBERG, Ita. Immigration and Culture Shock: on the Question of Architectural Identity in Altneuland. In NERDINGER, Winfried (Org.). *Tel Aviv: Modern Architecture, 1930-1939*. Tübingen, Wasmuth, 1994, p. 36-40.

HEINZE-MÜHLEIB, Ita. *Erich Mendelsohn: Bauten und Projekte in Palästina, 1934-1941*. Munique, Scaneg, 1986.

HERBERT, Gilbert; HEINZE-GREENBERG, Ita. The Anatomy of a Profession: Architects in Palestine during the British Mandate. *Architectura - Zeitschrift fur Geschichte der Baukunst / Journal of the History of Architecture*, v. 22, n. 2, Berlim, 1992, p. 149-162.

HERBERT, Gilbert; RICHTER, Liliane. *Through a Clouded Glass: Mendelsohn, Wijdeveld, and the Jewish Connection*. Berlim, Wasmuth, 2009.

HERZL, Theodor (1882). *Altneuland. Old-New Land*. Tel Aviv, Haifa Publishing, 1988.

HEYMAN, Lukaz. *Nowy Zoliborz, 1918-1939*. Wroclaw, Ossolineum, 1976.

HILBERSEIMER, Ludwig (1977). *La Arquitectura de la gran ciudad*. Barcelona, Gustavo Gili, 1999.

HILTON, Stanley Eon. *Suástica sobre o Brasil*. Rio de Janeiro, Civilização Brasileira, 1977.

HITCHCOCK, Henry-Russell. *Latin American Architecture since 1945*. Nova York, MoMA, 1955.

HITCHCOCK, Henry-Russell. Looking Forward. *Zodiac*, n. 8, Milão, jul. 1961, p. 186-189.

HITCHCOCK, Henry-Russell. The Architecture of Bureaucracy and the Architecture of Genius. *Architectural Review*, v. 101, n. 601, Londres, jan. 1947, p. 3-6.

HITCHCOCK, Henry-Russell; JOHNSON, Philip. *Le style international*. Marselha, Parenthèses, 2001.

HOLANDA, Sérgio Buarque de (1936). *Raízes do Brasil*. São Paulo, Companhia das Letras, 1995.

HOLLANDER, John. Introduction. In STEINBERG, Saul. *The Passport*. Nova York, Vintage Books, 1979, s/p.

HOMEM, Maria Cecília Naclério. *Higienópolis: grandeza de um bairro paulistano*. São Paulo, Edusp, 2011.

HOMEM, Maria Cecília Naclério. *O palacete paulistano e outras formas urbanas de morar da elite cafeeira: 1867-1918*. São Paulo, Martins Fontes, 1996.

HUNDERT, Gershon. Recent Studies Related to the History of the Jews in Poland from Earliest Times to the Partition Period. *The Polish Review*, v. 18, n. 4, Champaign, University of Illinois Press/Polish Institute of Arts & Sciences of America, 1973, p. 84-99.

INGERSOLL, Richard. *Munio Gitai Weinraub: Bauhaus Architect in Eretz Israel*. Milão, Electa, 1994.

IRIGOYEN, Adriana. *Wright e Artigas: duas viagens*. São Paulo, Ateliê, 2002.

ITAÚ CULTURAL (Org.) *Ocupação Maria Helena Ouchana: Catálogo de exposição*. São Paulo, Itaú Cultural, 2016.

JAMES, Kathleen. *Erich Mendelsohn and the Architecture of German Modernism*. Cambridge, Cambridge University Press, 1997.

JANKOWSKIEGO, Józefa; TOEPLITZA, Teodora. Z wystawy "Tani Dom Własny": plany architektoniczne, fotograf je domów, wnetrza (Da exposição "Casa Própria Barata": plantas arquitetônicas, fotógrafo de casas, interiores). *Dom, Osiedle, Mieszkanie*, n. 7-8, Varsóvia, jul./ago. 1932, p. 9-21.

JORDAN, André. *Uma viagem pela vida*. Coimbra, Almedina, 2020.

JORDY, William H. The American Acceptance of the International Style: George Howe & William Lescaze's Philadelphia Saving Fund Society Building. *The Impact of European Modernism in the Mid-Twentieth Century*. Coleção American Building and Their Architects, v. 5. 3ª edição. Nova York, Oxford University Press, 1986, p. 87-164.

JORDY, William H. The Formal Image: USA. *The Architectural Review*, v. 127, n. 757, Londres, mar. 1960, p. 157-165.

JORDY, William H. The Laconic Splendor of the Metal Frame: Ludwig Mies van der Rohe's 860 Lake Shore Drive Apartments and his Seagram Building. *The Impact of European Modernism in the Mid-Twentieth Century*. Coleção American Building and Their Architects, v. 5. 3ª edição. Nova York, Oxford University Press, 1986, p. 221-277.

JORDY, William H. The Place of Mies in American Architecture. *Zodiac*, n. 8, Milão, jul. 1961, p. 29-33.

JORDY, William H. The Symbolic Essence of Modern European Architecture of the Twenties and Its Continuing Influence. *Journal of the Society of Architectural Historians*, v. 22, n. 3, Berkeley, University of California Press, out. 1963, p. 177-187.

KAES, Anton; JAY, Martin; DIMENDBERG, Edward (Org.). *The Weimar Republic Sourcebook*. Berkeley, University of California Press, 1995.

KALLEN, Horace Meyer (1924). *Culture and Democracy in the United States*. New Brunswick, Transaction, 1998.

KAUFMANN, Thomas DaCosta. *Towards a Geography of Art*. Chicago, University of Chicago Press, 2004.

KESTLER, Izabela Maria Furtado. *Exílio e literatura: escritores de fala alemã durante a época do nazismo*. São Paulo, Edusp, 2003.

KLOSIEWICZ, Lech (Org.). *Warszawska Szkola Architektury 1915-1965: 50-lecie Wydzialu Architektury Politechniki Warszawskiej* [Escola de Arquitetura de Varsóvia 1915-1965: 50º aniversário da Faculdade de Arquitetura da universidade Técnica de Varsóvia]. Varsóvia, Panstwowe Wydawnictwo Naukowe, 1967.

KOHLRAUSCH, Martin. *Brokers of Modernity: East Central Europe and the Rise of Modernist Architects, 1910-1950*. Leuven, Leuven University Press, 2019.

KOIFMAN, Fábio. *Quixote nas trevas: o embaixador Souza Dantas e os refugiados do nazismo*. Rio de Janeiro, Record, 2002.

KOMONOWSKI, Stanislaw M. O Lipapie i Lipopiakach 1918-1944. In ORLOWSKI, Bolesław, FILATOWICZA, Hipolit (Org.). *Inzynierowie Polscy w XIX i XX Wieku: Technika i Przemysl*. Volume 2. Varsóvia, Polish Society for the History of Tecnology, 1995, p. 233-276.

KONUK, Kader. *East West Mimesis: Auerbach in Turkey*. Stanford, Stanford University Press, 2010.

KONVITZ, Milton Rivas. Horace Meyer Kallen (1882-1974). In Praise of Hyphenation and Orchestration. In KONVITZ, Milton Rivas (Org.). *The Legacy of Horace M Kallen*. Cranbury, Associated University Presses, 1987, p. 15-35.

KOPP, Anatole. *Architecture et mode de vie: textes des années vingt en URSS*. Grenoble, Presses Universitaires de Grenoble, 1979.

KOPP, Anatole. *Quand le moderne n'était pas un style mais une cause*. Paris, Ecole nationale supérieure de Beaux-Arts, 1988.

KOPP, Anatole. *Ville et révolution: architecture et urbanisme soviétiques des années vingt*. Paris, Anthropos, 1967.

KOSSOY, Boris. *Album de photographias do Estado de São Paulo 1892: estudo crítico*. São Paulo, Kosmos/CBPO, 1984.

KRASUCKI, Michal. *Warszawskie dziedzictwo postindustrialne*. Varsóvia, Fundacja Hereditas, 2010.

KRAUTHEIMER, Richard. Introduction to an "Iconography of Mediaeval Architecture". *Journal of the Warburg and Courtauld Institutes*, v. 5, Londres, 1942, p. 1-33.

KRINSKY, Carol Herselle. *Gordon Bunshaft of Skidmore, Owings & Merrill*. Nova York/Cambridge, The Architectural History Foundation/MIT Press, 1988.

KRISTEVA, Julia. *Étrangers à nous-mêmes*. Paris, Gallimard, 1991.

KRISTEVA, Julia. *Introdução à semánalise*. São Paulo, Perspectiva, 1974.

KRZYWIEC, Grzegorz. The Polish Intelligentsia in the Face of the 'Jewish Question. *Acta Poloniae Historica*. Institute of History, Polish Academy of Sciences, n. 100, 2009, p. 129-165.

KUBLER, George. Architectural Historians before the Fact. *Studies in History Art*, v. 35 (Symposium Papers XIX: The Architectural Historian in America). Washington, National Gallery of Art, 1990, p. 191-197.

KUBLER, George (1960). Non-Iberian European Contributions to Latin American Colonial Architecture. In REESE, Thomas F (Org.) *Studies in Ancient American and European Art. The Collected Essays of George Kubler*. New Haven, Yale University Press, 1985, p. 81-87.

KUBO, Michael. The Concept of the Architectural Corporation. In FRANCH I GILABERT, Eva; LAWRENCE, Amanda Reeser; MILJAČKI, Ana; SCHAFER, Ashley (Org.). *OfficeUS Agenda*. Zurique, Lars Müller, 2014, p. 37-48.

LAMBERT, Phyllis. Mies immersion. In LAMBERT, Phyllis (Org.). *Mies in America*. Montreal/Nova York, Canadian Centre for Architecture/Whitney Museum of American Art/Harry N. Abrams, 2001, p. 202-203.

LANARO, Paola. Intervista a Giovanni Levi. In LANARO, Paola (Org.). *Microstoria: a venticinque anni da "L'eredità immateriale"*. Milão, Franco Angeli, 2011, p. 169-177.

LANGENBUCH, Juergen Richard. *A estruturação da Grande São Paulo: estudo de geografia urbana*. Rio de Janeiro, IBGE/Departamento de Documentação e Divulgação Geográfica e Cartográfica, 1971.

LAZARSFELD, Paul. An Episode in the History of Social Research: a Memoir. In FLEMING, Donald; BAILYN Bernard (Org.). *The Intellectual Migration: Europe and America, 1930-1960*. Cambridge, Harvard University Press, 1969, p. 270-337.

LE CORBUSIER. *Por uma arquitetura*. São Paulo, Perspectiva, 1973.

LEENHARDT, Jacques (Org.). *Nos jardins de Burle Marx*. São Paulo, Perspectiva, 1996.

LEFÈVRE, José Eduardo de Assis. *De beco a avenida: a história da rua São Luiz*. São Paulo, Edusp, 2006.

LEME, Maria Cristina da Silva (Org.). *Urbanismo no Brasil 1895-1965*. São Paulo, Studio Nobel/FAU USP/Fupam, 1999.

LEMOS, Carlos A. C. *Arquitetura brasileira*. São Paulo, Melhoramentos/Edusp, 1979.

LEMOS, Carlos A. C. Arquitetura contemporânea. In ZANINI, Walter (Org.) *História geral da arte no Brasil*. Volume 2. São Paulo, Instituto W. Moreira Salles/Fundação Djalma Guimarães, 1983, p. 831-835.

LEPETIT, Bernard. É possível uma hermenêutica urbana? In LEPETIT, Bernard. *Por uma nova história urbana*. Organização Heliana Angotti Salgueiro. São Paulo, Edusp, 2001, p. 137-154.

LEPETIT, Bernard; TOPALOV, Christian (Org.). *La ville des sciences sociales*. Paris, Belin, 2001.

LESNIAKOWSKA, Marta. *Jan Koszczyc Witkiewicz (1881-1958): i budowanie w jego czaszch* [Jan Koszczyc Witkiewicz (1881-1958) e a construção em sua época]. Varsóvia, Instytut Sztuki Polskiej Akademii Nauk, 1998.

LESNIKOWSKI, Wojciech. Functionalism in Polish Architecture. In LESNIKOWSKI, Wojciech (Org.). *East European Modernism: Architecture in Czechoslovakia, Hungary and Poland Between the Wars 1919-1939*. Nova York, Rizzoli, 1996, p. 203-288.

LESSER, Jeffrey. *O Brasil e a questão judaica: imigração diplomacia e preconceito*. Rio de Janeiro, Imago, 1995.

LESTSCHINSKY, Jacob. *Oyfn Rand fun Opgrunt: Fun Yidishn Lebn in Poyln, 1927-1933* [À beira do abismo: da vida judaica na Polônia, 1927-1933]. Buenos Aires, Isentral-Farband fun Poilishe Iden in Argentina, 1947.

LÉVI-STRAUSS, Claude. *Saudades do Brasil*. São Paulo, Companhia das Letras, 1994.

LÉVI-STRAUSS, Claude (1955). *Tristes trópicos*. São Paulo, Companhia das Letras, 1996.

LEVI, Albert William. Kunstgeschichte als Geistesgeschichte: the lesson of Panofsky. *Journal of Aesthetic Education*, v. 20, n. 4, inverno 1986, p. 79-83.

LEVI, Giovanni. On Microhistory. In BURKE, Peter (Org.). *New Perspectives on Historical Writing*. Pensilvânia, Penn State University Press, 2001, p. 97-110.

LEVI, Rino. L'architecture est un art et une science. *L'Architecture d'Aujourd'hui*, n. 27, Paris, dez. 1949, p. 50-51. Edição em português: LEVI, Rino. A arquitetura é arte e ciência. *Óculum*, n. 3, Campinas, mar. 1993, p. 39-42.

LEVIN, Michael. *White City: International Style Architecture in Israel, a Portrait of an Era*. Catálogo de exposição. Tel Aviv, Tel Aviv Museum/Sabinsky Press, 1984.

LEVINE, Madeline G. Julian Tuwim: "We the Polish Jews…". *The Polish Review*, v. 17, n. 4, Champaign, University of Illinois Press/Polish Institute of Arts & Sciences of America, outono 1972, p. 82-89.

LEWISOHN, Ludwig. Letters from Abroad, Warsaw: the Poles and their Republic. *The Menorah Journal*, v. 11, n. 4 Nova York, ago. 1925, p. 382-388.

LICIA, Nydia. *Ninguém se livra de seus fantasmas*. São Paulo, Perspectiva, 2002.

LIMA, Jorge de. *Poemas negros*. Ilustrações de Lasar Segall. Rio de Janeiro, Revista Acadêmica Editora, 1947.

LIMA, Zeuler. *Lina Bo Bardi: o que eu queria era ter história – biografia*. São Paulo, Companhia das Letras, 2021.

LINDENBERGER, Herbert. On the reception of Mimesis. In LERER, Seth (Org.). *Literary History and the Challenge of Philology: The Legacy of Erich Auerbach*. Stanford, Stanford University Press, 1996, p. 195-213.

LIRA, José. *Warchavchik: fraturas da vanguarda*. São Paulo, Cosac Naify, 2011.

LISPECTOR, Clarice. *Correspondências*. Organização Teresa Monteiro. Rio de Janeiro, Rocco, 2002.

LISSOVSKY, Mauricio; SÁ, Paulo Sergio Moraes de. *Colunas da educação: a construção do Ministério da Educação e Saúde*. Rio de Janeiro, MEC/Iphan/FGV/CPDOC, 1996.

LIVEZEANU, Irina. Interwar Poland and Romania: The Nationalization of Elites, the Vanishing Middle, and the Problem of Intellectuals. *Harvard Ukrainian Studies*, v. 22 (Cultures and Nations of Central and Eastern Europe), Cambridge, 1998, p. 407-430.

LLOYD, Reginald; FELDWICK, Walter; DELANEY, L. T.; EULALIO, Joaquim; WRIGHT, Arnold. *Impressões do Brasil no século vinte: sua história, seu povo, comércio, indústrias e recursos*. Londres, Lloyd's Greater Britain, 1913.

LUBINSKI, Piotr Maria. L'habitation a bon marché en Pologne. *L'Architecture d'Aujourd'hui*, n. 7, Paris, jul. 1935, p. 99.

LYOTARD, Jean-François. *The Postmodern Condition: a Report on Knowledge*. Minneapolis, University of Minnesota Press, 1984.

MAGLIO, Andrea. *Hannes Meyer: un razionalista in esilio. Architettura, urbanistica e politica, 1930-54*. Milão, Franco Angeli, 2002.

MAJEWSKI, Jerzy S. *Warszawa nieodbudowana: lata dwudzieste*. Varsóvia, Veda, 2004.

MAJEWSKI, Jerzy S. *Warszawa nieodbudowana: lata trzydzieste*. Varsóvia, Veda, 2005.

MALRAUX, André. *Antimémoires*. Paris, Gallimard, 1967.

MANIAQUE, Caroline; GAIMARD, Marie. Partir et revenir de l'exil: perspectives scientifiques, *Les Cahiers de la recherche architecturale urbaine et paysagère*, n. 2, Paris, jul./dez 2018.

MARCOVITCH, Jacques. Leon Feffer. *Pioneiros & empreendedores: a saga do desenvolvimento no Brasil*. Volume 1. São Paulo, Edusp, 2003, p. 251-281.

MARCU, Duiliu. *Architecture: 20 travaux exécutés entre 1930 et 1940*. Bucareste, Bucovina I. E. Toroutiu, 1946.

MARIANI, Riccardo. *Razionalismo e architettura moderna: storia di una polemica*. Milão, Comunità, 1989.

MARIANNO FILHO, José. *À margem do problema arquitetônico nacional*. Rio de Janeiro, Estúdio de Artes Gráficas C. Mendes Junior, 1943.

MASCARÓ, Juan Luiz; MASCARÓ, Lucia. *A construção na economia nacional*. São Paulo, Pini, 1980.

MASIELLO, Emanuele. Il padiglione della Polonia all'Exposition Internationale des Arts Décoratifs et Industriels Modernes di Parigi del 1925. *Quasar – Quaderni di Storia dell'Architettura e Restauro*, n. 17, Florença, Facoltà di Architettura, Università degli Studi di Firenze, jan./jun. 1997, p. 41-57.

MATOS, Madalena Cunha; RAMOS, Tania Beisl. Um encontro, um desencontro: Lúcio Costa, Raul Lino e Carlos Ramos. *Anais do 7º Seminário Docomomo Brasil*. Porto Alegre, UFPA, 22-24 out. 2007.

MAUSS, Marcel. Les civilisations: éléments et forms. *Oeuvres 2: représentations collectives et diversité des civilisations*. Paris, Les Éditions de Minuit, 1969, p. 456-479.

MAUSS, Marcel (1920). *La nation*. Organização Marcel Fournier e Jean Terrier. Paris, PUF, 2013.

MAXIM, Juliana. *The Socialist Life of Modern Architecture: Bucharest, 1949-1964*. Abingdon, Routledge, 2018.

MAZZUCCHELLI, Anna-Maria. Richard Neutra. *Casabella*, n. 85, Milão, jan. 1935, p. 18-19.

MCLEOD, Mary. Everyday and "Other" Spaces. In RENDELL, Jane; PENNER, Barbara; BORDEN, Iain (Org.). *Gender Space Architecture: An interdisciplinary introduction.* Abingdon, Routledge, 2007, p. 182-202.

MELLER, Helen. *Patrick Geddes: Social Evolutionist and City Planner.* Londres, Routledge, 1990.

MENDELSOHN, Erich. *Erich Mendelsohn's "Amerika": 82 Photographs.* Nova York, Dover Publications, 1993.

MENDELSOHN, Erich (1925). Palästina als Künstlerisches Erlebnis. In MENDELSOHN, Erich. *Erich Mendelsohn: Gedankenwelten.* Organização Ita Heinze-Greenberg e Regina Stephan. Ostfildern-Ruit, Hatje Cantz Verlag, 2000, p. 136-139.

MENDELSOHN, Ezra. From Assimilation to Zionism in Lvov: the Case of Alfred Nossig. *The Slavonic and East European Review*, v. 49, n. 117, The Modern Humanities Research Association/University College London, School of Slavonic and East European Studies, out. 1971, p. 521-534.

MENDELSOHN, Ezra. *The Jews of East Central Europe between the World Wars.* Bloomington, Indiana University Press, 1983.

MENDES, Ricardo. Hotel Esplanada: a política de fomento para os grandes hotéis paulistanos da década de 1920. *Informativo Arquivo Histórico de São Paulo*, ano 8, n. 33, São Paulo, jun. 2013.

METZGER-SZMUK, Nitza (Org.). *Batim MeHachol, Hadrichalut Hansignon HaBenleumi be Tel Aviv, 1931-1948* [Edifícios dos areias e arquitetura do estilo internacional em Tel Aviv, 1931-1948]. Tel Aviv, Misrad ha-bitahon, 1994.

METZGER-SZMUK, Nitza (Org.). *Dwelling on the Dunes: Tel Aviv Modern Movement and Bauhaus Ideals / Des maison sur le sable: Tel Aviv, Mouvement Moderne et Esprit Bauhaus.* Paris, L'Éclat, 2004.

METZGER-SZMUK, Nitza *Tel-Aviv's Modern Movement: The White City of Tel-Aviv, a World Heritage Site.* Tel Aviv, Municipality of Tel Aviv-Yafo, 2004.

MEYER, Regina Maria Prosperi. *Metrópole e urbanismo: São Paulo anos 50.* Orientador Celso Monteiro Lamparelli. Tese de doutorado. São Paulo, FAU USP, 1991.

MEYER, Regina Maria Prosperi; GROSTEIN, Marta Dora; BIDERMAN, Ciro. *São Paulo Metrópole.* São Paulo, Edusp/Ioesp, 2004.

MICELI, Sergio. *Nacional estrangeiro.* São Paulo, Companhia das Letras, 2003.

MICHELS, Karen. Transfer and Transformation: the German Period in American Art History. In BARRON, Stephanie; ECKMANN, Sabine (Org.). *Exiles + Emigrés: the Flight of European Artists from Hitler.* Los Angeles, Los Angeles County Museum of Art/Harry Abrams Publishers, 1997, p. 304-316.

MILGRAM, Avraham. Jeffrey Lesser: Welcoming the Undesirables – Brazil and the Jewish Question. University of California Press, 1995. Seção Reseñas. *E.I.A.L – Estudios Interdisciplinarios de America Latina y el Caribe*, v. 6, n. 2, Universidad de Tel Aviv, 1995, p. 145-149.

MILGRAM, Avraham. Julian Tuwim: infortúnios de um poeta polonês-judeu no exílio. In MILGRAM, Avraham; KOIFMAN, Fábio (Org.). *Ensaios em homenagem a Alberto Dines: jornalismo, história, literatura.* Rio de Janeiro, Edições de Janeiro, p. 300-325.

MILGRAM, Avraham. *Os Judeus do Vaticano: a tentativa de salvação de católicos – não-arianos – da Alemanha ao Brasil através do Vaticano (1939-1942).* Rio de Janeiro, Imago, 1994.

MILGRAM, Avraham. *Portugal, Salazar e os judeus.* Coleção Trajectos Portugueses, v. 84. Lisboa, Gradiva, 2010.

MILOBEDZKI, Adam. Orientamenti dell'architettura in Polonia 1918-1939. *Rassegna*, ano 18, n. 65 (Architettura e avanguardia in Polonia 1918-1939), Bolonha, jan./mar. 1996, p. 6-13.

MINDLIN, Henrique E. *Modern Architecture in Brazil.* Nova York, Reinhold, 1956.

MINDLIN, Henrique E. (1956). *Arquitetura moderna no Brasil.* Rio de Janeiro, Aeroplano, 1999.

MINORSKI, Jan. *Polska nowatorska mysl architektoniczna w latach 1918-1939* [Pensamento arquitetônico polonês inovador nos anos 1918-1939]. Varsovia, PWN, 1970.

MOHOLY-NAGY, Sibyl. The Diaspora. *Journal of the Society of Architectural Historians*, v. 24, n. 1, Berkeley/Chicago, University of California Press/Society of Architectural Historians, mar. 1965, p. 24-26.

MONBEIG, Pierre (1941). O estudo geográfico das cidades. *Cidades*, v. 1, n. 2, Chapecó, 2004, p. 277-314.

MONOTTI, Carlo. Henrique Mindlin: Modern Architecture in Brazil. *L'Architettura Cronache e Storia*. n. 19, Roma, mai. 1957, p. 70.

MOREIRA, Pedro. Alexandre Altberg e a arquitetura nova no Rio de Janeiro. *Arquitextos*, ano 5, n. 058, São Paulo, Vitruvius, mar. 2005.

MUMFORD, Eric. *The Ciam Discourse on Urbanism, 1928-1960.* Cambridge/London, The MIT Press, 2000.

MUMFORD, Lewis. Babel en Europe. *Le piéton de New York.* Introdução Thierry Paquot. Paris, Éditions du Linteau, 2001, p. 135-159.

MUMFORD, Lewis. La tour de verre. *Le Piéton de New York.* Introdução Thierry Paquot. Paris, Éditions du Linteau, 2001, p. 75-86.

MUMFORD, Lewis. *The South in Architecture.* Nova York/Harcourt, Brace and Company, 1941.

MURATORI, Saverio. La nuova architettura polacca. *Architettura – Rivista del Sindacato Nazionale Fascista Architetti*, n. 3, Milão/Roma, mar. 1937, p. 145-151.

NASR, Joe; VOLAIT, Mercedes (Org.). *Urbanism: Imported or Exported?* Haboken, Wiley, 2003.

NAZÁRIO, Luiz. O expressionismo no Brasil. In GUINSBURG, Jacó (Org.). *O expressionismo.* São Paulo, Perspectiva, 2002, p. 607-648.

NEIVA, Artur Hehl. *Deslocados de guerra: a verdade sobre a sua seleção.* Rio de Janeiro, Imprensa Nacional, 1949.

NEIVA, Artur Hehl. *Estudos sobre a imigração semita no Brasil.* Rio de Janeiro, Imprensa Nacional, 1945.

NERDINGER, Winfried (Org.). *Tel Aviv: Modern Architecture, 1930-1939.* Fotografias de Irmel Kamp-Bandau. Tübingen, Wasmuth, 1994.

NERDINGER, Winfried. *Walter Gropius 1883-1969.* Milão, Electa, 2005.

NEWHOUSE, Victoria. *Wallace K. Harrison, Architect.* Nova York, Rizzoli, 1989.

NICOLAI, Bernd. *Moderne und Exil deutschsprachige Architekten in der Türkei, 1925-1955.* Berlim, Verlag für Bauwesen, 1998.

NICOLAI, Bernd; BENTON, Charlotte (Org.). *Architektur und Exil: Kulturtransfer und architektonische Emigration 1930 bis 1950.* Trier, Porta Alba, 2003.

NIEMEYER, Oscar. Ce qui manque a notre architecture. *L'Architecture d'Aujourd'hui*, n. 13-14 (Brésil), Paris, set. 1947, p. 12.

NITZAN-SHIFTAN, Alona. Contested Zionism – Alternative Modernism: Erich Mendelsohn and the Tel Aviv Chug in Mandate Palestine. *Architectural History*, v. 39, Cardiff, 1996, p. 147-180.

NORDENSON, Catherine Seavitt. *Depositions: Robert Burle Marx and Public Landscapes under Dictatorships.* Austin, University of Texas Press, 2018.

NUNES, Denise Vianna. *Edificios residenciais de Firmino Saldanha: morar moderno na Zona Sul do Rio de Janeiro.* Orientador Gustavo Rocha-Peixoto. Dissertação de mestrado. Rio de Janeiro, Proarq/FAU UFRJ, 2009.

OCTÁVIO, Laura Oliveira Rodrigo. *Elos de uma corrente: seguidos de novos elos.* Rio de Janeiro, Civilização Brasileira, 1994.

OLIN, Margaret. *The Nation without Art: Examining Modern Discourses on Jewish Art.* Lincoln, University of Nebraska Press, 2001.

OLIVEIRA VIANA, José Francisco (1920). *Populações meridionais do Brasil: história, organização, psicologia.* Rio de Janeiro, José Olympio, 1952.

OLIVEIRA, Francisco Baptista de. As auto-estradas do Reich. *Urbanismo e Viação*, n. 9, Rio de Janeiro, jul. 1940, p. 24-25.

OLIVEIRA, Francisco Baptista de. As estradas de ferro do Reich. *Urbanismo e Viação*, n. 10, Rio de Janeiro, set. 1940, n. 10, p. 30-31.

OLIVEIRA, Myriam Andrade Ribeiro de. *O rococó religioso no Brasil e seus antecedentes europeus.* São Paulo, Cosac Naify, 2003.

OLIVEIRA, Rodrigo Bartholomeu Romano da Silva e. *Os três viadutos do Vale do Anhangabaú: aspectos históricos, construtivos e estruturais.* Orientador Henrique Lindenberg Neto. Dissertação de mestrado. São Paulo, Poli USP, 2011.

OLSZEWSKI, Andrzej K. *An outline history of Polish 20th century art and architecture.* Varsóvia, Interpress, 1989.

OLSZEWSKI, Andrzej K. Progetti marginali. *Rassegna*, ano 18, n. 65 (Architettura e avanguardia in Polonia 1918-1939), Bolonha, jan./mar. 1996, p. 26-27.

OMILANOWSKA, Malgorzata. Przystanek Palestyna. Dzialalność architektów Zydów wyksztalconych w srodowisku warszawskim [Palestine Stopover. The Activity of Jewish Architects Educated in Warsaw Milieu]. *Kwartalnik Historii* Zydów [Jewish History Quarterly], n. 3, 2010, p. 326-344.

PARK, Robert Ezra. *The Immigrant Press and Its Control.* Nova York, Harper & Bros, 1922.

PARK, Robert Ezra; BURGESS, Ernst W. (Org.). *Introduction to the Science of Sociology.* Chicago, University of Chicago Press, 1921.

PARKER, Kevin. Art History and Exile: Richard Krautheimer and Erwin Panofsky. In BARRON, Stephanie; ECKMANN, Sabine (Org.). *Exiles + Emigrés: the Flight of European Artists from Hitler.* Los Angeles, Los Angeles County Museum of Art/Harry Abrams Publishers, 1997, p. 317-325.

PEIXOTO-MEHRTENS, Cristina. *Urban Space and National Identity in Early Twentieth Century São Paulo, Brazil*. Nova York, Palgrave Macmillan, 2010, p. 46-58.

PERLOFF, Marjorie. "Living in the Same Place": the Old Mononationalism and the New Comparative Literature. *World Literature Today*, v. 69, n. 2, primavera 1995, p. 249-255.

PERRY-LEMAN, Meira; LEVIN, Michael (Org.). *Leopold Krakauer: Painter and Architect*. Catálogo de exposição. Jerusalém, Museum Israel, 1996.

PERSITZ, Alexandre. Habitations individuelles au Brésil, n. 18-19 (Habitations individuelles), jun. 1948, p. 72.

PERSITZ, Alexandre. L'architecture au Brésil. *L'Architecture d'Aujourd'hui*, n. 13-14 (Brésil), Paris, set. 1947, p. 3-6.

PICA, Agnoldomenico (Org.). *5ª Triennale de Milano*. Catálogo oficial de exposição. 4ª edição. Milão, Casa Editrice Ceschina, 1933.

PIECHOTKA, Maria; PIECHOTKA, Kazimierz. *Heaven's Gates: Wooden Synagogues in the Territories of the Former Polish-Lithuanian Commonwealth*. Varsóvia, Krupski i S-ka, 2004.

PIECHOTKOWIE, Maria; PIECHOTKOWIE, Kazimierz (Org.). *Bóznice Drewniane* [Sinagoga de madeira]. Varsóvia, Budownictwo i Architektura, 1957.

PILLET, Fabien. Que reste-t-il de l'École de Constance? Études *Germaniques*, n. 263, Paris, jul./set. 2011, p. 763-781.

PIOTROWSKI, Piotr. Modernity and Nationalism: Avant-Garde Art and Polish Independence, 1912-1922. In BENSON, Timothy (Org.). *Central European Avant-Gardes: Exchanges and Transformation, 1910-1930*. Los Angeles/Cambridge, Los Angeles County Museum of Art/MIT Press, 2002, p. 313-326.

PISELLI, Fortunata. Il network sociale nell'analisi del potere e dei processi politici. *Stato e mercato*, n. 50, ago. 1997, p. 287-316.

POMMER, Richard; OTTO, Christian F. *Weissenhof 1927 and the Modern Movement in Architecture*. Chicago, University of Chicago Press, 1991.

PORTINHO, Carmem. A arquitetura moderna na Holanda. *Revista da Diretoria de Engenharia*, ano 1, n. 1, Rio de Janeiro, Prefeitura do Distrito Federal, jul. 1932, p. 7.

POSENER, Julius. *Fast so alt wie das Jarhundert*. Berlim, Birkhäuser, 1993.

POSENER, Julius. *Julius Posener, ein Leben in Briefen: Ausgewählte Korrespondenz 1929-1990*. Organização Matthias Schirren e Sylvia Claus. Berlim, Birkhäuser, 1999.

POSENER, Julius; BARKAI, Sam. Architecture en Palestine. *L'Architecture d'Aujourd'hui*, n. 9, set. 1937, p. 2-34.

PRADO JR., Caio. *A revolução brasileira*. São Paulo, Brasiliense, 1966.

PRADO, Yan de Almeida (1957). Apontamentos para uma história da arquitetura em São Paulo. *Depoimentos*, n. 1, GFAU, 1960.

PRAKASH, Vikramaditya; CASCIATO, Maristella; COSLETT, Daniel E. *Rethinking Global Modernism: Architectural Historiography and the Postcolonial*. Abingdon, Routledge, 2022.

PRESNER, Todd. *Mobile Modernity: Germans, Jews, Trains*. Columbia, Columbia University Press, 2007.

RABINOWICZ, Harry. The Battle of the Ghetto Benches. *The Jewish Quarterly Review*, v. 55, n. 2, University of Pennsylvania Press, out. 1964, p. 151-159.

RATNER, Sidney. Horace M. Kallen and Cultural Pluralism. In KONVITZ, Milton Rivas (Org.). *The Legacy of Horace M. Kallen*. Cranbury, Associated University Presses, 1987, p. 48-63.

RATTNER, Henrique. *Tradição e mudança: a comunidade judaica em São Paulo*. São Paulo, Ática, 1977.

REBOUÇAS, Ivy Smits. *A trajetória profissional do arquiteto Victor Reif: da Bauhaus ao modernismo paulista, 1926 a 1969*. Orientador Roberto Righi. Dissertação de mestrado. São Paulo, FAU USP, 2004.

REESE, Thomas F. Editor's Introduction. In REESE, Thomas F. (Org.). *Studies in Ancient American and European Art. The Collected Essays of George Kubler*. New Haven, Yale University Press, 1985, p. xvii-xxxvi.

REESE, Thomas F. (Org.). *Studies in Ancient American and European Art. The Collected Essays of George Kubler*. New Haven, Yale University Press, 1985.

REIDY, Affonso Eduardo. Anteprojeto de um edifício destinado a conter dependências de serviços municipais. *Revista da Diretoria de Engenharia*, ano 1, n. 1, Rio de Janeiro, Prefeitura do Distrito Federal, jul. 1932, p. 2-5.

REIS FILHO, Nestor Goulart. *As minas de ouro e a formação das Capitanias do Sul*. São Paulo, Via das Artes, 2013.

REIS FILHO, Nestor Goulart. *Imagens de vilas e cidades do Brasil colonial*. São Paulo, Edusp, 2000.

REIS FILHO, Nestor Goulart. Os tempos de Robert Smith. In REIS FILHO, Nestor Goulart (Org.). *Robert Smith e o Brasil: arquitetura e urbanismo*. Volume 1. Brasília, Iphan, 2012, p. 9-24.

REIS FILHO, Nestor Goulart (Org.). *Robert Smith e o Brasil: arquitetura e urbanismo*. Volume 1. Brasília, Iphan, 2012.

REVORÊDO, Júlio de. *Imigração*. São Paulo, Editora Revista dos Tribunais, 1934.

REYMONT, Wladyslaw Stanislaw. *La terre promise*. Chêne-Bourg, Zoé, 2011.

RISSELADA, Max; VAN DEN HEUVEL, Dirk (Org.). *Team 10: in Search of a Utopia of the Present, 1953-1981*. Roterdã, NAi Publishers, 2005.

ROBERTO, Marcelo. Arquitetura, urbanismo e o muro das lamentações. *Acrópole*, ano 11, n. 125, São Paulo, set. 1948, p. 165-170.

RODGERS, Daniel T. *Atlantic Crossings: Social Politics in a Progressive Age*. Cambridge, Belknap Press/Harvard University Press, 1998.

ROGUSKA, Jadwiga. Il moderno in Polonia: movimenti, temi, progetti. *Rassegna*, ano 18, n. 65 (Architettura e avanguardia in Polonia 1918-1939), Bolonha, jan./mar. 1996, p. 14-25.

ROLNIK, Raquel; KOWARICK, Lúcio; SOMEKH, Nadia (Org.). *São Paulo crise e mudança*. São Paulo, Sempla/Brasiliense, 1990.

ROSSETTO, Rosella. *Produção imobiliária e tipologias residenciais modernas: São Paulo 1945/1964*. Orientadora Maria Ruth Amaral de Sampaio. Tese de doutorado. São Paulo, FAU USP, 2002.

ROWE, Colin (1947). The Mathematics of the Ideal Villa. *The Mathematics of the Ideal Villa and Other Essays*. Cambridge, The MIT Press, 1992, p. 2-27.

RUDNICKI, Szymon. From Numerus Clausus to Numerus Nullus. In POLONSKY, Antony (Org.). *From Shtetl to Socialism: Studies from Polin*. Londres, Littman Library of Jewish Civilization, 1993.

RUDNICKI, Szymon. Jews in Poland Between the Two World Wars. *Shofar*, v. 29, n. 3 (Polish Jewry), West Lafayette, Purdue University Press, primavera 2011, p. 4-23.

RUSCONI, Paolo. Invenção de um personagem: iconografia e sina de Pietro Maria Bardi nos primeiros anos 1930. In AGUILAR, Nelson (Org.). *Pietro Maria Bardi: construtor de um novo paradigma*. Campinas, Editora da Unicamp, 2019, p. 25-46.

RUSCONI, Paolo. Pietro Maria Bardi's First Journey to South America: a Narrative of Travel, Politics and Architectural Utopia. In GALIMI; Valeria; GORI, Annarita (Org.). *Intellectuals in the Latin Space during the Era of Fascism: Crossing Borders*. Abingdon, Routledge, 2020, p. 57-84.

RUSCONI, Paolo. Rua Brera n. 16: a galeria de Pietro Maria Bardi. In *Anais do Seminário Internacional Modernidade Latina: os italianos e os centros do modernismo latino-americano*. São Paulo. São Paulo, MAC USP, 2013.

RUSKIN, John. *Lectures on Architecture and Painting: Delivered at Edinburgh in November 1853*. Nova York, John Wiley, 1854.

RUSPIO, Federica. Network analysis e microstoria: il caso della nazione porthoghese. In LANARO, Paola (Org.). *Microstoria: a venticinque anni da "L'eredità immateriale"*. Milão, Franco Angeli, 2011, p. 133-152.

RUSSELL-WOOD, Anthony John R. Robert Chester Smith: investigador e historiador / Robert Chester Smith: Research Scholar and Historian. In SALA, Dalton (Org.). *Robert C. Smith (1912-1975). A Investigação na história de arte / Research in History of Art*. Catálogo de exposição. Lisboa, Fundação Calouste Gulbenkian, 2000, p. 30-65.

RYTEL, Grzegorz. *Lucjan Korngold: Warszawa-São Paulo 1897-1963*. Varsóvia, Salix Alba, 2014.

SAIA, Luís (1959). Arquitetura paulista. In XAVIER, Alberto (Org.). *Depoimento de uma geração: arquitetura moderna brasileira*. São Paulo, Pini/Asbea/Fundação Vilanova Artigas, 1987, p. 100-119.

SAIA, Dalton (Org.). *Robert C. Smith (1912-1975). A investigação na história de arte / Research in History of Art*. Catálogo de exposição. Lisboa, Fundação Calouste Gulbenkian, 2000.

SALMONI, Anita; DEBENEDETTI, Emma (1953). *Arquitetura italiana em São Paulo*. São Paulo, Perspectiva, 1981.

SAMET, Henrique. *Poucos e muitos: a comunidade judaica e seus desviantes na cidade do Rio de Janeiro (1850-1920)*. Rio de Janeiro, Garamond, 2019.

SAMPAIO, Maria Ruth Amaral de. *A promoção privada de habitação econômica e a arquitetura moderna 1930-1964*. São Carlos, RiMa, 2002.

SAMPAIO, Maria Ruth Amaral de (Org.). *São Paulo, 1934-1938: os anos da administração Fábio Prado*. São Paulo, FAU USP, 1999.

SANTOS, Paulo. Constantes de sensibilidade na arquitetura do Brasil. *Arquitetura Revista*, n. 6, FAU UFRJ, jul./dez. 1988, p. 52-71.

SANTOS, Paulo. *Subsídios para o estudo da arquitetura religiosa em Ouro Preto*. Rio de Janeiro, Kosmos, 1951.

SARTORIS, Alberto. *Encyclopédie de l'architecture nouvelle: ordre et climat américains*. Volume 3. Milão, Ulrico Hoepli Éditeur, 1954.

SCHAMA, Simon. *Paisagem e memória*. São Paulo, Companhia das Letras, 1996.

SCHEERBART, Paul (1914). *L'architecture de verre*. Estrasburgo, Circé, 1995.

SCHLESINGER, Hugo. *Presença e integração*. São Paulo, Mundus, 1985.

SCHNEIDER, Alberto Luiz. *Silvio Romero: hermeneuta do Brasil*. São Paulo, Annablume, 2005.

SCHULTZE-NAUMBURG, Paul (1928). Art and Race. In KAES, Anton; JAY, Martin; DIMENDBERG, Edward. *The Weimar Republic Sourcebook*. Berkeley, University of California Press, 1995, p. 496-499.

SCHULZE, Franz. *Mies van der Rohe: a Critical Biography*. Chicago, University of Chicago Press, 1985.

SCHWARTZ, Jorge; MONZANI, Marcelo (Org.). *A arte degenerada de Lasar Segall: perseguição à arte moderna em tempos de guerra*. Catálogo de exposição. Curadoria Helouise Costa e Daniel Rincon Caires. São Paulo, Museu Lasar Segall/MAC USP, 2018.

SCRIVANO, Paolo. *Building Transatlantic Italy: Architectural Dialogues with Postwar America*. Abingdon, Routledge, 2013.

SEGAWA, Hugo. Le Belle Americhe / Americas the Beautiful. *Spazio e Società*/ Space & Society. Milão, n. 80, out./dez. 1997, p. 86-89.

SEGAWA, Hugo. *Prelúdio da metrópole: arquitetura e urbanismo em São Paulo na passagem do século 19 ao 20*. São Paulo, Ateliê, 2000.

SEGAWA, Hugo; DOURADO, Guilherme Mazza. *Oswaldo Arthur Bratke*. São Paulo, ProEditores, 1997.

SERAPIÃO, Fernando. *Arquitetura revista: a Acrópole e os edifícios de apartamento em São Paulo (1938-1971)*. Orientadora Nadia Somekh. Dissertação de mestrado. São Paulo, FAU Mackenzie, 2006.

SERAPIÃO, Fernando. Moderno nas alturas. *Monolito*, n. 19 (Higienópolis), fev./mar. 2014, p. 14-26.

SHARON, Arieh. *Kibbutz + Bauhaus: an Architect's Way in a New Land*. Stuttgart, Krämer, 1976.

SHECHORI, Ran. *Zeev Rechter*. Jerusalém, National Council of Culture and Art/Hakibbuts Hameuchad/Keter, 1987.

SILVA, Joana Mello de Carvalho e. *O arquiteto e a produção da cidade: a experiência de Jacques Pilon, 1930-1960*. São Paulo, Annablume, 2022.

SILVA, Vicente Gil da. *Planejamento e organização da contrarrevolução preventiva no Brasil: atores e articulações transnacionais (1936-1964)*. Orientador Renato Luís do Couto Neto e Lemos. Tese de doutorado. Rio de Janeiro, Instituto de História UFRJ, 2020.

SIMIONI, Ana Paula Cavalcanti. *Profissão artista: pintoras e escultoras acadêmicas brasileiras*. São Paulo, Edusp, 2019.

SIMMEL, Georg (1909). Bridge and Door. *Theory, Culture & Society*, v. 11, n. 5, Londres, fev. 1994, p. 5-10.

SIMMEL, Georg. *Soziologie. Untersuchungen über die Formen der Vergesellschaftung*. Berlin, Duncker & Humblot, 1908.

SIMMEL, Georg (1908). The Sociological Significance of the "Stranger". In PARK, Robert E.; BURGESS, Ernst W. (Org.). *Introduction to the Science of Sociology*. Chicago, University of Chicago Press, 1921, p. 322-327.

SIMMEL, Georg. *The Sociology of Georg Simmel*. Organização Kurt H. Wolff. Nova York, The Free Press, 1964.

SIMMEL, Georg (1908). The Stranger. In SIMMEL, Georg. *The Sociology of Georg Simmel*. Organização Kurt H. Wolff. Nova York, Free Press, 1964, p. 402-408.

SINGER, Isaac Bashevis. *A família Moskat*. Rio de Janeiro, Francisco Alves, 1982.

SINGER, Israel Joshua. *The Brothers Ashkenazi*. Nova York, Alfred A. Knopf, 1936.

SIQUEIRA, Vera Beatriz. *Burle Marx*. São Paulo, Cosac Naify, 2004.

SITTE, Camillo. *A construção das cidades segundo seus princípios artísticos*. Organização Carlos Roberto Monteiro de Andrade. Tradução Ricardo Ferreira Henrique. São Paulo, Ática, 1992.

SKIBNIEWSKI, Zygmunt. Architektura Wnetrza uwagio wystawie w instytucie propagandy sztuki [Arquitetura de interiores: comentários sobre a exposição no Instituto de Arte e Propaganda]. *Arkady*, ano 3, n. 5, Varsóvia, mai. 1937, p. 233-244.

SMITH, Robert Chester. Jesuit Buildings in Brazil. *The Art Bulletin*, v. 30, n. 3, Nova York, set. 1948, p. 187-213.

SMITH, Robert Chester; João Frederico Ludovice an Eighteenth Century Architect in Portugal. *The Art Bulletin*, v. 18, n. 3, Nova York, set. 1936, p. 273-370.

SOMEKH, Nadia. *A cidade vertical e o urbanismo modernizador: São Paulo 1920-1939*. São Paulo, Edusp/Studio Nobel, 1997.

SONDER, Ines. *Lotte Cohn: Pioneer Woman Architect in Israel*. Tel Aviv, Bauhaus Center, 2008.

SOSNOWSKI, Oskar. *Album mlodej architektury* [Álbum da nova arquitetura]. Varsóvia, Wydano staraniem Zwiazku Sluchczow Architektury Politechniki Waszawskiej, 1930, p. 508-512.

SOUZA, Gisela Barcellos de. *Tessituras híbridas ou o duplo regresso: encontros latino-americanos e traduções culturais do debate sobre o retorno à cidade*. Orientador Paulo Bruna. Tese de doutorado, FAU USP, 2013.

SOUZA, Luiz Felipe Machado Coelho de. *Irmãos Roberto, arquitetos*. Rio de Janeiro, Rio Books, 2014.

SOUZA, Ricardo Forjaz Christiano de. *O debate arquitetônico brasileiro 1925-36*. Orientador Celso Fernando Favaretto. Tese de doutorado. São Paulo, FFLCH USP, 2004.

STANIEWICZ, Leon. *Politechnika Warszawska 1915-1925: Ksiega Pamiatkowa* [Universidade de Tecnologia de Varsóvia 1915-1925: livro do ano]. Varsóvia, Wydzialu Nauki Ministerstwa Wyznan Religijnych i Oswiecenia Publicznego, 1925.

STEFANSKI, Krzysztof. *Henryk Hirszenberg, 1885-1955: I srodowisko zydowskich architektów Lodzi* [Henryk Hirszenberg, 1885-1955: e a comunidade de arquitetos judeus em Lodz]. Lodz, Wydawnictwo Uniwersytetu Lodzkiego, 2021.

STEINBERG, Saul. *The Passport*. Nova York, Vintage Books, 1979.

STEINER, Edward A. *On the Trail of the Immigrant*. Nova York, Fleming H. Revell, 1906.

STEINER, George. *Extraterritorial. Extraterritorial. Papers on Literature and the Language Revolution*. Nova York, Atheneum, 1971, p. 3-11.

STIEBER, Nancy. Microhistory of the Modern City: Urban Space, Its Use and Representation. *Journal of the Society of Architectural Historians*, v. 58, n. 3, Berkeley/Chicago, University of California Press/Society of Architectural Historians, set. 1999, p. 382-391.

STOLS, Eddy. Les étudiants brésiliens en Belgique. *Revista de História*, v. 50, n. 100, São Paulo, Departamento de História, FFLCH USP, out./dez. 1974, p. 653-692.

STONE, Daniel. Jews and the Urban Question in Late Eighteenth Century Poland. *Slavic Review*, v. 50, n. 3, Cambridge, Cambridge University Press, outono 1991, p. 531-541.

STRAUVEN, Francis. *Aldo van Eyck: the Shape of Relativity*. Amsterdam, Architectura & Natura, 1998.

SULLIVAN, Louis H. The Tall Office Building Artistically Considered. *Lippincott's*, n. 57, Filadélfia, mar. 1896, p. 403-409.

SUMMERSON, John. *A linguagem clássica da arquitetura*. 3ª edição. São Paulo, Martins Fontes, 1999.

SUZIGAN, Wilson. *Indústria brasileira: origem e desenvolvimento*. São Paulo, Hucitec/Editora Unicamp, 2000.

TABACOW, José (Org.). *Roberto Burle Marx: arte & paisagem*. São Paulo, Studio Nobel, 2004.

TAFURI, Manfredo; DAL CO, Francesco. *Modern Architecture: History of World Architecture*. Volume 2. Milão, Electa, 1976.

TAMBORRINO, Rosa; ZUCCONI, Guido. *Lo spazio narrabile: scritti di storia dela città in onore di Donatella Calabi*. Macerata, Quodlibet, 2014.

TARASANTCHI, Ruth Sprung (Org.). *Os Worms: Bertha e Gastão: pinturas e desenhos*. Catálogo de exposição. São Paulo, Pinacoteca do Estado, 1996.

TENTORI, Francesco. *P. M. Bardi*. São Paulo, Instituto Bardi/Imesp, 2000.

TETTAMANZI, Régis. *Les écrivains français et le Brésil: la construction d'un imaginaire de "La Jangada" à "Tristes tropiques"*. Paris, L'Harmattan, 2004.

TEUT, Anna. Al Mansfeld: *Architekt in Israel / an Architect in Israel*. Berlim, Ernst, 1998.

TINEM, Nelci. *O alvo do olhar estrangeiro: o Brasil na historiografia da arquitetura moderna*. João Pessoa, Manufatura, 2002.

TOBIN, Robert. Todd Samuel Presner. Mobile Modernity: Germans, Jews, Trains. Resenha de livro. *German Politics & Society*, v. 27, n. 1, Nova York, primavera 2009, p. 67-70.

TOGNON, Marcos. *Arquitetura Italiana no Brasil: a obra de Marcello Piacentini*. Campinas, Editora Unicamp, 1999.

TOLEDO, Benedito Lima de. *Prestes Maia e as origens do urbanismo moderno em São Paulo*. São Paulo, Empresa das Artes, 1996.

TOURNIKIOTIS, Panayotis. *The Historiography of Modern Architecture*. Cambridge, The MIT Press, 1999.

TUROWSKI, Andrzej. Dai villaggi operai all'ideale cooperativo. *Rassegna*, ano 18, n. 65 (Architettura e avanguardia in Polonia 1918-1939), Bolonha, jan/mar. 1996, p. 48-59.

TYLOR, Edward B. *Primitive Culture Research into the Development of Mythology, Philosophy, Religion, Art, and Custom*. Volume 1. Londres, John Murray, 1871.

VARGAS, Milton (Org.). *Contribuições para a história da engenharia no Brasil*. São Paulo, Edusp, 1994.

VARGAS, Milton (Org.). *História da técnica e da tecnologia no Brasil*. São Paulo, Editora da Unesp/Centro Estadual de Educação Tecnológica Paulo Souza, 1994.

VASCONCELOS, Augusto Carlos de. *O concreto no Brasil, volume 1: recordes, realizações, história*. São Paulo, Copiare, 1985.

VASCONCELOS, Augusto Carlos de. *O concreto no Brasil, volume 2: professores, cientistas, técnicos*. São Paulo, Pini, 1992.

VENTURI, Robert; SCOTT BROWN, Denise; IZENOUR, Steven. *Learning from Las Vegas*. Cambridge, The MIT Press, 1972.

VERGER, Pierre. *Pierre Verger 50 anos de fotografia, 1932-1982*. Salvador, Fundação Pierre Verger, 2011.

VERNANT, Jacques. *The Refugee in the Post-War World*. Londres, George Allen & Unwin, 1953.

VIANA, Gabriela Petter. *Construindo o bairro e a cidade: formação do Bom Retiro em São Paulo (1810-1914)*. Orientadora Beatriz Piccolotto Siqueira Bueno. Trabalho Final de Graduação. São Paulo, FAU USP, 2021.

VIDLER, Anthony. Agoraphobia: Spatial Estrangement in Georg Simmel and Siegfried Kracauer. *New German Critique*, n. 54 (número especial sobre Siegfried Kracauer), Durham, outono 1991, p. 31-45.

VITRUVIUS. *The Ten Books on Architecture*. Nova York, Dover Publications, 1960.

WAGNER, Anna Agata. Works of Karol Jankowski (1868-1928), Czeslaw Przybylski (1880-1936) and Rudolf Swierczynski (1883-1943) as the background for the changes in architectural design teaching at the Faculty of Architecture of Warsaw University of Technology in the 1920s. *IOP Conference Series: Materials Science and Engineering*, 2019, v. 603, n. 4, set. 2019.

WALDMAN, Berta. *Entre passos e rastros: presença judaica na literatura brasileira contemporânea*. São Paulo, Perspectiva/Associação Universitária de Cultura Judaica, 2003.

WALZER, Michael; KANTOWICZ, Edward T.; HARRINGTON, Mona (Org.). *The Politics of Ethnicity*. Cambridge, Harvard University Press, 1982.

WARCHAVCHIK, Gregori. Acerca da arquitetura moderna. *Correio da Manhã*, n. 9.438, Rio de Janeiro, Suplemento, 1 nov. 1925, p. 9. Publicação original: WARCHAVCHIK, Gregori. Intorno all'architettura moderna. *Il Piccolo*, São Paulo, 14 jun. 1925.

WARHAFTIG, Myra. *Deutsche jüdische Architekten vor und nach 1933: Das Lexikon*. Berlim, Dietrich Reimer, 2005.

WATANABE JR., Julio. Origens do empresariado da construção civil em São Paulo. In GITAHY, Maria Lucia Caira; PEREIRA, Paulo César Xavier (Org.). *O complexo industrial da construção e habitação econômica moderna 1930-1964*. São Carlos, RiMa, 2002, p. 56-69.

WEIMER, Günter. *A arquitetura da imigração alemã: um estudo sobre a adaptação da arquitetura centro-europeia ao meio rural do Rio Grande do Sul*. Porto Alegre, Editora da UFRGS, 1983.

WELTER, Volker M. The 1925 Master Plan for Tel-Aviv by Patrick Geddes. *Israel Studies*, Indiana University Press, vol. 14, n. 3 (Tel-Aviv Centenary), outono 2009, p. 94-119.

WENDERSKI, Michal. *Cultural Mobility in the Interwar Avant-Garde Art Network. Poland, Belgium and the Netherlands*. Nova York, Routledge, 2019.

WILK, Christopher (Org.). *Modernism: Designing a New World, 1914-1939*. Londres, V&A Publications, 2006.

WIRTH, Louis (1928). *Le Ghetto*. Grenoble, Presses Universitaires de Grenoble, 2006.

WIRTH, Louis. *The Ghetto*. Chicago, University of Chicago Press, 1928.

WOLFF, Egon; WOLFF, Frieda. *Dicionário biográfico 2: judeus no Brasil, século 19*. Rio de Janeiro, Erca, 1987.

WOLFF, Egon; WOLFF, Frieda. *Judeus no Brasil Imperial*. São Paulo, Centro de Estudos Judaicos, 1975.

WOLFF, Egon; WOLFF, Frieda. *Judeus nos primórdios do Brasil República: visto especialmente pela documentação no Rio de Janeiro*. Rio de Janeiro, Biblioteca Israelita H. N. Bialik, 1981.

WOLFF, Egon; WOLFF, Frieda. *Participação e contribuição de judeus ao desenvolvimento do Brasil*. Rio de Janeiro, Santuário, 1985.

WURSTER, Catherine Bauer. The Social Front of Modern Architecture in the 1930s. *Journal of the Society of Architectural Historians*, v. 24, n. 1, Berkeley, University of California Press; Chicago, Society of Architectural Historians, mar. 1965, p. 48-52.

XAVIER, Alberto (Org.). *Depoimento de uma geração: arquitetura moderna brasileira*. São Paulo, Pini/Asbea/Fundação Vilanova Artigas, 1987.

XAVIER, Alberto; LEMOS, Carlos A. C.; CORONA, Eduardo (1983). *Arquitetura moderna paulistana*. 2ª edição. São Paulo, Romano Guerra, 2017.

YOSHIDA, Celia Ballario; ANTUNES, Maria Cristina Almeida; MUNIZ, Maria Izabel Perini; SAHIHI, Venus. *Henrique Ephim Mindlin: o homem e o arquiteto*. São Paulo, Instituto Roberto Simonsen/Fiesp/Ciesp, 1975.

YOSHIOKA, Erica Yukiko. *La structure urbaine et la planification urbaine à São Paulo*. Orientador Yves Babonnaux. Tese de doutorado. Paris, Université de Paris/ Panthéon Sorbonne, 1980.

ZANINI, Walter (Org.). *História geral da arte no Brasil*. São Paulo, Instituto W. Moreira Salles/Fundação Djalma Guimarães, 1983.

ZBROJA, Barbara. Jewish architects in Cracow 1868-1939. *Scripta Judaica Cracoviensia*, Cracóvia, v. 4, 2006, p. 27-60.

ZEVI, Bruno. A fábrica dos sonhos. In LATORRACA, Giancarlo (Org.). *Cidadela da liberdade*. São Paulo, Sesc/Instituto Bardi, 1999.

ZEVI, Bruno. Architetti e critici d'arte italiani in Brasile: um museo dell'architetto Lina Bo. *Metron*, n. 30, Roma, dez. 1948, p. 34-35.

ZEVI, Bruno. *Arquitetura e judaísmo: Mendelsohn*. Organização Anat Falbel. São Paulo, Perspectiva, 2002.

ZEVI, Bruno. Brasile incerto ed eclettico, architetto Lucian Korngold. *L'Architettura Cronache e Storia*, ano 2, n. 17, Roma, mar. 1957, p. 806-807.

ZEVI, Bruno. Erich Mendelsohn expressionista. *Pretesti di critica architettonica*. Torino, Einaudi, 1983, p. 165-228.

ZEVI, Bruno. *Erich Mendelsohn. Opera completa: architetture e immagini architettoniche*. Turim, Testo & Immagine, 1997.

ZUCCONI, Guido (Org.). *Daniele Calabi: architettura e progetti, 1932-1964*. Veneza, Marsilio, 1992.

ZWIAZEK SLUCHACZOW ARCHITEKTURY POLITECHNIKI WARSZAWSKIEJ. Album mlodej architektury / Album de la Jeune Architecture [Álbum da jovem arquitetura]. Varsóvia, Wydano staraniem Zwiazku Sluchczow Architektury Politechniki Warszawskiej, 1930.

Revistas e jornais

ABREU, Abelardo Gomes de. Pontos de vista a respeito do exercício profissional da arquitetura no Brasil: considerações de um arquiteto nascido e formado em nosso país e ora em atividade nos Estados Unidos. Coluna Cartas à Redação. *Folha da Manhã*, n. 10.396, São Paulo, 18 mar. 1958, p. 6. Texto reproduzido em ABREU, Abelardo Gomes de. Considerações de arquiteto brasileiro que trabalha nos Est. Unidos. *Boletim Mensal do Instituto de Arquitetos do Brasil*, n. 60, São Paulo, IAB São Paulo, abr. 1958, p. 15.

AYALA, Walmir. Lapa, vida, paixão e morte. 2º Caderno. *Correio da Manhã*, n. 22.232, Rio de Janeiro, 25 set. 1965, p. 3.

AZEVEDO, Katia. Edifício na Paulista dará lugar a torre comercial. Caderno Cidades. *O Estado de S. Paulo*, n. 39.521, São Paulo, 31 dez. 2001, p. C1.

AZEVEDO, Katia. Prédio deve ser demolido laje por laje. Caderno Cidades. *O Estado de S. Paulo*, n. 39.521, São Paulo, 31 dez. 2001, p. C1.

BARDI, Pietro Maria. A influência estrangeira na arquitetura paulistana. *Folha de S. Paulo*, n. 21.365, São Paulo, 1 out. 1987, p. A-14.

BASTOS, Maria Alice Junqueira. O expansionismo (moderno) na Praça da Sé e o Mendes Caldeira. *Blog O espaço público*, São Paulo, 20 abr. 2017.

BECK, Francisco. Edifício Thomas Edison à rua Bráulio Gomes. *Acrópole*, ano 11, n. 121, São Paulo, mai. 1948, p. 9-11.

BECK, Francisco; KORNGOLD, Lucjan. Estudo de hotel no terreno do Sr. Edmundo Maluf situado em Guarujá. *Acrópole*, ano 9, n. 99, São Paulo, jul. 1946, p. 78-79.

BECK, Francisco; KORNGOLD, Lucjan. Immeuble commercial a Sao Paulo – Building Thomas Edison. *L'Architecture d'Aujourd'hui*, n. 21 (Architecture contemporaine dans le monde), Paris, nov./dez. 1948, p. 73-74.

BECK, Francisco; KORNGOLD, Lucjan. Résidence a Rio de Janeiro. *L'Architecture d'Aujourd'hui*, n. 18-19 (Habitations individuelles), Paris, jun. 1948, p. 82.

BECK, Francisco; KORNGOLD, Lucjan. Résidence a Sao Paulo. *L'Architecture d'Aujourd'hui*, n. 18-19 (Habitations individuelles), Paris, jun. 1948, p. 81.

BECK, Francisco; KORNGOLD, Lucjan. Residência no Sumaré à rua Duartina 325. *Acrópole*, ano 6, n. 72, São Paulo, abr. 1944, p. 372-373.

BECK, Francisco; KORNGOLD, Lucjan. Uma residência no Jardim América, São Paulo. *Acrópole*, ano 10, n. 118, São Paulo, fev. 1948, p. 264-266.

BRUKALSKI, Stanislaw; SZANAJCA, Józef. Zaklad Ubezpieczen Spolecznych. Domy mieszkalne dla urzednikow [Conjunto habitacional para empregados do Instituto de Previdência Social]. *Architektura i Budownictwo*, n. 6-7-8, Varsóvia, jun./jul./ago. 1935, n. 66.

CAMARGO, Maria Inês de. Prédio residencial será leiloado. Moradores do Ariona, construído nos anos 50, esperam conseguir US$ 24 milhões na transação. Caderno Cidades. *O Estado de S. Paulo*, n. 36.850, São Paulo, 9 set. 1994, p. C8.

CARDOZO, Roberto Coelho; COELHO, Suzana Osborn. Áreas de entrada: individualidade dentro da unidade de vizinhança. *Acrópole*, ano 17, n. 195, São Paulo, dez. 1954, p. 133-135.

ELCHANANI, Aba. Magamot Ba'Hadrichalut Ha'Israelit [Temas na arquitetura israelenses]. *Handassa ve'Hadrichalut*, n. 10, set./out., 1962, p. 317.

GOLDA-PONGRATZ, Kathrin. La transformación de estructura y significado del centro de Lima: tres aproximaciones. In DÄMMERT EGO-AGUIRRE, Manuel (Org.). *Perú: la construcción sociocultural del espacio territorial y sus centralidades*. Quito, Olacchi, 2009, p. 151-188.

KORNGOLD, Lucjan. Arquitetura industrial: conjunto de indústrias farmacêuticas. *Habitat*, n. 21, São Paulo, jun. 1955, p. 15-21.

KORNGOLD, Lucjan. Centro comercial do Bom Retiro. *Acrópole*, ano 22, n. 253, São Paulo, nov. 1959, p. 24-27.

KORNGOLD, Lucjan. Condomínio Edifício São Vicente de Paula. *Acrópole*, ano 16, n. 187, nov. 1953, p. 305-307.

KORNGOLD, Lucjan. Cozinhas residenciais. *Acrópole*, ano 16, n. 192, São Paulo, set. 1954, p. 572.

KORNGOLD, Lucjan. Edifício CBI-Esplanada. *A Construção em São Paulo*, n. 1.623, 19 mar. 1979, p. 19.

KORNGOLD, Lucjan. Edifício e garagem Bolsa de Cereais. *Acrópole*, ano 24, n. 282, São Paulo, mai. 1962, p. 200-202.

KORNGOLD, Lucjan. Edifício no Rio de Janeiro. *Acrópole*, ano 20, n. 229, São Paulo, nov. 1957, p. 18-19.

KORNGOLD, Lucjan. Edifício-sede para Cia. de Seguro. *Acrópole*, ano 24, n. 288, São Paulo, nov. 1962, p. 396-398.

KORNGOLD, Lucjan. Immeuble CBI Esplanada a Sao Paulo. *L'Architecture d'Aujourd'hui*, n. 91 (Architecture contemporaine dans le monde), Paris, nov./dez. 1948, p. 75-82.

KORNGOLD, Lucjan. Immeuble CBI Esplanada a Sao Paulo. *L'Architecture d'Aujourd'hui*, n. 42-43 (Brésil), Paris, ago. 1952, p. 35-37.

KORNGOLD, Lucjan. Moradia na Chácara Flora. *Habitat*, n. 62, São Paulo, 1960, p. 19-21.

KORNGOLD, Lucjan. Palácio do Comércio. *Acrópole*, ano 17, n. 197, São Paulo, fev. 1955, p. 233-235.

KORNGOLD, Lucjan. Palácio do Comércio. *Acrópole*, ano 19, n. 224, São Paulo, jun. 1957, p. 284-289.

KORNGOLD, Lucjan. Palais du commerce à São Paulo. *L'Architecture d'Aujourd'hui*, n. 90 (Brésil Brasilia Actualités), Paris, jun./jul. 1960, p. 50-51.

KORNGOLD, Lucjan. Paris, Haussmann, Rio de Janeiro e o concurso do Itamaraty. *Acrópole*, ano 6, n. 61, São Paulo, mai. 1943, p. 445-450.

KORNGOLD, Lucjan. Prédio de apartamentos à Rua São Vicente de Paula. *Acrópole*, ano 10, n. 117, jan. 1948, p. 233-235.

KORNGOLD, Lucjan. Residência Fritz Blankenstein, Sítio das Colinas, Suzano SP. *Acrópole*, ano 15, n. 177, São Paulo, jan. 1953, p. 311-315.

KORNGOLD, Lucjan. Residência na Chácara Flora. *Acrópole*, ano 21, n. 246, São Paulo, abr. 1959, p. 210-212.

KORNGOLD, Lucjan. Residência no Jardim Europa. *Habitat*, n. 62, São Paulo, 1960, p. 22-24.

KORNGOLD, Lucjan. Residência no Jardim Paulista. *Acrópole*, ano 16, n. 183, São Paulo, jul. 1953, p. 112-116.

KORNGOLD, Lucjan. Residência no Rio de Janeiro. *Acrópole*, ano 18, n. 211, abr. 1956, p. 268-271.

KORNGOLD, Lucjan. Residência no Sítio das Colinas, Suzano SP. *Arquitetura e Engenharia*, n. 15, São Paulo, jan./fev. 1951, 53-57.

KORNGOLD, Lucjan. Sao Paulo Apartment. *The Architectural Forum*, v. 87, n. 5, Marsh Lane, nov. 1947, p. 101.

KORNGOLD, Lucjan. Uma residência no Rio de Janeiro. *Acrópole*, ano 10, n. 117, jan. 1948, p. 236-237.

KORNGOLD, Lucjan. Willa przy ulicy Chocimskiej w Warszawie [Residência na rua Chocimska em Varsóvia]. *Architektura i Budownictwo*, n. 8, Varsóvia, ago. 1932, p. 244-246.

KORNGOLD, Lucjan; ABREU, Abelardo Gomes de. Edifício de escritórios. *Acrópole*, ano 30, n. 399, São Paulo, ago. 1968, p. 43.

KORNGOLD, Lucjan; BLUM, Henryk. Dom jednorodzinny Skolimów [Residência unifamiliar, Skolimów]. *Architektura i Budownictwo*, n. 6-7-8, jan./jul./ago. 1935, p. 64.

KORNGOLD, Lucjan; BLUM, Henryk. Dom jednorodzinny, Skolimów [Residência unifamiliar, Skolimów]. *Architektura i Budownictwo*, n. 6-7-8, Varsóvia, jun./jul./ago. 1935, p. 66.

KORNGOLD, Lucjan; BLUM, Henryk. Marii Arenstein, Sródrorów [Residência unifamiliar, Sródrorów]. *Architektura i Budownictwo*, n. 4-5, Varsovia, abr./mai. 1937, p. 204.

KORNGOLD, Lucjan; CARDOZO, Roberto Coelho; TENREIRO, Joaquim. Residência no Jardim Europa. *Habitat*, n. 23, São Paulo, ago. 1955, p. 22-25.

KORNGOLD, Lucjan; LUBINSKI, Piotr Maria; BLUM, Henryk. Dom jednorodzinny – Villa [Duas casas unifamiliares]. *Architektura i Budownictwo*, ano 8, n. 4-5, 1937, p. 204.

KORNGOLD, Lucjan; LUBINSKI, Piotr Maria. Dom jednorodzinny, Warszawie [Residência unifamiliar, Varsóvia]. *Architektura i Budownictwo*, n. 6-7-8, Varsóvia, jun./jul./ago. 1935, p. 63.

KORNGOLD, Lucjan; LUBINSKI, Piotr Maria. Dom jednorodzinny, Warszawie [Residência unifamiliar, Varsóvia]. *Architektura i Budownictwo*, n. 6-7-8, Varsóvia, jun./jul./ago. 1935, p. 74.

KORNGOLD, Lucjan; LUBINSKI, Piotr Maria. Dom jednorodzinny, Warszawa [Residência unifamiliar, Varsóvia]. *Architektura i Budownictwo*, n. 4-5, Varsóvia, abr./mai. 1937, p. 204.

KORNGOLD, Lucjan; LUBINSKI, Piotr Maria. Nowe sposoby zawieszania firanek [Novas formas de pendurar cortinas]. *Dom, Osiedle, Mieszkanie*, n. 10, Varsóvia, out. 1935, p. 26-29.

KORNGOLD, Lucjan; LUBINSKI, Piotr Maria. Z zmieszkan warszawskich [Dos moradores de Varsóvia]. *Arkady*, ano 3, n. 1, Varsóvia, jan. 1937, p. 41.

LUBINSKI, Piotr Maria. Jasniejszy Promien [Celebridades mais brilhantes]. *Arkady*, ano 1, n. 5, Varsóvia, set. 1935, p. 200-206.

LUBINSKI, Piotr Maria. Nowa architektura polska [Nova arquitetura polonesa]. *Arkady*, ano 2, n. 1, Varsóvia, jan. 1936, p. 36-41.

LUBINSKI, Piotr Maria. Plakat angielski [Pôster em inglês]. *Arkady*, ano 3, n. 4, Varsóvia, abr. 1937, p. 212-215.

LUBINSKI, Piotr Maria. Pocztówka z Neapolu [Postal de Nápoles]. *Arkady*, ano 3, n. 3, Varsóvia, mar. 1937, p. 147-1508.

LUBINSKI, Piotr Maria. Przebudowa Gmachu T-Wa Ubezpieczen, Polonia, w Warszawie [Reconstruçao do Edifício T-Wa Ubezpieczen, Polônia, em Varsóvia]. *Architektura i Budownictwo*, ano 10, n. 6, 1934, p. 198-199.

LUBINSKI, Piotr Maria. Sypialnia [Quarto]. *Arkady*, ano 1, n. 2, Varsóvia, jun. 1935, p. 90-94.

LUBINSKI, Piotr Maria. Villa a Varsovie. *L'Architecture d'Aujourd'hui*, n. 2, Paris, fev. 1935, p. 42-44.

LUBINSKI, Piotr Maria. Weekend XVIII wieku [Fim de semana do século 18]. *Arkady*, ano 1, n. 4, Varsóvia, ago. 1935, p. 197-205.

LUBINSKI, Piotr Maria. Wystawa Budowlano Mieszkaniowa BGK [Exposição de Construção e Habitação BGK]. *Arkady*, ano 1, n. 3, Varsóvia, jul. 1935, p. 141-149.

MALCOVATI, Silvia. Peter Behrens alla V Triennale di Milano. 1933. *La Rivista di Engramma*, n. 164, Veneza, abr. 2019.

MATARAZZO NETTO, Francisco; KORNGOLD, Lucjan. Banco Nacional da Cidade de S. Paulo S.A. *Acrópole*, ano 5, n. 55, São Paulo, nov. 1942, p. 241-247.

MATARAZZO NETTO, Francisco; KORNGOLD, Lucjan. Edifício Central. *Acrópole*, ano 6, n. 68, São Paulo, set. 1943, p. 215-224.

MATARAZZO NETTO, Francisco; KORNGOLD, Lucjan. Edifício Santa Amália à rua Piauí 760, São Paulo. *Acrópole*, ano 6, n. 64, São Paulo, ago. 1943, p. 95-99.

MATARAZZO NETTO, Francisco; KORNGOLD, Lucjan. Residência do Exmo. Snr. Dr. H. P. à rua Itápolis n. 54, Pacaembu, São Paulo. *Acrópole*, ano 5, n. 53, São Paulo, set. 1942, p. 185-190.

MAURÍCIO, Jayme. Tarsila, pau-brasil, antropofagia e pintura social. 2º Caderno. *Correio da Manhã*, n. 23.308, Rio de Janeiro, 10 abr. 1969, p. 2.

MAURÍCIO, Jayme. Com Le Corbusier na chácara de Burle Marx. Coluna Itinerário das Artes Plásticas, 2º Caderno. *Correio da Manhã*, n. 21.395, Rio de Janeiro, 30 dez. 1962, p. 2.

NEVES, Christiano Stockler das. Decadência artística. Suplemento de Domingo. *Correio da Manhã*, n. 11.200, 21 jun. 1931, p. 5.

NEVES, Christiano Stockler das. O bluff arquitetônico. *Architectura e Construcções*, v. 2, n. 23, nov. 1931, p. 1-6.

NORWERTH, Edgar. Konkurs na budowe gmachu Ministerstwa Robót Publicznych i Banku Gospodarstwa Krajowego [Concurso para construção do edifício do Ministério das Obras Públicas e Banco de Desenvolvimento Polonês]. *Architektura i Budownictwo*, ano 3, n. 10, 1927, p. 307-323.

PAGANO, Giuseppe. Arquitetura industrial. *Acrópole*, ano 19, n. 227, São Paulo, set. 1957, p. 413-417.

PANKOWSKI, Jerzy. Gmach Banku Gospodarstwa Krajowego w Warszawie [A construção do Banco Gospodarstwa Krajowego em Varsóvia]. *Architektura i Budownictwo*, ano 8, n. 10, 1932, p. 301-320.

PNIEWSKI, Bogdan; BRUKALSKI, Stanislaw; LACHERT, Bohdan; SZANAJCA, Jósef. Le Pavillon de la Pologne. *L'Architecture d'Aujourd'hui*, n. 8, Paris, ago. 1937, p. 26-27.

REDAÇÃO. "Esta fábrica de penicilina sobrepuja tudo que vi antes": Fleming, em São Paulo, inaugura fábrica dos Fontoura. *Tribuna da Imprensa*, n. 1.334, Rio de Janeiro, 15 mai. 1954, p. 8.

REDAÇÃO. A estrutura metálica do Palácio do Comércio. *Correio Paulistano*, n. 31.014, São Paulo, 11 mai. 1957, p. 8.

REDAÇÃO. Avisos: Martinho Burchard (necrológio). *Correio Paulistano*, n. 14.478, São Paulo, 4 dez. 1903, p. 3.

REDAÇÃO. Congresso de arquitetos. Caderno Assuntos Diversos. *Folha de S.Paulo*, n. 11.189, São Paulo, 9 out. 1960, p. 6.

REDAÇÃO. Doação do arquiteto Lucjan Korngold ao Museu de Arte. *Diário da Noite*, n. 7.350, São Paulo, 24 nov. 1948, p. 5.

REDAÇÃO. Exposição Internacional da Construção Popular: centenas de construtores nacionais e estrangeiros serão convidados a expor. *Jornal de Notícias*, n. 753, São Paulo, 3 out. 1948, p. 4.

REDAÇÃO. Falecimentos: Dr. Lucjan Korngold (necrológio). *O Estado de S. Paulo*, n. 26.930, São Paulo, 7 fev. 1963, p. 13.

REDAÇÃO. Gigantesca estrela Mercedes-Benz nos céus de São Paulo. Caderno Automóveis. *Jornal do Brasil*, n. 88, Rio de Janeiro, 16-17 abr. 1961, p. 1.

REDAÇÃO. Gigantesco arranha-céu em São Paulo: iniciado na convenção da Intercap, o monumental Edifício Wilson Mendes Caldeira. *Última Hora*, n. 2.573, Rio de Janeiro, 20 nov. 1958, p. 4.

REDAÇÃO. IV Bienal: decisão do júri de arquitetura. *O Estado de S. Paulo*, n. 25.180, São Paulo, 5 jun. 1957, p. 9.

REDAÇÃO. Listagem de benfeitores da Congregação Israelita Paulista. *A Crônica Israelita*, número especial, São Paulo, set. 1957, p. 28-31.

REDAÇÃO. Lucjan Korngold (necrológio). *Acrópole*, ano 25, n. 292, São Paulo, mar. 1963, p. 100.

REDAÇÃO. Lucjan Korngold (necrológio). *Folha de S.Paulo*, n. 12.289, São Paulo, 7 fev. 1963, p. 6.

REDAÇÃO. Meble wnetrza wydzialu architektury politechnik e warszawskiej [Móveis de interior da Faculdade de Arquitetura da Universidade Técnica de Varsóvia]. *Dom, Osiedle, Mieszkanie*, n. 8, Varsóvia, ago. 1936, p. 17-21.

REDAÇÃO. No centro comercial de São Paulo levanta-se o primeiro edifício de estrutura metálica fabricada e montada por técnicos brasileiros. *O Estado de S. Paulo*, n. 25.156, São Paulo, 8 mai. 1957, p. 11.

REDAÇÃO. Mieszkalny przy ul. Koszykowej [Casa na rua Koszykowej 10]. *Arkady*, ano 4, n. 9, Varsóvia, set. 1938, p. 476.

REDAÇÃO. No centro comercial de São Paulo levanta-se o primeiro edifício de estrutura metálica fabricada e montada por técnicos brasileiros. *O Estado de S. Paulo*, n. 25.156, São Paulo, 8 mai. 1957, p. 11.

REDAÇÃO. Notícias: Código de Obras do Município de São Paulo. *Engenharia*, ano 7, n. 81, São Paulo, Instituto de Engenharia, mai. 1949, p. 423-424.

REDAÇÃO. Novos sócios do Museu de Arte Moderna do Rio de Janeiro. *Correio da Manhã*, n. 19.334, Rio de Janeiro, 6 abr. 1956, p. 10.

REDAÇÃO. Nowe domy w Warszawie [Novos edifícios residenciais em Varsóvia]. *Arkady*, ano 4, n. 9, Varsóvia, set. 1938, p. 465-476.

REDAÇÃO. O Brasil no Petit Palais. Coluna Itinerário das Artes Plásticas, 2º Caderno. *Correio da Manhã*, n. 21.131, Rio de Janeiro, 14 fev. 1962, p. 2.

REDAÇÃO. O Edifício Intercap. *O Malho*, ano 49, n. 140, Rio de Janeiro, set. 1951, p. 30.

REDAÇÃO. O maior prédio da América do Sul ergue-se em São Paulo, no parque Anhangabaú: os edifícios Esplanada e CBI terão 34 pavimentos! *Jornal de Notícias*, n. 327, São Paulo, 15 mai. 1947, p. 5.

REDAÇÃO. O maior prédio da América Latina está sendo construído em São Paulo. *Correio Paulistano*, n. 28365, São Paulo, 23 set. 1948, p. 5.

REDAÇÃO. Os gigantes de concreto armado. Em revista os maiores edifícios construídos na capital paulista. Os quatro ases: CBI-Esplanada, América, Banco do Estado e Banco do Brasil. Caderno Assuntos Especializados II. *Folha da Manhã*, n. 9.081, São Paulo, 1 nov. 1953, p. 7.

REDAÇÃO. Recebendo os artistas. Caderno Vida Social II. *Folha de S. Paulo*, n. 11.177, São Paulo, 25 set. 1960, p. 2.

REDAÇÃO. Recorde mundial de construção. *Correio Paulistano*, n. 31.891, São Paulo, 16 mar. 1960, p. 8.

REDAÇÃO. Różne [Diversos]. *Architectura i Budownictwo*, n. 8, Varsóvia, ago. 1928, p. 317.

REDAÇÃO. Será uma cidade dentro da cidade. *Diário da Noite*, n. 6.654, São Paulo, 9 abr. 1946, p. 10; 2.

REDAÇÃO. Sujeitos à revalidação os diplomas obtidos fora do Brasil: a igualdade de tratamento em face da Constituição para nacionais e estrangeiros – a admissão de técnicos. *Folha da Manhã*, n. 6.923, São Paulo, 26 out. 1946, p. 2.

REDAÇÃO. VI Congresso Pan-Americano de Arquitetos. *Revista de Arquitetura*, ano 12, n. 80, Rio de Janeiro, jul./ago. 1947, p. 9-10.

RIBEIRO, Paulo Antunes; REBOUÇAS, Diógenes. Hotel a Bahia (Brésil). *L'Architecture d'Aujourd'hui*, n. 27, Paris, dez. 1949, p. 88-90.

THOMAZ, Joaquim. Inaugurado o novo edifício do "Estado". *O Estado de S. Paulo*, n. 24.010, São Paulo, 19 ago. 1953, capa.

WARCHAVCHIK, Gregori; COSTA, Lúcio. Apartamentos econômicos Gamboa. *Revista da Diretoria de Engenharia*, ano 1, n. 1, Rio de Janeiro, Prefeitura do Distrito Federal, jul. 1932, p. 6.

ZALSZUPIN, Jerzy (Jorge); KORNGOLD, Lucjan. Edifício Wilson Mendes Caldeira. *Acrópole*, ano 25, n. 299, São Paulo, set. 1963.

Publicidade

Banco Continental de São Paulo S.A: mudamos para sede própria. *Correio Paulistano*, n. 28.297, São Paulo, 4 jul. 1948, p. 8.

CBI-Esplanada: cinco milhões de horas de operários para a construção dos edifícios CBI e Esplanada. *Jornal de Notícias*, n. 324, São Paulo, 11 mai. 1947, p. 5.

Centro Comercial do Bom Retiro: 3 novas ruas, 7 edifícios, prolongando a fabulosa "José Paulino". *Diário da Noite*, n. 10.863, São Paulo, 1 jul. 1960, p. 8.

Companhia Brasileira de Investimentos. *Jornal do Comércio*, n. 253, Rio de Janeiro, 28 jul. 1948, p. 12.

Companhia de Importações Industrial e Construtora: empreendimentos imobiliários. *O Jornal*, n. 10.131, Rio de Janeiro, 21 mai. 1953, p. 12.

Companhia de Importações Industrial e Construtora: empreendimentos imobiliários. *Correio da Manhã*, n. 18.451, Rio de Janeiro, 21 mai. 1953, p. 9.

Companhia Imobiliária e Comercial Gávea Parque: relatório da diretoria. *Jornal do Comércio*, n. 171, Rio de Janeiro, 24 abr. 1946, p. 14.

Companhia Imobiliária Industrial e Comercial: ata da assembleia geral ordinária de 15 de dezembro de 1951. Segunda seção. *O Jornal*, n. 9.703, Rio de Janeiro, 16 dez. 1951, p. 3.

Edifício Avenida Paulista. Elevadores Atlas, símbolo de valorização imobiliária. *Acrópole*, ano 26, n. 320, São Paulo, ago. 1965, p. 10.

Edifício Avenida Paulista. *O Estado de S. Paulo*, n. 26.397, São Paulo, 7 jan. 1962, p. 71.

Edifício Bolsa de Cereais de São Paulo: expressivo número de profissionais liberais, homens de negócios, comerciantes e industriais já escolheram o Edifício Bolsa de Cereais de São Paulo, Caderno Assuntos Gerais. *Folha da Manhã*, n. 9.568, São Paulo, 3 jun. 1955, p. 1.

Edifício Bolsa de Cereais de São Paulo: um convite de homens de negócio para homens de negócio. *O Estado de S. Paulo*, n. 24.588, São Paulo, 3 jul. 1955, p. 11.

Edifício Bolsa de Imóveis no ponto de maior futuro de S. Paulo! *Folha da Manhã*, n. 6.664, São Paulo, 16 dez. 1945, p. 5.

Edifício Bolsa de Imóveis no ponto de maior futuro de S. Paulo! *O Estado de S. Paulo*, n. 21.658, São Paulo, 16 dez. 1945, p. 5.

Edifício Bolsa de Mercadorias: projeto da Arquitetura e Construções Luz-Ar Ltda. *Acrópole*, ano 9, n. 107, São Paulo, mar. 1947, p. 306-308.

Edifício Capital. 3º Caderno. *Correio da Manhã*, n. 17.979, Rio de Janeiro, 28 out. 1951, p. 17.

Edifício CBI-Esplanada. *Revista Municipal de Engenharia*, ano 9, n. 4, Rio de Janeiro, out./dez. 1952, p. 241.

Edifício Chopin: últimas unidades à venda. *O Estado de S. Paulo*, n. 27.444, São Paulo, 8 out. 1964, p. 40.

Edifício Fabíola: na Praça Buenos Aires. Caderno Economia e Finanças. *Folha de S.Paulo*, n. 11.624, São Paulo, 9 jan. 1961, p. 9.

Edifício Flamengo: um empreendimento que marcará época no centro da metrópole. *O Estado de S. Paulo*, n. 24.655, São Paulo, 20 set. 1955, p. 10.

Edifício Germaine. Mais testemunhos! Amianto-cimento Brasilit. *Acrópole*, ano 6, n. 68, São Paulo, set. 1943, p. 215-224.

Edifício Grande Avenida: inaugura-se hoje o mais novo museu de São Paulo. *Folha de S.Paulo*, n. 14.374, São Paulo, 23 out. 1968 p. 13.

Edifício Grande Avenida: inaugura-se hoje o mais novo museu de São Paulo. *O Estado de S. Paulo*, n. 28.841, São Paulo, 23 out. 1968 p. 13.

Edifício Grande Avenida: iniciada a construção do majestoso arranha-céu, quase totalmente vendido em poucos dias. *O Estado de S. Paulo*, n. 26.762, São Paulo, 22 jul. 1962, p. 6.

Edifício Grande Avenida. *O Estado de S. Paulo*, n. 26.726, São Paulo, 10 jun. 1962, p. 84.

Edifício Higienópolis: já concluído e habitado. 3º Caderno. *Folha da Manhã*, n. 7.700, São Paulo, 1 out. 1949, p. 3.

Edifício Higienópolis, o mais luxuoso prédio de São Paulo. *O Estado de S. Paulo*, n. 22.498, São Paulo, 19 set. 1948, p. 21.

Edifício Intercap: este é mais um marco na série de realizações da Companhia Internacional de Capitalização. 3º Caderno. *Correio da Manhã*, n. 17.920, Rio de Janeiro, 19 ago. 1951, p. 15.

Edifício Intercap: o escritório técnico Lucjan Korngold entregará dentro de poucos meses o majestoso Edifício Intercap. Caderno Assuntos Especializados. *Folha da Manhã*, n. 8.935, São Paulo, 15 mai. 1953, p. 4.

Edifício Intercap: só restam 10 apartamentos! 3º Caderno. *Correio da Manhã*, n. 17.932, Rio de Janeiro, 2 set. 1951, p. 15.

Edifício Mendes Caldeira: quase pronto o majestoso arranha-céu da Praça da Sé. *O Estado de S. Paulo*, n. 26.569, São Paulo, 6 dez. 1961, p. 16.

Edifício Palácio Champs Elysées: uma incorporação do mais alto luxo. 2º Caderno. *Correio da Manhã*, n. 18.174, Rio de Janeiro, 22 jun. 1952, p 17.

Edifício Palácio Champs Elysées. 3º Caderno. *Correio da Manhã*, n. 18.132, Rio de Janeiro. 4 mai. 1952, p. 19.

Edifício Palácio Champs Elysées. 3º Caderno. *Correio da Manhã*, n. 18.116, Rio de Janeiro, 13 abr. 1952, p. 15.

Edifício Palácio do Comércio. 3º Caderno – parte 2. *Correio da Manhã*, n. 18.879, Rio de Janeiro, 10 out. 1954, p. 1.

Edifício Palácio do Comércio. Ainda há possibilidades para você instalar definitivamente sua loja, consultório ou escritório no Palácio do Comércio. *O Estado de S. Paulo*, n. 25.079, São Paulo, 3 fev. 1957, p. 6.

Edifício Palácio do Comércio. Caderno 3. *Tribuna da Imprensa*, n. 1.458, Rio de Janeiro, 12 out. 1954, p. 3.

Edifício Palácio do Comércio. Volta Redonda alcança em São Paulo sua grande vitória na construção civil produzindo e montando a estrutura metálica do Palácio do Comércio. Caderno Assuntos Especializados II. *Folha da Manhã*, n. 9.768, São Paulo, 11 mar. 1956, p. 45.

Edifício Porta do Sol: obra já na 5ª laje! *Folha de S.Paulo*, n. 12.291, São Paulo, 9 fev. 1963, p. 6.

Edifício Senlis: concluiu-se uma obra-prima... Caderno Assuntos Especializados. *Folha da Manhã*, n. 9.294, São Paulo, 13 jul. 1954, p. 6.

Edifício Wilson Mendes Caldeira: convite da Cia. Internacional de Capitalização. *Última Hora*, n. 3.307, São Paulo, 21 set. 1955, p. 5.

Edifício Wilson Mendes Caldeira: instale seu escritório no arranha-céu da boa estrela no centro do centro no marco zero de São Paulo. *Diário da Noite*, n. 11.136, São Paulo, 17 mai. 1961, p. 19.

Edifício Wilson Mendes Caldeira: instale seu escritório no arranha-céu da boa estrela no centro do centro no marco zero de São Paulo. 2º caderno. *Folha de S.Paulo*, n. 11.661, São Paulo, 16 mai. 1961, p. 12.

Edifício Wilson Mendes Caldeira: no centro de São Paulo, o maior negócio do Brasil! Caderno Economia e Finanças. *Folha de S.Paulo*, n. 11.093, São Paulo, 19 jun. 1960, p. 9.

Edifício Wilson Mendes Caldeira: um monumental arranha-céu na Praça da Sé. Caderno Assuntos Especializados. *Folha da Manhã*, n. 26.762, São Paulo, 15 nov. 1958, p. 5.

Edifício Wilson Mendes Caldeira: vão encerrar-se as vendas! *Folha de S.Paulo*, n. 11.142, São Paulo, 16 ago. 1960, p. 4.

Edifício Wilson Mendes Caldeira: vão encerrar-se as vendas! *O Estado de S. Paulo*, n. 26.166, São Paulo, 16 ago. 1960, p. 1.

Instituto Medicamenta: um estabelecimento modular, poluyros autorizados que honram S. Paulo. *O Estado de S. Paulo*, n. 17.717, São Paulo, 18 out. 1927, p. 8.
Mieszkalny przy ul. Koszykowej [Casa na rua Kuszykowej 10]. *Arkady*, ano 4, n. 9, Varsóvia, set. 1938, p. 476.
Nowe domy w Warszawie [Novos edifícios residenciais em Varsóvia]. *Arkady*, ano 4, n. 9, Varsóvia, set. 1938, p. 465-476.
Parquet Fluminense Ltda: les portes pour l'édifice CBI-Esplanada. *L'Architecture d'Aujourd'hui*, n. 21 (Architecture contemporaine dans le monde), Paris, nov./dez. 1948, p. XXIX.
Projetos de cinco arquitetos de renome para o futuro hospital Albert Einstein: Gregori Warchavchik, Jorge Wilheim, Rino Levi, Jarbas Jarman e Lucjan Korngold concorreram. *Correio Paulistano*, n. 31.321, São Paulo, 11 mai. 1958, p. 2.
Projetos de cinco arquitetos de renome para o futuro hospital Albert Einstein: Gregori Warchavchik, Jorge Wilheim, Rino Levi, Jarbas Jarman e Lucjan Korngold concorrem. *Nossa Voz / Unzer Stime*, ano 12, n. 738, São Paulo, 22 mai. 1958, p. 12.
Sociedade Comercial e Construtora S.A: la construction de l'édifice de la CBI-Esplanada. *L'Architecture d'Aujourd'hui*, n. 21 (Architecture contemporaine dans le monde), Paris, nov./dez. 1948, p. XXV.
Studio Philco w Warszawie [Showroom Philco em Varsóvia]. *Arkady*, ano 1, n. 1, Varsóvia, mai. 1935, p. 1.

Documentos

ALTBERG, Alexandre. Memórias (manuscrito), 2003.
AQUINO, Paulo Mauro Mayer de (org.) Gregori Warchavchik – acervo fotográfico, volumes I e II. São Paulo, edição Família Warchavchik, 2005.
BRASIL (Câmara dos Deputados). Constituição de 1937. Constituição da República dos Estados Unidos do Brasil, decretada pelo Presidente da República em 10 nov. 1937.
BRILL, Marte. Anos de migração (texto manuscrito). Acervo Anat Falbel.
Correspondência Abreu-Korngold. Acervo Anat Falbel.
Correspondência Beck-Warchavchik. Arquivo Gregori Warchavchik.
Correspondência Korngold-Neutra. UCLA Library, Department of Special Collections, 1972.
Correspondência Szporn-Packer. A/C do Departamento do Estado em Washington. Acervo Anat Falbel.
KORNGOLD, Lucjan. Quo vadis architecture? (original datilografado), s/d, 150 p.
LE CORBUSIER. Quelles sont les formes d'agrégation d'une nouvelle société machiniste? (manuscrito). Paris, Fondation Le Corbusier, 3 dez. 1938.
Processo de naturalização de Henryk Alfred Spitzman Jordan. (IJJ6) BR RJANRIO n. 24.517. Arquivo Nacional.
Processo de naturalização de Lucjan Korngold. Fundo: Série interior – Nacionalidades (IJJ6) – BR RJANRIO A9, n. 76.452. Arquivo Nacional.
ROTHSTEIN, Gusta. Minhas memórias (manuscrito), 2003.
Sacra Congregazione degli Affari Ecclesiastici Straordinari, Vaticano - Collection ASRS, Pius XII, Part I, Series "Ebrei", processo n. 3245/40.
WARCHAVCHIK, Gregori. Conferência no Instituto dos Arquitetos do Rio de Janeiro (manuscrito), p. 197. Arquivo Gregori Warchavchik.

Depoimentos

ABREU, Abrahão Gomes de. Depoimento a Anat Falbel, São Paulo, 6 ago. 2002.
FRANTA, Pedro Augusto Vasquez. Depoimento a Anat Falbel, Rio de Janeiro, 30 mai. 2003.
GORDON, Jonas. Depoimento a Anat Falbel, São Paulo, 14 fev. 2003.
JORDAN, André Spitzman. Depoimento a Anat Falbel, Lisboa, 8 out. 2002.
KORNGOLD, Jan. Depoimento a Anat Falbel, São Paulo, 09 dez. 2002.
KRELL, Olga. Depoimento a Anat Falbel, São Paulo, 12 fev. 2002.
LITMANOWICZ, Jan Aleksander. Depoimento a Anat Falbel, São Paulo, 13 mar. 2002.
LITMANOWICZ, Jan Aleksander. Depoimento a Sonia Maria de Freitas, Museu do Imigrante, São Paulo, 15 abr. 1999.
METZGER-SCHMUCK, Nitza. Depoimento a Anat Falbel, 2002.
ZALSZUPIN, Jerzy (Jorge). Depoimento a Anat Falbel, São Paulo, 19 fev. 1998.
Também deram depoimentos para essa pesquisa, em datas diversas, as seguintes pessoas: Andre Neuding, Anna Glogowski, Dina Piotrowski, Doris Alexander, George Pikielny, Gregorio Zolko, Herbert Duschenes, Ita Senfeld Levy, Jon Maitrejean, Jorge Landsberger, Jorge Piotrowski, José Moscardi, Joseph Rykwert, Leonido Mindlin, Maria Laura Osser, Maria Line, Olinio Gomes Pasqual Pereira, Roberta Matarazzo, Ruth Szporn, Sonia Liberman e Vera Korngold.

Arquivos pessoais

Abelardo Gomes de Abreu
Abilio Guerra
Adriana Irigoyen
Anat Falbel
André Neuding
André Spitzman Jordan
Anna Glogowski
Augusto Malzoni
Doris Alexander
Família Korngold
Friedrich Blanke
Germaine Burchard
Grzegorz Rytel
José Moscardi
Ruth Szporn
Victor Klagsbrunn

Acervos institucionais

Acervo Documental, Instituto Bardi/Casa de Vidro – Acervo Instituto Bardi, São Paulo
Acervo Estadão (digital), São Paulo
Acervo Folha (digital), São Paulo
Acervo Fotográfico Museu Lasar Segall (Vilnius, Lituânia, 1889 – São Paulo, Brasil, 1957) – Acervo MLS, Museu Lasar Segall/Ibram/Ministério da Cultura, São Paulo
Acervo Fotográfico, Museu da Cidade de São Paulo – Acervo MCSP, Departamento dos Museus Municipais, Secretaria Municipal de Cultura, Prefeitura da Cidade de São Paulo, São Paulo
Acervo Iconographia, Cia. da Memória, São Paulo
Acervo Instituto Moreira Salles – IMS, São Paulo
Acervo Suzano Holding S.A. – Acervo Suzano, Suzano SP
Acrópole (digital), Faculdade de Arquitetura e Urbanismo, Universidade de São Paulo – FAU USP, São Paulo (http://www.acropole.fau.usp.br/)
Archivio Storico della Segreteria di Stato – Archivio Storico, La Curia Romana, Vaticano
Arquivo Histórico de São Paulo – AHSP, Secretaria Municipal de Cultura, Prefeitura da Cidade de São Paulo
Arquivo Nacional, Ministério da Gestão e da Inovação em Serviços Públicos, Rio de Janeiro
Arquivo Público do Estado de São Paulo – Apesp, São Paulo
Arquivo Público Mineiro – APM, Belo Horizonte
Arquivo Público Municipal Jornalista Paulo Roberto Dutra – Arquip, Secretaria Municipal de Gestão, Prefeitura da Cidade de São Paulo
Biblioteca Central da Escola Politécnica, Universidade de São Paulo – Biblioteca EPBC USP, São Paulo
Biblioteca da Faculdade de Arquitetura e Urbanismo da Universidade de São Paulo, Seção Técnica de Materiais Iconográficos – Biblioteca FAU USP, São Paulo
Biblioteca da Faculdade de Arquitetura e Urbanismo, Universidade de São Paulo – Biblioteca FAU USP, São Paulo
Biblioteca Metrô Neli Siqueira, Companhia do Metropolitano de São Paulo – Biblioteca Metrô, São Paulo
Biblioteca Nacional – BN, Fundação Biblioteca Nacional, Rio de Janeiro
Biblioteca Nacional Digital – BNDigital, Fundação Biblioteca Nacional, Rio de Janeiro
Biblioteca Setorial da Faculdade de Arquitetura e Urbanismo e Centro de Comunicação e Letras, Universidade Presbiteriana Mackenzie – Biblioteca FAU Mackenzie, São Paulo
Biblioteka Cyfrowa, Politechnika Warszawska – BCPW [Biblioteca Digital, Universidade de Tecnologia de Varsóvia], Varsóvia, Polônia
Biblioteka Glówna, Politechnika Warszawska – BG PW - Archiwum Dzialu Ewidencji Studentów Politechniki Warszawskiej [Biblioteca Central - Arquivo do Departamento de Registros Estudantis da Universidade de Tecnologia de Varsóvia], Varsóvia, Polônia
Biblioteka Narodowa [Biblioteca Nacional da Polônia], Varsóvia, Polônia
Biblioteka Uniwersytecka, Uniwersytet Mikolaja Kopernika w Toruniu – BU UMK [Biblioteca Universitária, Universidade Nicolau Copérnico em Torun], Torun, Polônia
Bibliothèque d'Architecture Contemporaine, Cité de l'Architecture & du Patrimoine, Paris, França
Centro de Documentação e Pesquisa, Fundação Nacional de Artes – Cedoc Funarte, Brasília DF
Centro de Memória Unicamp, Universidade Estadual de Campinas – CMU Unicamp, Campinas
Centro de Pesquisas, Museu de Arte de São Paulo Assis Chateaubriand – Centro de Pesquisas Masp, São Paulo
Centro Histórico e Cultural Mackenzie – CHCM, Universidade Presbiteriana Mackenzie, São Paulo
Coleção Gregori Warchavchik, São Paulo
Colegio de Arquitectos del Perú, Jesús María, Peru
Eidgenössische Technische Hochschule Zurich, Library – ETH Zurich Library, Zurique, Suíça
Fundação Bienal de São Paulo, Arquivo Histórico Wanda Svevo – Arquivo Bienal, São Paulo
Gerência de Marketing e Comunicação, Companhia do Metropolitano de São Paulo, São Paulo
Kujawsko-Pomorska Biblioteka Cyfrowa – KPBC [Biblioteca Digital Cujávia-Pomerânia] – Arkady, Varsóvia, Polônia
Leiden University Libraries, Digital Collections, Leiden, Holanda
Library of Congress, Prints and Photographs Division, Washington, Estados Unidos
Municipal Archives, Municipality of Tel Aviv-Jaffa – Municipal Archives Tel Aviv-Jaffa, Tel Aviv, Israel
Museu Paulista, Universidade de São Paulo – Museu do Ipiranga USP, São Paulo
Muzeum Architektury we Wroclawiu – Muzeum Architektury [Museu de Arquitetura da Breslávia], Wroclaw, Polônia
Muzeum im. Przypkowskich w Jedrzejowic – Muzeum Jedrzejow [Museu Przypkowskich em Jedrzejów], Jedrzejowie, Polônia
Narodowy Instytut Dziedzictwa – NID [Instituto do Patrimônio Nacional], Varsóvia, Polônia
National Photo Collection of Israel, The Photography Department, Government Press Office, Jerusalém, Israel
PICRYL, The World's Largest Public Domain Media Search Engine, Get Archive LLC, Lewes, Estados Unidos
Pinacoteca do Estado de São Paulo, Secretaria de Cultura e Economia Criativa do Estado de São Paulo, São Paulo
Projeto Portinari, Rio de Janeiro
Rada Samorzadu Mieszkańców Osiedla Kamionek [Conselho Local de Residentes do Conjunto Habitacional Kamionek], Varsóvia, Polônia
Secretaria Municipal de Habitação – Sehab, Prefeitura da Cidade de São Paulo, São Paulo
Sefaria: A Living Library of Torah Texts Online, The Central Zionist Archives, Jerusalém, Israel
Société Nationale des Chemins de Fer Français / Archives Architecture Recherche Engagement Post carbone - Archives SNCF AREP, Paris, França
UCLA Library, Department of Special Collections, University of California, Los Angeles, Estados Unidos
Università Iuav di Venezia, Sistema Bibliotecario e Documentale – Archivio Progetti, Veneza, Itália
Warszawski Modernizm 1905-1939 [Modernismo de Varsóvia 1905-1939], Varsóvia, Polônia
Wirtualne Muzeum Konstancina [Museu Virtual Konstancin], Konstancin-Jeziorna, Polônia
Wojskowe Biuro Historyczne [Departamento Histórico Militar], Ministerstwo Obrony Narodowej [Ministério da Defesa Nacional], Varsóvia, Polônia
Yad Vashem Archives, Jerusalém, Israel
Zydowski Instytut Historyczny [Instituto Histórico Judaico], The Emanuel Ringelblum Jewish Historical Institute – JHI, Varsóvia, Polônia

Créditos

Créditos de imagens

Fotógrafos

Ademar Benévolo Lugão – p. 88 (acima)

Alberto Ricci – capa (com Nelson Kon); p. 86-87, 88 (acima), 88 (meio), 92 (abaixo), 102 (esq), 104 (abaixo), 108 (abaixo, esq), 122 (dir, ambas), 123 (abaixo), 128 (abaixo, ambas), 129, 134 (abaixo), 135 (esq) 136 (abaixo), 137 (acima), 144-145, 151 (acima, esq), 151 (abaixo), 153 (dir, todas), 156 (dir), 157 (esq), 159, 194 (abaixo), 194-195 (acima), 195 (acima), 196-197 (com Nelson Kon), 214, 215, 221 (abaixo, esq), 222 (ambas), 234, 240-241, 250 (coluna 1, abaixo), 250 (coluna 2, abaixo), 250 (coluna 3), 251 (coluna 3, meio e abaixo), 252 (coluna 3, acima), 252 (coluna 4), 253 (coluna 1, acima), 253 (coluna 2, acima), 253 (coluna 3)

Aleksandra Kedziorek – p. 42 (dir), 43 (dir)

André Neuding – p. 227

André Scarpa – p. 152 (dir, abaixo), 153 (esq, abaixo)

Claude Lévi-Strauss – Direito público: p. 70

Fabio Kahn – p. 56 (abaixo, ambas)

João Nitsche – p. 44 (acima, esq), 248 (coluna 2, abaixo), 248 (coluna 2, abaixo), 248 (coluna 3, todas), 249 (colunas 1, 2)

José Moscardi – quarta capa, p. 114 (abaixo), 155 (ambas), 185 (abaixo, ambas), 217, 228 (abaixo), 253 (coluna 4)

Nelson Kon – capa (com Alberto Ricci), p. 88 (abaixo), 89 (todas), 90-91, 91 (ambas), 92 (acima), 92-93, 93 (ambas), 103 (meio), 103 (abaixo), 104 (acima, ambas), 106 (abaixo, meio), 107 (acima), 110 (acima, dir), 124-125, 125 (abaixo, ambas), 126, 127, 130 (acima), 131 (abaixo), 132-133, 133, 134-135, 135 (dir), 136-137, 137 (abaixo), 138-139, 139 (todas), 140 (todas), 141, 142 (ambas), 143, 145 (abaixo), 146, 146-147, 150 (acima), 151 (acima, dir), 157 (dir), 188-189, 190-191 (ambas), 191 (ambas), 192 (ambas), 193 (ambas), 194 (acima), 195 (abaixo), 196-197 (com Alberto Ricci), 218, 221 (acima), 221 (abaixo, dir), 232-233, 235, 236 (todas), 237, 238, 238-239, 250 (coluna 2, acima), 250 (coluna 4), 251 (coluna 1), 251 (coluna 3, acima), 251 (coluna 4), 253 (coluna 1, abaixo), 253 (coluna 2, abaixo)

Fotógrafos / Creative Commons

Adrian Grycuk – p. 44 (abaixo, CC BY-SA 3.0, https://commons.wikimedia.org/wiki/File:Budynek_przy_ul._Wiejskiej_18_w_Warszawie_2018.jpg)

Anônimos – Wikimedia Commons (domínio público): 53 (acima, esq), 53 (acima, dir, coleção Nitza Metzger Szmuk), 53 (abaixo, edição Moshe Ordmann), 55 (esq, coleção Nitza Metzger Szmuk), 60-61 (acima), 71 (abaixo); Wikimedia Commons / National Library of Israel (Schwadron Collection): p. 36 (acima, esq, CC BY 3.0 DEED, https://commons.wikimedia.org/w/index.php?curid=19304856); Wikipedia (domínio público): p. 60-61 (abaixo, coleção Nitza Metzger Szmuk)

Avishai Teicher – p. 54 (acima, CC BY-SA 4.0 DEED, https://en.wikipedia.org/wiki/File:%D7%90%D7%A0%D7%92%D7%9C.jpg), 56 (acima, CC BY 2.5 DEED, https://commons.wikimedia.org/wiki/File:PikiWiki_Israel_51703_the_rubinsky_house_in_tel_aviv.jpg), 57 (acima, CC BY 2.5 DEED, https://commons.wikimedia.org/wiki/File:PikiWiki_Israel_51703_the_rubinsky_house_in_tel_aviv.jpg)

Avraham Soskin – Wikimedia Commons (domínio público): p. 52 (abaixo, ambas)

BergA – p. 54 (abaixo, CC BY-SA 3.0 DEED, https://en.wikipedia.org/wiki/File:Thermometre_House_2.jpg)

Dawid Galus – p. 38 (acima, CC BY-SA 3.0, https://pt.wikipedia.org/wiki/Sulmierzyce#)

Deror Avi – p. 57 (abaixo, esq, CC BY-SA 3.0 DEED, https://commons.wikimedia.org/wiki/File:Beit_Rabinsky_IMG_3845.JPG), 57 (abaixo, dir, CC BY-SA 3.0 DEED, https://commons.wikimedia.org/wiki/File:Beit_Rabinsky_IMG_3844.JPG)

Elekhh – p. 55 (dir, abaixo, CC BY-SA 3.0 DEED, https://en.wikipedia.org/wiki/File:Gottgold_House_Tel_Aviv_2011.jpg)

Gustave Le Grey – Wikimedia Commons (domínio público): p. 97 (abaixo)

Ludvig14 – p. 55 (dir, acima, CC BY-SA 4.0 DEED, https://commons.wikimedia.org/wiki/File:Tel-Aviv_PinesStreet31_T53.jpg)

Maj – Foto Polska: p. 39 (dir, CC BY-SA 3.0, https://fotopolska.eu/541016,foto.html)

Szczebrzeszynski (Jan Rubinowicz) – Wikimedia Commons (domínio público): p. 40, 44 (dir), 47 (abaixo)

Zacharias Wagner – Wikimedia Commons (domínio público): p. 62 (acima)

Arquivos pessoais

Abelardo Gomes de Abreu – p. 106 (abaixo, ambas), 152 (exceto abaixo, dir), 153 (esq, acima), 110 (abaixo), 113 (todas)

Adílio Bucchi – p. 22 (meio), 22 (abaixo), 101 (esq), 108 (acima)

Adriana Irigoyen – p. 26

Anna Glogowski – p. 22 (acima), 81 (esq, abaixo)

Augusto Malzoni – p. 158-159 (ambas, Sarina Sonnenfeld)

Doris Alexander – p. 27 (esq, abaixo), 78 (abaixo)

Família Korngold – p. 36 (acima, dir), 36 (abaixo), 37 (acima, esq), 42 (acima), 71 (acima), 74, 74-75, 75, 252 (coluna 3, abaixo), 272

Friedrich Blanke – p. 76 (abaixo)

Germaine Burchard – p. 100 (esq)

Victor Klagsbrunn – p. 16-17, 19 (acima, dir) – Kurt Klagsbrunn

Acervos institucionais

Acervo Estadão – p. 228 (esq, ambas)

Acervo Folha – Folha da Manhã: p. 112 (meio, esq), 112 (meio, meio), 206 (abaixo); Folha de S.Paulo: p. 105 (acima), 112 (abaixo, meio)

Acervo IMS – Coleção Claude Lévi-Strauss: p. 162-163, 163; Coleção Gilberto Ferrez: p. 62 (abaixo, Augusto Stahl), 94 (esq, ambas, Marc Ferrez); Coleção Hans Günther Flieg: p. 20 (abaixo, Otto Svoboda); Coleção Peter Scheier: p. 21 (acima), 184 (dir, ambos), 247; Coleção Thomaz Farkas: p. 25 (abaixo, anônimo)

Acervo Instituto Bardi – p. 25 (acima)

Acervo MCSP – p. 110 (acima, esq, Aristodemo Becherini), 154 (abaixo, Waldemir Gomes de Lima), 162 (dir, Sebastião de Assis Ferreira), 166 (esq), 225 (esq, meio, Camerindo Ferreira Máximo)

Acervo MLS – p. 18-19 (Peter Scheier, papel positivo, monocromia P&B, 17,9 cm x 17,5 cm), 69 (meio)

Acervo Suzano – p. 107 (abaixo)

AHSP – p. 78 (acima), 79 (abaixo), 80 (ambas), 219 (ambas)

Apesp – p. 73 (abaixo)

APM – p. 15 (acima)

Archives SNCF AREP – p. 96-97 (abaixo)

Archivio Progetti – Fondo Giancarlo Palanti: p. 76 (acima)

Archivio Storico – p. 72 (acima)

Arquip – p. 111 (todas), 120 (abaixo), 121 (todas), 124 (ambas), 125 (acima), 131 (acima), 132, 134 (acima), 136 (acima), 136 (meio), 138 (acima), 138 (meio), 148 (abaixo, ambas), 150 (abaixo, ambas), 154 (acima, ambas), 156 (esq, todas), 158 (todas), 164, 165 (todas), 166 (dir, abaixo), 167, 168 (ambas), 169 (esq, ambas), 180, 200-201, 201 (dir), 203 (acima), 204, 225 (dir, ambas), 228 (acima, 228 (meio), 229 (todas)

Arquivo Arq – p. 6-7, 216 (acima, dir)

Arquivo Bienal – Fundo Fundação Bienal de São Paulo: p. 144 (todas), 145 (acima), 183 (todas, exceto abaixo, dir), 187 (ambas), 210-211, 212, 213 (ambas) = todas as fotos de Alexandre Smiig

Arquivo Nacional – Fundo Agência Nacional: p. 12, 15 (abaixo, dir), 27 (dir), 72 (meio), 169 (dir), 171 (acima), 171 (acima, meio), p. 175 (abaixo); Fundo Correio da Manhã: p. 13, 14 (ambas), 15 (abaixo, esq), 19 (abaixo, Kurt Klagsbrunn), 66 (todas), 67 (acima, Reter Lange), 68 (ambas), 69 (acima, Amilton Vieira), 71 (meio), 72 (abaixo), 77, 81 (dir, ambas), 84-85, 160 (acima), 161 (ambas), 162 (esq), 175 (acima), 183, 202; Fundo Departamento Nacional de Obras de Saneamento: p. 97 (acima); Fundo Divisão de Polícia Marítima, Aérea e de Fronteiras: p. 79 (acima), 79 (meio), Fundo Fotográficos Avulsos, 160 (abaixo), 166 (dir, acima), 198 (dir, Gustavo Prugner), 198-199 (Gustavo Prugner)

BCPW – Architektura i Budownictwo: p. 40 (dir, ambas), 41 (todas), 43 (esq, abaixo), 45 (esq); Dom, Osiedle, Mieszkanie: p. 45 (todas), (todas, exceto esq, abaixo), 248 (coluna 2, acima)

BG PW – p. 36 (acima, meio), 36 (meio), 37 (abaixo, ambas)

Biblioteca FAU Mackenzie – Acrópole: p. 2-3; 101 (todas), 102 (dir) 109 (todas), 109 (acima, esq), 109 (dir, Leon Liberman), 109 (abaixo, esq, Leon Liberman), 109 (abaixo, dir), 110 (abaixo), 110-111, 120 (acima), 122 (esq), 123 (acima), 128 (acima, ambas), 130 (meio), 130 (abaixo), 148 (acima), 148 (meio, ambas), 149 (todas), 170, 171 (abaixo, meio), 171 (abaixo), 203 (abaixo, ambas), 205 (abaixo, dir), 216 (acima, esq), 220 (ambas), 221 (meio), 224 (esq), 226 (abaixo), 249 (coluna 4, ambas), 250 (coluna 1, acima); Habitat: p. 24 (acima), 106 (acima)

Biblioteca Metrô – Fundo Companhia do Metropolitano de São Paulo: p. 224 (dir), 225 (esq, acima), 225 (esq, abaixo)

Biblioteka Narodowa (Biblioteca Nacional da Polônia) – p. 40 (esq, acima, domínio público), 94 (esq, ambas)

Bibliothèque d'Architecture Contemporaine – L'Architecture d'Aujourd'hui: p. 23 (todas), 42 (esq, abaixo), 43 (esq, acima), 46 (acima, Edward Koch), 46 (abaixo, esq)

BNDigital / Acervo Digital – p. 62-63 (Guilherme Gaensly), 63 (ambas, Guilherme Gaensly), 69 (abaixo, Kazys Vosylius), 95 (Guilherme Gaensly), 96 (acima, esq), 96 (acima, dir, Frédéric Manuel), 96-97 (acima) / Hemeroteca Digital) – *Correio da Manhã*: p. 13, 81 (esq, acima), 108 (abaixo), 112 (acima, esq), 112 (meio, dir), 112 (abaixo, dir), 113 (ambas); *Correio Paulistano*: p. 106 (abaixo, dir); *Rio*: p. 108 (acima); *Diário da Noite*: p. 112 (acima, meio/esq), 112 (acima, meio/dir); *Jornal de Notícias*: p. 179; *Revista Municipal de Engenharia*: p. 112 (abaixo, esq); *Tribuna da Imprensa*: p. 115 (esq, abaixo)

Cedoc Funarte – *Projeto Brasil Memória das Artes*: p. 18 (Carlos Moskovics), 19 (acima, esq)

Centro de Memória Unicamp – *Conjunto Adolpho Affonso da Silva Gordo / Dossiê Victor Nothmann e Martinho Burchard*: p. 96 (abaixo)

Centro de Pesquisas Masp – p. 27 (meio)

Centro Histórico e Cultural Mackenzie – p. 67 (abaixo, esq)

Coleção Gregori Warchavchik – p. 20 (acima)

Colegio de Arquitectos del Perú – *Colección El Arquitecto Peruano*: p. 173 (todas)

ETH Zürich Library – *Image Archive*: p. 32-33 (Leo Wehrli), 73 (meio, Leo Wehrli)

KPBC – *Arkady*: p. 24 (abaixo), 48 (ambas), 49 (exceto abaixo, dir)

Leiden University Libraries – *Fundo KITLV 41389*: p. 73 (acima)

Library of Congress – *Brady-Handy Photograph Collection*: p. 64 (ambas), 68 (ambas)

Museu do Ipiranga USP – *Coleção Werner Haberkorn*: p. 10-11, 100 (abaixo), 103 (acima), 114 (acima), 182, 184 (esq), 185 (acima), 198 (acima)

Muzeum Architektury – p. 38 (meio), 38 (abaixo)

Muzeum Jedrzejow – *Arquivo de negativos*: p. 34 (Tadeusz Przypkowski), 46 (abaixo, dir, Tadeusz Przypkowski)

National Photo Collection of Israel – p. 52 (acima)

NID – p. 39 (meio, meio abaixo), 39 (meio, abaixo)

PICRYL – *Public Domain Collections*: p. 40 (esq, abaixo)

Pinacoteca – p. 65

Rada Samorządu Mieszkańców Osiedla Kamionek – p. 49 (abaixo, dir)

Warszawski Modernizm 1905-1939 (Modernismo de Varsóvia 1905-1939) – p. 47 (acima)

Wirtualne Muzeum Konstancina – p. 44-45

Zydowski Instytut Historyczny – p. 37 (acima, meio)

Publicações

BASTOS, Maria Alice Junqueira. O expansionismo (moderno) na Praça da Sé e o Mendes Caldeira. *Blog O espaço público*, São Paulo, 20 abr. 2017 <https://oespacopublico.com.br/2017/04/20/o-expansionismo-moderno-na-praca-da-se-e-o-mendes-caldeira/> – p. 104-105 (cartão postal, domínio público)

CREMONA, Ercole. Atelier Rodolpho Chambelland. *Ilustração Brasileira*, Rio de Janeiro, n. 35, set. 1923, p. 20-22 <https://memoria.bn.br/docreader/DocReader.aspx?bib=107468&pagfis=7766> – p. 67 (abaixo, dir)

FARYNA-PASZKIEWICZ, Hanna. *Saska Kepa 1918-1939*. Varsóvia, Polska Akademia Nauk/Instytut Sztuki, 1989 – p. 39 (esq, acima), 39 (esq, abaixo)

FICHER, Sylvia. *Os arquitetos da Poli: ensino e profissão em São Paulo*. São Paulo, Edusp, 2005 – p. 27 (esq, acima)

GOLDA-PONGRATZ, Kathrin. La transformación de estructura y significado del centro de Lima: tres aproximaciones – p. 172

MALCOVATI, Silvia. Peter Behrens alla V Triennale di Milano, 1933. *La Rivista di Engramma*, n. 164, Veneza, abr. 2019 <https://www.engramma.it/eOS/index.php?id_articolo=3595> – p. 42 (esq, meio)

Patrocínio cultural

O projeto editorial *Lucjan Korngold, arquiteto* foi agraciado com recursos do ProAC Expresso Direto (edital n. 37/2021) da Secretaria de Cultura e Economia Criativa do Governo do Estado de São Paulo

Sobre a autora

Anat Falbel é engenheira civil (Escola Politécnica da Universidade de São Paulo, 1983), mestre em arquitetura (Faculdade de Arquitetura e Urbanismo da Universidade de São Paulo, 2003) com pós-doutorado pelo Instituto de Filosofia e Ciências Humanas da Universidade Estadual de Campinas (2011) e pelo Programa de Pós-graduação em Urbanismo da Faculdade de Arquitetura e Urbanismo da Universidade Federal do Rio de Janeiro (2019). Pesquisadora visitante do Canadian Center of Architecture (2013), é autora de artigos e ensaios publicados no Brasil e no exterior. É coeditora do livro *Judeus no Brasil: história e historiografia*, tradutora e organizadora dos livros *Arquitetura e judaísmo: Mendelsohn* (com textos de Bruno Zevi, Perspectiva, 2002), *A casa de Adão no paraíso*, *A ideia de cidade* e *A coluna dançante* (Joseph Rykwert, Perspectiva, 2002, 2006, 2015), e autora de ensaios em homenagem a Nachman Falbel (com Avraham Milgram e Fábio Koifman, Garamond, 2021). Foi curadora da exposição *Exílio e modernidade: o espaço do estrangeiro na cidade de São Paulo* (Centro de Cultura Judaica/Casa de Cultura de Israel, São Paulo, 2011) e cocuradora da exposição *Estrelas errantes: memórias do teatro judaico no Brasil* (com Nachman Falbel, Museu da Imagem e do Som, São Paulo, 2013).

Lucjan Korngold, arquiteto

autora
Anat Falbel

coordenação editorial
Abilio Guerra
Silvana Romano Santos

ensaios fotográficos
Nelson Kon
Alberto Ricci

design gráfico
Dárkon Vieira Roque

edição de imagens
Nelson Kon
Abilio Guerra
Marina Frugoli

coordenação de produção
Irene Nagashima

assistência editorial
Noemi Zein Telles
Jennifer Cabral

pesquisa original (documentos e imagens)
Anat Falbel

pesquisa iconográfica complementar
Abilio Guerra
Aline Reis Chiarelli
Marina Frugoli

preparação e revisão de texto
Juliana Kuperman
Abilio Guerra
Luciana Tamaki
Noemi Zein Telles

tratamento de imagem
Jorge Bastos
Nelson Kon
Alberto Ricci
Eduardo Santos

impressão
Ipsis

Agradecimentos

Abelardo Gomes de Abreu
Ademar Lugão
Adriana Irygoen
Agnieska Reszka (JHI)
Aleksandra Kedziorek
Alfredo Mancuso (Sehab) – *in memorian*
Aline Nossralla
Ana Helena Grizotto Custodio (Arquivo Bienal)
Anna Glogowski
Augusto Malzoni
Avraham Milgram
Bruno Cezar Mesquita Esteves (Masp)
Celso Ohno
Cleide de Azevedo (Arquip) – *in memorian*
Dala Adlena Smilg
Dimitri Iurassek
Dina Elisabete Uliana (Acervo IEB USP)
Dirce Maria Torres
Edson Luiz Fogo (Metrô)
Fabio Kahn
Fabio Koifman
Fernanda Critelli
Gabriel Kauffmann
Grzegorz Hytel
Gilberto Jordan
Henrique Siqueira (MCSP)
Itzchak Kauffmann
João de Pontes Junior (MCSP)
José Tabacow
Jorge Schwartz
Laíssa Cortez Moura (Suzano Holding)
Luciene Aranha (CHCM)
Manuela Gea Cabrera Reis (DVBIBL Epusp)
Marcele Souto Yacabi (Arquivo Bienal)
Marcelo Monzani Netto (MLS)
Marco Palanti
Maria Aparecida Gabriel (DVBIBL Epusp)
Mario Lasar Segall
Mariana Thompson (MLS)
Marilia Braga (Masp)
Nachman Falbel
Nitza Metger-Szmuck
Paola Alessandra R. D'Amato (Biblioteca FAU Mackenzie)
Paulo Bruna
Paulo Mauro Mayer de Aquino
Renata Brião de Castro (Arquip)
Renato Anelli
Rosa Esteves
Sátiro Nunes (Arquivo Nacional)
Sergio Lerman
Stefan Alexander
Shulamit Kauffmann
Thaty Galvão (CHCM)
Tim Klähn (CCA)
Vera D'Horta
Vera Korngold
Victor Klagsburnn
Vítor Souza
Victor Hugo Mori (Iphan)

Agradecimento especial
à Família Korngold

Editores responsáveis
Abílio Guerra
Silvana Romano Santos

Conselho Editorial
Abílio Guerra, Adrián Gorelik, Aldo Paviani, Ana Luiza Nobre, Ana Paula Garcia Spolon, Ana Paula Koury, Ana Vaz Milheiros, Ângelo Bucci, Ângelo Marcos Vieira de Arruda, Anna Beatriz Ayroza Galvão, Carlos Alberto Ferreira Martins, Carlos Eduardo Dias Comas, Cecília Rodrigues dos Santos, Edesio Fernandes, Edson da Cunha Mahfuz, Ethel Leon, Fernanda Critelli, Fernando Luiz Lara, Gabriela Celani, Horacio Enrique Torrent Schneider, João Masao Kamita, Jorge Figueira, Jorge Francisco Liernur, José de Souza Brandão Neto, José Geraldo Simões Junior, Juan Ignacio del Cueto Ruiz Funes, Luís Antônio Jorge, Luis Espallargas Gimenez, Luiz Manuel do Eirado Amorim, Márcio Cotrim Cunha, Marcos José Carrilho, Margareth da Silva Pereira, Maria Beatriz Camargo Aranha, Maria Stella Martins Bresciani, Marta Vieira Bogéa, Mônica Junqueira de Camargo, Nadia Somekh, Otavio Leonidio, Paola Berenstein Jacques, Paul Meurs, Ramón Gutiérrez, Regina Maria Prosperi Meyer, Renato Anelli, Roberto Conduru, Ruth Verde Zein, Sergio Moacir Marques, Vera Santana Luz, Vicente del Rio, Vladimir Bartalini

A reprodução ou duplicação integral ou parcial desta obra sem autorização expressa da autora e dos editores se configura como apropriação indevida dos direitos intelectuais e patrimoniais do autor.

© Romano Guerra Editora, 2023
© Anat Falbel

Romano Guerra Editora
Rua General Jardim 645 cj 31
Vila Buarque
01223-011 São Paulo SP Brasil
+ 55 11 90059.9999
rui@romanoguerra.com.br
romanoguerra.com.br

Printed in Brazil 2023
Foi feito o depósito legal

Falbel, Anat

Lucjan Korngold, arquiteto
Anat Falbel
fotografia Nelson Kon e Alberto Ricci
São Paulo, SP

Romano Guerra Editora, 2023.
272 p. il.

Bibliografia.

ISBN 978-65-87205-29-8

1. Korngold, Lucjan 1897-1963
2. Arquitetura moderna – São Paulo (SP)
3. Imigração judaica
4. Arquitetos

I. Título
II. Kon, Nelson
III. Ricci, Alberto

CDD 724.98161

Ficha catalográfica elaborada pela bibliotecária Dina Elisabete Uliana
CRB-8/3760

À esquerda, Varsóvia, desenho de Lucjan Korngold

Foto da capa de Alberto Ricci e Nelson Kon.
4ª capa: Centro Comercial do Bom Retiro.
Foto José Moscardi

Este livro foi composto em Rotis Semi Sans e impresso por Ipsis Gráfica e Editora em papel Offset 120g (miolo) e Duodesign 300g (capa)